从思想发现历史

重寻「五四」以后的中国

张太原 著

中华书局

图书在版编目(CIP)数据

从思想发现历史:重寻"五四"以后的中国/张太原著.
—北京:中华书局,2016.3
ISBN 978-7-101-11485-0

Ⅰ.从…　Ⅱ.张…　Ⅲ.政治思想史–研究–中国–民国
Ⅳ.D092.6

中国版本图书馆 CIP 数据核字(2016)第 004032 号

书　　名	从思想发现历史——重寻"五四"以后的中国	
著　　者	张太原	
责任编辑	张荣国	
出版发行	中华书局	
	(北京市丰台区太平桥西里 38 号　100073)	
	http://www.zhbc.com.cn	
	E-mail:zhbc@zhbc.com.cn	
印　　刷	北京市白帆印务有限公司	
版　　次	2016 年 3 月北京第 1 版	
	2016 年 3 月北京第 1 次印刷	
规　　格	开本/920×1250 毫米　1/32	
	印张 14　插页 2　字数 320 千字	
印　　数	1-4000 册	
国际书号	ISBN 978-7-101-11485-0	
定　　价	48.00 元	

目　录

导论:揭示思想背后的历史

自古以来,中国所有的思想表现的几乎都是现世的关怀,而在问题重重的近代中国,更没有人能够沉静地玄思,各种纷繁的思想言说的背后往往蕴藏着实实在在的历史。五四时期及以后,人们表面上讨论的是文化,实际上所关注的却是现实问题。到了 1930 年代,许多人把空洞的文化讨论引向了中国所面临的问题及其解决办法,"文化建设,具体地说,无非要从中国问题的探讨中,建立一个解决中国问题的方案,以形成共同的中心观念,使人类生活能臻于健全的境地"。那么,当时中国面临的最大问题是什么呢? 胡适说,"我们当前的根本问题,就是怎样建立起一个可以生存于世间的国家的问题"。[①]

的确,当时国家的生存成了问题,任何谈论文化的人都绕不开它:

[①]　胡适:《建国问题引论》,《独立评论》第 77 号,1933 年 11 月 19 日,第 7 页。

"现在的问题是如何使中国能脱出日本的爪牙","中国民族的生存必须寄托在新的文化、新的组织上。"①"真欲谈文化,于实际生活是不可不谈的。例如当前的对日问题。"②"中国目前最需要之文化建设,必须能够应付中国目前最大的危机,反过来说:能够挽救中国目前最大危机和复兴中华民族的文化建设,就是中国目前最需要的文化建设,也可以说是整个中国救亡图存的文化建设。"③"民族生存的原则应高于一切,因为中国民族的生存到了现在已发生绝大的危险,所以民族生存不仅是目前社会最大的需要,也是一切问题的先决问题,我们应以最大的努力,以求民族的生存。"④"文化复兴,是民族复兴运动之一部分。在此强邻压境,国难日深的时期,似乎也算得一种适应时代的呼声。"⑤"民族国家如此危难,才要来努力文化运动。"⑥"近来国难当头,郁积沉闷,国人的神经,都有些反常,或则埋头复古,或则盲目从新。"⑦"民族不能独立自由,则无论守旧派之保存固有文化不可能,即所谓趋新派之全盘承受西洋文化亦适成自欺欺人。"⑧"我们现在的唯一问题,就是怎样复兴民族与整兴国家,所以我们对于文化建设运动,不应当守旧,复不

---

① 郑振铎:《我对于〈中国本位的文化建设宣言〉与中国文化建设的意见》,马芳若编:《中国文化建设讨论集》附录,龙文书店1935年版,第3页。

② 余景陶:《谈中国本位文化》,《独立评论》第149号,1935年5月5日,第16页。

③ 张伯兰:《中国目前最需要之文化的建设》,天津《大公报》1935年5月2日。

④ 叶法无:《一十宣言与中国文化建设问题批判》,《中国社会》第1卷第4期,1935年4月,第28页。

⑤ 章益:《教育与文化》,《教育研究》第49期,1934年2月号,第26页。

⑥ 李绍哲:《文化创造的基本原则》,《晨报·晨曦》1935年6月14日。

⑦ 张大同:《文化的选择问题》,南京《中央日报》1935年6月5日。

⑧ 陈高佣:《怎样了解中国本位的文化建设》,《文化建设》第1卷第8期,1935年5月,第58页。

应空谈趋新,应当以合乎现代适应民族需要为条件。"①"现在我们需要的,是怎样增加一般国民的民族意识,增加一般国民为生存奋斗的力量,使民族得到生存的安全,国家在世界上得到平等的地位,解放我们被侵略被压迫的境遇,这是我们的需要,也是我们迫切的需要。"②

在抗日不便公开或大张旗鼓讨论的情况下,人们通过发表各种各样的文化见解充分表达了对民族生存的关切。其实,建立什么样的文化并不重要,重要的是救国,不同的文化主张的背后都是对如何救国的思考。同时,只有在一种文化面临覆亡危险的时候,人们才会感到其可贵与价值,本位文化思潮的形成正是缘于中国人的这种处境。而另一部分人则认为,保存中国民族比保存文化更重要,全盘西化思潮由是而起。更值得注意的是,相对立的马克思主义文化思潮和三民主义文化思潮,都把反对帝国主义看作文化运动的首义。

除了民族的生存,讨论文化者关注的另一大问题就是人们的实际生活。无论什么样的文化,无非是使人们生活得更好一些。"文化是生活方式,然生活方式的最重要表现,是在一般民众的知识道德和起居饮食上";"中国本位的文化建设的目标,应该是提高一般人民的教育程度和生活程度;中国本位的文化建设的手段,应该是发展教育和经济。教育与经济,是文化建设的两根脊骨。"③"离开了生活程式,是没有文化

---

① 晋生:《中国文化建设论》,《新建设》第 2 卷第 12 期,1935 年 5 月 1 日,第 10 页。
② 邵元冲:《如何建设中国文化》,《时事新报》1935 年 2 月 20 日。
③ 张素民:《中国本位的文化建设问题》,《文化建设》第 1 卷第 6 期,1935 年 2 月,第 63 页。

可言的。而生活程式又于政治生活，经济生活，家庭生活等等无所不包。"①"全国有百分之七十五的人民，他们的生活都在水平线以下，像这样多的愚而穷的民众，救死不遑的同胞，都是我们的建设文化的对象。"②"今日的文化运动，决不可离开实际的民生问题……因为如果离开了大众日常生活的实际要求，客观需要，结果，文化运动适成为玄学的借尸还魂，还有什么前途呢?"③

从思想到思想，往往很难重构出丰富生动的历史，把思想还原为对具体生活的思考才能再现真历史。研究思想文化史，必须顾及与之相联的时代问题。一般而言，先有事实而后有思想，先有思想而后有行动，同样都是历史的逻辑。如果离开思想所依托的生活和社会来谈思想，特别是对于没有抽象思辨传统的中国人来说，显然很难搔到痒处。一种思想最主要的意旨还在于"改造世界"。

凡是表述出来的思想大都是容易理解的，而思想产生时的心态往往是难以捉摸的。人们言"此"时往往透露的是"彼"，口是心非，有时并非故意为之。揭示思想者的心理，不是凭空去想象，必须有一定的心理知识和训练，比如有意识和潜意识的心理分析。傅斯年曾有一次谈汪精卫何以叛国投敌的演讲，对这次演讲，何兆武回忆道:"出乎我们听众意外的是，他并没有做一番政治分析，而是做了一番心理分析——而且是一番弗洛伊德式的心理分析。那次讲话的内容大意是:汪本人正值翩翩少年时，却被富婆陈璧君以金钱、权势和婚姻牢牢控制着，而且从

---

① 余景陶:《谈中国本位文化》,《独立评论》第 149 号,1935 年 5 月 5 日,第 16 页。
② 柯象峯:《为大众福利的文化》,《中国社会》第 1 卷第 4 期,1935 年 6 月,第 16 页。
③ 罗敦伟:《中山文化与本位文化》,《文化建设》第 1 卷第 10 期,1935 年 7 月,第 22 页。

此控制了他一生,因而造成了他心理上极大的扭曲。这种情结使汪终其一生受到压抑而得不到满足,于是就形成了他极为扭曲的心理状态,以及他一生人格上和心理上的变态从而表现为从事各种极端的政治上反复无常的投机和赌博。……这次讲话,今天回想起来确有其另一方面值得注意的意义。那就是傅先生是第一个——至少就我所见,他是我国史学家中第一个——认真地把心理分析引入到史学研究的。"这说明傅斯年的史学思想远比一般人所了解的要活泼得多。"历史归根结底乃是人的活动而人的活动归根结底乃是通过心理的这一环节。一般的历史学家们看问题往往只停留在社会分析的层次上,而绝少论及作为历史主体的人的心灵深处,所以往往是未达一间而功亏一篑。"①触及"当事者的内心或灵魂深处",显然靠记载的史料是不够的,必须另开渠道。傅斯年在德国留学时专攻过心理学,这大概不能不影响到他的史学研究,只是他没有公开宣示而已。

在中西文化碰撞的大背景下,近代中国的历史人物,大多既承受了传统的知识和思想,又吸纳了西方的知识和思想。他们的内心如何处理传统和西方的价值,一定是充满矛盾、犹豫、困惑、变化、反复和迷惘。张忠绂就感到"处处令人迷惘","幼时所受的教育是忠君爱国的旧式教育;民国成立以后,因学校教育与环境关系,思想已逐渐转变。殆至游学返国","个人的思想与观念亦已形成。孰知个人思想与观念的形成,正是迷惘的根源"。面对"举世的思想与观念日新月异,庞杂混淆","个人处身行谊,决不是件简单的事"。但是,"立身行谊往往是一种习惯。

---

① 何兆武:《回忆傅斯年先生二三事》,《社会科学论坛》2004 年第 9 期。

人们最难改的就是习惯"。① 因此，个人的观念和行为容易发生背离。

以傅斯年为例，其史学思想和实践，似乎就存在着矛盾。他强调，"史学只是史料学"；"材料之外我们一点也不越过去说"。② 但是他的学术实践则说明他恰是"疏通"的高手，其著《夷夏东西说》、《性命古训辩证》就是最好的例证。③ 何以会如此呢？罗志田的解释是："历来学力识力高于同时代一般学人较多者，其提倡'众人'做的多与其自身实际所做的有些区别，盖学力或凭积累，识力往往靠解悟，实难模仿。"傅斯年之所以亟言"史料学"，在于"深知"对"疏通"和"推论"的提倡"可能导致诠释与史料的脱节"。④ 张岂之指出，"其目的是要扭转长期以来对史著的偏重，把具体的客观的史学研究放到第一位"。⑤ 杜正胜则认为，傅斯年"有他面临的问题，当时最大的势力当然是顾颉刚"。他虽然曾是"疑古的先锋"，并曾在留学期间竭诚恭维顾氏的"疑古"成就：在史学上已堪称为王。⑥ 但是，当他决心步入史坛时，只有别树一帜，才能开拓自己的空间，他提出"史学只是史料学"，就是要"以求实的态度破

① 张忠绂：《迷惘集》，沈云龙主编：《近代中国史料丛刊续编》第53辑，（台北）文海出版社1978年版，第1、11、14页。
② 傅斯年：《历史语言研究所工作之旨趣》，欧阳哲生主编：《傅斯年全集》第3卷，湖南教育出版社2003年版，第10页。
③ 傅斯年：《性命古训辩证》，欧阳哲生主编：《傅斯年全集》第2卷，湖南教育出版社2003年版，第627—634页。
④ 罗志田：《中国近代史学十论》，复旦大学出版社2003年版，第199页。
⑤ 张岂之主编：《中国近代史学学术史》，中国社会科学出版社1996年版，第246页。
⑥ 已有过"领袖"体验的傅斯年，在留学的最后阶段，还曾向胡适表示，对当年同室好友顾颉刚的"疑古"成就，佩服得"五体投地"（傅斯年：《致胡适》，耿云志主编：《胡适遗稿及秘藏书信》第37册，黄山书社，1994年版，第360页）。其实，极誉之下，已生远离并另辟蹊径之心。

疑古派的陷虚"。① 与杜正胜不同,在桑兵看来,傅斯年的史学宣言固然"有针对疑古派的意向",但主要还是"针对前此占据学术主流的章太炎门生",甚至更广,"面向整个国学运动乃至整个中国文史学界而立论"。② 欧阳哲生的看法大致相同,认为傅斯年这一口号打击的是"国内学术界流行的各种主张和选择",包括太炎学派、疑古学派,也包括马克思主义历史学派。③

傅斯年揭起"史料学"的大旗,无论打击的对象是谁,其以"立"来"破"的隐曲,应该是存在的。这从他的史学著述中也可看出,在他论述古代学派时讲到,墨翟出时,"孔学鼎盛","盖务反儒者之所为也";孟轲出时,"杨朱、墨翟之言盈天下","孟子之哑言性善,非一人独提性之问题而谓之善,乃世人已侈谈此题,而孟子独谓之善以辟群说也";荀子出时,"孟子之言,彼时盖盈天下矣。荀子起于诸儒间,争儒式正统,在战国风尚中,非有新义不足以上说下教,自易于务反孟子之论,以立其说"。④ "辟群说","立其说","非有新义不足以上说下教",这不正是他高喊"历史学只是史料学"的夫子自道吗? 或许他是从古代学派的兴替中获得了启发,或许他本身就有这种想法,所以以之看古代学派,傅斯年的偏激之言,显然是故作的。在"群说""盈天下"的境况里,显然不

① 杜正胜:《从疑古到重建———傅斯年的史学革命及其与胡适、顾颉刚的关系》,《中国文化》1995 年第 12 期。
② 桑兵:《近代学术转承:从国学到东方学———傅斯年〈历史语言研究所工作之旨趣〉解析》,《历史研究》2001 年第 3 期。
③ 欧阳哲生:《傅斯年学术思想与史语所初期研究工作》,《文史哲》2005 年第 3 期。
④ 傅斯年:《性命古训辩证》,欧阳哲生主编《傅斯年全集》第 2 卷,湖南教育出版社2003 年版,第 627—634 页。

"呐喊"不足以动人视听。由此也就可理解其所倡言与实际所为何以不一致。

傅斯年曾对胡适讲:"我们的思想新信仰新;我们在思想方面完全是西洋化了;但在安身立命之处,我们仍旧是传统的中国人。"[1]这应该是傅斯年超越自我反观"我们"的一个结论,对这种二分式的人生他似乎感到一种无可奈何。显然,西洋化是有意识的、理智的,传统则是潜意识的、不知不觉的。中国人在吸收西方学理时往往潜意识里去寻找同类项,与中国已有的东西相似或相合的常常容易引起共鸣,也就是说中国人是带着挥之不去的传统来吸纳西方学问的。这几乎适用于近代中国的所有人物:表面上很"新"或"西化"了,而骨子里却仍是传统的,在变化多端的背后往往隐藏的是一成不变。比如,民主是五四以来各类人物所崇尚的价值,但大都流于口号或理论,即使是真实的思想和信仰,而实际所为却仍可能是专制,甚至以民主来行专制。"当他反对别一个人专制的时候,看他若似乎是很开明的,其实,凡是反对别一个人专制,皆因为别一个人专制我便不能专制,所以必得要反对他。""故从前革命的口号,就是'你专制,打倒你,让我来专制'。"[2]

不过,这还有另一面,即西方学理在很大程度上改变了中国人的思维方式和生活方式,以致也化作一种潜意识,使中国人用而不觉。在这种情形下,对传统的维护却常常用西方的法子,反对外来之说却难逃外来之念。外来的学说在中国开花结果,变成中国新传统的一部分,同样

---

① 曹伯言整理:《胡适日记全编》(5),1929年4月27日,安徽教育出版社2001年版,第404页。

② 东施:《闲话》,《现代评论》第8卷第193期,1928年8月18日,第10—11页。

浸透了历史人物的心灵。这样,近代人物的思想就更加复杂化了,要准确地把握其意,显然是一件不容易的事。

因此,走进思想者的心灵,需要掌握充分的史料。傅斯年说,"一分材料出一分货,十分材料出十分货",①胡适也谓,"有一分证据只可说一分话。有三分证据,然后可说三分话"。② 但是,窥探思想者的心灵,有时有一分材料,也不能说一分话,而要有"三分证据"、"十分材料"才能说"一分话"。在可能的情况下,甚至要穷尽史料,包括本人留下来的言行记录和同时代相关人或不相关人的评论。任何思想者都不可能掌握绝对的真理,也不可能行事完美无缺,所以,既要看时人和相关人的赞扬与追随,又要看时人和相关人的批评与背离。历史人物的思想有时是虚玄的,但是可以通过具体而详实的材料证之,也就是以实证虚。"实"是零碎的、片断的,"虚"则是综合的、整体的。充分占有史料以后,加以整理或排列,人物的心态、形象、得失及在历史上的地位,往往不言自明。而在更多的情况下,需要像傅斯年说的那样"比较不同的史料",以获得"近真"和"头绪"。③ 把有关历史人物的各类史料比勘以后有机地组放在一起而产生的"近真"和"头绪",显然超越于各种单纯的史料,亦可谓"史料之外的历史",这也正如王汎森所主张探寻的"万状而无状,万形而无形"的历史。④

---

① 傅斯年:《历史语言研究所工作之旨趣》,欧阳哲生主编:《傅斯年全集》第 3 卷,湖南教育出版社 2003 年版,第 10 页。

② 耿云志、欧阳哲生编:《胡适书信集》(中),北京大学出版社 1996 年版,第 700 页。

③ 傅斯年:《史学方法导论》,《民族与古代中国史》,上海古籍出版社 2012 年版,第 420 页。

④ 王汎森:《天才为何成群地来》,《南方周末》2008 年 12 月 4 日。

　　揭示思想者的心态，不但需要尽可能地穷尽史料，而且还要善于运用史料。"熟悉和技巧固不可少，而想像和推理的能力尤为必要。""研究者需要从看上去毫无联系的散乱文献中寻觅出蛛丝马迹，进而依情理、事理和'道理'把它们勾连起来"，以形成"合乎逻辑的证据链"。①一般来说，直接记录历史人物内心活动的材料是很少的，即使有也可能不实。历史人物既可能有意保存材料，也可能有意销毁材料。因此，傅斯年所说的间接、不经意、旁涉、隐喻、口说之类的史料就显得相当重要。对这类史料显然简单的比较已不能发现问题，必须进行探曲索隐，"聚集许多似乎不相干的琐碎材料、琐小事例，加以整理、组织，使其系统化，讲出一个大问题，大结论"。② 或者，"于人所常见之史料中，发觉其隐曲面"；③"从习见的材料中提出大家所不注意的问题"。④ 达此，既要以新视角发现新材料，又要以新方法整合旧材料，然后，"分析入微，证成新解"。⑤

　　换个角度看，不实或作伪的史料，也有其特别之价值，当事人的记述过程同样是历史之真，有意伪造的背后往往能发露当事人的真实心境和意向所指。发现史料之外的历史，就是从作伪的材料发现真实的史事。而对已毁之材料，同样可根据相关材料、事件之过程和后来之结

---

　　① 谢维：《考证行为，体察动机——读茅海建〈戊戌变法史事考〉》，《近代史研究》2005年第4期。

　　② 严耕望：《治史经验谈》，（台北）商务印书馆股份有限公司1993年版，第94页。

　　③ 翁同文：《追念陈寅恪师》，北京大学中国中古史研究中心编：《纪念陈寅恪先生百年诞辰学术论文集》，北京大学出版社1989年版，第61—62页。

　　④ 贺昌群：《贺昌群文集》第1卷，商务印书馆2003年版，第285页。

　　⑤ 严耕望：《治史答问》，（台北）商务印书馆股份有限公司1992年版，第86页

果,使之浮出水面。纵然材料可以销毁,而历史是不能被销毁的。在这种情况下,就须由已知推未知,拨云开雾,由果探因,从外看内,以蛛丝马迹追出内心之隐。总之,一时期之历史人物,对自己所处时代、地位及本身之思想,特别是无意识之行为,也未必认识清楚,其个人留下来的文本更是只鳞片爪。所以,历史研究者,就像文物复原者,把破碎的残片重新恢复它最初的形态。

历史人物的思想产生于一定的社会情状和时空环境中,所以,要有"同情之了解",必须把眼光从本人和相关人身上移开,采取多维视角,利用不同渠道,真切地再现当事人所处的历史场景,进而探究一种思想的原生状态,给之以立体式的全方位的感知和体认,以达到不言得失而得失自现,不谈是非而是非自明,这显然是要综合各种史料来悟。

研究历史人物的思想,既要看其言,又要看其未言,还要看其行。对于其言,要注意其前提、时间、场合、对象和用意,言有隐曲,言有未尽之意,言有前后之变。真实完整地再现历史人物,就是要探究他的言外之意,未言之思,行中所寄,未行所系。再者,其想的未必能做,做的未必符合所想。[①] 甚至说的,写的,做的,与内心想的,都可能不一致。说,写,做,都可能有明确的记载,而内心真实之想,则不可能都有所附载,并且有时其内心所想也未必清楚。似是而非,为一般研究者所忌,而有时却恰是当事人的真实心态。因此,揭示思想者的所思所想,研究者要通过各种渠道争取比思想者自己更了解他;这样做要慎之又慎,一

---

① 正如杨天石所分析的蒋介石,其所作所为未必符合内心的道德尺度,参见杨天石:《蒋氏秘档与蒋介石真相》,社会科学文献出版社 2002 年版。

不小心，就可能走偏。因此，全面展现思想者的心态及其变化，必须苦心孤诣、千方百计，以各种角色去感知、审视和见证。它不但需要精密的功夫，而且需要很高的识见和悟力。研究者要有佛家所说的"心相应"，或者鲁迅所谓的心中"自有诗人之诗"，才能"握拨一弹，心弦立应"。①

形象地说，研究历史人物的思想，要做他的恋人、仇人和路人。所谓恋人，就是要与其处于同一境界，思其所思，是其所是，非其所非。所谓仇人，就是要搜集一切不利于他的材料，揭示他最隐秘的心态。所谓路人，就是在前两项工作的基础上，摆脱自己的任何主观，作为一个路过这段历史的旁观者即见证人，把他的一切都供述出来。也可以说，研究者既要做演员，用心灵重新扮演历史人物，同时又要做导演，用舞台、幕景、灯光、服装及相关配角，使他在一定的时空中重新"复活"。

---

① 鲁迅：《摩罗诗力说》，林非主编：《鲁迅著作全编》第一卷，中国社会科学出版社 1999 年版，第 42 页。

第一章　边缘与中心

　　近代中国的社会转型,使传统的士蜕变为知识分子,而知识分子这一群体在近代中国社会日益边缘化。[①] 另一方面,知识分子在被边缘化的同时,其本身又在做着重新走向中心的努力。被"边缘"化与向"中心"进身如同一个钱币的两面,成为近代中国知识分子的社会特征。社会转型造成了知识分子的边缘化,同时也带来了知识分子重新走向中心的凭借——近代报刊。报刊作为西方文明的产品,在近代以后逐渐走入中国人的日常生活,这是西风东渐影响中国礼会变迁的最重要的内容之一。自维新以后,办报成为读书人实现社会理想和表达对国家命运关切的重要手段,凡是在中国社会舞台上唱主角的新人物,几乎无

---

　　① 罗志田:《权势转移:近代中国的思想、社会与学术》,湖北人民出版社 1999 年版,第 191—241 页。

一不是通过报刊来登场的，近代中国的历史也大致可以几个刊物而划分出不同的时代。胡适就曾说："三个杂志可代表三个时代，可以说是创造了三个时代。一是《时务报》，一是《新民丛报》，一是《新青年》。"①时代由杂志所造，充分体现了杂志在历史变革中的作用。② 借助《新青年》成名的胡适显然是时代的弄潮儿。而通过报刊取得社会权势的人要想保持对社会的影响力，要么参加政治活动，要么继续办报或著书立说。

一、做"活事"的媒介

政府之外的舆论在近代西方的社会生活和政治生活中具有举足轻重的作用，中国虽然自古就有"清议"，但是并没有一个常规的附丽。进入近世以后，在东西文明融合的背景下，中国民间的力量活跃起来，很大程度上就是得益于"报刊"这样一种新的平台。随着中国"近代化"的加深，报刊在中国社会中的作用日益突显，"今欲一言而播赤县，是惟报章"。"章子"因而叹曰："伟哉造物者，其以子为此巨史也。"③更甚者，

---

① 胡适：《致高一涵、陶孟和、张慰慈、沈性仁》，耿云志、欧阳哲生编：《胡适书信集》（上），北京大学出版社 1996 年版，第 321—322 页。

② 李敖也曾谈到，"一九一二年以后，中国有名的几本杂志，真正影响人民的杂志，第一个就是陈独秀办的《新青年》；第二个是胡适办的《独立评论》；第三个是储安平办的《观察杂志》；第四个应该是台湾雷震办的《自由中国》；第五个是我李敖办的《文星杂志》"（李敖：《李敖有话说》八，中国友谊出版公司 2008 年版，第 229 页）。若说是影响知识分子的杂志更为贴切，而胡适与这五个杂志都或多或少地有关系。

③ 章太炎：《实学报序》，汤志钧编：《章太炎政论选集》（上），中华书局 1977 年版，第 29页。

"一纸风行,捷于影响,上自国际祸福,下至个人利害,往往随记者述叙之一字一句而异其结果。"①既然报刊"势力之伟大"如此,"故党与非党","无不与利用报纸,以图伸张其势力"。② 那么,无法安于书斋欲在社会中有大作为的自由知识人,自然也不例外。胡适很早就认识到"舆论家(Journalist or Publicist)之重要",并且常"以舆论家自任"。③ 事实上,胡适正是借助于《新青年》的舆论"暴得大名",④《新青年》"为胡适的兴起提供了根本条件"。⑤

1923 年,任清华大学教务长的张彭春在日记中写到:"(胡适)在北京这几年的经验所以使他发达的趋势改变,是很可以给我们一个观念:就是中国有才的人在社会上没有一个作'活事'的机会,所以要他们才力放在不被现时人生能迁移的古学古理上。活事是经营现时人与人发生关系的事业,如政治、学校事业、民族生活等。适之还没完全离开'活事',他还编他的《努力》周刊,还时常发表与现时生活有关系的文章。"⑥"中国有才的人在社会上没有一个作'活事'的机会",可以说是知识分子"边缘化"的表现,而编《努力》式的刊物,"经营现时人与人发生关系的事业",可以说是他们保持"中心"地位或进一步向"中心"的

① 《国闻周报发刊辞》,沈云龙主编:《近代中国史料丛刊三编》第 5 辑,(台北)文海出版社 1985 年版,第 1 页。
② 张默:《六十年来之申报》,《申报月刊》创刊号,1932 年 7 月 15 日,第 5 页。
③ 曹伯言整理:《胡适日记全编》(2),1915 年 1 月 22 日、27 日,安徽教育出版社 2001 年版,第 14—29 页。
④ [美]唐德刚:《胡适杂忆》增订本,华东师范大学出版社 1999 年版,第 60—61 页。
⑤ 罗志田:《再造文明之梦——胡适传》,四川人民出版社 1995 年版,第 296 页。
⑥ 张彭春:《日程草案》,转引自罗志田:《日记中的民初思想、学术与政治》,《东方文化》2003 年第 2 期,第 28—29 页。

"努力"。事实上，以报刊为媒介，形成了一部分自由知识人做"活事"的传统。《努力》停刊后，又相继办《现代评论》和《新月》，应该都是经营"活事"的体现。

1931年，九一八事变爆发不久，当时在清华大学任教的俞平伯就给胡适写信，建议他亲自出马，重操旧业，在北平办一"单行之周刊"，"其目的有二：（一）治标方面，如何息心静气，忍辱负重，以抵御目前迫近之外侮。（二）治本方面，提倡富强，开发民智。精详之规划，以强聒之精神出之；深沉之思想，以浅显之文字行之，期于上至学人，下逮民众，均人手一编，庶家喻户晓。换言之，即昔年之《新青年》，精神上仍须续出也。救国之道莫逾于此，吾辈救国之道更莫逾于此"。[1]

虽然后来俞平伯并没有参与《独立评论》的创办或为之撰文，但是这一段话很能体现当时一些自由知识人的愿望，即拥戴胡适以办刊物为"救国"、"强国"或者是"治标"、"治本"之道；自感要实现自己的救国愿望和政治理想，只有办刊物造舆论，别无"可为之事"，这正是知识分子"边缘"地位的体现；但是在他们看来，"笔与舌"同样能够救国，同样能够作为社会的"中心"，"上至学人，下逮民众，均人手一编，庶家喻户晓"，果真如此，这不能不说是社会的一种"中心"。近代社会变迁的一个重要内容，就是"中心"的构成发生了很大的变化，过去社会中只有行政权力一种"中心"，而近代以后，舆论也逐渐形成一种有力的社会权势，以致于成为社会的另一种"中心"，这自然是西方近代国家观念和设施输入的缘故，"抑近世国家所赖以治国范群者，不外法律与舆论两端，

---

[1] 俞平伯：《致胡适》，《胡适来往书信选》中册，中华书局1979年版，第84页。

而潮流所趋,社会舆论之取舍,视法律所赏罚尤为严切而有力"。① 在办报刊的人眼里,舆论甚至比法律更能规范社会秩序。

有人还更明确地呼吁,"大学教授要造成中心舆论势力以领导社会,监督政府:中国是向来无中心舆论的国家。尤其在独裁政治,军阀统治下的社会,中心舆论更无从表现。大学教授如要拿出先觉者的资格冲破这重气压的氛围以领导社会,贯彻主张,就必先造成强有力的中心舆论。现在国内的几间大报馆,多半不是营业化,即是被某党某派的收买,求其能稍讲几句公正话的,又是浅薄脆弱,不足以号召社会。所以,在这严重的国难当中,我们如一日不能任卖国军阀舞弄欺骗,即一日不能无代表民意,监督政府的真正舆论。大学教授要无疑地接受这领导舆论的责任,为民众的前锋"。②

然而,在还没有建立起良性运转的政治机制的动荡年代里,中国人寄希望于舆论的主要还不是"治国",而是"救国","救国之道莫逾于此",特别是作为知识分子的"救国之道更莫逾于此"。这几乎成了"智识阶级"的共知,比如,当时还有人更强烈地向胡适进言,"有枪杆到今日便应革命;有笔杆只好纠正及拟具方案,唤起全国同情,或谋一种有组织之团体"。③ 从中不难发现其激烈情绪,但是,建议者显然更倾向于后者即以"笔杆"提出方案,"唤起全国同情",从而形成"他人"之外自己的"势力"。

---

① 《国闻周报发刊辞》,沈云龙主编:《近代中国史料丛刊三编》第 5 辑,(台北)文海出版社 1985 年版,第 1 页。

② 抗争:《写在大学教授救国以后》,《时代与教育》第 1 卷第 2 期,1931 年 12 月 11 日,第 4 页。

③ 敬:《致胡适》,《胡适来往书信选》中册,中华书局 1979 年版,第 85 页。

的确,在以武力作为维护"中心"地位或进阶"中心"手段的现代中国,知识分子能够有所作为的空间十分有限。丁文江曾说,"我们这班人"可谓"治世之能臣,乱世之饭桶"。① "乱世之饭桶"一语最能体现知识分子所处的"边缘"地位。但是,他们并不甘于这种地位,他们同样渴望走向"中心",担负起自己对国家的责任,其路径就是办刊物,尤其是办政论刊物,"政论报刊之目的与功能,在于造成舆论,借舆论以推动政治变革"。②

胡适晚年写《丁文江的传记》时,对他周围一班知识分子的这种感受和价值取向,印象是非常深刻的:"大火已烧起来了,国难已临头了。我们平时梦想的'学术救国'、'科学建国'、'文艺复兴'等等工作,眼看见都要被毁灭了……《独立评论》是我们几个朋友在那个无可如何的局势里认为还可以为国家尽一点点力的一件工作。当时北平城里和清华园的一些朋友常常在我家里或在欧美同学会里聚会,常常讨论国家和世界的形势。就有人发起要办一个刊物来说说一般人不肯说或不敢说的老实话。"③胡适说的"有人"即是蒋廷黻,当时他对办刊物最热心、最积极,"任家约我和另一些人到他们家中去吃饭。我又提出办刊物的想法,他们又和过去一样表示反对。但出我意料的,丁文江倡议:为了测量一下我们的热诚,不妨先来筹募办刊物的经费……他提议我们每人每月捐助收入的百分之五"。④ 这样他们就通过了办一个刊物的决定。

① 胡适:《丁文江的传记》,安徽教育出版社1999年版,第143页。
② 周佳荣:《苏报与清末政治思潮》,(香港)昭明出版社有限公司1979年版,第1页。
③ 胡适:《丁文江的传记》,安徽教育出版社1999年版,第142—143页。
④ 蒋廷黻著,谢钟琏译:《蒋廷黻回忆录》,(台北)传记文学出版社1979年版,第139页。

自己掏腰包来做"公事",如果没有一种强烈的社会责任感,显然是不会为之的。

胡适后来回忆,他和丁文江因为有办《努力》周报的经验,"知道这件事不是容易的,所以都不很热心。当时我更不热心。"①"总觉得此次办报没有《努力》时代的意兴之十分之一!"②之所以"不热心"和没有"意兴",大概不是不想为之,而是担心受到干扰,此前胡适曾因《新月》的遭遇被弄得精疲力竭。但是其内心深处并未放弃努力,知其不可为而为之,正是胡适的内在性格。况且,"办一个有资本的杂志,像美国的《新共和》",一直是他的"梦想"。③ 在美国留学时,《新共和》是他最喜欢阅读的杂志之一,他经常在日记中摘抄该刊所登的文章,或者径直投书表达个人观点。④ 在中国从事学术研究的费正清后来也觉得,"胡适主编的《独立评论》","像美国的《新共和》周刊一样"。⑤ 为给呼之欲出的《独立评论》一个"参照"及更好地理解胡适办刊物的志趣,这里有必要先了解一下《新共和》到底是一份怎样的杂志。

《新共和》在 1914 年由美国政治理论家克罗利(Herbert David Crolly)创办,"为美国最具影响力的自由派杂志之一……这本刊物的编辑观点是在寻求每个层面的改革,如克罗利曾说过,希望由读者'开

---

①　胡适:《丁文江的传记》,安徽教育出版社 1999 年版,第 142—143 页。

②　胡适:《致丁文江》,耿云志、欧阳哲生编:《胡适书信集》(上),北京大学出版社 1996 年版,第 568 页。

③　胡适:《致高一涵(稿)》,《胡适来往书信选》上册,中华书局 1979 年版,第 258 页。

④　曹伯言整理:《胡适日记全编》(2),1915 年 1 月 27 日、2 月 12 日、2 月 27 日、8 月 29 日,安徽教育出版社 2001 年版,第 22—29、53、69—70、267 页。

⑤　[美]费正清著,陆惠勤等译:《费正清对华回忆录》,知识出版社 1992 年版,第 47 页。

始一些小叛乱',这个观点对温和派读者来说太过,对激进派则犹不及……在诸等此类的环境中,该刊物一直是美国报业中的尖刻批评者。《新共和》起初与小罗斯福政府对立,但后来为该政府争取,转而支持'新政'"。① 在"温和"与"激进"之间寻求平衡,对于政府既"批评"又"支持",这样一个杂志所持的政治态度及在美国社会的"中心"地位,正是胡适在中国努力的方向。

虽然胡适已同意办杂志,心中也早有所指向,但是要让周围的人都完全接受他的办刊方针,似乎并不容易。1932年初,胡适在日记中写道:"拟了一个办周报的计划,送给聚餐会的朋友们看。蒋廷黻也拟了一个大政方针,分三项:一内政,二外交,三人生观。这方针不甚高明。"②为什么胡适认为蒋廷黻提出的方针"不甚高明"呢?且看一下其中的某些内容:

一、内政:首重统一,次建设,次民治。1. 现在统一问题虽与历代不同,然中心人物及武力亦不能免,在二三十年内,一方式的专制——一人的或少数人的,公开的或隐讳的——是事实所必须……3. 民治在中国之不能实行,全由中国无适宜于民治之经济、社会及智识,倘统一能完成,建设即可进行,而适于民治之环境自然产生矣。短期之专制反可成为达到民治之捷径……三、外交……倘国际大战不发生,则东北问题之解决如上次宣言,二三十年内,

① 《大美百科全书》8,(台北)光复书局企业股份有限公司1990年版,第74页。
② 胡适:《胡适的日记》手稿本第10册,1932年1月28日,(台北)远流出版事业股份有限公司1990年版。

中国需以亲日为用,自强为体。仇日派只可在野活动,且不可过烈。①

根据原稿笔迹判断,这一方针已由人修改,但主要反映的仍是蒋廷黻的思想。值得注意的是,该方针认为当时中国的"统一"需要有"中心人物",他们所要做的就是通过即将办的周刊扶持"中心人物",甚至充当"中心人物",这一点大概为"各人"所赞同。但是,该方针认为"专制"为"事实所必须"、民治在中国"不能实行"、"以亲日为用"等项可能很难达成一致。从未动摇过"民治"观念的胡适认为其"不甚高明",原因或许正在于此。结果,刊物还未办起来,分歧和争端先发生了。胡适在《独立评论》三周年时,对当时的争论及解决方式有所披露:

> 我们共推蒋廷黻先生起草一个方案,我个人也起了一个方案。廷黻的方案已够温和了,我的方案更温和。大家讨论了许久,两个方案都不能通过;又公推两位去整理我们的草案,想合并修正作一个方案。结果是整理的方案始终没出现。我在那时就起了一个感想:如果我的一个方案不能通过这十来个好朋友,我还能妄想得着多数国民的接受吗? 这是一个很悲观的结论。但我又转念一想:我有什么特殊资格可以期望我的主张一定成为大家一致接受的方案呢? 我的主张不过是我个人思考的结果;我要别人平心考虑我思考的结果,我也应该平心考虑别人思考的结果……只要是用公心思考的结果,都是值得公开讨论的。②

---

① 《〈独立评论〉编辑方针(稿)》,《胡适来往书信选》下册,中华书局1979年版,第574—575页。

② 胡适:《又大一岁了》,《独立评论》第151号,1935年5月19日,第4页。

这是典型的自由主义者解决问题的办法。胡适"转念一想"的意义不在于解决了独立社内部的分歧,而在于他无意中创立了一种自由主义者的行为规范或解决问题的方式。既希望别人接受自己的"思想信仰",又尊重别人的"自由权利",这也可理解为自己渴望成为"中心人物",但是并不排斥别人成为"中心人物",它是和平竞争政权的思想运用在处理具体问题上的体现和反映。

相互尊重"不同",往往能达到真正的"同"。事实上,他们并非所有问题都不能达成一致,胡适在 1932 年 2 月 13 日的日记中写到:"独立社聚餐。谈内政问题。方式为'怎样建设一个统一的国家',结论大致是:应渐渐由分权的名义上的统一做到实质上的统一……应做到全国和平不打内战。吴宪君问:政权应如何分配? 讨论的结果是:1.应取消'党内无派',使国民党自己分化成政党。2.应取消'党外无党',使国民党以外能有政党发生。3. 国民党此时的专政,是事实上不能避免的。"[①]可以说这次讨论的结论,成为此后《独立评论》在内政问题上努力的指针,即旨在使中国走上统一、和平、法治和民主的道路,后来他们的政治解决方案和对国共两党的政治态度,都是从这一指针出发而阐明的。有意思的是,这一批"书生"似乎把自己当成了中国社会中"领袖"的"领袖"。担负起其他势力没有做到的"建立一个统一国家"的重任,筹划政权"如何分配",这明显地体现了要走向"中心"的意旨。

无论是分歧还是共知,他们事前所讨论的问题,大都成为后来《独

① 胡适:《胡适的日记》手稿本第 10 册,1932 年 2 月 13 日,(台北)远流出版事业股份有限公司 1990 年版。

立评论》中政论文章的主题，其中影响较大的民主与独裁论争及其对日本侵略、国民党专制、共产党革命的态度，①从关于编辑方针的讨论中已可看出端倪。虽然胡适等人最终也没有形成一个完全一致的编辑方针，但是《独立评论》还是不久就问世了。其创刊号中的"引言"，集中反映了它创办的缘由和宗旨：

> 我们八九个朋友在这几个月之中，常常聚会讨论国家和社会的问题，有时候辩论很激烈，有时议论居然颇一致。我们都不期望有完全一致的主张，只期望各人都根据自己的知识，用公平的态度，来研究中国当前的问题。所以尽管有激烈的辩争，我们总觉得这种讨论是有益的。我们现在发起这个刊物，想把我们几个人的意见随时公布出来，做一种引子，引起社会上的注意和讨论。我们对读者的期望和我们对自己的期望一样：也不希望得着一致的同情，只希望得着一些公心的，根据事实的批评和讨论。我们叫这刊物做"独立评论"，因为我们都希望永远保持一点独立的精神。不依傍任何党派，不迷信任何成见，用负责任的言论来发表我们个人思考的结果：这是独立的精神。②

这个"引言"表明，胡适等人之所以创办这一刊物，是要把"我们"中"各人"对国家社会问题的思考和主张公之于众，希望得到社会的关注与同情。这里的"各人"特别能体现这一刊物的自由主义特点。他们特别声明该刊要保持"独立的精神"，"不依傍任何党派，不迷信任何成

---

① 张太原：《自由主义与马克思主义：〈独立评论〉对中国共产党的态度》，《历史研究》2002年第4期。

② 《引言》，《独立评论》第1号，1932年5月22日，第2页。

见"。所谓党派显然是指国民党和共产党；所谓成见则是指三民主义和共产主义，"有一些成见早已变成很固定的'主义'了。懒惰的人总想用现成的，整套的主义来应付当前的问题，总想拿事实来附会主义。有时候一种成见成为时髦的风气，或成为时髦的党纲信条，那就更不容易打破了"。①

这里所隐含的主旨是不难体会的，在"党派"和"成见"已居于社会"中心"的情况下，他们希望以"独立"的旗帜、与众不同的"见解"和"主张"，来带动一种新的政治力量，从而达到在社会"中心"占一席之地；进而再把"任何党派"和"任何成见"都纳入他们的麾下，或者至少给它们的社会走向以一定影响。这是一篇典型的自由主义的政治宣言，同时又集中反映了 30 年代自由知识分子的政治关怀和抱负。

后来《独立评论》的编辑者，较严格地贯彻了这种向"中心"努力的宗旨，胡适曾经极力主张《新青年》的内容以"思想文艺"为主，而办《独立评论》时，他则完全反了过来，"有些朋友时时写信劝我们多登载一些关于思想文艺的文字；其实我们并不曾有意拒绝这一类的材料，不过因篇幅的关系，这一类的文字往往被政治、外交、经济的讨论挤出去了"。② 尽管稿件有时也"告急"，但是宁愿减少文章数量却也不离"主题"。即使对于他所喜爱的考据性的文章也同样忍痛割爱。③ 由此可见胡适这时对"政论"的"执著"。

---

① 胡适：《独立评论的一周年》，《独立评论》第 51 号，1933 年 5 月 22 日，第 2 页。

② 胡适：《编辑后记》，《独立评论》第 102 号，1934 年 5 月 27 日，第 19 页。

③ 胡适：《致江绍原》，耿云志、欧阳哲生编：《胡适书信集》（上），北京大学出版社 1996 年版，第 575 页。

从主张在思想文艺上替中国政治造一个基础,到直接投身于政治解决,这不能不说是一个大变化。之所以有这种变化,大概与现代中国的社会形势时常处于紧迫状态有关。为人刀俎的外患、风云变幻的内争,使人很难平心静气地去从事"思想文艺工作";同时在"政治解决"成为社会潮流和风气的环境里,"思想文艺"工作也很难找到"市场",其本身已被挤到社会的"边缘"。所以要走向社会的"中心",就不得不从政治方面着手,况且胡适等自由知识分子内心深处本来就存在着"我辈岂是等闲人"的社会冲动。

二、自觉的"中心"意识

如果拓广历史的视野,不难发现,独立社同人所秉持的办刊理念,"独立的精神","不依傍任何党派,不迷信任何成见",并非"此时此地"的创举,而是有迹可寻的。若以《独立评论》为坐标的话,前后左右都能找到这样一些"同类项"。比如,此前的《现代评论》创刊时就曾表示,"本刊的精神是独立的,不主附和;本刊的态度是研究的,不尚攻讦;本刊的言论趋重实际问题,不尚空谈……本刊同人,不认本刊纯为本刊同人之论坛,而认为同人及同人的朋友与读者的公共论坛"。①《新月》问世时则带有文学色彩地声明,"《新月》月刊是独立的……成见不是我们的,我们先不问风是在那一个方向吹"。② 而此后的《观察》发刊时说得

---

① 《本刊启事》,《现代评论》第 1 卷第 1 期,1924 年 12 月 13 日,第 2 页。
② 《〈新月〉的态度》,《新月》第 1 卷第 1 号,1928 年 3 月 10 日,第 3—10 页。

更明确,"我们背后另无任何组织。我们对于政府、执政党、反对党,都将作毫无偏袒的评论……我们尊重独立发言的精神"。① 显然,这几个刊物与《独立评论》有着大致相同的办刊理念。除此之外,《申报》作为"独立生存之报纸",也"向不与任何党派任何方面有关系",一直恪守"自由独立之精神"。② 蒋廷黻晚年还曾谈到当时他们与《大公报》的关系,"我们与《大公报》间从来没有默契,更谈不上正式的合作,但是事实上共守相同原则的"。③

可见在现代中国社会中,《独立评论》式的刊物是一种连续的和较广泛的存在。它们都表示自己是"独立"的,都声明自己与任何党派没有关系,恰恰反映了当时一些人对于"任何党派"皆不满意的社会现实,也表明当时社会中的确存在着这些刊物发挥作用的"市场"或空间。事实上,办刊物者正是想以所办刊物为集结的方式,带动不满意"任何党派"的社会中人,在"任何党派"之外"组织小团体,公开的讨论我们根本的信仰和政治的主张",④以形成另一种政治力量,进而占据社会的"中心"。尽管他们一再声称没有"任何组织",比如,《新月》的创办者曾说,"我们这几个朋友,没有什么组织,除了这月刊本身……没有什么一致,除了几个共同的理想"。⑤《独立评论》的创办者,也"期望做到'独立'

① 编者:《我们的志趣和态度》,《观察》第 1 卷第 1 期,1946 年 9 月 1 日,第 3—4 页。
② 张默:《六十年来之申报》,《申报月刊》创刊号,1932 年 7 月 15 日,第 5 页。
③ 蒋廷黻著,谢钟琏译:《蒋廷黻回忆录》,(台北)传记文学出版社 1979 年版,第 145 页。
④ 丁文江:《中国政治的出路》,《独立评论》第 11 号,1932 年 7 月 31 日,第 5 页。
⑤ 《〈新月〉的态度》,《新月》第 1 卷第 1 号,1928 年 3 月 10 日,第 3—10 页。

的精神,但不期望成一个'独立派'"。① 但是,他们毕竟有"共同的理想",也有"共守的信约",因而外界人大都把他们看作是具有共同政治倾向的团体或组织,所谓"新月派"、"现代评论派"、"独立评论派",正是由此而来。蒋廷黻回忆,"虽然《独立评论》同人间都了解彼此见解不同,但外界却把我们看成是一体的,有些人甚至认为我们正在成立一个新政党。这种看法当然是毫无根据的。但外界人士却认为我们的立场是一致的"。②

不难看出,在现代中国社会中,以一些刊物为中心,确实形成了"任何党派"之外的另一种社会所认知的政治力量,从这一点上说,他们本身已处于社会的"中心",至少是亚"中心"。与"任何党派"不同的是,这样一种政治力量的成员几乎都来源于"智识阶级"。以《独立评论》为例,其社员和主要撰稿人几乎全部是大学教授或研究人员,并且绝大多数都有留学欧美的经历。③ 其他几个刊物的组合也大致有相同的特点,并且在具体人员上有不少重合。因此可以说,这样一种政治力量的成员在社会上大都有一个"学者"的身份或角色。

有研究者认为,"学者"在一定程度上是个新词,不具备"士人"那种对天下的关怀和承担。但是,如果切实考察近代以来学者的自我和社会认知,似乎并不完全是这样。梁启超曾郑重地"敬告我国学者曰:公等皆有左右世界之力……即不能左右世界,岂不能左右一国;苟能左右

---

① 任鸿隽:《我们是右派吗?》,《独立评论》第48号,1933年4月30日,第6页。
② 蒋廷黻著,谢钟琏译:《蒋廷黻回忆录》,(台北)传记文学出版社1979年版,第145页。
③ 邵铭煌:《抗战前北方学人与〈独立评论〉》,台湾政治大学历史研究所硕士论文,1979年。

我国者,是所以使我国左右世界也"。① "左右世界",这是何等地"对天下的关怀和承担"。科举废除以后的"学者"虽然"不能比士大夫",但往往又胜似"士大夫",这一点从人们对学者的批评中也可看出来:"按之实际,学者不过一块招牌,猎官乃其真实之目的……学者之研求学术,大致恒在未成名以前,既成名后,则书卷固完全抛开,即其精神与思想,亦全流入其他之途径,而好官之念尤占十之八九。"②"猎官"如果从正面来看,正是古代"士大夫"经世的路径。

蔡元培曾说,北洋政府所以能"对付时局,全靠着一般胥吏式的学者";还说:"政府哪一个机关,能离掉留学生?"③即使《独立评论》的社员和主要撰稿人,后来也大多做了"高官",走进了社会既存的"中心"。这说明现代中国的学者,不但有着古代"士大夫"似的对天下的关怀,而且也能找到和获取实现政治抱负的渠道与空间。如果说"士与知识分子的一个根本区别就是参政与议政",④那么就《独立评论》式的刊物周围的知识分子来看,与"士"似乎并没有根本的区别。与古代不同的是,科举废除以后,读书人的数量激增,社会容纳的空间也拓广,因而读书人的流向产生了分化。其中,一部分人开始专意于学问,成为纯粹意义上的知识分子;一部分人则通过新的媒介和渠道,仍走着与古代士大夫

---

① 梁启超:《论学术之势力左右世界》,《新民丛报》第1号(光绪二十八年正月初一日),第69—78页。

② 诚夫:《学者破产》,沈云龙主编:《近代中国史料丛刊三编》第5辑,(台北)文海出版社1985年版,第179—180页。

③ 蔡元培:《蔡元培的宣言》,《努力周报》第39期,1923年1月28日,第4版。

④ 罗志田:《权势转移:近代中国的思想、社会与学术》,湖北人民出版社1999年版,第203页。

大致相同的道路,即到现成的"中心"里面去"为官";还有一部分人是通过发表政论文章或办政论刊物,来表示"对天下的关怀和承担",并试图在"任何党派"之外形成自己的政治力量,最终由自己占据社会的"中心"。

正因为有了这样更多的选择,清季以后的读书人本身很少有"边缘"的心态,大都认为自己在社会中有着非同寻常的地位:"现在的读书人,都是以上流社会自命的"。① "士大夫"一词,在一些人的心目中仍然是一个"活"的有实际意义的用语,"吾人以为世运转移之责,不在今日之所谓将相,而在今日之所谓士大夫"。② 这里所体现的那种扭转乾坤的"澄清天下"的观念似乎还相当的浓厚。胡适不止一次在演讲中说明,"在变态的社会之中,没有可以代表民意的正式机关,那时代干预政治主持正谊的责任必定落在知识阶级的肩膀上"。③ 在他心目中,似乎只有"知识阶级的肩膀"才能担负起主持社会"正谊的责任"。与古代"士大夫"经世的目标不同,《独立评论》周围的"智识分子"对政治的"干预",是"训导人民自作主人",建立一个"宪政国家","吾人以为今后训导人民自作主人之责任,应在无任何党籍之中立的智识分子","领导国民,教以监督政治自作主人之必要能力,以使中国进为真正之宪政国家"。④

---

① 林懈:《国民意见书》,张枬、王忍之编:《辛亥革命前十年间时论选集》第 1 卷下册,三联书店 1960 年版,第 909 页。

② 吴鼎昌:《世运转移说》,沈云龙主编:《近代中国史料丛刊三编》第 5 辑,(台北)文海出版社 1985 年版,第 437—438 页。

③ 欧阳哲生编:《胡适文集》(11),北京大学出版社 1998 年版,第 47 页。

④ 宋士英:《中国宪政之前途》,《独立评论》第 234 号,1937 年 5 月 16 日,第 17—18 页。

有意思的是,《独立评论》周围的一些"学者",把社会不治的责任也归咎于"知识阶级"。蒋廷黻曾说:"运动军队和军人是清末到现在一切文人想在政界活动的唯一的法门……中国近二十年内乱之罪,与其归之于武人,不如归之于文人。"①"张宗昌、王占元之流的军人,倘使没有一般攀龙附凤的念书人,受利禄所趋使,为他们效劳,你想他们焉能久居高位,危害于国家呢?"②以后来人的眼光看,他们显然抬高了"文人""运动"的作用,"文人"之所以要"运动""武人",就在于社会中枢总是为"武人"所控制,无论进步或反动,只要不以"武力"做后盾,就不可能取得政权。也就是说,清季以来,"武人"渐居于社会的"主导"地位,"文人"要有所作为,则不能不依附或"运动"武人。胡适曾高呼:"努力!努力!阻力少了!武力倒了!中国再造了!"③其实,中国的"再造"始终都是以"武力"唱主角的。在这个意义上,说"文人"已被"边缘化"也不为过。但是,在一些现代读书人眼里,"文人"在社会中的作用仍然是至高无上的。

这自然可理解为,读书人的社会角色变了,而"士"的心态还未变化,同时也可看作是,读书人原来的天下观念已演变成了近代的社会观念,那种"对天下的关怀和承担",逐渐演变成了一种自觉的社会"中心"意识。清季以后的读书人对社会的责任感不但没有丝毫的减弱,反而以新的形式变得更强了更丰富了。古之"士大夫"几乎无不依附于打天

① 蒋廷黻:《知识阶级与政治》,《独立评论》第 51 号,1933 年 5 月 21 日,第 16—17 页。
② 张忠绂:《迷惘集》,沈云龙主编:《近代中国史料丛刊续编》第 53 辑,(台北)文海出版社 1978 年版,第 204 页。
③ 胡适:《努力歌》,《努力周报》第 1 期,1922 年 5 月 7 日,第 1 版。

下坐天下的"君主",清季以后的读书人也不乏依附或"运动"武人者,但是除此之外,还有一部分读书人,如《独立评论》式的几个刊物周围的自由知识分子,则企图通过向社会宣传自己的政治理念,营造一支自己"独立"的政治力量,从而最终由自己直接占据或控制社会的中枢。那么这样一种努力的成效如何,则需要进一步检视。

三、全国人的公共刊物

在西方现代社会,舆论是社会的指针,"创造舆论,指导舆论的人,便是从事政治,因为他可以影响政治"。①《独立评论》的创办者,绝大多数都有在西方留学的经历。由此他们也想在中国通过"创造舆论"来影响社会,作社会的领导者,"立一说或建一议都关系几千万或几万万人的幸福与痛苦,一言或可以兴邦,一言也可以丧邦",②这正是他们的理想。

胡适曾说,"我们自始就希望",《独立评论》"成为全国一切用公心讨论社会政治问题的人的公共刊物"。③ 这一希望是否实现,需要从各方面作一检视。从《独立评论》的发行数量来看,是逐年增多的:"第一期印了两千本。初期的《独立评论》是相当简陋的,但比我们所预期的要好得多。第二期我们发行了三千本。半年后,已经无需继续捐助,可以自力更生了。一年之内,发行数字升到八千本,两年之内,达到一万

---

① 吴景超:《舆论在中国何以不发达》,《独立评论》第 37 号,1934 年 1 月 28 日,第 4 页。
② 胡适:《我的意见也不过如此》,《独立评论》第 46 号,1933 年 4 月 16 日,第 3 页。
③ 胡适:《独立评论的一周年》,《独立评论》第 51 号,1933 年 5 月 21 日,第 2 页。

五千本。"①蒋廷黻的这一回忆可能与事实稍有出入。胡适在《独立评论》三周年时曾提到,"独立这两星期已销到七千份了";②"我们十分高兴的感谢我们的七千读者"。③ 胡适一直是"总负责人",其说的话又是在当时,所以他说的更为可信。不过,《独立评论》的发行量不断扩大却无疑是事实,到 1935 年底,销量已经达到了 1 万份,"我们很热诚的祝贺独立的一万多个读者和许多寄稿的朋友的新年安吉!"④

这种销量仍在不断地增加,到《独立评论》四周年时,胡适声明"我们现在可以说'我们的一万三千个读者'了。在这一年之中,销路增加到一倍,其中有好几期都曾再版,这是我们最感觉高兴的"。⑤ 章希吕日记中的记载也与此一数量相符,"现在《独立》虽印一万三千份(每期可销一万二千五百)"。⑥ 从胡适的日记和来往书信可发现,其余 500份大都赠送给了他们的朋友或他们认为有必要读的人。1936 年底,《独立评论》停刊以后,"据胡氏告诉记者","以前销一万三千份,现在销一万四千份"。⑦ 从报刊史上来看,清末海内外影响较大的《新民丛报》,其销量最多的时候不过在一万份左右。⑧《新青年》销量最多时,大约也只有 1 万份。因此,《独立评论》的这种销量,说明它已成为中国

---

① 蒋廷黻著,谢钟琏译:《蒋廷黻回忆录》,(台北)传记文学出版社 1979 年版,第 140页。

② 胡适:《编辑后记》,《独立评论》第 150 号,1935 年 5 月 12 日,第 19 页。

③ 胡适:《又大一岁了》,《独立评论》第 151 号,1935 年 5 月 19 日,第 4 页。

④ 胡适:《编辑后记》,《独立评论》第 183 号,1935 年 12 月 29 日,第 21 页。

⑤ 胡适:《独立评论的四周年》,《独立评论》第 201 号,1936 年 5 月 17 日,第 5 页。

⑥ 《章希吕日记》,1936 年 3 月 23 日,颜振吾编:《胡适研究丛录》,三联书店 1989 年版,第 268 页。

⑦ 《独立评论——胡拟恢复发行》,天津《益世报》1936 年 12 月 5 日,第 3 版。

⑧ 张朋园:《梁启超与清季革命》,(台北)中研院近代史研究所 1969 年版,第 296 页。

近代以来最有影响的刊物之一。

从《独立评论》受众的地理分布上，也可明显看出这一刊物的"全国"性。它创刊时的"寄售及代定处"只有"北平、天津、上海、南京、西安、兰州、武昌、开封、安庆"几个大城市。① 然而，其后却不断增多并向全国各地扩散，一周年时所刊登的"寄售及代定处"为："北平、平西、天津、上海、真茹、南京、镇江、南通、徐州、常熟、汉口、武昌、广州、汕头、兴宁、梅县、琼州、桂林、济南、青岛、威海、菏泽、临清、安庆、芜湖、绥远、太原、开封、西安、兰州、成都、万县、合川、重庆、云南、杭州、厦门、衡州"。②

三周年时所刊登的"寄售及代定处"为"北平、平西、天津、上海、真茹、南京、镇江、徐州、蚌埠、南通、常熟、汉口、武昌、南昌、广州、汕头、梅县、琼州、梧州、桂林、南宁、济南、青岛、威海、安庆、绥远、宣化、太原、开封、郑州、清化、保定、西安、兰州、成都、万县、合川、重庆、云南、贵阳、杭州、宁波、福州、厦门、长沙、衡州"。③ 对此，新增的社员陈之迈说："'独立'这孩子虽只三岁，它却是'少年老成'，居然不要社员贴钱而能自给自足了，居然销路大广，流传到很辽远的省份了，居然在舆论界颇露头角了。"④

最终停刊时所刊登的"寄售及代定处"为"北平、平西、天津、上海、真茹、江湾、南京、镇江、吴锡、苏州、仪征、徐州、南通、武昌、汉口、南昌、

---

① 《独立评论》第1号，1932年5月22日，第1页。
② 《独立评论》第51号，1933年5月21日，第1页。
③ 《独立评论》第152号，1935年5月26日，第1页。
④ 陈之迈：《教孩子的方法——寿〈独立〉三周年》，《独立评论》第51号，1935年5月19日，第5页。

广州、汕头、梅县、琼州、梧州、南宁、济南、青岛、烟台、威海、安庆、蚌埠、芜湖、徽州、绥远、太原、开封、郑州、南阳、保定、石庄、西安、兰州、平凉、宁夏、成都、重庆、杭州、福州、厦门、沙市、长沙、衡州、昆明"。[①]

通观《独立评论》封面的标示,它的"寄售及代定处"经常有所变化或增加,从其固定刊登它的版面来看,实际的"寄售及代定处"远比刊登的要多。但是仅就刊登的这些地方,已足以说明《独立评论》已成为一个全国性的"刊物"了。不仅如此,它还远销海外,如日本、[②]美国、[③]英国、[④]德国、[⑤]法国等,[⑥]其对象应该多是留学人员,但也有一些外国人"注意"。胡适在第99号《编辑后记》中说:"论中国初等教育的爱培尔(J. D. F. Herbert)先生是一位法国人,最近他来游中国,写了这篇富于游移的批评的文章,托北平法文《政闻报》和《独立评论》代他发表。"[⑦]这位法国人此前似很了解《独立评论》在中国的影响。

再从稿件的情况来看,"社员的稿子逐渐减少,而社外的投稿逐渐增多……显示了社会上对我们表同情的人逐渐加多。如果这个趋势能继续发展,使这个小刊物真成为我们所希望的公共刊物"。[⑧] 这是《独立评论》一周年时胡适说的话,此时他还仅仅是希望它成为"公共刊

---

① 张佛泉:《我们没有第二条路》,《独立评论》第 244 号,1937 年 7 月 25 日,第 1 页。
② 《徐旅人致胡适》,《胡适来往书信选》中册,中华书局 1979 年版,第 116 页。
③ 胡适:《编辑后记》,《独立评论》第 82 号,1933 年 12 月 24 日,第 22 页。
④ 《胡适致吴景超(稿)》,1937 年 5 月 17 日,《胡适来往书信选》中册,中华书局 1979 年版,第 361 页。
⑤ 胡适:《编辑后记》,《独立评论》第 81 号,1933 年 12 月 17 日,第 18 页。
⑥ 胡适:《编辑后记》,《独立评论》第 104 号,1934 年 6 月 10 日,第 21 页。
⑦ 胡适:《编辑后记》,《独立评论》第 99 号,1934 年 5 月 6 日,第 19 页。
⑧ 胡适:《独立评论的一周年》,《独立评论》第 51 号,1933 年 5 月 21 日,第 2—3 页。

物",而到《独立评论》三周年纪念时,胡适则确信它已"成为全国用公心讨论政治社会问题的人的公共刊物了。试举一件值得报告的事实。《独立评论》在这二年之中,总共发表了七百九十六篇文章(编辑后记不计),其中社员作的三百七十二篇,占百分之四六. 七,社外投稿四百二十四篇,占百分之五三. 三……这样我们原来创办人的文字逐年递减,从全数百分之五七降到百分之三八;而社外投稿逐年递加,从百分之四三加到百分之六二。这不是《独立》渐渐成为一个全国公共刊物的实证吗?"①

到《独立评论》四周年时,胡适用同样的统计方法,再次说明《独立评论》已成为"全国人的公共刊物","这四年之中,独立总共登载了一千零七十一篇文字,其中社员作的四百八十三篇,约占百分之四五,社外投稿五百八十八篇,约占百分之五五,共计一千零七十一篇。

分年比较如下:

	篇数	社员稿	百分比	社外稿	百分比
第一年	274	157	57. 3	117	42. 7
第二年	244	109	44. 7	135	55. 3
第三年	278	106	38. 2	172	61. 8
第四年	275	111	40. 4	164	59. 6

上面的统计数字可以证明这个刊物真能逐渐变成全国人的公共刊物了"。② 不难发现,在胡适自己看来,他们很快就实现了最初的希望,即《独立评论》由"八九个朋友"所办的"小刊物",变成了"全国人的公共

---

① 胡适:《又大一岁了》,《独立评论》第 151 号,1935 年 5 月 19 日,第 2 页。
② 胡适:《独立评论的四周年》,《独立评论》第 201 号,1936 年 5 月 17 日,第 4—5 页。

刊物"。这样至少可以说他们已通过这个"小刊物"走向了全国舆论的"中心",或者说通过办《独立评论》,他们已造成了"中心舆论"。

四、社会各界的评说

1934 年,在独立社的一次聚会中,蒋廷黻自诩:"《独立》当然是今日国内第一个好杂志。"① 此前也曾有读者给胡适写信说,"贵刊风行海内,所评的问题,都很能引起一般人的注意"。② 所谓"一般人",根据蒋廷黻的回忆,"大部分都是大学生。其次是公务员,再次是开明的商人。令我感到意外的是有些青年军官也一直看《独立评论》"。③ 其实,《独立评论》的读者比之还要广泛,例如,有些初中学生也订阅《独立评论》。④ 即使协和医院"管理收费"的工作人员也"很高看《独立评论》"。⑤ 此外,还包括一些在华的外国人,当时在中国的费正清就"把它当作教科书来钻研"。⑥

须要说明的是,不同的人读《独立评论》往往有不同的感受,一般来

---

① 胡适:《胡适的日记》手稿本第 11 册,1934 年 1 月 28 日,(台北)远流出版事业股份有限公司 1990 年版。

② 李行之:《兰州的教育惨案与开发西北》(通信),《独立评论》第 35 号,1933 年 1 月 15 日,第 18—19 页。

③ 蒋廷黻著,谢钟琏译:《蒋廷黻回忆录》,(台北)传记文学出版社 1979 年版,第 140—141 页。

④ 巴剑:《我看〈走向共和〉》,《巴剑文集》,http://www. people. com. cn/GB/14738/25974/26003/27289/1872311. html。

⑤ 《黎昔非日记》,1934 年 12 月 23 日,黎虎主编:《黎昔非与〈独立评论〉》,学苑出版社 2002 年版,第 526 页。

⑥ [美]费正清著,陆惠勤等译:《费正清对华回忆录》,知识出版社 1992 年版,第 47 页。

说《独立评论》给人以"平和"的印象,特别是在对日态度问题上。有人致信胡适说:"连读《独立评论》数期,甚佩诸公伟论。言论解放以后,有此种切实的负责任的言论出世,国人当知言论自由之可贵也。"[①]还有人更具体地指出,《独立评论》的论调,"是代表较成熟,较稳重,已经在社会中尝过事实上的磨练,懂得实际上解决问题步骤的人士的意志,这是老成持重委曲求全的看法"。[②] 陶希圣也曾听人说道:"很有些人喜欢《独立评论》。最大的原因是他不唱高调。"[③]

这样一种态度和风格,尽管可能"多数人心理均默认为正当",甚至包括"为人利用之学生"。[④] 但是对于一般喜好偏激的青年,"读《独立评论》,总觉得不过瘾!"[⑤]苏雪林在致胡适的信中也谈到这一点,"《独评》的态度因为过于和平,持论因为过于稳健的缘故,色彩未免不甚鲜明。青年读惯了那些慷慨激昂、有光有热的反动文字,再读《独评》当然会发生不能'过瘾'之感"。[⑥] 即使胡适所看重的一个学生也认为它的论调太悲观,"《独立评论》是在九一八后产生的,他的文章一天比一天

---

① 《周鲠生致胡适》,1932 年 6 月 24 日,《胡适来往书信选》中册,中华书局 1979 年版,第 121—122 页。

② 陈仁炳:《海外寄来的一个花球(通信)》,《独立评论》第 33 号,1933 年 1 月 1 日,第 22 页。。

③ 陶希圣:《低调与高调》,《独立评论》第 201 号,1936 年 5 月 17 日,第 48 页。

④ 《陈垣致丁文江》,1932 年 11 月 20 日,《胡适来往书信选》下册,中华书局 1979 年版,第 534—535 页。

⑤ 胡适:《独立评论的一周年》,《独立评论》第 51 号,1933 年 5 月 21 日,第 3—4 页。

⑥ 《苏雪林致胡适》,1936 年 11 月 18 日,《胡适来往书信选》中册,中华书局 1979 年版,第 325—326 页。

消极"。① 而左倾一点的学生则对《独立评论》"很讨厌"。② 更有甚者，不但夸大它的"平和"，而且给之赋上一种浓厚的色彩，"《独立评论》今日妥协的主张，亦不过四十年前李鸿章赞成妥协，十几年前袁世凯赞成妥协的议论而已"。③ 致使它"以右派著名"。④

不过，从另一角度来看，这正是《独立评论》要达到的效果："我们不供给青年过瘾的东西，我们只妄想至少有些读者也许可以因此减少一点每天渴望麻醉的瘾。"⑤"在现在世界上和国人中偏激病，顽固病，幼稚病颇为流行的时候，保持智理的公平态度确是一桩难能可贵的事。"⑥胡适复苏雪林的信说："我们的希望是要鼓励国人说平实话，听平实话。这是一种根本治疗法，收效不能速，然而我们又不甘心做你说的'慷慨激昂有光有热'的文字。"⑦这种秉持，胡适在给周作人的信中说得更明白："'青年无理解'，只使我更感觉我不应该抛弃他们……你说，'我们平常以为青年是在我们一边。'我要抗议：我从来不作此想。我在这十年中，明白承认青年人多数不站在我这一边，因为我不肯学时

　　① 申寿生：《我们要有信心》，《独立评论》第 103 号，1934 年 6 月 3 日，第 23 页。但是，其圈内的人却不认可申寿生的说法："《独立》四年来的议论虽不免叫苦连天，却时时流露着乐观的勇气。《独立》是相信天下事大有可为的，相信国家和社会的问题终究可寻到适宜的解决办法的。"（萧公权：《独立评论四周年祝词》，《独立评论》第 201 号，1936 年 5 月 17 日，第 7 页。）

　　② 笑蜀：《李锐访谈录：我的社会主义思想史》，《炎黄春秋》2007 年第 2 期。

　　③ 天津《益世报》1933 年 7 月 26 日，第 3 版。

　　④ 徐炳昶：《西安通信》，《独立评论》第 46 号，1933 年 4 月 16 日，第 18 页。

　　⑤ 胡适：《独立评论的一周年》，《独立评论》第 51 号，1933 年 5 月 21 日，第 3—4 页。

　　⑥ 君衡（萧公权）：《独立评论四周年祝词》，《独立评论》第 201 号，1936 年 5 月 17 日，第 7 页。

　　⑦ 胡适：《复苏雪林书》，1936 年 12 月 14 日，胡颂平编著《胡适之先生年谱长编初稿》第 4 册，（台北）联经出版事业公司 1984 年版，第 1545 页。

髦,不能说假话,又不能供给他们'低级趣味',当然不能抓住他们。但我始终不肯放弃他们,我仍然要对他们说我的话,听不听由他们,我终不忍不说。"①明知道在"激进"成为风气的环境里,《独立评论》对青年的影响微乎其微,②甚至会丧失"指导舆论的机会",③但是却仍不改初衷,知其不可为而为之,这恰恰体现了"独立"的精神。这种影响不在于具体层面,而在于它的象征意义,象征着一种不随潮流而动的社会改革力量。更主要的是,这种影响是超越现实的,日后才能见其价值。④

须要指出的是,即使在当时也有人持与"平和"相反的看法,"《独立评论》,我是每期看的,至于我爱看他的原因,是因为他有许多一般人不

---

① 《胡适致周作人》,1936 年 1 月 9 日,《胡适来往书信选》中册,中华书局 1979 年版,第 297 页。

② 其实,《独立评论》对青年并不是完全没有影响,比如苏雪林本人就深受影响:"这里我要先对先生和《独立评论》表示衷心的感谢。前几年左派势力活跃,整个文化界都被他们垄断。他们的理论既娓娓动人,其宣传的方法又无孔不入。九一八以后,日本帝国主义者不断向中国侵略,政府态度不明,四万万人都抱有行将为亡国奴的忧惧。不但青年感到万分的苦闷,我们中年人也感到万分苦闷。左派理论,恰恰指引我们一条出路。于是大家如饮狂泉,如中风疾,一个个左倾起来了。我那时虽未加入左联,思想亦动摇之至……后来连读《独评》数年,思想更趋稳定。假如当时不闻先生的教训,以后又无象《独评》一样的刊物指导我思想的正轨,则区区此身,难免不为汹涌的时代潮流扫卷而去。"(《苏雪林致胡适》,1936 年 11 月 18 日,《胡适来往书信选》中册,中华书局 1979 年版,第 325—326 页。)这表明《独立评论》确也影响了一部分青年,只是不占青年的多数而已。加上这种影响没有组织的附着,因而在社会中很难有较大的表现力和作用。对此,胡适也是自知的,他在答苏雪林的信中说:"关于《独评》,你的过奖,真使我愧汗。我们在此狂潮之中,略尽心力,又如鹦鹉濡翼救山之焚,良心之谴责或可稍减,而救焚之事业实在不曾做到。"(胡适:《复苏雪林书》,1936 年 12 月 14 日,胡颂平编著:《胡适之先生年谱长编初稿》第 4 册,(台北)联经出版事业公司 1984 年版,第 1545 页。)

③ 《蒋廷黻致胡适》,1934 年 12 月 28 日,《胡适来往书信选》中册,中华书局 1979 年版,第 265 页。

④ 近年一位研究者指出:"九一八后,蒋和胡适创立《独立评论》,以冷静的头脑分析时政,反对情绪化的速战。"(《我们这个时代的文化英雄》,《读书》2000 年第 8 期。)

敢评论的评论"。^① 这说明《独立评论》反而有相当的勇气。对此,胡适也是一直自视的,"在这几年中,主战的人并不需要什么勇气。只有不肯跟着群众乱喊作战的人,或者还需要一点道德上的勇气。时髦话谁不会说? 说逆耳之言,说群众不爱听的话,说负责任的话,那才需要道德上的勇气"。^② 有的看法则更高:"《独立评论》产生于国难严重之日,《独立评论》的作者,过去曾和前方的战士,同样地在精神上为民族国家冲锋肉搏……大众的神经中,永远忘不掉这个刊物,永远寿祝《独立评论》这个营垒中的斗士,照旧向前奋斗!"^③作为"冲锋肉搏"的"战士"或"斗士",这与"李鸿章赞成妥协"的看法何止天远?

可见由于时人的立场或思想基点不同,读《独立评论》所得的印象和感觉自然也就不同;"激进"的人也许看到它的"和平","温和"的人则可能看到它的"冲锋肉搏"。因此,"有人说《独立》文章太平和,有些人视为眼中钉"。^④ 这似乎正是《独立评论》有意要达到的社会效果,胡适曾对傅斯年说:"《独立》诚有太和平之处,你们何不多说你们不和平的话,使《独立》稍稍减轻其太和平的色彩?"^⑤"太和平"与"不和平"在《独立评论》中应该都是存在的,只是不同的人读后往往产生不同的看法而已。当时的读者往往只看到其中的一面,或者都从中寻找自己所希望

---

① 何鲁成:《谁来训政?》,《独立评论》第 72 号,1933 年 10 月 15 日,第 11 页。

② 胡适:《致吴世昌》,1935 年 11 月 22 日,耿云志、欧阳哲生编:《胡适书信集》(中),北京大学出版社 1996 年版,第 660 页。

③ 复堂:《贺函之一》,《独立评论》第 231 号,1937 年 4 月 25 日,第 20—21 页。

④ 《章希吕日记》,1936 年 12 月 6 日,颜振吾编:《胡适研究丛录》,三联书店 1989 年版,第 268 页。

⑤ 胡适:《胡适的日记》手稿本第 11 册,1933 年 6 月 13 日,(台北)远流出版事业股份有限公司 1990 年版。

的思想,由此造成不同的人读《独立评论》所得的印象有时是截然相反的。

尽管社会各界对《独立评论》的评说不一,但是它的社会影响力之存在应该是一个不争的事实。问题是这种由"舆论"产生的影响力,是否能影响行动的武装集团或政治实体。胡适晚年说,"有兵力、有政权的人"有权有势,而"拿笔杆发表思想"的"我们也是有权势的人"。① 究竟孰轻孰重? 在"党派"已居于社会"中心"的情况下,胡适等人希望以"独立"的旗帜、与众不同的"见解"和"主张",来带动一种新的政治力量,从而达到在社会"中心"中占一席之地;进而再把"任何党派"和"任何成见"都纳入他们的麾下,或者至少给它们的社会走向以一定影响。这是《独立评论》创办的主旨之一。如此抱负有没有实现呢? 不妨看一下当时各政治实体的态度,以作反观。

1935 年,蒋廷黻在国外演讲时说:"我们在课堂上,在上海和北平的报纸上,甚至来到查塔姆议会上侃侃而谈,使你们认为我们是聪明的,可是我们无法使我们所讲的话为中国农村群众所理解,更不用说被拥戴为农民的领袖。"②我们知道,当时"被拥戴为农民的领袖"的是中共,这里暗含着"侃侃而谈"的"我们"比不上"被农民拥戴"的中共的意思。当时,尽管《独立评论》对中国共产党抱有一定程度的同情,③胡适

① 胡适:《容忍与自由》,欧阳哲生编:《胡适文集》(12),北京大学出版社 1998 年版,第845 页。

② 蒋廷黻:《中国目前的形势》,1935 年 7 月 14 日,转引自[美]费正清著,陆惠勤等译:《费正清对华回忆录》,知识出版社 1992 年版,第 102 页。

③ 参见张太原:《自由主义与马克思主义:〈独立评论〉对中国共产党的态度》,《历史研究》2002 年第 4 期。

甚至被指责"于《独立评论》撰文","公然为共匪张目"。^①但是,1930年
代前期中共基本上把一切自由知识人都当作国民党的"帮凶"或"中国
的帮忙文人",^②把他们的努力和做法称为"虚伪的地主资产阶级的民
主"、^③"欺骗民众的烟幕弹与把戏"。^④因此明确指示所属文化机关对
"独立评论派,亦加打击"。^⑤中共改变策略之后,情况逐渐发生变化。
1936年4月,中共中央发表了《中国共产党中央委员会为创立全国各
党各派的抗日人民阵线宣言》,在列举的要联合的各党各派中,其中就
有"北平独立评论社"。^⑥第二年,周恩来还亲自给胡适写过一封表示
友好和希望合作的信。^⑦无论是"打击"还是统战,都说明中共把独立
评论派看作一种有影响的政治力量。从另一方面看,中共政策的改变
及最终走向国共合作抗日尽管有种种因缘,但是包括《独立评论》在内
的全国舆论的推动无疑也是原因之一。

有外国的研究者指出,"30年代有关舆论的杂志中,《独立评论》是

---

① 香港《循环日报》,转引自胡适:《杂碎录(一)》,《独立评论》第149号,1935年5月5
日,第19页。

② 干(瞿秋白):《王道诗话》,《申报·自由谈》1933年3月6日,第16版。

③ 张闻天:《烟幕中的"民主政治"》,《红旗周报》第40期,1932年5月14日,第31—40
页。

④ 《中央为福建事变第二次宣言》(1934年1月26日),中共中央书记处编:《六大以
来——党内秘密文件》上,人民出版社1981年版,第525页。

⑤ 《中国左翼文化总同盟纲领草案》,孔海珠:《左翼·上海》,上海文艺出版社2003年
版,第374页。

⑥ 《中国共产党中央委员会为创立全国各党各派的抗日人民阵线宣言》(1936年4月
25日),中共中央书记处编:《六大以来——党内秘密文件》上,人民出版社1981年版,第
760—761页。

⑦ 《周恩来信一通》,耿云志主编:《胡适遗稿及秘藏书信》第30册,黄山书社1994年
版,第66页。

著名的",这家周刊"对当前的政府政策或适合于中国的发展模式的不同意见,适足以增强《独立评论》作为 30 年代早期中国自由主义改革家观点的发言人的作用"。① 确然,对于《独立评论》来说,更主要的还是要影响国民党政府的政策。此种努力自然为宣扬自己的意见要批评政府的政策和行为。所以,它不止一次遭到地方当局的查禁,下面便是胡适在《编辑后记》中提到的几例:

> 北平邮政管理局通知我们说:"兹准南京邮局验单内称:'由北平寄交南京,如皋,太仓,盐城,金山,仪征,涟水,昆山,海门,杨中,阜宁,横林,正义,黄渡,各地之《独立评论》,共有一百二十一件,业经首都宪兵司令部邮电检查员扣留,应请通知寄件人。'"②

> 我们收到北平邮政管理局第七二一一号公函,知道独立第九十一号被南京邮电检查员扣留了一百三十九包。我们自己检查那一期的内容,猜想扣包的原因是一篇论《论溥逆窃号与外部态度》的文字。③

> 广东近来不许独立入境。④

陈之迈晚年回忆,《独立评论》第 241 号因刊有《从枪决麻疯病人谈到麻疯问题》一文,及胡适在《编辑后记》中对广州当局野蛮行为的谴

---

① [美]费正清、费惟恺编,《剑桥中华民国史》(下卷),中国社会科学出版社 1994 年中译本,第 468 页。

② 胡适:《编辑后记》,《独立评论》第 86 号,1934 年 1 月 21 日,第 19 页。大概是由于第 81 号梁子范写的《"平均地权"和"节制资本"可以实行了吗》获罪。

③ 胡适:《编辑后记》,《独立评论》第 95 号,1934 年 4 月 8 日,第 20—21 页。很可能是第 146 号上胡适的《我们今日还不配读经》和傅斯年的《论学校读经》,引起提倡读经的陈济棠的反对所致。

④ 胡适:《编辑后记》,《独立评论》第 150 号,1935 年 5 月 12 日,第 19 页。

责,广东省政府乃禁止该刊在省境内行销。①

　　胡适慨叹"武力"在中国的"当道"时,曾对蒋廷黻说,"一连兵诚然可以解散国会,正如一个警察可以封闭你我的《独立评论》一样容易"。② 可见在胡适的心目中,舆论与武力还是难于相抵的。③ 不料这句话恰成了后来《独立评论》被封的谶语。1936 年 11 月 29 日,《独立评论》第 229 号刊登了张熙若的《冀察不应以特殊自居》,该文对冀察政务委员会委员长宋哲元"责备得很厉害",因而不久独立社即遭查封。④ 对于张奚若这篇文章的后果,此前有关人员已有所预料,住在胡适家的章希吕在日记中记到:"二二九期奚若先生那篇文章,对于冀察当局责备得很厉害,我们也知道免不了要出乱子,邮局扣留也是免不了的,故到评论社,叫他们尽快于明天上午一起寄出,不要分几起。在那里帮他们写了三百个寄报封套。"⑤

　　果然,他们的预感很快就应验了。12 月 2 日夜,警察进驻独立评论社,声言要"封门拿人"。当时胡适不在北京,章希吕代表胡适参与了事件的应对,第二天一早,他就"去之迈先生家告知昨夜的消息(按:陈

---

　　① 陈之迈:《〈独立评论〉的回忆》,《中国时报·副刊》1978 年 1 月 25 日。

　　② 胡适:《政治统一的途径》,《独立评论》第 86 号,1934 年 1 月 21 日,第 6 页。

　　③ 20 世纪初,杨度曾有"舆论即武力"的说法。杨度:《金铁主义说》,刘晴波编:《杨度集》,湖南人民出版社 1986 年版,第 304 页。

　　④ 《独立评论》创办初期,张奚若在回答胡适的约稿时说:"为《独立评论》作文,本属应尽义务,不过近年来政治问题日趋复杂,立言颇觉不易。同时个人勇气与年俱减,遇事先见其难处,结果更难下笔。"(《张奚若致胡适》,1932 年 6 月 14 日,《胡适来往书信选》中册,中华书局 1979 年版,第 119 页。)但是仅仅几年的时间,张奚若的"个人勇气"便"与年俱增"到与当权者对抗的地步,这充分说明了时代和国运对个人的影响之大,也提示了 30 年代知识分子不甘于社会"边缘"地位的心态变化。

　　⑤ 《章希吕日记》,1936 年 11 月 28 日,颜振吾编《胡适研究丛录》,三联书店 1989 年版,第 268 页。

之迈晚年回忆说,这期《独立评论》是他编的)。九点同他到佛泉家商量办法。后来岱孙先生亦由清华赶来,始知宋哲元是要封门拿人。邓熙哲怕事闹大,就告知梦麟先生及清华校长梅贻琦先生出面疏通。我们商议结果,事情当然往适兄身上推是没有什么大不了的。"①这种应对办法提示了像胡适这样的"社会贤达"在当时确有一种无形的"社会权势",但是,这种权势却不足以让武人望而却步。

"禁止一种读物等于替他作宣传",②警察进驻独立评论社发生以后,第二天《大公报》就作了报道:"近二二九号中载张奚若教授一文,论及时事,昨晚十一时许,有警察数人,至该社询问主办人,职员等答以主办人胡适之君近方由美国归国,刻尚在沪,警察遂告知该职员,《独立评论》应暂勿发刊云云。"③刚刚回国的胡适在报上得知这一消息后,立刻致电当时的北平市长秦德纯,"《独立评论》一切责任应由适负,返平后当面领教言"。④同时他多次向记者发表谈话,"关于《独立评论》无论如何,必设法继续出版,日内到平,当与秦市长一晤";⑤"又谈创刊时即预备封门或勒停、此为光荣而非耻辱,亦不拟南迁发行,决不托庇租界";"须站在我们自己的土地上,敢说敢行,否则就没有意义了"。⑥这表明居于"中心舆论"的人还敢于对抗武人,胡适早年曾说过:"封报馆、

---

① 《章希吕日记》,1936年12月3日,颜振吾编:《胡适研究丛录》,三联书店1989年版,第273页。
② 希声:《识了字干吗》,《独立评论》第41号,1933年3月12日,第15—16页。
③ 《独立评论停刊》,天津《大公报》1936年12月3日,第3版。
④ 《胡适致秦德纯电》,1936年12月初,耿云志主编:《胡适研究丛刊》第3辑,中国青年出版社1998年版,第324页。
⑤ 天津《大公报》1936年12月4日,第3版。
⑥ 《关于独立评论被封胡适答记者问》,天津《益世报》1936年12月5日,第3版。

坐监狱,在负责任的舆论家眼里,算不得危险。"①不管对抗的效果如何,敢于对抗本身就说明舆论的权势之存在;这也正像后来胡适所说:"因为我们有权有势,所以才受到种种我们认为不合理的压迫,甚至于'围剿'等。"②此处被禁,发言于彼处,则充分体现了舆论的空间。

或许《大公报》同人有同命相连之感,③他们对这一事件是非常关注的,除一般性的追踪报道之外,还谨慎地作了评论:"《独立评论》受了处分,是言论界一件很不幸的事件。我们诚恳希望冀察当局与该报同人早一点彼此消释误会,因此对两方面愿意说几句话。冀察当局要知道平津学术界同人绝对没有反对二十九军及宋先生的,他们的心理是盼望,是焦急,绝不是反对。即使言词激越,但是其心无他。同时学术界要知道:冀察现已在中央整个国策领导之下,并不特殊。目前问题重大,凡关军事,大家宜于少加批评。我希望凡爱国者再不要自己闹意气了。关于《独立评论》事,希望宋先生早些解禁,大家依然共同努力,保障华北。"④《大公报》是当时最有影响的报纸之一,它对《独立评论》的关注和同情从一个侧面反映了《独立评论》所处的"中心舆论"地位,而胡适的言论、《大公报》及其他报刊所形成的"舆论",对"有兵力、有政权"的当局显然也会形成一种压力,稍后,胡适在会见北平市长等相关

---

① 胡适:《杂感》,《努力周报》第 36 期,1923 年 1 月 5 日,第 4 版。

② 胡适:《容忍与自由》,欧阳哲生编:《胡适文集》(12),北京大学出版社 1998 年版,第845 页。

③ 《大公报》被停邮时,胡适也有同感:"今回此间若真有分裂举动出现,《大公》必无幸免之理,《独立》又岂能苟存?"(胡适:《致张季鸾》,1935 年 12 月 5 日,《胡适来往书信选》中册,中华书局 1979 版,第 665—666 页。)

④ 《独立评论之不幸事件》,天津《大公报》1936 年 12 月 4 日,第 4 版。

要人时就巧妙地借用了这种压力，"此报是全国注意的，若停的久了，社会一定要责备此间负责当局"。① 如果当局不想留下专横跋扈的恶名，自然是不能无视这种舆论的诉求的。

经过多方斡旋，胡适直接写信给宋哲元，②宋则邀约胡适吃饭："上课后，得秦市长电话，邀我五点半与宋明轩谈话。我们谈了约有半点钟的话。六点半，陪居正、江庸等吃饭。席散后，秦市长与郑仲知送我到门，说，《独立评论》随时可以复刊了。"③胡适与宋哲元的谈话已经不得而知，有可能是一段精彩的"舆论"与"武力"的对话。从《独立评论》的被禁到复刊，不难看出，冀察当局是十分在意《独立评论》的存在和言论的。宋哲元始终没有敢走向日本，而基本保持"在中央整个国策领导之下"，以《独立评论》为代表的舆论不能不说起了相当的作用。从这一点上说，创造舆论来"监督政府"的目的算是达到了。

但是，这种作用不宜高估。此前，华北出现危机时，胡适曾向张季鸾谈到："这回我从南方归来，本不存多大乐观，只作'死马作活马医'的万一希冀。三周以来，无日不作苦斗……但我至今还不肯完全绝望。雷季上君说：'胡适之把宋哲元当作圣人看待'，我至今还如此痴想。十五那晚上，先生已叫我莫作此想了。尔和、博生都如此说。但我至今不绝望。我不但希望宋哲元作圣人，我还希望萧振瀛作贤人，若不如此，

① 胡适：《致翁文灏》，1936 年 12 月 12 日，耿云志主编：《胡适研究丛刊》第 3 辑，中国青年出版社 1988 年版，第 325 页。

② 胡适：《致宋哲元》，1937 年 3 月 7 日，《胡适来往书信选》中册，中华书局 1979 年版，第 717—718 页。

③ 中国社会科学院近代史研究所中华民国史研究室编：《胡适的日记》（下），1937 年 3 月 30 日，中华书局 1985 年版，第 550 页。

我们就真绝望了。"①把自己对国家命运的关切完全寄托于对武人或当权者苦口婆心的劝导，希望他们作"圣人"，这最能体现"中心舆论"作用的限度，表明它所具有的"权势"还远不能"领导社会"。一旦稍有不慎或触怒武者，不但起不了作用，反而有被封杀的危险。

值得注意的是，以上《独立评论》所遭的查禁全部来自地方政府，而"从来未受到中央的干涉"。② 尽管《独立评论》中的文字不亚于从前《新月》对国民党的批评：国民党政府空言、贪污和无视人权；国民党领袖及党员无知、无能和"胡闹"；一党专政与政治设施自相矛盾；三民主义不合时宜，③但《独立评论》对国民党中央政府也有不少正面的作用，比如，在教育方面不但影响了国民党一些政策的制定，而且修正了具体政策实施过程中的一些偏颇。④ 本来多数北方学人与兴起于南方的国民党政权存在着相当的隔膜，但是《独立评论》的政论，拉近了他们之间的距离。蒋廷黻回忆说："我在《独立评论》和《大公报》上所发表的文章引起很多人的注意，其中包括蒋委员长。一九三三年夏季，他约我到长江中部避暑胜地牯岭去谈话。"是年秋，"行政院长兼外交部长汪精卫约我到南京一谈"。⑤ 有资料显示，胡适时常向国民党要人赠寄《独立评

---

① 胡适：《致张季鸾》，1935 年 12 月 5 日，《胡适来往书信选》中册，中华书局 1979 年版，第 665－666 页。

② 陈之迈：《〈独立评论〉的回忆》，《中国时报·副刊》1978 年 1 月 25 日。

③ 当然，《独立评论》在政治上从"有政府胜于无政府"的立场出发，对国民党政权也有维护的一面，参见张太原：《〈独立评论〉与 20 世纪 30 年代的政治思潮》，社会科学文献出版社 2006 年版。

④ 参见张太原：《20 世纪 30 年代的文实之争》，《近代史研究》2005 年第 12 期。

⑤ 蒋廷黻著、谢钟琏译：《蒋廷黻回忆录》，(台北)传记文学出版社 1979 年版，第 145－148 页。

论》,用意显然是以此影响政府的决策。因此,可以说正是《独立评论》
把蒋廷黻等自由知识分子带进了最高当局的视野。

　　1934 年,傅斯年在南京时发现"此间读书的朋友",对"《独立评论》
所做的文章(特别是国际形势及中日问题)均极佩服,认为是此时稀有
的一个道德力量,此力量颇对政府外交方策有好影响。前某友人函所
云,到此知其是事实也"。① 关于《独立评论》对政府的影响,局外人也
有所体察,苏雪林就曾向胡适说:"《独评》持论稳健,态度和平,年来对
于中国内政外交尤供献了许多可贵的意见。中国近年经济文化的建
设,日有成功,政治渐上轨道,国际舆论也有转移,我敢说《独评》尽了最
大推动的力量。"② 能够"推动"中国的经济建设、影响中国的政治走向,
乃至"转移"国际舆论,这不能不说明"中心舆论"的地位和价值。有意
思的是,在日本人看来蒋介石政权是建立在胡适的"《独立评论》的哲
学"之上的。③ 更有甚者认为,"《独立评论》所代表的精神,曾经替民族
支持半壁的江山。"④果真如此,《独立评论》岂止是"领导社会"呢? 简
直就是国家的中流砥柱了。

　　不过,从另一方面看,这未免夸大了《独立评论》的社会影响。诚
然,胡适等自由知识分子通过办《独立评论》走向了社会舆论的"中心",

---

①　傅斯年:《致胡适》,1934 年 4 月 19 日,欧阳哲生主编:《傅斯年全集》第 7 卷,湖南教
育出版社 2003 年版,第 128 页。

②　《苏雪林致胡适》,1936 年 11 月 18 日,《胡适来往书信选》中册,中华书局 1979 版,第
325—326 页。

③　《杨鸿烈致胡适》,1938 年 7 月 16 日,《胡适来往书信选》中册,中华书局 1979 年版,
第 375 页。

④　复堂:《贺函之一》,《独立评论》第 231 号,1937 年 4 月 25 日,第 20—21 页。

造成了"中心舆论势力",但是在中国,"舆论缺乏发挥威权的工具……我们对于一个问题,无论怎样谈得起劲,似乎总有点'纸上谈兵'的感觉。在政治舞台上活动的人,并不必要对舆论负责,所以他对于舆论,有时可以置若不闻"。[①] 没有武力或权力,即使再有满腹经纶,也只能作"纸上谈兵"。这样一种社会现实就从根本上使《独立评论》的社会影响大打折扣,难怪孟森对胡适说:"读所赐《评论》,辄又怃然。高识宏议,令人钦佩,既而思之,美国人发此言,则为正义,日本人信此言,则为明见,吾国人恃此言,则党国之所以为党国也。"[②]《独立评论》虽然在某种程度上可以修正"党国"的一些偏颇,但却不能根本改变它的实际趋向。汤尔和曾对胡适说:"从前我读了你们的时评,也未尝不觉得有点道理。及到我到了政府里面去看看,原来全不是那么一回事!你们说的话几乎没一句搔着痒处的。你们说的是一个世界,我们走的又是另一个世界,所以我劝你还是不谈政治了吧。"[③]"暗箱操作"一直是中国政治的特点,外界很难了解其中的"奥秘",由此形成"说的世界"与"走的世界"的隔离。不过,有时"种瓜"也能"得豆",《独立评论》的一个意外收获就是为谈政治者打开了"走的世界"的大门。

20 世纪 30 年代,蒋介石下野重新上台后,逐渐吸纳和重用知识人才,"《独立评论》创刊后发表的一系列文章,显然也使蒋介石看到了改善与知识分子关系的可能性"。[④] 1932 年 11 月,国民政府成立国防设

---

① 吴景超:《舆论在中国何以不发达》,《独立评论》第 87 号,1934 年 1 月 28 日,第 4 页。
② 《孟森致胡适》,《胡适来往书信选》中册,中华书局 1979 版,第 144—145 页。
③ 胡适:《丁文江的传记》,安徽教育出版社 1999 年版,第 72 页。
④ 申晓云:《留学归国人才与国防设计委员会的创设》,《近代史研究》1996 年第 3 期,第 244 页。

计委员会,首批聘任的委员就有独立社的社员四人:翁文灏、丁文江、胡适、周炳琳,其中翁文灏任该会的秘书长。① 该会所提出的许多"计划"后来都付诸实施,充分体现了"独立评论派"对中央政府决策的影响。由此,独立评论社打通了直接与蒋介石沟通的渠道。1933 年热河危机时,胡适"心极愤慨,拟一电与蒋介石,约在君与翁咏霓聚谈,商议后用密码发出:'热河危急,决非汉卿所能支持。不战再失一省,对内对外,中央必难逃责。非公即日飞来指挥挽救,政府将无以自解于天下'"。② 不久,有可能是建议起了作用,蒋介石果真北上保定。胡适、丁文江、翁文灏也亲自到保定与他商讨如何应敌。③ 领导舆论者与最高当局在一起共同研究救国之策,这特别能体现"中心舆论势力"的影响。

　　更为重要的是,国民党最高当局还不断吸收独立社的社员直接加入政府。1935 年底,翁文灏出任蒋介石任院长的南京政府行政院秘书长,蒋廷黻出任政务处长。由此还带动了其他一些社员,胡适日记记载:"今天吴景超来,他得咏霓的信,要他去做他的助手,咏霓已允作行政院秘书长。廷黻已南下,不是外交次长,就是行政院政务处长。《独立》社员有三人入政府,虽是为国家尽义务,于《独立》却有大损失。"④ 吴景超晚年的回忆基本与之相符:"在一九三五年底,有几个独立评论

---

① 李学通:《书生从政——翁文灏》,兰州大学出版社 1996 年版,第 106—107 页。
② 胡适:《胡适的日记》手稿本第 11 册,1933 年 3 月 3 日,(台北)远流出版事业有限公司 1990 年版。
③ 胡适:《胡适的日记》手稿本第 11 册,1933 年 3 月 13 日,(台北)远流出版事业有限公司 1990 年版。
④ 曹伯言整理:《胡适日记全编》(6),1935 年 12 月 12 日,安徽教育出版社 2001 年版,第 545 页。

社的社员到了蒋反动政府去做官了⋯⋯打电报到清华要我去参加工作。从教书改行去做官,这对我当时是一个很费思索的问题。我踌躇莫决,只好又去请教胡适。他毫不迟疑地劝我到南京去。"[1]这里特别值得注意的是,他们都说是独立社的"社员"入政府了,且相互提携和彼此沟通。总括起来,独立社的 20 名社员中,先后有 15 人进入了"中央一级"的政府机构,此外还有多名主要撰稿人名列其中。国民党中央政府吸纳如此众多独立评论派的人加入,充分体现了对《独立评论》论政的赏识和认同,也反照了《独立评论》的影响之大。

---

① 郭沫若等:《胡适思想批判》第 3 辑,三联书店 1955 年版,第 111 页。

第二章　五四之后论五四

　　五四运动发生以后，就出现了不同的解释，即使当事人也说法不一，各有侧重。其实，"五四"本来是多面的，有不同的"五四"并不为怪。从另一方面看，当五四成为历史以后，五四是什么并不重要，重要的是人们如何谈论五四。无论什么样的知识人，对五四的评价显然是从当时思想的基点出发的，与其说是谈论五四，倒不如说是针砭现实。因此，各种阐释的背后反映的是言说者自身的心态和思想。通过探讨 20世纪 30 年代知识人心目中的"五四"可揭示那个时代的思想图景和社会关怀，并映照中国近代历史演进的路径。

一、文艺复兴与启蒙运动

　　20 世纪 30 年代，五四时期本属于新思潮同一阵营的自由主义者和马克思主义者,鉴于时下各自的思想已分立,对共同经历的"五四"的认知也明显歧异。胡适在五四以后一直以"文艺复兴"相比附,而马克思主义者在民族危机的形势下,则以"启蒙运动"相称。余英时认为,"文艺复兴"和"启蒙运动","它们必须严肃地看作两种互不相容的规划,各自引导出特殊的行动路线。简言之,文艺复兴原本被视为一种文化与思想的规划,反之,启蒙运动本质上是一种伪装的政治规划。学术自主性的概念是文艺复兴的核心。追求知识与艺术,本身根本上就是目的,不能为其他更高的目的服务,不论它们是政治的、经济的、宗教的或道德的"。"相对而言,中国马克思主义者所构思的启蒙运动规划,最终则是革命导向的。由于彻底强调爱国主义与民族解放,新启蒙运动的马克思主义提倡者,只认可文化与思想为革命服务的意识形态功能。总的来说,学术自主性的理念与他们是无缘的。"[1]

从当时和后来二者所走的道路来看,这种认识显然不错。不过,历史研究往往表现出这样一种悖论:研究者所提倡的往往不能实行,自己所反对的则容易重蹈覆辙。自然,正如余英时所言,类比本身是没有意义的。但是,类比者为什么要类比则是有意义的,它负载或暗含着类比者的希冀。不过,类比者未必完全如今人的解读。不同信仰的历史人物的言说并不都是具备明显的意图,也并不都是格格不入的。比如,左翼知识人在当时冒着危险坚持研究马克思主义,恰恰是"学术自主性"的表现。其实,他们也并不反对五四"文艺复兴"说。

---

① 余英时:《文艺复兴呼? 启蒙运动呼? ——一个史学家对五四运动的反思》,余英时:《重寻胡适历程:胡适生平思想再认识》,广西师范大学出版社 2004 年版,第 250—251 页。

新启蒙运动的干将之一柳湜认为:"有人比拟五四运动是中国的文艺复兴,实在不能说他过当。"他还就此指出,中国的文艺复兴的内容是极复杂的,虽然它只以极简单的形式表现。① 另一干将胡绳也赞成,"有人把'五四'运动叫做中国的文艺复兴,这确是有相当根据的。"五四运动,在积极方面发展独立的个性斗争,助长了"人的发现",所谓"人的发现"是欧洲文艺复兴的最重要的一个成绩。② 稍后几年一位化名为"菊圃"的人同样说:"我们不禁感觉到'五四'新文化运动与欧洲文艺复兴之'人'的发现,颇相类似!"③如果切实的深入到当时的场景里去体察,新启蒙运动的要旨恰恰不在于革命,而在于合法活动或自主性的争取,或可以说不在于"立异",而在于"求同"。比如,陈伯达就这样来解释:"启蒙思想不是别的,乃是救中国的思想。""我们曾经有过不少启蒙思想家,中山先生的《三民主义》,便是一种伟大的启蒙思想。""在现在的'党国要人'中,还有不少在过去是这种启蒙思想的倡导者和叫喊者(如蔡元培、吴稚晖、邵力子、张继、李石曾……诸先生)。而在现在,也还是有人继续保留这种思想。陈公博先生最近在《民族杂志》发表的一篇文章,这是需要一切反对启蒙思想的人读一遍的。北平教育界名流陶希圣先生最近也再三地说,需要'文化上的启蒙运动'和'思想界的民主运动'。""我很同情胡适之先生这句话:'自由平等的国家,不是奴才建造得起来的。'"④当时左翼知识人"联合一切"而又试图引领之的意向

---

① 柳湜:《从五四运动到今日》,柳湜:《国难与文化》,上海黑白丛书社1937年版,第32、33、36页。

② 胡绳:《"五四"运动论》,《新学识》第1卷第7期,1937年6月,第335页。

③ 菊圃:《论"五四"新文化运动》,《现代青年》第2卷第1期,1940年5月,第32、33页。

④ 陈伯达:《思想无罪》,《读书月报》第3号,1937年7月,第166、168页。

是很明显的。在民族危亡的形势下,对于马克思主义者来说,革命已降为第二位的东西,保存这个国家成为首要的考量。由此来看,虽名为"启蒙",而实为"救亡"。①

在那般场景里,"文艺复兴"论者也很难单纯地"追求知识与艺术",爱国同样成为他的第一要义。② 况且,把五四运动比附为"文艺复兴"的,似乎并不都是为了追求"学术自主性"。国民党旗下的报刊上亦有不少如是说:"落伍的中国,不长进的中国,直到五四运动以后,才穿上了近世的服装。这真可说是中国的'文艺复兴'。"③"因为这个运动是基于民族自觉的意识,所以其在思想学术方面,恰如欧洲的文艺复兴。"④"什么叫做五四文化运动? 我以为正确的答复,如果用一句话来表示,即:它是中国的文艺复兴。只有这样的看法,才能理解它的真义。"⑤因此,把五四运动是比附为"文艺复兴"还是"启蒙运动",很难说与是否要"学术自主"或导向"革命"有关。再如,学者型的国民党要人朱家骅,稍后同样认为,"五四运动在中国历史上是一种启蒙运动,所以五四以后的青年运动,也染上了极其浓厚的启蒙色彩。这种启蒙色彩,

---

① 新启蒙运动的首倡者陈伯达明确说过,其主旨是"反对异族统治、反对复古",以"唤起广大人民之抗敌和民主的觉醒"。从其回忆来看,也并未提到预先的"精打细算",且明确地否认事前与人商量过。在很大程度上这一运动的发起是陈伯达出于对中共政策变化的敏感理解,不过事后,受到左翼知识人的响应和中共领导人的赞许。参见陈晓农编纂:《陈伯达最后口述回忆》,阳光环球出版香港有限公司 2005 年版,第 42 页。

② 张太原:《<独立评论>与 20 世纪 30 年代的政治思潮》,社会科学文献出版社 2006 年版,第 147 页。

③ 金志骞:《五四运动之经过及其影响》,《民国日报》1929 年 5 月 4 日,第 4 版。

④ 文夫:《五四运动十七年》,《文化建设》第 1 卷第 8 期,1935 年 5 月,第 5 页。

⑤ 叶青:《五四文化运动的检讨》,《文化建设》第 1 卷第 8 期,1935 年 5 月,第 22、23 页。

最明显的,就是一种反抗的态度,对于历史、社会上的一切,都要反抗"。① 显然他没有导向革命之意。政治上相异的国共两党人士,都认为五四运动是启蒙运动,这表明,以政治派别来分析对五四认识的不同,与以对五四认识的差异来划分政治派别,其做法本身都是有问题的。如果再延长一下视线,后来反对"革命"的殷海光也把五四运动比作"启蒙运动",并在 1950 年代末提倡继续开展之。② 而美国研究者格里德则有趣地说,"回顾一下胡适的思想与愿望的记录,也许,人们更可能想到的是欧洲的启蒙运动,而不是欧洲的文艺复兴"。③ 这样一些用法,说明启蒙运动和文艺复兴两个词本身并没有导向"革命"与"学术自主"的区分,至少后来的用者没有这种意识。此外,现在的研究者和一般知识人大都用启蒙运动比附五四运动,似乎也并不是源于马克思主义者,更不是后来马克思主义者的强势话语造成的,而是在 20 世纪 30 年代及其以后,此种用法本来就较多,无论各派。

　　余英时还指出,中国的马克思主义者不断以启蒙运动的观点重新界定五四,并不是对历史任意性的解读,而是作了一种"蓄意"又经过"精打细算"的选择。④ 这难免有作者本人常反对的"后见之明"的意味。就马克思主义者当时已形成的革命思维来说,可能难免无意识地

---

① 朱家骅:《三民主义青年团在中国青年运动中的意义与价值》,1942 年,王聿均、孙斌编:《朱家骅言论集》,(台北)中研院近代史所 1977 年版,第 356 页。

② 殷海光:《展开启蒙运动》,1959 年,林正弘编:《殷海光全集》(11),(台北)桂冠图书出版有限公司 1990 年版,第 811—820 页。

③ [美]格里德著,鲁奇译:《胡适与中国的文艺复兴——中国革命的自由主义(1917—1937)》,江苏人民出版社 1996 年版,第 341 页。

④ 余英时:《重寻胡适历程:胡适生平思想再认识》,广西师范大学出版社 2004 年版,第 250 页。

选择"启蒙运动"来比附五四。但是,没有迹象或材料可证明他们的"蓄意"和"精打细算"。历史人物实际上有时远不像后来的研究者想象得那样高明,更不像曹雪芹写《红楼梦》,每一句话都有寓意或埋伏,而是往往不经意或偶然所为,就成了惊天动地的历史。对于五四,是类比为"文艺复兴",还是类比为"启蒙运动",可能与类比者的思想基点有关,却很难说都暗藏深刻的"导向"。

可能令人惊诧的是,这些左翼知识人为何谈起"自由思想"来也能波涛汹涌,大概历经西方思想在中国变化的他们,这些观念本来就潜存于胸,正如蒋梦麟所言,五四时"讲文艺后来变成共产党的文艺领袖的几位人物","都是讲西欧个性主义与自由主义一派思想的"。[1] 只是为了更好地救国,他们才选择了马克思主义,而当心中的自由主义可以再次派上用场时,则自然可以挥洒自如。比如,陈伯达指出,"我们所提出的新启蒙运动,其总括来说,就是思想的自由与自由的思想";[2]胡绳也用接近自由主义的话语说明,"各种思想的对立与分歧,本身并不是'危机',历史上文化最灿烂的时代也是各派思想充分自由发展的时代";"我们绝对反对用政治的力量来强迫地使思想定于一尊";"一定要赋予一切人以完全的自由,让他们开展他们的思想体系。只有在各种思想的相互论争中间,思想才能有发展"。[3] 何干之干脆明确标示,新启蒙

① 蒋梦麟:《谈中国新文艺运动——为纪念"五四"与文艺节而作》,关鸿、魏平主编:《现代世界中的中国——蒋梦麟社会文谈》,学林出版社 1997 年版,第 207、210 页。

② 陈伯达:《思想的自由与自由的思想——再论新启蒙运动》,《认识月刊》第 1 号,1937 年 6 月,第 19 页。

③ 沈于田(胡绳):《我对于现阶段中国思想的意见》,《文摘》第 1 卷第 6 期,1937 年 6 月 1 日,第 124 页。

运动就是"文化思想上的自由主义运动"。[1] 与自由主义者不同的是，这些左翼知识人内心还有一种"高远的理想"，从而使他们颇具思想和政治上的优越感，即使身处"边缘"，也试图引领"中心"。

作为"一个史学家对五四运动的反思"，余英时似乎由于太重视"反思"，而忽略了有关史实。他说"启蒙运动"这一词语直到1936年才用之于五四。最早从启蒙运动的角度诠释五四运动的，正是马克思主义者。[2] 其实非然，[3] 此前一年即1935年，陈端志在《五四运动之史的评价》一书中，一方面称五四运动为"东方文艺复兴"，一方面又说它"是一个启蒙运动"。[4] 同一年，思想仍在转变中的叶青说："把我们的五四文化运动称为我们的文艺复兴，不仅在中国的历史发展和物质条件上与欧洲相同，而且在内容上也与欧洲相同。""所谓启蒙运动，也可说是文艺复兴的后期，不必分开。"[5]在两人看来，启蒙运动和文艺复兴并不是可以截然分开的，作为五四运动是兼而有之的。而更早这样看的是1931年罗家伦在一次演讲中："有人以为新文化运动是中国的启明运动，等于欧洲十八世纪的启明运动（Enlightenment Movement）。这是很相似的。也可以说是新文化运动是欧洲文艺复兴（Renaissance）与启明运动合而为一的运动。就人本主义和对于古代文化重行评价一方

---

① 何干之：《近代中国启蒙运动史》，上海生活书店1938年版，第234页。

② 余英时：《重寻胡适历程：胡适生平思想再认识》，广西师范大学出版社2004年版，第246页。

③ 就马克思主义者来说也要早，张艳发现，在20世纪20年代末30年代初，不少左翼文化人就有五四"启蒙运动"说。参见张艳：《五四"启蒙运动"说的历史考辨》，《史学月刊》2007年第6期。

④ 陈端志：《五四运动之史的评价》，上海生活书店1936年版，第21、260页。

⑤ 叶青：《五四文化运动的检讨》，《文化建设》第1卷第8期，1935年5月，第22、23页。

面来说，则新文化运动颇似文艺复兴运动。就披荆斩棘，扫除思想和制度上的障碍，及其在政治社会上的影响来说，则颇似启明运动。"①

　　这里的"启明运动"就是"启蒙运动"，只是翻译不同。如果罗家伦所说的"有人"属实，以"启蒙运动"比附"五四运动"应该还要早。余英时也论及了罗家伦的观点，只是转述的史华慈（Schwarcz）的引文，据此解释说，罗家伦舍文艺复兴而运用启蒙运动作比附，"最有可能"是受李长之的影响。因为1940年代罗家伦任中央大学校长期间，李长之正在那里执教。② 这里显然把罗家伦发文的时间弄错了，所以"最有可能"变成了"不可能"。相反作为1940年代中央大学的助教，李长之倒有可能受罗家伦的影响。更值得注意的是，罗家伦等人把五四运动既看为

---

　　① 罗家伦：《新文化运动的时代和影响》，罗家伦：《文化教育与青年》，商务印书馆1947年版，第48页。这篇文章的结尾注明说是民国"二十年在南京五四纪念会演讲"。遍查当时的报刊，并未见此演讲的报道，但是，从文中内容来看，这一时间标注应该没有问题。最有说服力的一个佐证是，文中的内容与稍后即1932年关于"新文化运动"的说法十分接近，"此运动固有Renaissance时代之精神，但就其对于思想与社会之影响论，此运动实秉负Aufklarung时代之使命"，紧接着作者还专门注到："此系Enlightenment时期指法国革命前卢梭等之工作而言"。（见罗家伦：《双十节感想》，1932年10月10日，《罗家伦文存》第1册，台北"国史馆"、中国国民党党史委员会1976年版，第84页。）无论这里的法文Aufklarung，还是英文Enlightenment，都是指的"启蒙运动"。其次，该演讲开篇即说："我们现在是处于国民革命时代"，在叙述近代中国历史时，只提到甲午中日之战，说明它至少是发表于1931年九一八事变之前，无论如何都不会到1940年代；若然，抗战必在其中有所反映，比如他1942年讲五四运动时说："五四运动烧起了中华民族意识的烈焰，所以由青年革命运动，扩大而为民族革命运动，到现在则汇合成为千百万人不惜牺牲流血的神圣抗战。全中华民族抗日的大纛，是五四运动首先举起来的。"（罗家伦：《从近事回看当年》，1942年5月4日，《罗家伦文存》第1册，台北"国史馆"、中国国民党党史委员会1976年版，第145页。）这种看法，显然是受了"近事"的影响，意在以"当年"来激励"近事"。另据"罗家伦先生著述年表"，标明该演讲的时间也是"民国二十年五月四日"（朱传誉主编：《罗家伦传记资料》，台北天一出版社1979年版，第153页）。
　　② 余英时：《重寻胡适历程：胡适生平思想再认识》，广西师范大学出版社2004年版，第255页。

"文艺复兴"，又视作"启蒙运动"，便很难说其背后有什么"规划"，大概只是觉得相似而已。这似乎也表明，两种比附并不存在实质上的不同。

若干年后，称"科学社会主义"为"最高程度的世界观"的陈人白指出，五四运动时，"尤其有趣的是，陈独秀特别推崇法兰西的文化，以法国十八世纪启蒙运动的思想改革家为模范，大胆地向中国的旧思想和旧伦理进攻；而胡适之则以意大利但丁时代的文学革命作典型，来供他在中国进行文学革命的借镜；——人们也许认为这是一种纯粹的偶合，然而这恰好证明了：凡是落后国家一切伟大运动的前驱者们，为了有效地推进运动，不能不从先进国家去寻找和他们所领导的运动相类似的思想和经验，以为其行动的指南"。"'文学革命'的胜利，即白话文代替文言文而成为'文学正宗'的成功，这不仅是'五四运动'的最伟大收获之一，而且是中国全部文化史上的一个真正划时代的表现。它和欧洲文艺复兴时代意、法、英、德等国以各自的'白话文'代替了拉丁文，差不多具有同等重要的意义。""欧洲'文艺复兴'时代的运动，就其本质说来，是最初的资产阶级的启蒙运动。"所以，胡适可认为"是代表资产阶级的一般启蒙运动家"。[①] 在作者看来，五四运动本身就含有这两种内容和倾向。

溯之于欧洲，文艺复兴和启蒙运动确也不是可以割裂的两场运动。而在 20 世纪 30 年代及其以后的中国知识界，有的把文艺复兴和启蒙运动作为一场运动的两个方面，有的把启蒙运动看作文艺复兴的一部

---

① 陈人白：《论五四运动之划时代的意义》，《求真杂志》第 1 卷第 1 期，1946 年 5 月，第 11、12、16 页。

分,有的则把文艺复兴视为启蒙运动的内容之一。根据今人的翻译,胡适本人讲"文艺复兴"时也用了这样两个词语,他一方面说,"由一群北大教授领导的新运动,与欧洲的文艺复兴有惊人的相似之处",一方面又说,当时的北大"被全国青年视为新启蒙运动的中心"。[①] 其实,余英时本人也说过,"五四运动有些地方很像贝克(Carl Becker)所分析的欧洲启蒙运动"。[②] 回头再去看 20 世纪 30 年代的马克思主义者,独有深意乎? 若无后来的印象,不难体察,他们重新拾起"启蒙运动"的话语,显然是为了"救亡"而不惜"屈尊"或"降格"所致。在他们看来,无论"文艺复兴"还是"启蒙运动",都是资产阶级的文化运动,都是过时的了。所以,"新启蒙运动",导向在"新",即"动的逻辑之具体的运用"或"新哲学"即马克思主义哲学的运用。

其实,无论是比附"文艺复兴",还是"启蒙运动",显然都是希望中国以五四为开端,展开一种新文明,开始一场大变革。这两种比附隐含着一种共同的评判历史的价值标准,即以西方历史的发展作为人类进化的标杆,并以此来观照近代中国的变动与演进。无论如何相异的学说,都离不开西方的参照,都渗透着以西为人类历史主轴的价值取向,正是那个时代的思想图景之一。毫无疑问,五四运动发生期间,并没有"启蒙运动"这种说法。它是若干年后一些人赋予五四的称谓。就马克思主义者来说,重新拾起五四,实际上是为自己转向寻找的一个台阶,以此融入全国的主流舆论,并聚合大都对五四充满好感的中间阶层,进

---

① 胡适著,邹小站等译:《中国的文艺复兴》,湖南人民出版社 1998 年版,第 38、46 页。

② 余英时:《五四运动与中国传统》,《中国思想传统的现代诠释》,江苏人民出版社1998 年版,第 359 页。

而鞭策有些疏离五四的国民党人。此种言说始于中共执行文化上的统一战线策略，最终则推动了中共由以阶级斗争为主向以民族斗争为主的转变，从而使其成为全国抗日救亡大联合中的一支重要力量。其他政治力量亦由是重新认识了中共，从各方都在使用"启蒙运动"这一对五四的称谓来看，中共的这一做法相当地高明和成功。即使以禁防"共产主义"学说为己任的国民党中央宣传部，明知"新启蒙运动"有中共背景，这时也表现出难得的容忍，比如针对"少数教授"对"新启蒙运动"的攻击，表示"处此困难严重之时，不必因小事而发生争执"。[①] 显然，关于五四的共同话语或多方都可接受的言说，成为国共合作或全民族抗战的一种思想支撑。从中不难发现，五四是怎样参与了 20 世纪 30 年代中国的历史性变动。

有意思的是，后来以至于今，论及五四的各类文章，很多都是当然地称之为"启蒙运动"，大都不清楚这一称谓的时代因素或它的来龙去脉，以致言之凿凿，却很难接近历史本相。比如，有人当然地直接称之为"中国现代历史中的五四启蒙运动"，认为五四时期提出了"启蒙主义命题"，并由此颇具思辨地与西方启蒙运动相比较，分析"启蒙运动的意识危机"，结果难逃作者自己所反对的"按照主观的思想形式塑造历史的企图"。[②] 美国学者施瓦支也是直接把五四运动看作"中国的启蒙运动"，认为欧洲的启蒙运动在于从神权的禁锢中解放出来，而中国的五

---

① 原载 1937 年 6 月 13 日《世界日报》，转引自须旅：《新启蒙运动在北平文化界引起的风波》，《北方青年》第 1 卷第 2 期，1937 年 6 月 25 日，第 10 页。

② 汪晖：《中国现代历史中的"五四"启蒙运动》，《文学评论》1989 年第 3 期、4 期。

四运动则是要打破"礼教"的枷锁。① 对于他来说,或许情有可原,西人自然是容易以自己的历史轨迹来看中国。

纪念五四运动九十周年时,陈方正再次为文,论述了十年前所指出的十八世纪欧洲的启蒙运动与二十世纪中国的五四运动作为文化现象的类似性。尽管该文开篇即声明与余英时曾经的反思"并无冲突",但实际上通篇大都是对余英时所说的五四运动出于"外来"、启蒙运动出于"自发"的反驳。作者主要以法国为例,指出启蒙运动同样缘于"外来刺激",是英法力量和学术发生大逆转的结果,从而进一步认为,五四运动与启蒙运动在起因、反传统、正面诉求以及产生的结果方面都存在着相似性。② 如此之为,显然可以使人从宏观的视野和世界文明发展史的视角来审视五四运动。但也不免使人产生疑问:找出启蒙运动与五四运动众多的相似性,其学术意义何在? 人类之历史现象,大凡总能够找出相似或相同的。而此类比较,不免有人为地制造问题之嫌。况且,宏大叙事往往造成常识性的梳理大于具体的研究。美国学者格里德曾指出:"即使是最有识见的类比,也有其局限性。"③不过,施瓦支说,"二十世纪

---

① [美]薇拉·施瓦支著,李国英等译:《中国的启蒙运动——知识分子与五四运动》,山西人民出版社1989年版,第2—4页。

② 陈方正:《从大逆转到新思潮》,香港《二十一世纪》2009年6月号。不过,尽管陈文所循沿的研究路径值得讨论,但是其意深焉。不难体察,作者把启蒙运动与五四运动作比较,现实关怀远远大于学术发现。比如,作者在为文的最后,明白地昭示:法国的启蒙运动缘于盛世中的知识分子的忧思,而当今似同样逢盛世的中国知识分子,面对五四运动未产生启蒙思想结晶的局面,自然应该居安思危,致力于新的启蒙,以实现中国更理想的变革和稳定。

③ [美]格里德著,鲁奇译:《胡适与中国的文艺复兴——中国革命的自由主义(1917—1937)》,江苏人民出版社1996年版,第343页。

中国的启蒙学者毕竟对欧洲启蒙学者的思想作了详尽的阐述和宣传"。① 如果照此探求五四运动究竟在多大程度上和怎样吸收了启蒙运动的思想资源，或者考察五四人如何看待启蒙运动，似更具有学术意义。

二、个人解放和社会改造

历史是复杂的，有时复杂到难以描述，这自然与材料本身的丰富有关，总有相反的材料存在；除此，也与历史的描述者有关，如何看待历史？用什么材料，或多或少地与描述者的着意点有关。现在的一些研究认为，五四前后的思想演进，大体有一个从"个人解放"到"社会改造"的过程。特别是1919年以后，"社会改造"成为思想界言说的重点，汇为一种"时代思潮"，"个人解放"则黯然失声或淡出，甚至成为一种"恶名"或"革命的对象"。②

照此，则无法理解罗素在1921年的观察，"个人主义在西方已经枯萎，但在中国却富有生机，不论这是好还是坏"。③ 实际上，思想界"个人解放"的呼声自五四以后在相当时期内仍然是不绝如缕。直到1924

---

① ［美］薇拉·施瓦支著，李国英等译：《中国的启蒙运动——知识分子与五四运动》，山西人民出版社1989年版，第2—4页。

② 罗志田：《从新文化运动到北伐的文化与政治》，《社会科学研究》第4期，2006年，第130页；王奇生：《革命与反革命：社会文化视野下的民国政治》，社会科学文献出版社2010年版，第48、65页。"个人解放"和"社会改造"有时特别是到20世纪30年代又被称为"个人主义"和"集团主义"。

③ Bertrand Russell，*The Problem of China*，London：George Allen & Unwin LTd.，1922，P204.

年 5 月，周作人还在《一封反对新文化运动的信》中写到："现在最要紧的是个人解放，凡事由个人自己负责去做，自己去解决，不要闲人在旁吆喝叫打。"①1925 年 9 月，胡适在谈"爱国运动"时，"很诚恳的指出：易卜生说的'真正的个人主义'正是到国家主义的唯一大路。救国须从救出你自己下手！"②

到 20 世纪 30 年代，在一些知识人看来，反而是五四以后才更加认识到"个人解放"的意义。梁实秋指出，五四运动以后的中国，虽然文化没有多大进展，然而其所揭橥的思想解放及思想自由，仍然是继续努力的一条正确路线。③ 张奚若更明确地说，直到五四运动以后，人们才渐渐捉摸到欧美民治的根本。这个根本就是个人解放。没有个人解放，是不会有现代的科学的，是不会有现代的一切文化的。区区民治政治不过是个人解放的诸种自然影响之一，而由个人解放所发生的政治理论自然是所谓个人主义。"个人主义的政治哲学的优点是在承认：（一）一切社会组织的目的都是为人的而不是为越出于人以上的任何对象，如上帝，帝王，或其它的东西的；（二）一切社会组织的权力都是由构成这些组织的人们来的，而且永远属于这些人们；（三）一切社会组织都应该而且也必须直接或间接由构成它们的人们自行管理。""个人主义的政治哲学的神髓，全在承认政治上一切是非的最终判断者是个人而非国家或政府，全在承认个人有批评政府之权，说得更具体点，全在承认思想自由和言论自由"。"这个个人解放的历史大潮流具有一种不可抵

① 周作人：《谈虎集》，北新书局 1929 年版，第 1 页。
② 胡适：《爱国运动与求学》，《现代评论》第 2 卷第 39 期，1925 年 9 月 5 日，第 7—8 页。
③ 梁实秋：《自信力与夸大狂》，天津《大公报·星期论文》1935 年 6 月 9 日，第 3 版。

抗的征服力和很难避免的传染性。它所经过的地方,除非文化过于幼稚不了解甚么叫作'人的尊严',或社会发展完全畸形个人丝毫没有自我的存在,是没有不受它的震动的。中国民国六七年的五四运动及民国十五六年的国民革命都是由这个震动所发出的光辉。"①张奚若从政治学的理论出发高度肯定了"个人解放"的价值;之所以这样重申和强调,大概与时下的缺乏相关,歌颂五四,正是为了鞭挞现实。

　　五四时期,胡适曾专门撰文反对"独善的个人主义",强调个人负起社会的责任,改造社会的种种不良势力,他称之为"非个人主义的新生活"。② 而这时他告诉世人"我们在当时提倡的思想",是"健全的个人主义",不经意间他原来的伦理思想变成了政治思想,并且一语破的:"所谓'个人主义',其实就是'自由主义'(Liberalism)。""有些人嘲笑这种个人主义,笑它是十九世纪维多利亚时代的过时思想。这种人根本就不懂得维多利亚时代是多么光华灿烂的一个伟大时代。"但是,他不同意张奚若把"国民革命运动"也看作"个人主义"所发出的"光辉"。在他看来,从苏俄输入的"铁纪律"含有绝大的"不容忍"的态度、不容许异己的思想,"这种态度是和我们在五四前后提倡的自由主义很相反的。民国十六年的国共分离,在历史上看来,可以说是国民党对于这种不容异己的专制态度的反抗。可惜清党以来,六七年中,这种'不容忍'的态度养成的专制习惯还存在不少人的身上。刚推翻了布尔什维克的

____

① 张奚若:《国民人格之培养》,《独立评论》第 150 号,1935 年 5 月 12 日,第 14—17 页。
② 胡适:《非个人主义的新生活》,《新潮》第 2 卷第 3 期,1920 年 4 月,第 467 页。不过,当时这种"个人主义"主要是一种"特立独行的人格"。参见胡适:《易卜生主义》,《新青年》第 6 期,1918 年 6 月,第 3—23 页。

不容异己,又学会了法西斯蒂的不容异己,这是很不幸的事"。[1] 事实上,早在 1933 年 12 月,胡适对中国近代历史分期时就表达过这个意思:"(一)维多利亚思想时代,从梁任公到新青年,多是侧重个人的解放。(二)集团主义时代,1923 年以后,无论为民族主义运动,或共产革命运动,皆属于这个反个人主义的倾向。"[2]更早些时候,他还指出过,"共产党和国民党合作的结果,造成了一个绝对专制的局面,思想言论完全失去了自由"。[3] 值得注意的是,作为当事人,敏感的体察着思想界变化的胡适,几乎把整个五四时期都视为个人主义时代,而认为集团主义形成气候,已是到了 1923 年,而不是 1919 年,显然这也有一个交错的过程。无论如何,说 1919 年以后"个人解放"就退出了历史舞台,似乎为时过早。

若干年后,张奚若再谈到五四运动时,也完全认同了胡适所说的"反个人主义"的判断,甚至有过之:"从民国十三年开始,中国政治就一步一步地走上极权的路上去,个人的自由,连理论上都不容存在了。这一切都是和'五四'运动相反的,相冲突的。'五四'运动提倡个人用他自己的理智去判断事物,各人的想法尽可不同,但他有思想不同的权

---

[1]　胡适:《个人自由与社会进步》,《独立评论》第 150 号,1935 年 5 月 12 日,第 2—4 页。
[2]　曹伯言整理:《胡适日记全编》(6),安徽教育出版社 2001 年版,第 257 页。
[3]　胡适:《新文化运动与国民党》,《新月》第 2 卷第 6 号、7 号合刊,1929 年 9 月,第 4 页。五四时期活跃的钱玄同,后来主要致力于学术,但也曾对时人的一些做法表示担忧,他说:"中国人'专制''一尊'的思想,用来讲孔教,讲皇帝,讲伦常","固然是要不得;但用它来讲德谟克拉西,讲布尔什维克,讲马克思主义","还是一样的要不得。""我近一年来时怀杞忧,看看'中国列宁'的言论,真觉可怕,因为这不是布尔什维克,真是过激派;这条'小河',一旦'洪水横流,泛滥于两岸',则我等'栗树''小草'们实在不免胆战心惊。"参见钱玄同:《钱玄同文集》第 6 卷,中国人民大学出版社 2000 年版,第 74、75 页。

利。思想不同不是罪恶,而是光荣。在十三年后这二十四年中,'五四'运动始终存在这种逆流中。"①逆流竟达"二十四年",这不能不冲击近代以来的遍及各种思想流派的进化论观念。胡适和张奚若大概没有意识到,"理论上"不容存在的"个人自由",实际上并未禁绝,他们这样严厉的批评本身就是"个人自由"的体现。

其实,五四运动的个人主义特质存在于各派的言说之中,只是当下的意旨已大相径庭。颇不认同胡适被称为五四文化运动"首要代表人"的叶青说:"整个运动的思想内容,特别在'五四'时代表现得很明瞭的,是个人主义。它为当时一切新见解的中心观点。"在他看来,当时的文化运动者,没有一个不是用个人主义去批判封建思想的;凡属个人主义文化,不论是什么部门,都在那里有所表现。② 马克思主义者也持大致相同的看法,陈伯达说,五四新文化运动"是以个人独立人格的发现"来开始的;③柳湜指出,"个性的解放"是"新文化运动的口号";④胡绳也认为,最初团聚在《新青年》周围的作家,提出了自由主义和个性的解放,五四时代最明显的标志之一就是思想的自由与解放。⑤ 国家主义者常燕生同样承认,五四所给予中国的是"个人主义"。他指出,个人主义是对于传统集团文化的一种反动,五四以后十多年中,中国思想史大体上

---

① 张奚若:《新的课题》,《燕京新闻》五四纪念特刊,1947 年 4 月 28 日,第 5 版。
② 叶青:《五四文化运动的检讨》,《文化建设》第 1 卷第 8 期,1935 年 5 月,第 24、25 页。
③ 陈伯达:《论五四新文化运动》,《认识月刊》第 1 号,1937 年 6 月,第 70 页。
④ 柳湜:《国难与文化》,上海黑白丛书社 1937 年版,第 32、33、36 页。
⑤ 胡绳:《"五四"运动论》,《新学识》第 1 卷第 7 期,1937 年 6 月,第 335 页。

可以说是"个人主义猖獗"的时代。① 此前,国民党的一个杂志《上海党声》还曾这样描述:"个人主义自我主义的哲学已经充斥中国社会的每一角。"②尽管彼此所言的个人主义意思并不一样,但是,"个人主义"如果能够"猖獗"或"充斥中国社会的每一角",显然不会仅具有"恶名",很可能是与"社会改造"同为"时代思潮",只是"群趋"者不同,并且相对于"集团主义者",个人主义者的发言往往不那么波涛汹涌、引人注目。

当时,谈论五四新文化运动者,大都认可"个人解放"或"个人主义"的主题,只是有些人感到,"不幸的很,'五四运动'后甫见萌芽的个人解放与人格培养经过这几年的严厉制裁后竟然日渐消沉"。③"近几年来,五四运动颇受一班论者的批评,也正是为了这种个人主义的人生观。"④自欧战以后,"西洋思想界,已渐渐从个人主义转到社会本位主义"。"在最近几年,反对个人主义而提倡社会本位主义的甚多"。⑤ 比如,叶青旗帜鲜明地标示:"现在的思想革命,不是从前的思想革命了。从前是否定家族主义,现在是否定个人主义。"⑥或许正是由于这种认识,使他能够一跃由共产党转为国民党。陶希圣也断定,"灿烂的个人自由的经济经营时代,至少是不能在中国再见的了。自由的旗帜即便高涨起来也是空的。有组织有计划的生产,自然与自由主义的思想不

---

① 常燕生:《现实生活与理想生活———二十年来中国思想运动的总检讨与我们最后的觉悟》,《国论》第1卷第1期,1935年7月20日,第11页。
② 秋魂:《五四运动在中国近代史上的地位》,1930年,杨琥编:《民国时期名人谈五四》,福建教育出版社2011年版,第490页。
③ 张奚若:《再论国民人格》,《独立评论》第152号,1935年5月26日,第3页。
④ 胡适:《个人自由与社会进步》,《独立评论》第150号,1935年5月12日,第3页。
⑤ 伍启元:《中国新文化运动概观》,现代书局1934年版,第10页。
⑥ 叶青:《五四文化运动的检讨》,《文化建设》第1卷第8期,1935年5月,第35页。

相容。"①此时的二者可以说正带着鲜明的马克思主义色彩越来越向国民党靠近。而党国要人更是反复强调,以前中国人的"自由太多",因此大力提倡"牺牲个人的自由,来争取国家的自由"。② 有意思的是,CC分子胡梦华还批判自由主义者和马克思主义者,"皆以个人为本位,只知自由,忘却责任"。③ 这可说明当时"个人主义"在有些人眼里的确成了"恶名",不过,只是"最近几年"的事情。

就左翼知识人来说,更自信时代的大势已远离了"个人主义","时代是如此,个人主义没有出路,英雄也必须获得民众。不然那就是一个惨败者,一个落伍者"。④ "如今"已不再是个人主义的时代,只有集团的力量和斗争,才能使各个人的才能和智慧,得着充分发展。孤立的个人,在这大时代中,只有被洪流淹没的命运。⑤ 在他们看来,民族未解放,个人是无从获得自由的。所以,要应现代中国的大众需要,就必须克服个人主义,服膺集团主义。⑥ 这些说法显然是有针对性的,意思是那些仍然持五四理念的人像胡适,已经不合时代和大众需要了,并且对五四的理解也成了"历史的歪曲"。⑦ 把"五四"的当事人对"五四"的认知看作是歪曲,充分提示了一种掌握历史发展真理的优越感。可见他

---

① 陶希圣:《为什么否认现在的中国——读＜大公报＞三月三十一日胡先生星期论文》,《中国文化建设协会山西分会月刊》第1卷第4期,1935年4月16日,第7页。

② 林森:《个人自由与国家自由》,《中央周报》第455期、456期合刊,1937年3月,第55、56页。

③ 胡梦华:《"五四"精神之批判与追求》,《人民评论》第40号,1934年5月,第12页。

④ P. K:《写在时代下的呼声之后》,《京报》1931年5月7日,第10版。

⑤ 伍石夫:《中国现阶段文学之诸问题》,《榴火文艺》第1号,1936年6月,第2页。

⑥ 韬奋:《我们的灯塔》,《大众生活》第1号,1935年11月,第4页。

⑦ 胡绳:《"五四"运动论》,《新学识》第1卷第7期,1937年6月,第333页。

们虽然把"五四"定性为"个人解放"或"自由主义",却视之为明日黄花、风光不再。

对"二十年来中国思想运动"进行了"总检讨"的常燕生,"最后的觉悟"是:要救治"个人主义文化的反动时代,必须赶快建设一个新的,富于朝气,和适合时代需要的集团文化"。"我们需要一个伟大的理想来领导我们,启发我们对于未来的希望,这个理想必须是集团性的。""我们不要那些只会当马克思留声机器的自命社会革命家,我们要的是一个活泼,热气腾腾的民族文化再造运动,这个运动里,我们应该重新点燃起每一个国民胸中理想的火焰。""中国需要的不是单纯的个人主义,而是经过了个人主义解放之后而蜕变出来的新集团主义。他们(过去领导前期新文化运动的前辈)的时代已经过去了,有一个新的积极的文化建设时代需要继续产生出来。"①

不难发现,在当时的思想领域,反对个人主义提倡集团主义的至少包括三种有形的政治力量:国民党及支持者、马克思主义者或左翼知识人、国家主义者。尽管他们政治上相异或敌对,但是思想上却难得的一致:争先恐后地赞扬集团主义,这充分提示了中国思想界一个影响深远的大变动。可以想见三者的言论在 20 世纪 30 年代的思想界掀起了怎样的巨浪。在这巨浪中,一些自由知识人却试图"调节其横流"。

胡适带着明显的针对性指出:"他们说个人主义的人生观是资本主义社会的人生观。这是滥用名词的大笑话。难道在社会主义的国家里

---

① 常燕生:《现实生活与理想生活———二十年来中国思想运动的总检讨与我们最后的觉悟》,《国论》第 1 卷第 1 期,1935 年 7 月 20 日,第 11—13 页。

就可以不用充分发展个人的才能了吗？难道社会主义的国家里就用不着有独立自由思想的个人了吗？"①张奚若则仍从政治学理进行抗驳："个人固然不能离开国家而存在，国家又何尝能离开个人而存在？而且，讲到底，国家还是为个人而存在的，个人并不是为国家而存在的。国家只是一个制度，一个工具。它除过为人谋福利外别无存在的理由。这个制度，这个工具，在人的生活中虽极重要，但毕竟还只是一个为人享受受人利用的东西。谈政治若不把这个宾主关系分别清楚，不但是不通，并且是很危险的。近年来中国政治上使人最感不安的就是倒置这种宾主关系的倾向。国家（其实就是政府）高于一切，绝对的服从，无条件的拥护，思想要统一，行为要纪律化，批评是反动，不赞成是叛逆，全国的人最好都变成接受命令的机械，社会才能进步，国家才能得救。""政府是由人组成的，不是由神组织的。政府中人与我们普通人一样，他们的理智也是半偏不全的，他们的经验也是有限的，他们的操守也是容易受诱惑的。以实际上如此平常如此不可靠的人而假之以理论上无所不包无所不能的权力，结果焉能不危险。""国家不过是个人的集合体；没有健全的个人，不会有健全的国家。""完成个人解放，培养国民人格，是建设新社会新国家的基本工作。"②个人和国家的关系一直是政治学上争论不休的问题，为了建设一个不同的新国家而争执不已，实际上汇成了整个近代中国历史的内容，胡、张的呼声在那时显然已变得很微弱，仅是知其不可为而为之。此后的历史恰恰沿着他们"最感不安"

---

① 胡适：《个人自由与社会进步》，《独立评论》第150号，1935年5月12日，第3页。

② 张奚若：《再论国民人格》，《独立评论》第152号，1935年5月26日，第4、5页。

的一面继续发展:个人终究淹没于国家之中。这在国家危难的时候或许是必要的,但是,其他时候则可能需要追根究底问一下:国家是什么?

有学者指出,在五四前后,经过"跨语际的实践","个人主义的话语"是变动的。[①] 其实,个人主义的内涵也是变动的,就胡适等人在五四时期的看法,所谓"个性解放"大体是指向旧伦理或旧礼教的。1930年代研究新文化运动的伍启元即说,五四提倡的"德谟克拉西的精神,是注重个人的自由发展;要人人有发展的机会"。[②] 这显然是反对一种无形的思想上的束缚。因为那时政治上所感到的压迫并不是那么严重,个人的言说有相当的自由空间,来华访问的罗素也注意到这一点,"那里政府懒惰、腐败和愚蠢,但是却有相当程度的在世界其他地方已完全失去的个人自由"。[③] 然而,到 1930 年代,集团主义成为一种"风气"或"时代思潮",并产生了无形乃至有形的压力,这迫使反对谈"主义"的胡适亦不得不标明自己的"主义",即个人主义或自由主义。比如,他旗帜鲜明地标示"民七八年以来我们一班朋友主张的自由主义的人生观和要求思想言论自由的政治主张"。[④] 在致汤尔和的信中,他还谈到 1919 年 3 月 26 日夜,陈独秀被驱出北大,导致"北大自由主义者

---

① 刘禾:《跨语际的实践:往来中西之间的个人主义话语》,《学人》第 7 辑,江苏文艺出版社 1995 年版,第 100 页。

② 伍启元:《中国新文化运动概观》,现代书局 1937 年版,第 8 页。

③ Bertrand Russell, *The Problem of China*, London :George Allen & Unwin LTd. , 1922, P204.

④ 胡适:《今日思想界的一个大弊病》,《独立评论》第 153 号,1935 年 6 月 2 日,第 3、4 页。

的变弱"。"独秀离开北大之后,渐渐脱离自由主义的立场,就更左倾了。"①其实,当时他哪里有什么"自由主义"的说法。因此,历史记忆与表述往往因人的需要和所处的语境而变,即使亲历者也不例外。胡适之所以改变初衷,服膺主义,就在于要鲜明地抗拒各种"集团主义",虽感到势单力薄,却自诩以飞蛾扑火的精神为之。这恰恰表明那时"个人主义"已渐渐远去,不再是中国思想界的主流。

胡适等一些自由知识人从当时政治改造的需要和理想出发,赋予五四新的定位和意义。从中可看出,历史记忆如何被做了修改,五四又是怎样参与了现实关怀的表达。引五四之精神,壮现实已见之威,正是那时一部分人思想表达的喜好和风气。另一方面,集团主义者,批判五四"个人主义"的过时,为的是彰显集团主义的"进步"或"又新又好",即以"破"来"立",这里"五四"作为一种反面的素材映照着时代的变化和需要,亦可说,相当多的人为了高扬和专注现实的急需,有意无意地让"五四"做了牺牲。

此后无论人们的思想如何变化,"个人主义"作为五四运动的中心内容,却是一个不变的话题。比如,20世纪40年代类似的说法有:"五四时代的新文化运动,仍不免于批评的、破坏的,乃至带着散漫的、个人主义的色彩。"②"独立人格的确立,和民主主义是有密切联系的,因而'五四'新文化运动提出个人主义与个性解放,是有重大意义的。"③对

---

① 胡适:《致汤尔和》,1935年12月23日,耿云志、欧阳哲生主编:《胡适书信集》(中),北京大学出版社1996年版,第667页。

② 朱谦之:《五四运动之史的追述》,《读书知识》第1卷第2期,1940年5月,第96—97页。

③ 菊圃:《论"五四"新文化运动》,《现代青年》第2卷第1期,1940年5月,第32、33页。

于五四新文化运动，"我们可以寻出一个显明的主旨，中心的母题。这个主旨与母题可说是个性的解放——把个人的尊严与活力，从那鳞甲千年的'吃人的礼教'里解放出来，伸张出来！"①"二十世纪的政治潮流，无疑的是集体主义"，"五四运动的领袖们，没有看清楚这个时代，本末倒置，一切以个人主义为出发点。"②其中，或褒或贬，皆承认五四的个人主义特质。若干年后，亲历者蒋梦麟谈到五四时，令他印象最深的依然是："当时一般反对旧思想的人们，因各有不同的背景和经验，所以反对旧社会的目的也不同。他们在政治方面的见解固然不同，即文化方面的见解也各异，大概根本上都受西欧个性主义的影响。"③如是来看，五四的个人主义认同，既能超越各派，又能穿越时空，大概可以算是比较有说服力的历史本相，只是它没有充分发展，就为各种集团主义冲淡，逐渐式微而难于彰显。当然，"非个人主义文化"也是从五四开始的。④ 即是说，个人主义绝不是五四的唯一标签。

三、反封建与资本主义文化

与把"五四"看作"个人解放"相关的一个看法是"反封建"，因为所谓思想解放主要是从旧的礼教中解放出来，到 1930 年代则是从一些人

---

① 林同济：《从五四到今天——中国思想动向的转变》，重庆《大公报》1941 年 5 月 4 日，第 2 版。

② 陈铨：《五四运动与狂飙运动》，《民族文学》第 1 卷第 3 期，1943 年 9 月，第 9、10 页。

③ 关鸿、魏平主编：《现代世界中的中国——蒋梦麟社会文谈》，学林出版社 1997 年版，第 207、210 页。

④ 叶青：《五四文化运动的检讨》，《文化建设》第 1 卷第 8 期，1935 年 5 月，第 30 页。

所认知的"封建思想"中解放出来。"个人解放"与"反封建"虽然意思大致相同,但是概念和用语的差异却反映了两种不同的思想体系。比如,瞿秋白就曾明白表示,要进行"五四新文化运动"没有完成的"中国的反封建的文化革命",就要反对"五四式的自由主义"。[①] 显然,"反封建"与"自由主义"都是五四以后的不同思想话语。

　　从当时的情形来看,强调五四的反封建,侧重于其斗争的一面,多是马克思主义者或受马克思学说影响的人的看法。1931 年,沈雁冰说,五四运动在意识形态的斗争上,至少是破除封建思想这一点,是有它的历史的革命的意义的。"'五四'作为一个思潮来看时,它的主要面目是破除封建思想。"[②]左翼作家的《文艺新闻》指出,五四最大的任务与最后的成果就是反封建。[③]《青年文化月刊》的一篇文章说得更具体:"五四运动在形式上虽是针对着当时的外交问题,而有民族运动的意味",而其骨子里却"成了反封建制度的民主运动。接着这个运动,新思潮蓬勃,反孔,反礼教,文学革命,出版物发达,外国风气传入,西洋学者相继来华讲学,诚然是轰轰烈烈于一时。然而欧战以后的中国产业不能继续着长足发展,所以新兴力量终于不能摧毁旧封建势力"。[④]

----

　　① 瞿秋白:《苏维埃的文化革命》,约 1931 年秋,《瞿秋白文集·政治理论编》第 7 卷,人民出版社 1991 年版,第 232—233 页。本来瞿秋白眼中的自由主义者,在五四时期也是"反封建"的,而这时从他所理解的马克思主义出发,却视之为革命的对象。

　　② 丙生(茅盾):《"五四"运动的检讨》,《文学导报》第 1 卷第 2 期,1931 年 8 月,第 12—14 页。

　　③ 文艺新闻社:《请脱弃"五四"的衣衫》,《文艺新闻》第 45 号,1932 年 1 月 18 日,第 1 版。

　　④ 王虚如:《中国文化建设的途径》,马芳若编:《中国文化建设讨论集》下编,龙文书店 1935 年版,第 71 页。

在新启蒙运动中,这一看法更加普遍。张申府说,"在思想上,五四代表的潮流,对于传统封建的思想,是加了重大的打击"。① 胡绳认为,反封建思想的诸要求,在五四时代被明显地作为战斗的标志。② 柳湜指出,五四运动"最大的意义",就是在对于"中古"的传统思想,全部起了怀疑,公开的宣告了反叛。《新青年》杂志,在五四阶段中尽了它的向封建意识反叛领导的作用。③ 而在艾思奇看来,五四运动是"单纯反封建文化的运动"。④ 一位署名"兆鸥"的左翼知识人更具体地解释,五四运动是爱国运动,更是一个猛烈的反封建运动。它推翻了中国千古供奉的"孔家店",怀疑了四书五经,否定了文言,对于封建势力给了有力的打击。它是"单纯反封建"的"一场典型的启蒙运动"。⑤ 稍有不同的是,陈伯达虽然也用"社会历史发展的法则"和"封建生产关系"来分析问题,但是他却认为,五四新文化运动是"反儒教的思想运动"或"反礼教运动",⑥《国际知识》的一位作者也指出,五四运动中,"最有意义的文化工作便是'反儒'","而《新青年》在当时就成为'反儒'的中心"。⑦ 这恰与今人的认识相反,有研究者曾说,"五四新文化运动不反儒,但是反对封建礼教"。⑧

----

① 张申府:《什么是新启蒙运动》,生活书店 1939 年版,第 17 页。
② 胡绳:《"五四"运动论》,《新学识》第 1 卷第 7 期,1937 年 6 月,第 338 页。
③ 柳湜:《国难与文化》,上海黑白丛书社 1937 年版,第 33、37 页。
④ 艾思奇:《新启蒙运动和中国的自觉运动》,《文化食粮》第 1 号,1937 年 3 月,第 39 页。
⑤ 兆鸥:《五四纪念与新启蒙运动》,《北平晨报》1937 年 5 月 4 日,第 11 版。
⑥ 陈伯达:《论五四新文化运动》,《认识月刊》第 1 号,1937 年 6 月,第 73、75、76、77 页。
⑦ 燕铭:《五四运动之历史的意义》,《国际知识》第 1 卷第 1 期,1937 年 5 月,第 56—57 页。
⑧ 欧阳军喜:《五四新文化运动与儒学:误解及其他》,《历史研究》1999 年第 3 期。

除了"反封建"的赋予以外,已参加政治斗争的马克思主义者还强调五四运动的政治性,即反对帝国主义斗争的一面。早在 1925 年,张太雷和瞿秋白分别指出,"五四运动是一个完全反对日本帝国主义的运动";[①]"积极的群众的反抗日本帝国主义的运动"。[②] 到 1930 年代,左翼知识人创办的《社会科学》的一篇文章指出,五四是北京学生反抗帝国主义及封建军阀运动的一个纪念日。[③] 王明等人在为瞿秋白写的讣告中说,十月革命以后,瞿秋白在俄期间,中国正发生一种"新文化"运动,亦是一种猛烈的反帝运动。[④] 瞿秋白自己也说过,五四的遗产是对于封建残余的极端的痛恨,是对于帝国主义的反抗。[⑤] 有人则认为,五四运动是"市民阶级反抗封建争取民主的新革命运动,同时也负了反帝的任务"。[⑥] 胡绳更明确地指出,封建主义和帝国主义是五四运动斗争的对象。[⑦] 艾思奇同样认为,"反帝反封建"是当时的"共同目标"。[⑧] 这样一种认识,后来为毛泽东所采用:"五四运动的成为文化革新运动,不

---

① 张太雷:《五四运动的意义与价值》,《中国青年》第 4 集,中国青年社 1926 年 12 月再版,第 396 页。

② 双林(瞿秋白):《五四纪念与民族革命运动》,《向导》第 113 期,1925 年 5 月 3 日,第 1—2 页。

③ 巴达:《从目前民族的危机说到今年的五月》,1933 年,《北方左翼文化运动汇编》,北京出版社 1991 年版,第 190 页。

④ 驻莫斯科中国代表王明等:《讣告——纪念热烈的革命者瞿秋白、何叔衡》,1935 年,孔海珠:《左翼·上海》附录,上海文艺出版社 2003 年版,第 361 页。

⑤ 易嘉(瞿秋白):《"五四"和新的文化革命》,《北斗》第 2 卷第 2 期,1932 年 5 月 20 日,第 322 页。

⑥ 燕铭:《五四运动之历史的意义》,《国际知识》第 1 卷第 1 期,1937 年 5 月,第 55 页。

⑦ 胡绳:《"五四"运动论》,《新学识》第 1 卷第 7 期,1937 年 6 月,第 335 页。

⑧ 艾思奇:《什么是新启蒙运动》,《文摘》第 2 卷第 1 期,1937 年 7 月,第 127 页。

过是中国反帝反封建的资产阶级民主革命的一种表现形式。"①这在某种程度上可以解释为什么说毛泽东思想是"集体智慧的结晶"。

封建、封建主义、帝国主义等,往往被看作是马克思列宁主义的话语。但是,究察 20 世纪 30 年代中国思想界的言说,则会发现用之者相当普遍。比如,当时的"自由人"或"第三种人",虽然反对左翼作家"霸占"文坛,却认同五四的反封建性。他们说,五四运动之使命,是反封建文化;②五四的意义亦是"反封建文化"。③ 再如政治色彩不甚明显的陈端志指出,"五四运动是一个反帝国主义的含有民族主义的运动","也是一个反封建势力的含有民主主义的解放运动"。④ 而在国民党属下的报刊也经常见到这样的认识:"五四运动的对象是打倒帝国主义及其走狗。"⑤"五四实为反帝国主义的民众运动的历程中爆发最激烈的一日。"⑥"五四运动,就政治而言,可说是一个民族自觉的反帝国主义运动。"⑦作为中国"特征"的"封建",因"不适近代生活早已被有革命意义的'五四'新文化运动扔到厕所去了"。⑧

察看当时国共两党的言论,均把"反帝"、"反封建"作为日常用语。倒是逐渐明确自由主义信仰的胡适,一直反对这些用法。早在数年前,

---

① 毛泽东:《五四运动》,《解放》第 70 期,1939 年 5 月,第 9 页。

② 文化评论社:《真理之檄》,1931 年,杨琥编:《民国时期名人谈五四》,福建教育出版社 2011 年版,第 194 页。

③ 胡秋原:《文化运动问题》,《文化评论》第 4 期,1932 年 4 月,第 46 页。

④ 陈端志:《五四运动之史的评价》,上海生活书店 1936 年版,第 260 页。

⑤ 陶百川:《五四运动的前前后后》,《民国日报》1927 年 5 月 4 日,第 3 版。

⑥ 陶愚川:《纪念光荣伟大的五四运动》,《民国日报·觉悟》1930 年 5 月 4 日,第 1 版。

⑦ 文夫:《五四运动十七年》,《文化建设》第 1 卷第 8 期,1935 年 5 月,第 5 页。

⑧ 李麦麦:《评<中国本位的文化建设宣言>》,《文化建设》第 1 卷第 5 期,1935 年 1 月,第 29 页。

他就表示不认同中共所说的"帝国主义"一词。[①] 1929 年,针对"封建"的用法,他又指出,"那些号称有主张的革命者,喊来喊去,也只是抓住几个抽象名词在那里变戏法。有一班人天天对我们说:'中国革命的对象是封建阶级'"。"一位天津市党部的某先生的演说,说封建势力是军阀,是官僚,是留学生。"但是,"我们孤陋寡闻的人,就不知道今日中国有些什么封建阶级和封建势力"。[②] 把"留学生"也说成是"封建势力",充分表明这一词运用的随意性。当时,反封建者常常把不同道者一概斥之为"封建",更有相互指责对方为"封建"者,如国共。1933 年底,在给孙长元的退稿信中,胡适同样表示了对这一类用词的反感:"你的文章有一个毛病,就是喜欢用许多不曾分析过的抽象名词。""如'封建势力','国际帝国主义','民族资本'等等,在读此文时,我好不懂得这些名词在这文里代表什么东西。"他还说:"此是时代病。"[③]这恰与一些人视胡适已"落伍"形成鲜明的对照。一方在固守一些价值,认为时代错了,故自感无力地予以"调节";另一方则自信代表时代的潮流,为了明确的目标而迅速地抛弃过去。不难体察,双方观点歧异的背后是一种历史观的变化。

陶希圣曾赞扬胡适说,"胡先生在过去与封建主义争斗的光荣","是我们最崇拜最愿崇拜的"。[④] 但是,胡适基本上从不使用这些术语,

---

①　参见罗志田:《北伐前数年胡适与中共的关系》,《近代史研究》2003 年第 4 期。

②　胡适:《我们走那条路?》,《新月》第 2 卷第 10 号,1929 年 12 月,第 11、13 页。

③　胡适:《致孙长元》,1933 年 12 月 13 日,耿云志、欧阳哲生主编:《胡适书信集》(上),北京大学出版社 1996 年版,第 595 页

④　陶希圣:《为什么否认现在的中国——读＜大公报＞三月三十一日胡先生星期论文》,《中国文化建设协会山西分会月刊》第 1 卷第 4 期,1935 年 4 月 16 日,第 7 页。

因为他清醒地认识到,名词是思想的一个重要工具。这些名词背后所代表的是一套他不赞成的思想体系。因此,他对陶希圣的赞扬并不接受,明确反对他用这些术语:"我搜索我半生的历史,我就不知道我曾有过'与封建主义争斗的光荣'。压根儿我就不知道这四十年的中国'封建主义'是个什么样子。""我打的是骈文律诗古文,是死的文字,是某种某种混沌的思想,是某些某些不科学的信仰,是某个某个不人道的制度。"那么,"用连串名词的排列来替代思想的层次,来冒充推理的程序,这毛病是懒惰,是武断"。① 可见在"主义"盛行的环境里,胡适仍然时常以"问题"来看历史和现实。

不难发现,在思想用语上,国共两党反而比较接近,而胡适所持的自由主义则是与之完全不同的思想体系。当然,同样的意思,可以有不同的表达。那时一位名为许性初的知识人谈到五四的批判精神时,就用"传统文化"代替了"封建"说。他指出,五四运动的思想表现充满了批判的精神,侧重"破"的方面,以"破"为根本态度。盖数千年来的"传统文化",若不经过五四运动的严厉批判,绝不能打破他人支配权威。② 相对于含有贬义色彩的"封建文化"一词,"传统文化"显然是中性的称谓。其实,无论是"反封建",还是批判传统,五四反对中国固有的一些东西,是显而易见的。那么,五四拥护什么,或者说"要吸收一种什么样的精神的粮食呢"?③

---

① 胡适:《今日思想界的一个大弊病》,《独立评论》第 153 号,1935 年 6 月 2 日,第 2—5 页。

② 许性初:《从五四运动说到一十宣言》,《文化建设》第 1 卷第 5 期,1935 年 2 月,第 32 页。

③ 柳湜:《国难与文化》,上海黑白丛书社 1937 年版,第 33 页。

左翼知识人大都认为,五四是中国资产阶级的文化革命运动;①代表着中国新兴资产阶级之文化的抬头;②其口号完全是资产阶级性的,是中国新兴资产阶级企图组织民众意识的资产阶级的"文化运动";③并且是"最典型的资本主义文化运动";④反映了"布尔乔亚的抱负";⑤民族资产阶级成为运动的"掌舵者"。⑥"'五四'文化运动就是中国要求变更旧的社会关系而建立新的社会关系之表现","是一个前进的小资产知识分子所领导起来的民主革命运动",那时所需要的是"资本主义社会"。⑦ 相对于"启蒙运动"的比附,把五四新文化运动定位为资本主义的文化运动,则具有明显的"蓄意"。很容易看出,这是马克思主义者或一般社会主义者所认识的近代历史轮替中的一环,意在说明五四时期的人和事已是落后的了。其实,五四时期特别是前期并没有资本主义和社会主义的区别与对立,那时人们对于文化的看法是以地理学派的理论为基础的,⑧所以才有东、西或中、西、印之分。这种"资本主义文化"的标签,显然是中国思想界分化和变化后一部分人回望五四而产生的一种结论,如此定位无疑服务于新思想的传播和社会改造的努力方向。

---

① 易嘉(瞿秋白):《"五四"和新的文化革命》,《北斗》第 2 卷第 2 期,1932 年 5 月 20 日,第 322 页。

② 文艺新闻社:《请脱弃"五四"的衣衫》,《文艺新闻》第 45 号,1932 年 1 月 18 日,第 1 版。

③ 丙生(茅盾):《"五四"运动的检讨》,《文学导报》第 1 卷第 2 期,1931 年 8 月,第 14 页。

④ 艾思奇:《论思想文化问题》,《认识月刊》第 1 号,1937 年 6 月,第 7 页。

⑤ 胡绳:《"五四"运动论》,《新学识》第 1 卷第 7 期,1937 年 6 月,第 335 页。

⑥ 齐伯岩:《五四运动与新启蒙运动》,《读书月报》第 2 号,1937 年 6 月,第 7 页。

⑦ 燕铭:《五四运动之历史的意义》,《国际知识》第 1 卷第 1 期,1937 年 5 月,第 57、58 页。

⑧ 陈高佣:《中国文化问题研究》,商务印书馆 1937 年版,第 301 页。

比如,有人虽然承认,五四运动构成的原因,是中国新兴资产阶级进行争取政权时必要的一种手段,但又说,它努力去忠于资产阶级的完成,结果是相当的背叛了资产阶级,到后是怀疑了五四的资产阶级性![1] 意思是五四那些人自己应该完成的任务也没有完成,这自然就为一个新的阶级的登台提供了根据。如此一种认识理路,后来为马克思主义者所普遍采用,并且越来越系统化:"'五四'新文化运动,本质上是资本主义的文化运动;而民主主义的号召,科学精神的提倡与文字的改革,又是这一资本主义文化运动的统一着的具体内容。民主主义是资本主义的政治体系,科学精神是资本主义的根本前提。"[2]这样一种定论也为中共领导人所采纳,博古就认为:"五四新文化运动,这个思想界空前的大变动无疑是一个资产阶级的启蒙运动,他反映着正在发展中的资本主义与旧的生产关系之间的冲突。"[3]毛泽东则以五四为界,把中国近代文化的演进划为"旧的资产阶级民主主义文化"和"新民主主义的文化"两个阶段。[4] 这再一次表明 20 世纪 30 年代左翼知识人的言说,成为毛泽东思想形成的一种理论资源,一般左翼知识人的文化见解经过时势变迁上升为中共的主流认识,这也说明中共并不是一个狭隘的武力集团,而是具有相当广泛的思想文化基础。

能够进一步说明此点的是,在当时的知识界,把五四看作资本主义

---

① 林锡:《五四运动的意义及其在文学上的影响》,《尖锐》第 1 号,1932 年 5 月 25 日,第 11 页。

② 菊圃:《论"五四"新文化运动》,《现代青年》第 2 卷第 1 期,1940 年 5 月,第 35 页。

③ 博古:《五四运动》,《新华日报》1939 年 5 月 5 日,第 1 版。

④ 毛泽东:《新民主主义的政治与新民主主义的文化》,《中国文化》第 1 期,1940 年 1 月,第 19 页。

文化运动的并非都是马克思主义者,一些自由知识人或政治倾向不明朗的甚至是反对中共的人也持这种看法。1932 年,胡秋原指出,五四运动不但是反映中国新兴资产阶级文化之抬头,而且反映美国资本对于从来支配中国的日本资本之进取,反映美国文化在中国思想界活动之开端。[①] 1934 年,在广州与主张全盘西化的陈序经论战的张磐说,五四运动时代,"现代西洋文化",就是资本主义文化,也就是资产阶级文化。所谓"塞恩斯"、"德谟克拉西",本是资本主义文化的产物。[②] 这样的资本主义文化运动,敲醒了全国思想界的梦。[③] 1935 年,一位评论"中国本位文化"的作者认为,五四运动,是以鼓吹文学革命,提倡科学,宣传民主政治,废孔孟,铲伦常为鹄的,这一文化运动,反映着大战时期中国民族产业的活跃,是资本主义的产物。[④] 陈啸江指出,五四新文化运动,所谓"新",就是"迎接适合民族工业发展要求的新兴的资本主义文化之意"。[⑤]

更值得注意的是,国民党主流刊物对五四的定位,几乎与马克思主义者并无二致。《人民评论》的一篇文章指出,五四是资本主义文化运动。[⑥] 参加署名《中国本位的文化宣言》的陈高佣在《文化建设》上撰文

[①]　胡秋原·《文化运动问题》,1932 年,杨琥编:《民国时期名人谈五四》,福建教育出版社 2011 年版,第 198 页。

[②]　张磐:《中国文化之死路》,广州《民国日报》副刊《现代青年》第 834 期,1934 年 1 月 25 日,第 2 版。

[③]　张磐:《在文化运动战线上答陈序经博士》,广州《民国日报》副刊《现代青年》第 840 期,1934 年 2 月 2 日,第 3 版。

[④]　鲁人:《论中国本位的文化》,上海《大美晚报》1935 年 2 月 18 日,第 3 版。

[⑤]　陈啸江:《从社会史观点考察五四运动》,《读书知识》第 1 卷第 2 期,1940 年 5 月,第 99 页。

[⑥]　赵济孙:《中国文化运动之史的评述》(上),《人民评论》第 31 号,1934 年 2 月,第 13 页。

说:"五四时代,一般新文化运动家,虽然想把西洋近代的资本主义文化,完全搬到中国,但是为时不久,即成泡影,盖帝国的束缚未能解脱,自己的民族资本绝不能够发展,民族资本不能够发展,则资本主义又如何能凭空建立。五四运动的昙花一现,证明半殖民地的中国绝不能建立资本主义的文化,欧洲大战的教训,俄国革命的影响,又引起国人对于社会主义文化的向慕,于是五四运动熄灭以后,便有一部分人一转方向,提倡社会主义的文化。数年来的提倡与运动,当然不能说毫无影响,但是在整个的穷困的国家要希望建设社会主义的文化,亦不过等于东施效颦而已。"①如果没有最后一句,那简直就是马克思主义者的看法。

批评中国本位文化派的李麦麦对五四的解释却与之如出一辙:"资本主义高速度的剥削,中国经济基础更进一层的瓦解,到底又揭起了中国文化运动的另一波涛,即是'五四运动'。这是进到高形态的反封建的资本主义文化运动……但这运动又是不幸,并未产生若何大的效果,虽然它也有一点小的成功。这原因,不外是这样:几年的欧洲战争,刺激了中国民族工业的积极发展,民族工业发展达到某种程度时,接受资本主义文化的条件,遂有相当的成熟,并且也已感到资本主义文化的必需,所以在这种情形在下面,'德''赛'两先生,便成为时代的娇儿,而从前特权阶级文言文字,遂一变而成为普通的白话文。这正是民族资产阶级向前进展的活跃现象。但中国民族工业的繁荣,待到大战停止,国

---

① "陈高佣之文",《资本主义文化与社会主义文化讨论》,《文化建设》第 1 卷第 7 期,1935 年 4 月,第 86、88 页。

际的资本主义又再生的时候,这朵繁荣的葩蕾,不久,竟逐渐的凋谢,再也没有重温那种春色的梦的可能。于是五四运动,遂不得不宣布它已成为历史的陈迹,没有再向前发展的可能了!""五四的文化运动,其不能积极展开它的姿态,正是一个很好的历史教训。中国没有资本主义的社会条件,因而它的资本主义文化运动是必然的失败的。"①无论作者最终要得出什么样的结论,这显然是马克思主义运用于中国而产生的观点,并且成为后来以至于现在马克思主义者撰写的中国近代经济史的内容。

这充分说明在国民党统治下的舆论,并不完全排斥马克思学说,甚至国民党人同样自觉不自觉地运用其中的观点。其实,这也难怪,1924—1927年国共两党合作时,意识形态本来是混在一起的。两党分家以后,政治上虽然走向敌对,而意识形态却在相当时间内没有扯清。②况且,"三十年代,马克思主义已为一般知识界之主潮"。③对此,陈高佣解释说:"虽然各家对于中国社会与文化的看法彼此不同,而就其从社会经济上用史的方法来解释中国过去的历史与决定中国将来的出路,则为共同的一种思想方法。"④这里说得再明白不过了,五四解释与决定中国将来的出路是密切相关的。矢志于社会改造的个人或群体,往往是先有了新的出路,再去重新解释历史。那么,这样书写的历史到底还是现实的反映。因此,不同五四观的碰撞,实际上是关于现实

---

① 李立中:《中国本位文化建设批判总清算》,《文化建设》第1卷第7期,1935年4月,第46—47、55页。

② 参见张太原:《二十世纪三十年代的马克思主义思潮》,《中共党史研究》2011年第7期。

③ 胡秋原:《一百三十年来中国思想史纲》,(台北)学术出版社1983年版,第127页。

④ 陈高佣:《中国文化问题研究》,商务印书馆1937年版,第299—302页。

利益和中国出路的相争。

　　此外，政治上相异，而思想方法却是共同的，这大概是当时一种比较奇特的思想景观。有学者从另一角度和另一些史实已注意到中国近代历史的这种情况，"许多在社会区分方面看似歧异甚至对立的新旧派别在思想观念方面其实有着相当程度的共性"。往往"对立派别间真正观念上的实质差异越来越小，而社会派别上的对立却越来越激化，仿佛给人以思想界日益两极分化的印象。既存研究似乎受此影响，对各种思想、政治、学术'派别'之间冲突对立的一面强调太过，而其相近相通之处则相对被忽视"。"简单划分派别而论证的方式虽然醒目易读，却可能无意修改了历史，从而误导读者。"①由此来看，以派别来研究思想史的方法需要反思。

四、"内容非常复杂的运动"

　　余英时说，对不同的人而言，五四始终是也仍旧是很多不同的事物。根本上它是一个文化矛盾的年代，而矛盾则注定是多重面相的，也是多重方向的。② 欧阳哲生也指出过，"五四话语的复杂性在于它本身内容的多元性、丰富性"。③ 事实上，早在 20 世纪 30 年代已有类似的说法了。胡绳就认为，五四运动是一个"内容非常复杂的运动"；它代表

---

　　① 罗志田：《近代中国史学十论》，复旦大学出版社 2003 年版，第 231、232 页。
　　② 余英时：《重寻胡适历程：胡适生平思想再认识》，广西师范大学出版社 2004 年版，第 250—251 页。
　　③ 欧阳哲生：《新文化的传统——五四人物与思想研究》，广东人民出版社 2004 年版，第 167 页。

着不同的时代、不同的社会阶层,所直接触到的"问题实在是多极了"。比如,它纷乱地从西方输入了各种学说,于是达尔文主义、克鲁泡特金主义、尼采主义、杜威的实用主义,以至马克思主义,都半生不熟地出现在中国的文化立场上,叫人一眼看去,只觉得五花八门摸不着头脑。① 稍后的林同济同样指出,"五四新文化运动,内容本身丰满,甚复杂"。②

正因为如此,人们不是把五四运动看作一场单一的运动,而是视之为各种运动的汇合。比如,有这样一些说法:五四运动"能综合中国资本主义发展的结果,合普通平民反抗帝国主义的本能感觉与第三阶级进步的民主要求为一";③五四运动表现了"轰动全国的学潮,群众示威运动,启蒙的文化运动和政治改造运动诸般伟大的征象";④五四运动由"反帝抗日运动"、"铲除汉奸运动"和"新文化运动"等伟大的运动汇合而成;⑤五四运动是爱国运动、民主运动、文艺复兴运动、文学史上的启蒙运动、青年运动;⑥"'五四'运动是反帝反封建的运动,'五四'运动是中国新文化的运动,'五四'运动是中国民族自觉的运动,'五四'运动是中国近代青年的运动"。⑦

---

① 胡绳:《"五四"运动论》,《新学识》第 1 卷第 7 期,1937 年 6 月,第 333、334、336 页。
② 林同济:《从五四到今天——中国思想动向的转变》,重庆《大公报》1941 年 5 月 4 日,第 2 版。
③ 瞿秋白:《自民族主义至国际主义》,1924 年,杨琥编:《民国时期名人谈五四》,福建教育出版社 2011 年版,第 159 页。
④ 胡梦华:《"五四"精神之批判与追求》,《人民评论》第 40 号,1934 年 5 月,第 11 页。
⑤ 朱谦之:《五四运动之史的追述》,《读书知识》第 1 卷第 2 期,1940 年 5 月,第 94 页。
⑥ 陈晋雄:《五四与青年运动》,《满地红》第 2 卷第 8 期,1940 年 5 月 14 日,第 24—25 页。
⑦ 菊圃:《论"五四"新文化运动》,《现代青年》第 2 卷第 1 期,1940 年 5 月,第 30 页。

在这众多的运动中有两种说法是普遍认可的,也是至今所沿用的,[1]即文化运动与政治运动。但是,哪一个在先或为主则说法不一。有的说是文化运动引发了政治运动,"五四运动的自身是政治运动,而这政治运动,实是文化运动之果"。[2] "新文化运动,不久便造成了五四运动。"[3]1917年以后,"旧的观念,思想,及标准都被根本的动摇,而趋于崩溃;新的思想,便如潮水般的涌来"。"思想上一解放,自然要影响实际的社会活动",所以,发生了"五四运动"。"它给予中国政治的影响"是:激起了比较普遍的爱国运动,激起了民众参加运动的兴趣,激起了民众大规模的组织。[4]

有的则认为是政治运动催生了文化运动,"由这种政治上的革命运动,引起了文化上的革命运动,于是文学革命,对旧礼教、旧思想的革命,一时风起云涌,使一切社会趋势,都向着新的路上前进"。[5] "五四运动是以政治运动始而以文化运动终"。[6] "在现在的许多刊物中,每每将'五四事件'与所谓'新文化运动'混为一谈,而且说'新文化运动'在领导着'五四事件';就当日客观的史实说,这完全是无意的错误或有意的欺骗。我们不能说'新文化运动'领导'五四事件',而只能说'五四

① 20世纪30年代的许多对五四的认识为后来人所继承,甚至今天的一些关于五四的论说还不如那时。

② 文叔:《五四运动史》,《学生杂志》第10卷第5号,1923年5月,第4页。

③ "罗家伦的讲演",《悲壮激昂之五四运动十周年纪念会》,南京《中央日报》1929年5月5日,第2张第3版。

④ 王造时:《由"真命天子"到"流氓皇帝"》,《新月》第3卷第11期,1930年8月,第19、20页。

⑤ 赵澍:《五四运动与国民革命》,《民国日报》1927年5月4日,第2版。

⑥ 金志骞:《五四运动之经过及其影响》,《民国日报》1929年5月4日,第4版。

事件'扩大'新文化运动'。"①无论是强调文化运动还是强调政治运动，显然都是由于言说者的着意点不同所致，而不同的着意点则又往往与现实的指向有关。

除此，也有人认为两种运动是交相为用的：五四运动"实在是一种极壮烈的国民运动，他的发动受新文化运动的刺激影响不少，他的结果却也给新文化运动以一种绝大的帮助，这就是政治运动与文化运动互为因果的好例"。② 陈高佣更具体地指出，五四运动虽然对于中国的思想界发生了相当的影响，而结果使人觉悟仅从学术思想上做文化革新仍不是根本的办法，根本办法还得从社会的组织制度上着手，于是当年从事五四运动的陈仲甫、李守常等人首先改变方向从事马克思主义的宣传与共产党的活动。③ 署名田牛的一位左翼学生也注意到当年胡适等人与李大钊等人的分野。④ 这种看法似乎更切实际，就是说本来人们都是致力于文化运动的，但后来特别是五四学生运动以后逐渐分离出了两种努力方向。

至于当时"文化运动"的内容，有人说，"西洋学术思想之介绍也"。⑤ 胡适的回忆是："新青年杂志，最初反对孔教，后来提倡白话文

---

①　周予同：《过去了的"五四"》，《中学生》第 5 号，1930 年 5 月，第 2 页。

②　常乃德：《新文化运动的成绩》，1933 年，《中国思想小史》，上海古籍出版社 2009 年版，第 123 页。

③　陈高佣：《中国文化问题研究》，商务印书馆 1937 年版，第 298—299 页。

④　田牛：《五四运动与中国文学》，1933 年，《北方左翼文化运动汇编》北京出版社 1991 年版，第 178—179 页。

⑤　雷伯豪：《中国本位的文化建设的基础在何处》，开封《教育平话》第 1 卷第 5 期，1935 年 2 月，第 8 页。

学,公然主张文学革命,渐渐向旧礼教旧文化挑战了。"①若干年后,到了国民党势力膨胀的 1947 年,他则把新文化运动说成是提倡"文学革命,思想自由,政治民主的运动"。② 这再一次表明,由于心境和面临问题的变化,当事人对同一历史事件的记忆和描述也是不同的。即是说历史解释与现实关怀是密切相关的,人们对现实的不满和主张,往往曲折地融入历史解释。缘此,后来的研究者要探求历史真相,须了解历史书写者或材料生产者的心态、需要、处境和追求,拂去层层障蔽,才有可能揭示本来面目。当然,材料生产者或历史书写者主观性的介入也是那时的一种历史之真。另一方面,最大限度地再现历史本相,也可能会自然地冲击现实认知,从而产生一种没有现实关怀的现实价值,这样一种效果可能更有利于个人或群体选择未来的努力方向,而不致于由虚构而入歧途。

关于"政治运动",胡适的印象是青年学生干政,"五四运动为一种事实上的表现,证明历史上的一个大原则,亦可以名之曰历史上的一个公式。什么公式呢?凡在变态的社会与国家内,政治太腐败了,而无代表民意机关存在着;那末,干涉政治的责任,必定落在青年学生身上了"。③ 但是,瞿秋白认为:"我们切不可只看见学生,学生不过是运动的先锋;当时上海、天津等处的商人都以实力参加;这的确是辛亥之后,

① 胡适:《纪念"五四"》,《独立评论》第 149 号,1935 年 5 月 5 日,第 4—5 页。
② 胡适:《"五四"的第二十八周年》,《大公报》1947 年 5 月 4 日,第 3 版。
③ 胡适:《五四运动纪念》,1928 年,欧阳哲生编:《胡适文集》(12),北京大学出版社 1998 年版,第 730 页。

中国社会里各阶级努力以行动干预政治,而且带着群众性质的第一次。"①胡绳也说:"五月四日的反对卖国贼的五千多人的大游行","是比了辛亥革命更为深刻而广泛的一个群众运动,虽然北平的学生是其发动者,但是他们立刻得到全国各地学生的拥护,并且还得到学生以外的市民与工人群众的拥护","这是中国历史上第一次学商工各界自发地联合起来,为了自由与民主而奋斗。""'五四'运动的最主要的一点成功是它把文化运动扩大为群众的广泛的运动。"②作为亲历者的朱一鹗,称之为"国民政治运动"。③ 胡梦华同样认为,五四"激成中国群众对政治的社会力量","'五四'的精神是民族自决的,民族自救的,他的表现是救国家救民族的爱国行动。时代的要求是民族主义的,群众的反映是民族主义的。这是'五四'有价值,可珍贵的地方"。④ 一位署名冰森的人还说:"北京学生唤醒了沉迷不醒的中国国民,唤醒了腐败无力的中国民族。五四运动实在是中国国民的觉醒运动!""大家应当永远记着五四运动那天北京学生的所提醒我们的'中国土地可以征服而不可以断送,中国人民可以杀戮而不可以低头'两句话,努力奋发,我相信我们的民族一定是有希望的。"⑤不难发现,把五四运动看作群众运动,多是集团主义者,显然当时日渐盛行的各种集团主义思潮和日益严重的民族危机,参与了有关五四的历史记忆和解释,其中现实的意指是

---

① 双林(瞿秋白):《五四纪念与民族革命运动》,《向导》第 113 期,1925 年 5 月 3 日,第 2 页。

② 胡绳:《"五四"运动论》,《新学识》第 1 卷第 7 期,1937 年 6 月,第 338 页。

③ 朱一鹗:《五四运动之回顾》,《中央副刊》第 41 号,1927 年 5 月 4 日,第 2 版。

④ 胡梦华:《"五四"精神之批判与追求》,《人民评论》第 40 号,1934 年 5 月,第 10 页。

⑤ 冰森:《纪念五四》,《北平晨报》1933 年 5 月 4 日,第 12 版。

不言而喻的。号召群众,救国家救民族,自然是五四所包含的,问题是当时的言说者何以要突显这一面。

事实上,对于那时的人们来说,无论五四是什么已不重要,重要的是对五四的评价及时下的意义。值得注意的是,当时还有很多负面的看法:"这轰轰烈烈的五四运动,实际上是失败的运动,是走错了方向的民众运动,她所给予我们的只是无限的遗憾莫大的悲哀!"①"这轰轰烈烈的五四运动,究其实,竟是失败了的运动!"②《新青年》对于中国的功绩,只在摧毁传统的社会机构和思想这一点上。""然而不幸他们在积极方面对于未来中国的建造并没有提供出有力的意见。""他们所留给中国的,只是消极的破坏工作,家族主义破坏了,传统的文化道德破坏了,新的可以代替的东西在哪里呢?""中国的思想界在五四以后就变成了一片白地,许多走投无路的青年在这块白地上凭个人的直觉幻想造出许多空中楼阁来,空中楼阁是靠不住的,是经不住现实的试验的。"③只有破坏,没有建造,这似乎否定了整个五四的价值。而在佛教界人士释太虚看来,不是没有建造,只是建造错了,错就错在抛弃固有而整个地输入西洋文化,而"择焉不精"的采取尤为错误。④ "抑"是为了"扬",这同样是在利用五四,让它来做一种建设的映衬,即立足于中国的实

---

① 金志骞:《五四运动之经过及其影响》,《民国日报》1929 年 5 月 4 日,第 4 版。
② 秋魂:《五四运动在中国近代史上的地位》,1930 年,杨琥编:《民国时期名人谈五四》,福建教育出版社 2011 年版,第 490 页。
③ 常燕生:《现实生活与理想生活——二十年来中国思想运动的总检讨与我们最后的觉悟》,《国论》第 1 卷第 1 期,1935 年 7 月 20 日,第 10—11 页。
④ 释太虚:《怎样建设现代中国的文化》,《文化建设》第 1 卷第 9 期,1935 年 6 月,第 27 页。

际,激发或引入管用的东西。①

不过,自信已成为时代先锋的马克思主义者,从"更新"的立场上对五四予以彻底否定。在瞿秋白看来,五四已经过去了,新的文化革命已经在无产阶级领导之下发动起来,这是几万万劳动民众的文化革命,它的前途是转变到社会主义革命的前途。以这种新的阶级代表的眼光重新审视五四,就觉得五四不免有些罪恶了,比如,那时起领导作用的中国资产阶级,到1930年代已经变成"绝对的反革命力量"。② 此前,沈雁冰还明确宣布,五四"在现今"只能发生反革命的作用。五四虽然已经过去,但不能无视那些依旧潜伏于现代的腠理中的五四的渣滓,甚至尚有五四的正统派如"新月派",以新的形式依然在那里活动。扫除这些残存的"五四",是"目今"革命工作内的一项课程。③

既然已经别开生面,另辟蹊径,并自信是一条康庄正道,那么对于仍坚持五四的人自然要大加讨伐,唯恐不能去之。一些年轻的左翼知识人对此表现得更为激烈:"'恢复五四运动精神!'的口号,在目下,尤其在北平一隅,是疯狂的叫嚣起来。这种违背时代路线的事实,我们无论如何是要对它摇头的";"不是现在五四正统派的'新月'还常喊着艺术的口号吗? 胡适诸人对于自己十三年前的忠实资产阶级的努力不会成功,是始终不愿甘心的,他们时刻企图要在新社会的基层中放进残余

---

① 参见张太原:《"没有了中国":20世纪30年代中国思想界的反思》,《近代史研究》2011年第3期。

② 易嘉(瞿秋白):《五四和新的文化革命》,《北斗》第2卷第2期,1932年5月20日,第322、328页。

③ 丙生(茅盾):《"五四"运动的检讨》,《文学导报》第1卷第2期,1931年8月,第14页。

的旧意识的渣滓，而观乎今日资产阶级仍在运用种种手腕妄想僵尸的复活，就使我们感到非常压迫的危机在潜动。我们愿站在新兴文学的最前线上，给与青年们一个提醒，假使我们求真正的民族解放的斗争，我们是不需要五四精神的。"①"五四已经过去了，它的历史任务已经尽完"，"从前北大自诩为新文化的策源地，现在变成了反动的集团。""时代的巨轮把五四时代的文人学士们辗死，胡适只有信口造谣，掩饰自己的丑陋；扭曲事实，迷恋过去的骨骸！""五四时代文学运动的健将，虽有极少数还能继续前进，多数却变成屠杀青年的刽子手，他们也像清末的儒生，只知歌颂主子的功德和摇尾乞怜的献媚军阀，有些简直是麻醉青年的御用走狗，他们拿五四运动的金字招牌，作最无耻地招摇欺骗！"②

　　这时的马克思主义者公然让出五四的"正统"并予以激烈批判，因为打五四旗号的人已变成非同志，所以干脆把整个五四也不要了；或者说，批判"过去的'五四'"正是为了批判"残存的'五四'"。在当时的思想界，对于马克思主义者来说，国民党显然不是对手，能够与之过招的往往是打五四牌的自由主义者。所以，对其斗争的火药味甚浓，唯恐不能去之。后来，已经变成非党的陈独秀，很不认同这种批判，在他看来，五四运动时代所要求的，并"没有过去"，只是中共陷入了"超资本主义的小资产阶级社会主义的幻想"。③　其实，这种思想文化上的批判，显

　　①　林锡：《五四运动的意义及其在文学上的影响》，《尖锐》第1号，1932年5月25日，第10、12页。

　　②　田牛：《五四运动与中国文学》，1933年，《北方左翼文化运动汇编》，北京出版社1991年版，第178—179页。

　　③　陈独秀：《"五四"运动时代过去了吗?》，《政论》旬刊第1卷第11期，1938年5月，第8页。

然是受了当时中共"左"的政治总方针的影响。文化配合政治,是马克思主义者的一贯主张。也正是由于这样一种情况,当中共改变政治路线以后,左翼知识人对待五四的看法则发生了明显的变化。早在1935年10月,中国左翼文化总同盟常务委员会就提出,要继续五四运动未完成的任务并使之向前发展。①

1937年的新启蒙运动中,胡绳说,五四运动是过去了,但也还没有完全过去。中国的"布尔乔亚"从战斗员的身份堕落为帝国主义的附庸,封建主义的友人,但是在目前的抗敌救亡运动中间,它仍然有资格做一名战斗员。② 艾思奇指出,在"目前"思想文化上的任务,仍是五四时代未曾完成的任务。③ 一位署名"仲季"的人还提倡,要批判地接受五四未竟的工作。④ 陈伯达更具体地解释:"我们的新启蒙运动是五四以来更广阔而又更深入的第二次新文化运动。五四时代的口号,如'打倒孔家店'、'德赛二先生'的口号,仍为我们的新启蒙运动所接受,而同时需要以新酒装进旧瓶,特别是要多面地具体地和目前的一般救亡运动相联结。"⑤由脱去"五四的衣衫"到再次披穿在身,充分说明谈论者的现实需要在决定着他们对五四的态度。当时,"残存的'五四'"成为左翼知识人统战的对象,所以他们不得不调整对"五四"的认识,重新拾起"五四",并与之关联起来,以至于后来重新夺取五四的"正统"。

① 中国左翼文化总同盟常务委员会:《中国左翼文化总同盟纲领草案》,1935年,孔海珠:《左翼·上海》附录,上海文艺出版社2003年版,第370、372页。
② 胡绳:《"五四"运动论》,《新学识》第1卷第7期,1937年6月,第338页。
③ 艾思奇:《论思想文化问题》,《认识月刊》第1号,1937年6月,第11页。
④ 仲季:《新启蒙运动之路》,《新知识》第5期,1937年5月,第5页。
⑤ 陈伯达:《论新启蒙运动》,《新世纪》第1卷第2期,1936年10月,第15页。

正因为五四包含的内容丰富、复杂和重要,那时的思想言说几乎没有能绕过它的,即使国民党也不能例外。周策纵说:"到 30 年代,国民政府对五四运动已变得极为反感,以致任何在公开场合提起这个运动的人都不为政府所欢迎。"①这里若不是翻译的问题,肯定是作者的误读,根据作者的注释,这个意思来源于胡适的《个人自由与社会进步》,而实际上其中的原话是:"这年头是'五四运动'最不时髦的年头。前天五四,除了北京大学依惯例还承认这个北大纪念日之外,全国的人都不注意这个日子了。"②仅从字面上看这与作者的理解也有很大出入。通观该文,胡适说的"最不时髦"针对的至少是国民党和马克思主义者两个方面,甚至主要的是马克思主义者。因为这之前,批评五四最多的乃是马克思主义者,况且马克思主义一度成为社会的主干思潮。一年多前胡适有两个相对应的说法,更能表明此意:"十几年来,人心大变了:议会政治成了资本主义的副产,专政与独裁忽然大时髦了。"③"个人财产神圣的理论远不如共产及计划经济的时髦了。"④在早些时候,胡适还提唱过"时髦不能动",并特别赞同"官话字母的创始人"王小航对时髦的讽刺:"时髦但图耸听,鼓怒浪于平流。自信日深,认假语为真理。"⑤显然,在胡适看来,国共两党都是背离于五四精神的。

---

① [美]周策纵:《五四运动:现代中国的思想革命》,江苏人民出版社 2005 年版,第 349 页。

② 胡适:《个人自由与社会进步》,《独立评论》第 150 号,1935 年 5 月 12 日,第 2 页。

③ 胡适:《再论建国与专制》,《独立评论》第 82 号,1933 年 12 月 10 日,第 3 页。

④ 胡适:《建国问题引论》,《独立评论》第 77 号,1933 年 11 月 19 日,第 3—4 页。

⑤ 胡适:《<王小航先生文存>序》,1931 年 5 月,欧阳哲生编:《胡适文集》(5),北京大学出版社 1998 年版,第 374 页。

至于国民党对五四的实际态度,却是一度想与之沾亲带故,甚至试图把它纳入自己的轨道。1927 年,陶百川在《民国日报》上提出,要继续"五四精神","须实行国民党命","拥护国民政府及国民革命军"。[①]1928 年,北伐军占领北平后,蒋介石到北大演讲,对五四颇有好评:"兄弟至北大讲演感想与到他处不同;北大是中国新文化发源地,自五四运动以后,各地革命工作,民众运动,几皆以北大为中心,不到几年唤醒民众,使全国同胞了然帝国主义之凶狠,军阀之横暴,觉非在三民主义之下不能救国救民,卒使唤醒民众,并影响于革命军,国民革命军乃得到达北平。吾人对此年来奋斗之精神,实不禁予以热烈之钦敬与表示。"[②]把新文化完全导向三民主义,虽然有点别扭,却表明力图与之衔接的愿望。

1930 年,国民党中宣部为纪念五四还专门发表了告全国青年书,其中说:"一般青年学生,暨觉悟的各界民众,乃毅然从悲愤痛苦的恶劣环境里攘臂奋起,共赴国难,演成轰烈伟大的五四救国运动,反抗帝国主义的协迫,制裁国贼民蠹的暴行,垂亡临危的中国民族,始获抬起头来向着解放独立的前途迈进。是以五四运动,不仅为国家民族复兴的重大关键,抑且是政治、经济、文化革新的一大转机,近几年来,民族运动的进展、革命势力的扩大,以及民治精神的发扬、社会文化的进步等,都由五四运动直接间接的树立起来,这是何等值得我们永久歌颂与热烈纪念的伟大事业。""愿我青年,继承起光荣的'五四'救国历史,振奋

---

① 陶百川:《五四运动的前前后后》,《民国日报》1927 年 5 月 4 日,第 3 版。
② 蒋介石:《蒋中正全集——抗战以前蒋中正年谱党务军政》,该书竖体排版,没有出版项,第 37 页。

起伟大的'五四'革命精神,共谋促进民族之独立,民权之伸张,民生之发展。这就是纪念'五四'的真意义。"①高赞五四,把国民党的成绩也归功于它,说到底,就是要让五四精神为现实的三民主义服务,"真意义"的背后恰恰是言说者的良苦用心,却很难说是五四之真。其赋予五四的"民族复兴"和"政治、经济、文化革新",实际上乃是执政者当时政治动员和标榜作为的口号。

1934年,CC分子胡梦华撰文指出:"文艺复兴在历史上是政治复兴的原动力,但五四后文化运动,不但未能依循此种定律,反而因思潮的庞杂错误,造成十五年来政治和社会诸般形态的纷乱。这种责任不能不根究于'五四'后领导者的错误。——五四后领导者有两派:一派即醉心于德谟克拉西的欧美学者,以蔡元培、胡适之为其代表人物。一派即假冒社会主义招牌的陈独秀。此两大派别,引动世界两大潮流到中国造就了德谟克拉西和社会主义两种思想的青年。""当前日本的横暴告诉我们第二个'五四'时代已来临,我们需要第二个'五四'精神以对抗之。我们要恢复民族自信,以民族自决、民族自救的精神来抵抗暴日,打倒卖国官僚,实行国民外交。""我们毫不犹豫的起来追求'五四'精神,完成我们时代的使命。"②这显得特别有趣,在他看来,五四后的领导者即自由主义者与社会主义者,反而违背了五四精神,倒是国民党成了真正的继承者和发扬者。这里还先于共产党提出了要开展"第二

---

① 国民党中宣部:《为纪念五四运动而告全国青年》,《中央周报》第99期,1930年4月,第40、42页。

② 胡梦华:《"五四"精神之批判与追求》,《人民评论》第40号,1934年5月,第11—12页。

个'五四'",不知道后来致力于新启蒙运动的左翼知识人是否看到过这篇在北平出版的《人民评论》中的文章。实际上,一些口号或用语有时由国民党先提出,只是很难见著于世,而一旦为共产党所用,则很快能风靡全国,个中缘由,甚可玩味。

1935年,有深刻的国民党背景的"中国本位文化"派在其宣言中说:"民国四五年之交,整个的中国陷在革命顿挫、内部危机四伏、外患侵入不已的苦闷中,一般人以为政治不足以救国,需要文化的手段,于是就发生了以解放思想束缚为中心的五四文化运动。经过这个运动,中国人的思想遂为之一变。新的觉醒要求新的活动,引导辛亥革命的中华革命党遂应时改组,政治运动大为展开。打倒军阀打倒帝国主义的声浪遍于全国。由此形成了一个伟大的国民革命。其间虽有种种波折,但经过了这几年的努力,中国的政治改造终于达到了相当的成功。"[1]

不难发现,当马克思主义者彻底抛弃五四的时候,当胡适把国民革命从五四精神中踢出的时候,国民党人自己却试图与五四关联起来,甚至自视为五四的正统,担当其未竟使命。但是,这也有一个问题,20世纪30年代,国民党越来越高扬固有道德文化的价值,并儒化三民主义,毕竟与五四对传统的批评不尽一致,无论如何神通,也很难自称领导了五四运动,况且它还不具备让全国之口皆说自己之言的能力。另一方面,肇端于五四的学生运动在1930年代仍时有发生,国民党尽管因势

---

[1]　王新命等:《建设中国本位的文化宣言》,《文化建设》第1卷第4期,1935年1月,第2—3页。

利导,但往往穷于应付,狼狈不堪,这不能不使它对学生的表现渐失好感。1934年5月4日的蒋介石日记中,右边有一行印刷字:"学生运动纪念日",可见五四作为学生运动的标志已深入到一般人的认识,既然有"纪念日"之说,显然是作为一种正面形象成为一种普遍的历史记忆。① 而有意思的是当天蒋介石记到:"对学生愤怒失态。戒之。"②或许当天蒋介石会见了学生或对学生发表了讲演,而他对学生的表现极度不满,这久而久之使他不能不迁怒于五四。早在1931年,《中央日报》的社论就曾指出:"自五四运动以来,学生自视,几若天之骄子,风习嚣张、学潮迭起,求学时期,群趋政治之活动,冀为毕业后求出路,正当之学业,则不遑计及。"③当时还有一种流行的说法:"自打五四运动以来,学生有'丘九'之称,原因是有枪便是力的'兵'是天不怕地不怕,'兵'字被拆开为'丘八',以之代兵;而敢于造反的学生则是人不怕鬼不怕,以致被排行为'丘九'。学生敢于猛冲猛打。"④学生作为社会中的一个特殊群体,在"读书不忘救国"的同时,也成为各种政治力量追逐和利用的对象,这不能不说是五四以后中国社会变革的一个重要形态。与兵不同的是,学生有些知识,往往被社会中人视为先知先觉,甚至被看作是时代进步的代表,到后来几乎被神圣化了,结果害了学生,也害

---

① 有趣的是,前一年有关文化团体刚把5月4日这一天定为"中国文化复兴运动纪念日",参见《昨日各文化团体补行五四纪念》,《申报》1933年5月6日,第13版。显然,"学生运动"是那时已被普遍接受的五四运动的标志。
② 《蒋介石日记》,1934年5月4日,美国斯坦福大学胡佛研究所藏。
③ 《五四运动与今后学生应努力之新途径》,南京《中央日报》1931年5月4日,第3版。
④ 杨纤如:《北方左翼作家联盟杂忆》,《新文学史料》第4辑,人民文学出版社1979年版,第224页。

了社会。本来国民党亦曾是学生运动的利用者和受益者，但是在它需要维护政权稳定的时候，自然对学生运动变得越来越难以容忍，最后则步入作为统治者镇压的故辙。

无论什么原因，蒋介石大约从 1930 年代中期以后，对五四运动渐失好感。这也难怪，因为他面临的问题是如何使社会稳定，并予以有效的治理，而以批判"社会的罪恶"为根本精神的五四显然于其是不利的。以致到 1941 年他说了这样一段话："试看当时所谓新文化运动，究竟是指什么？就当时一般实际情形来观察，我们实在看不出它具体的内容。是不是提倡白话文就是新文化运动，是不是零星介绍一些西洋文艺就是新文化运动，是不是推翻礼教否定本国历史就是新文化运动。是不是打破一切纪律，扩张个人自由就是新文化运动。是不是盲目崇拜外国，毫无抉择的介绍和接受外来文化，就是新文化运动。如果是这样，那我们所要的新文化，实在是太幼稚、太便宜，而且是太危险了。"①几个反问，充分表现了蒋介石对新文化运动的不以为然和新的价值取向。当然，就整个国民党来说对五四运动的态度颇复杂，时而利用，时而责咎；也颇不一致，往往因人而异。但是，有一点是无疑的，1930 年代以后，五四运动终究没有进入国民党的道统。这恰与共产党形成鲜明的对比，尽管在 1920 年代末和 1930 年代前期，中共曾放弃五四，但是，新启蒙运动以后又逐渐拾起，以致最终把它定为"新民主主义革命的开端"。一弃一用，或许能说明获取历史正当

---

① 蒋介石:《哲学与教育对于青年的关系》,1941 年,张其昀编:《先总统蒋公全集》第 2 册,(台北)中国文化大学 1984 年版,第 1539 页。

性手段的高下。

　　总而言之，在 20 世纪 30 年代的知识界，五四是一个被广泛谈论的话题。从中可发现：五四是怎样作为一个小姑娘任人涂抹。之所以有不同的五四，就在于言说者的现实关怀参与了历史记忆、解释和书写。不管谈论者如何描述五四，都离不开自己的思想状态。各类知识人与其说是论五四，倒不如说是思想自白。关于五四的不同言说，恰恰提供了那时代的一种思想图景。对于不同的人不同的派别而言，着意点不同，对五四的解释也就各异，甚至明知弱水三千，却只取一瓢。而同一个人甚至是当事人或政治上的同一派别因时间和面临任务的变化，对五四的认知也不尽一致。这或许可扩展为更广泛意义上的看法：五四的诠释是因时代而变化的，是因言说者的现实需要而变化的。社会之变革，根本在于思想之变化，而思想之变化主要依赖于新的历史诠释和书写，从这一点出发，不难发现，五四又是怎样参与了 1930 年代影响深远的思想和社会变动。再者，关于五四的各种看法虽然大相径庭，但并不是绝对没有相通之处，一些认识往往杂糅在一起，只是侧重点不同而已。其中，不同的政治派别，亦能有对五四的共识，这或许更加显露了五四的本相，同时也说明，那种以政治派别来划分对五四的诠释的做法，[1]很难涵盖丰富的历史实际。政治上的对立并未改变思想上的趋同，但是，思想上的一致终究会影响政治或社会变革的程度，这或许是一个令人震惊的历史潜伏。

----

　　[1]　周策纵曾按自由主义者的观点、保守的民族主义者的批判和共产党的解释来论述关于五四运动的诠释。参见[美]周策纵：《五四运动：现代中国的思想革命》，江苏人民出版社 2005 年版，第 338—355 页。

第三章　三大思想的鼎足而立

　　20世纪30年代初,上海《民报》有人撰文说:"中国目前三个思想鼎足而立:(1)共产;(2)新月派;(3)三民主义。"①显然,新月派所代表的是自由主义。可以说,当时鼎足而立的思想即是共产主义、自由主义和三民主义。这样一种局面是五四以后思想界冲突分化、重新聚合和彼此形塑的结果。三民主义与马克思主义早已明晰,而自由主义则是在与二者打交道和较量的过程中才逐渐凸显的。

---

① 转引自罗隆基《致胡适》,1931年5月5日,《胡适来往书信选》中册,中华书局1979年版,第64页。

一、我们与你们

对于五四前后自由主义者和马克思主义者的关系,近年来学术界出现了一些新的研究成果。但是对于二者关系的演进变化,仍有一些未曾注意的问题。下面主要通过对当时"文本"中"我们"与"你们"话语的解读,来观照一下自由主义和马克思主义的疏离过程及关系演变。

胡适晚年曾说,"问题与主义"之争是他"与马克思主义者冲突的第一个回合","无论怎样,1920 年 1 月以后,陈独秀是离开我们北京大学这个社团了。他离开了我们《新青年》团体里的一些老朋友;在上海他又交上了那批有志于搞政治而倾向于马、列主义的新朋友"。[①] 胡适说这话时的心态和语境都变化了,回头看过去的事情,好像很清晰。事实上他及其他《新青年》团体成员与马克思主义者的关系,在相当时期并不是截然分明的,而是呈现出一种若即若离、似分又合的胶着状态。

在经历了"问题与主义之争"及《每周评论》的创办与被查禁之后,1919 年 12 月《新青年》同人发表了一个共同宣言,其中说,"我们相信世界上的军国主义和金力主义已经造了无穷罪恶,现在是应该抛弃的了……我们理想的新时代新社会,是诚实的、进化的、积极的、自由的、平等的、创造的……我们主张的是民众运动、社会改造,和过去及现在各派政党,绝对断绝关系。我们虽不迷信政治万能,但承认政治是一种重要的公共生活。而且相信真的民主政治,必会把政权分配到人民全

---

① 胡适著,唐德刚译注:《胡适口述自传》,安徽教育出版社 1999 年版,219—225 页。

体……我们相信尊重自然科学实验哲学，破除迷信妄想，是我们现在社会进化的必要条件"。①

　　虽说这个宣言是由陈独秀起草的，但也明显地包含了胡适的思想。这是《新青年》同人第一次也是最后一次发表"全体社员的公共意见"。后来的自由主义者和共产主义者都同属于这时《宣言》中的"我们"。然而"我们"却用一种"从来未曾完全发表"的"共同意见"的形式，来昭示世人，表明"我们"已经出现了重大的分歧，事实上这是在思想上寻求重新聚合的一种努力。

　　同一期的《新青年》上，还发表了胡适的《新思潮的意义》，他一方面强调了"研究问题"的重要，另一方面又明确地说新思潮运动，就是拥护陈独秀所举出的"那德先生"和"那赛先生"，并指出"学理的输入往往可以帮助问题的研究"，"应该于研究问题之中做介绍学理的事业"。这实际上是胡适个人企图通过对"新思潮运动"的解释，及表达对"新思潮将来的趋向的希望"，来重新整合新思潮阵营的努力。

　　这种努力虽然没有改变各自思想的趋向，但是在其后一段时间内对"我们"之间的关系，似乎是有一定成效的。比如陈独秀把《新青年》编辑部移到上海后，一再向胡适等人"约稿"、"催稿"，直到 1920 年 12 月还提出，《新青年》的内容"以后仍以趋重哲学文学为是"。② 就李大钊来说，则没有再对胡适强调的"研究问题"进行反驳，并于 1920 年 8

---

　　① 　陈独秀：《本志宣言》，《新青年》第 7 卷第 1 号，1919 年 12 月 1 日，第 1—4 页。
　　② 　参见陈独秀致胡适、周作人、高一涵等人的信，水如编：《陈独秀书信集》，新华出版社 1987 年版，第 250—305 页。

月 1 日同胡适等人联名发表了《争自由的宣言》，①声明"我们本来不愿意谈实际的政治，但实际的政治，却没有一时一刻不来妨害我们。……我们便不得不起一种彻底觉悟，认定政治如果不由人民发动，断不会有真共和实现。但是如果想使政治由人民发动，不得不先有养成国人思想自由评判的真精神的空气。我们相信人类自由的历史，没有一国不是人民费去一滴一滴的血汗换来的……我们现在认定，有几种基本的最小限度的自由，是人民和社会生存的命脉，故把他郑重提出，请我全国同胞起来力争"。② 可见在对"实际的政治"、"争自由"的问题上，"我们"还是统一的、整个的。

直到 1921 年初，相对于其他思想派别，"我们"也是一致的。胡适在给陈独秀的信中说："你难道不知他们办学社是在《世界丛书》之后，他们改造《改造》是有意的？ 他们拉出他们的领袖来'讲学'——讲中国哲学史——是专对我们的？"③这里，胡适明确地把梁启超等《改造》同人划作"他们"，而把陈独秀等《新青年》同人划为"我们"。

周策纵曾说，"紧接着'五四事件'后的那几个月里，在新知识分子之间兴起的联合精神只是表面性的"。④ 除去确有相合之外，如果把他说的时间再延长一些，大致如此。在《新青年》同人努力维持"我们"的

① 这一宣言虽由胡适领衔发表，却是由李大钊等人起草的，参见胡颂平编著：《胡适之先生年谱长编初稿》，(台北)联经出版事业公司 1990 年校订版，第 411 页。胡适和李大钊的关系相对于陈独秀来说要融洽得多，直到 1924 年 3 月还有两人共同署名的公函。
② 李大钊研究会编，《李大钊文集》，人民出版社 1999 年版，第 372 页。
③ 胡适：《致陈独秀(稿)》(约 1921 年初)，《胡适来往书信选》上册，中华书局 1979 年版，第 119 页。
④ [美]周策纵：《五四运动史》，岳麓书社 2001 年版，第 316 页。

同时,"我们"中两种不同的取向却越来越凸显,到 1920 年底,几乎已经到了包容不下的地步,胡适在致陈独秀的信中说,《新青年》"色彩过于鲜明","北京同人抹淡的功夫决赶不上上海同人染浓的手段之神速……若要《新青年》'改变内容',非恢复我们'不谈政治'的戒约,不能做到"。① 作为"我们"的《新青年》同人这时分出了"北京同人"和"上海同人","我们"的继续存在看起来非"恢复"而"不能做到"了。

不过,稍后胡适等人仍做了"求同"的努力,只坚持把《新青年》编辑部移归北京。1921 年 1 月,胡适致信《新青年》编委说,若编辑部移归北京,"我们又何必另起炉灶,自取分裂的讥评呢"。② 这里的"我们"虽然还包括李大钊在内,但显然已不包括陈独秀等"上海同人"了。声言不愿"自取分裂",实际上恰恰表明这时《新青年》同人已到了分裂的边缘了。

1921 年 2 月,陈独秀致信胡适,明确地表示不再坚持《新青年》同人的"一致",③"现在新青年已被封禁,非移粤不能出版,移京已不成问题了。你们另外办一个报,我十分赞成,因为中国好报太少,你们做出来的东西总不差,但我却没有工夫帮助文章。而且在北京出版,我也不宜作文章"。④ 至此原来的"我们"中就分出了"你们",标志着《新青年》

---

① 《胡适答陈独秀》(约 1920 年 12 月),水如编,《陈独秀书信集》,新华出版社 1987 年版,第 294 页。
② 胡适:《致〈新青年〉编委》(1921 年 1 月 22 日),见张静庐辑注:《中国现代出版史料》甲编,中华书局 1955 年版,第 9 10 页。
③ 此前陈独秀曾坚决反对"北京同人"另办新报,参见《胡适致陈独秀(稿)》(约 1921 年初),耿云志、欧阳哲生编:《胡适书信集》(上),北京大学出版社 1996 年版,第 262 页。
④ 陈独秀:《致胡适》(1921 年 2 月 15 日),水如编,《陈独秀书信集》,新华出版社 1987 年版,第 309 页。

同人正式宣告解体。"我们"与"你们"之间似乎还故意避免"同道"。陈独秀对于"你们"在北京要办的新报,明确地表示"不宜作文章",同时他也料到北京同人对于移粤出版的《新青年》也"无人肯做文章了"。①

但是,如果说后来才明晰的自由主义者与马克思主义者从此走向对立,就言重了。其实此后相当长一段时间内,两者似乎好像是为着同一个目标而采取不同方法努力的朋友关系,并且"我们"中往往有"你们",而"你们"中也常常有"我们"。

1921年6月,李大钊在给胡适的信中说:"感谢杜威先生指示我们的厚意,我们自然应该把教育比个人看得更重,不过政府并没有正式向我们表示他愿和解的意思,而且正在那里制造加害我们代表的材料。以后进行,还希望他多多指教。"②这里,在对于"请教"杜威和反对政府的"加害"问题上,已作为典型的马克思主义者的李大钊,仍然和后来作为自由主义者代表人物的胡适同称"我们"。

不仅如此,一年之后,他们还以此联合其他人,共同发表了一个政治宣言即《我们的政治主张》,其中说:"我们以为国内的优秀分子,无论他们理想中的政治组织是什么,现在都应该平心降格的公认'好政府'一个目标,作为现在改革中国政治的最低限度的要求……我们所谓'好政府',在消极的方面是要有正当的机关可以监督防止一切营私舞弊的不法官吏。在积极的方面是两点:(1)充分运用政治的机关为社会全体

---

① 陈独秀:《致鲁迅、周作人》(1921年2月15日),水如编:《陈独秀书信集》,新华出版社1987年版,第309页。事实上,胡适等人"有些文艺方面的稿子,仍不时寄送《新青年》刊登",参见耿云志:《胡适年谱》,四川人民出版社1989年版,第92页。

② 李大钊:《致胡适》(1921年6月中旬),李大钊研究会编:《李大钊文集》,人民出版社1999年版,第301页。

谋充分的福利。(2)充分容纳个人的自由,爱护个性的发展。"①

　　这个宣言是由胡适起草的,"半夜脱稿时首先打电话与李大钊商议邀人开会",②可见这期间两人的关系还相当亲近。虽然对于李大钊来说可能有碍于情面或实施策略的因素,但是双方在大目标上的某种一致也确实存在的,即使对所采取的方法也并不是完全没有"我们"的空间。或者这至少可说明,当时个别的马克思主义者,并未完全放弃"和平的努力"。然而,这种情况是正在走向组织化和旗帜鲜明化的大部分马克思主义者所反对的,因此不久,李大钊即因中共中央的决议而退出了"好政府主义"的活动。

　　周策纵曾这样来分析五四以后新知识分子的分歧:"当他们把注意力由对传统制度的共同敌视转移到寻求积极解答的时候,他们就面对如何选择各式各样的社会哲学和社会形式。"③那么,自由主义者与马克思主义者的分野,正在于对解答中国问题所选择的社会哲学和社会形式的不同。"道不同,不与之谋",此后双方的相互批评及冲突就成为自然的事情。

　　1922年6月,中国共产党在发表的第一次对于时局的主张中,就专门批驳了"我们的政治主张":"好政府主义诸君呵!……你们这种妥协的和平主义,小资产阶级的和平主义,正都是'努力'、'奋斗'、'向恶势力作战'的障碍物。军阀势力之下能实现你们所谓好政府的涵义吗?

———————————

　　① 胡适等:《我们的政治主张》,《努力周报》2期,1922年5月14日,第1版。
　　② 转引自桑兵:《陈炯明事变前后的胡适与孙中山》,《近代史研究》2001年第3期,第87页。
　　③ [美]周策纵:《五四运动史》,岳麓书社2001年版,第316页。

你们观察现实京、津、保的空气,能实现你们政治改革的三个基本原则和六个具体主张吗? ……和平自然是我们所不排斥的,但是虚伪的妥协和平,愈求和平而愈不和平的伪和平,乃是我们所应该排斥的;战争诚然是我们所不讴歌的,但是民主主义的战争,减少军阀战争效率的战争,把人民从痛苦中解放出来的战争,在现在乃是我们不能不讴歌的……中国共产党的方法,是要邀请国民党等革命民主派及革命的社会主义各团体,开一个联席会议,在上列原则的基础上,共同建立一个民主主义的联合战线,向封建式的军阀继续战争。"①

这里的"你们"与"我们"最能体现自由主义者与马克思主义者的分野,至此两种不同的道路就公开出现在世人的面前。须要说明的是,在二者的分野过程中,马克思主义者往往更具有批判性,从"虚伪"、"障碍物"、"排斥"等用词上也可看出来。其实,这里把自由主义者称为"小资产阶级"还相当客气。中国共产党旅欧总支部办的《少年》杂志中则说,"胡适等是知识阶级的人……知识阶级历来是资本阶级的附庸",而"我们""共产党是劳动阶级的代表,是劳动阶级的先驱"。② "资产阶级的附庸"和"劳动阶级的先驱"显然是对立的两个阵营。对自由知识分子的这种定位成为以后中国共产党的一种基本认识,只是因斗争的需要不同,而或隐或显。但是当时这种认识还不普遍。

相对来说,自由主义者更注重"求同",胡适在回应中共的批评时说,"我们只要指出这十一条并无和我们的政治主张绝对不兼容的地方

① 《中国共产党对于时局的主张》(1922 年 6 月 15 日),中央档案馆编:《中共中央文件选集》第 1 册,中共中央党校出版社 1992 年版,第 33—46 页。

② R:《胡适等之政治主张与我们》,《少年》第 2 号,1922 年 9 月 1 日,第 11—13 页。

……我们并不菲薄你们的理想的主张，你们也不必菲薄我们的最低限度的主张。如果我们的最低限度做不到时，你们的理想主张也决不能实现"。① 这似乎要约定"你们"和"我们"互不干涉地去共同"努力"。然而，马克思主义者对这种"约定"却明确地不表认同："我们却很菲薄你们的最低限度的主张，而尤其信依着你们最不努力的方法，你们最低限度是永远做不到的。至我们的主张，只有用政治争斗的革命手段才能达实现，我们殊不愿上你们无革命精神的大当。"②这里的"我们"与"你们"也最能体现双方态度的差异。

罗志田曾说，中共在《二大宣言》中表示"愿意和资产阶级的民主主义革命运动联合起来，做一个'民主主义的联合战线'"，即是对胡适"约定"的"正面响应"。③ 事实上不那么明显，当时中国共产党由于工人运动的受挫，旨在联合"革命"的斗争势力，所谓"民主主义的联合战线"主要是针对国民党而言的。倒是胡适对《二大宣言》有"正面的响应"，他在被认为"第一次公开地直接地攻击中国共产党"④的那篇文章中，开篇就说："中国共产党近来发出一个宣言，大意是说他们现在愿意和资产阶级的民主主义革命运动联合起来，做一个'民主主义的联合战线'，这件事不可不算是一件可喜的事。"他还提到，"我们的朋友陈独秀先生们在上海出版的《向导》周报，标出两个大目标：一是民主主义的革命，一是反抗国际帝国主义的侵略。对于第一项，我们自然是赞成的。对

---

① 胡适：《这　周》，《努力周报》第 10 期，1922 年 7 月 9 日，第 1 版。
② 周恩来：《评胡适的"努力"》，《少年》第 5 号，1922 年 12 月 15 日，第 15—19 页。
③ 参见罗志田：《再造文明之梦——胡适传》，四川人民出版社 1995 年版，第 330 页。
④ 耿云志：《胡适年谱》，四川人民出版社 1989 年版，第 117 页。

于第二项,我们觉得这也应该包括在第一项之内"。^① 胡适明确地称中国共产党为"我们的朋友",^②并且在大目标上引为同道。

这种彼此态度的不对等,大概是由于二者的哲学基础不同造成的。在陈独秀和胡适分别为《科学与人生观》一书所作的序里,清楚地表现了这种差异。陈独秀说:"我们相信只有客观的物质原因可以变动社会,可以解释历史,可以支配人生观,这便是'唯物的历史观'。我们现在要请问丁在君和胡适之先生:相信'唯物的历史观'为完全真理呢,还是相信唯物以外像张君劢等类人所主张的唯心观也能够超科学而存在?"^③胡适的回答是:"我们虽然极欢迎'经济史观'来做一种重要的史学工具,同时我们也不能不承认思想知识等事也都是'客观的原因',也可以'变动社会,解释历史,支配人生观'。所以我个人至今还只能说,'唯物(经济)史观至多只能解释大部分的问题'。独秀希望我'百尺竿头更进一步',可惜我不能进这一步了。"^④

陈独秀所代表的"我们"相信唯物史观为"完全的真理",坚持"必以吾辈所主张为绝对之是"。^⑤ 因此,在对胡适等人的态度上,更倾向于让对方接受自己的观点,旨在说服,陈独秀就曾说过这样的话:"适之服

---

① 胡适:《国际的中国》,《努力周报》第 22 期,1922 年 10 月 1 日,第 1—2 版。

② 前面所谓的"陈独秀先生们"显然是指中国共产党,而不是指某些具体人。

③ 《陈独秀先生序》,《〈科学与人生观〉序》附录一,欧阳哲生编:《胡适文集》(3),北京大学出版社 1998 年版,第 172 页。

④ 胡适:《〈科学与人生观〉序》附录二(《答陈独秀先生》),欧阳哲生编:《胡适文集》(3),北京大学出版社 1998 年版,第 173 页。

⑤ 陈独秀语,转引自欧阳哲生:《胡适与陈独秀思想之比较研究》(上篇),《中国文化研究》1996 年第 5 期,第 42—49 页。崇尚过"民主主义"的陈独秀尚且如此,后起的青年马克思主义者的信仰之坚定,便可想而知。

与不服？"①如果说服不了，或进行排斥，或在策略上进行联合，但在信念上是没有对方的余地的。而胡适所代表的"我们"，从实验哲学的信念出发，却承认唯物史观包含"部分真理"，坚持"各行其是，各司其事"；"分工并进，殊途同归"。② 所以，在对马克思主义者的态度上，更倾向于让对方多一份容忍，旨在寻求谅解。

不仅如此，胡适等人并不是绝对的反对革命。1921 年 10 月，胡适作了一首《双十节的鬼歌》，其中竟有这样的词句："大家合起来，赶掉这群狼，推翻这鸟政府；起一个新革命，造一个好政府。"③到 1922 年，他所要造的"好政府"虽然还是靠和平努力，但是他也说："可改良的，不妨先从改良下手，一点一滴的改良他。太坏了不能改良的，或是恶势力偏不容纳这种一点一滴的改良的，那就有取革命手段的必要了。"④高一涵曾流露过类似的心态："我们对于北京政府绝望；对于南下议员绝望；对于北附议员也老早就绝望；对于研究系，政学系，安福系，直隶系，甚至于对于国民党，也都一律的绝望……中国坏到这步田地，如果我们仍抱着头痛医头脚痛医脚的办法，终究是没有功效的。我们的社会简直是百孔千疮，比不得欧美的社会大部分健全，只有小部分生点癣疥。所以英美等实验主义派可以主张零碎修补，我们便不得不主张根本改

---

① 陈独秀：《答适之》，《〈科学与人生观〉序》附录三，欧阳哲生编：《胡适文集》(3)，北京大学出版社 1998 年版，第 175 页。

② 胡适：《关于〈我们的政治主张〉的讨论》，《努力周报》第 4 期，1922 年 5 月 28 日，第 1 版。

③ 胡适：《双十节的鬼歌》，北京《晨报》1921 年 10 月 10 日。

④ 胡适：《关于〈我们的政治主张〉的讨论》，欧阳哲生编：《胡适文集》(3)，北京大学出版社 1998 年版，第 334 页。

造。"①这说明自由主义倾向的人潜意识里仍存着一种"激进",当"恶势力太坏"或和平努力绝望时,他们即使不亲自去参加革命,大概也会对革命寄托几分期望。

由此可理解在1922年出现的这样一种关系:"胡适论政,一定程度上受到中国共产党人的影响。可以说,陈炯明事变前后,胡适与苏俄和中共走得相当近。尽管思想和时政方针上均存在分歧,他不仅与中共领导人陈独秀、李大钊等保持良好关系,而且毫不避讳地与苏俄来华的官方人士进行接触,与为共产国际提供报告的俄共党员天津大学教授柏烈伟有所交往。他对于吴佩孚、陈炯明的看法,显然有中共中央及北京、广东支部意见的影子。胡适踏足政坛,虽以《努力》为根据,真正涉及时政大事,似乎更加喜欢与李大钊交换意见。"②

这里还提示了一个私人关系问题,个人交往对于信念坚定的马克思主义者可能不会有什么政见上的影响,但是对于"温情主义极重"的胡适,③很难说不会有影响。美国的格里德认为,"据以陈独秀为首的一派与以胡适为首的北京派双方的通信看,胡与陈的私交于1920—1921年冬破裂"。④ 事实远非如此,他们的私交保持得相当久。1922年8月,当胡适得悉"陈独秀在上海被捕",曾三次写信给顾维钧,要求务必设法解救,并且动气地说"法国人真不要脸"。⑤

---

① 高一涵:《我们最后的希望》,《努力周报》第64期,1923年8月5日,第1版。

② 桑兵:《陈炯明事变前后的胡适与孙中山》,《近代史研究》2001年第3期,第86页。

③ 参见[美]唐德刚:《胡适杂忆》增订本,华东师范大学出版社1999年版,第16页。

④ [美]格里德著,鲁奇译:《胡适与中国的文艺复兴——中国革命的自由主义(1917—1937)》,江苏人民出版社1996年版,第201页。

⑤ 参见耿云志:《胡适年谱》,四川人民出版社1989年版,第101—113页。

在 1923 年和 1924 年中,陈独秀也曾多次致信胡适,请他帮助蔡和森出书和索取稿费及帮助张申府推荐工作,同时还替《中国青年》向他约稿,①并答应为胡适筹办的《努力月刊》"义务撰稿"。② 因此,还是欧阳哲生说得较为接近实际,胡陈两人"思想破裂了,剩下的是藕断丝连的个人情谊"。③ 除李大钊、陈独秀外,胡适与瞿秋白、谭鸣谦等"少年"也有一定来往。胡适对陈炯明的一度好感,其中就有谭鸣谦的影响。瞿秋白在 1923 年致胡适的信中,竟有相当的篇幅倾吐家事的负累,可见关系并非一面之交。④ 这些私人的交往显然是影响胡适偶而"左倾"的重要因素。从另一方面看,尽管中共在主要致力的现实政治斗争方面,没有把胡适一派划在联合范围之内,但是在思想斗争领域,还是很看重胡适的作用的。

1923 年 1 月,瞿秋白在《向导》上发表的文章,赞同胡适提出的知识阶级应该承担"干预政治和主持正谊的责任",认为知识阶级"立于代表社会文化的地位",始终是"社会的喉舌"。⑤ 同年 7 月,他在致胡适的信中,表示希望所任教的上海大学,"能成为南方的新文化运动中心",并请胡适常常指教。⑥ 这表明中共在"新文化运动"方面,依然引胡适为同道。

① 参见水如编:《陈独秀书信集》,新华出版社 1987 年版,第 380—388 页。
② 参见耿云志:《胡适研究论稿》,四川人出版社 1985 年版,第 223 页。
③ 欧阳哲生:《胡适与陈独秀思想之比较研究(下篇)》,《中国文化研究》1996 年第 5 期,第 54—58 页。
④ 《瞿秋白信一通》,耿云志主编:《胡适遗稿及秘藏书信》第 41 册,黄山书社 1994 年版,第 159—162 页。
⑤ 瞿秋白:《政治运动与知识阶级》,《向导》第 18 期,1923 年 1 月 31 日;《向导汇刊》第 1 集,向导周报社 1924 年印行,第 147—148 页。
⑥ 《瞿秋白信一通》,耿云志主编:《胡适遗稿及秘藏书信》第 41 册,黄山书社 1994 年版,第 159—162 页。

就外部观感上看,直到 1924 年 7 月,北洋政府还把《胡适文存》和《独秀文存》一同禁卖。① 这说明在"努力"反对的某种方向上双方并未相距太远。

同是在 1923 年,陈独秀在《前锋》上撰文,说胡适是真正了解近代资产阶级思想文化的人,认为唯物史观派和实验主义派"在扫荡封建宗法思想的革命战线上,实有联合之必要",因而提议建立"思想革命上的联合战线"。② 对于这一主张,邓中夏是非常赞同的,他在《中国青年》上专门发表文章予以响应,称胡适等实验主义派为"进步的思想家"、"气味相投趋向相近的生力军"。并说:"我们相信的'唯物史观'和胡适之先生所信的'实验主义'结成联合阵线,在现在中国这乌烟瘴气的思想界中不特是必要,而且是应该。"③

其实,在政治上也并非完全没有马克思主义者提出要联合。1923 年 4 月,毛泽东写了一篇《外力,军阀与革命》,把当时的中国各派政治势力分为:革命的民主派、非革命的民主派和反动派。正在进行合作的国民党和共产党被认为是革命的民主派,胡适等人被看作是新兴的知识阶级的代表人物,归之于非革命的民主派。他特别指出,革命的民主派和非革命的民主派,"在稍后的一个时期内是会要合作的,因为反动势力来得太大了"。④ 然而,这种认识在党内并不普遍,并且毛泽东自

---

① 胡适:《致张国淦》,《晨报副刊》1924 年 7 月 6 日。

② 陈独秀:《思想革命上的联合战线》,原载《前锋》第 1 期,1923 年 7 月 1 日;另见任建树等编:《陈独秀著作选》第 2 卷,上海人民出版社 1993 年版,第 517—518 页。

③ 邓中夏:《思想界的联合战线问题》,《中国青年》第 15 期,1924 年 1 月 26 日,第 6—10 页。

④ 毛泽东:《外力,军阀与革命》,原载《新时代》创刊号,1923 年 4 月 10 日;另见中共中央文献编辑室:《毛泽东文集》第 1 卷,人民出版社 1993 年版,第 10 页。

已很快也变了。他在 1925 年对"中国社会各阶级的分析"中，虽没有明确地把胡适等人，划为附属于"反动势力"的"反动知识界"，但在他所说的"我们的朋友"中，却再也找不到非革命的民主派的位置。①

事实上，"思想战线的联合"并没有象联合国民党那样成为整个党的决定，翻遍"六大"以前的中共决议及宣言，根本找不到"思想上联合战线"的内容。似乎在个人主张方面也并不是很普遍，难怪邓中夏慨叹，自从陈独秀先生提出"思想革命上的联合战线"之后，许多人"未加以注意，于是乎陈先生这句口号也仿佛像'耳边风'轻轻地过去了"。②这大概主要是由于在思想领域，旧势力已成了"死老虎"，"早已没有摧残异己的能力了"。③因而也就不怎么需要联合起来去"斗争"。

由此，如果说当时马克思主义者对实验主义派的批判要大于联合，大致是不错的。即使从马克思主义者行文的措辞和用笔上，也可以看出这一点，凡是提到"联合"的时候，都有所保留，"欲言又止"或预设种种前提，而凡是在批判的时候则洋洋洒洒、气势汹涌。如果说陈独秀因私人关系对胡适还比较客气，即倾向于就事论事，而其他人则无所忌惮，淋漓批评之余，还倾向于给胡适抹上一种特别色彩。

----

① 毛泽东：《中国社会各阶级的分析》(1925 年 12 月 1 日)，《毛泽东选集》第 1 卷，人民出版社 1991 年版，第 3—9 页。

② 邓中夏：《思想界的联合战线问题》，《中国青年》第 15 期，1924 年 1 月 26 日，第 6—10 页。

③ 胡适语，见《致陈独秀(稿)》(约 1925 年 12 月)，《胡适来往书信选》上册，北京大学出版社 1996 年版，第 367 页。1924 年，邓中夏提出要"分头迎击"的"反动思想势力"有："哲学中之梁启超、张君劢、梁漱溟"，"政治学中之研究系、政学系、无政府党"，"文学中之梅光迪"，"教育中之黄炎培"，"社会学者之陶履恭"(见邓中夏：《思想界的联合战线问题》，《中国青年》第 15 期，1924 年 1 月 26 日，第 6—10 页)。从这些"反动思想势力"的"代表"也可以看出，当时思想界纯粹的旧势力的确成了"死老虎"，它们已不在马克思主义者批判的视野之内。

　　蔡和森曾这样评胡适等"一班与群众隔离的政论家"："他们简直不知道或者不承认有群众的势力。所以他们不谋勾结或利用旧势力便想求助于外国帝国主义者；不是发表些蔑视群众、谩骂工人兵士的怪议论，便是想出些上不靠军阀下不靠民众的智识者的纸老虎或乌托邦。"①邓中夏在谈到胡适办的《努力周报》时，说它"公然与美国花了三千万银子雇派的许多牧师、记者、侦探、顾问等向我们所做的亲美宣传一鼻孔出气……这样言伪而辨，未尝不麻醉一部分人的神经，紊淆一部分人的观听。其所造罪恶并不在梁启超、章行严之下"。②前面提到过，胡适曾把梁启超等人划作"他们"，而称马克思主义者为"我们"。在这里，邓中夏则把胡适从"我们"中推出去，和梁启超同划为"他们"了。即使与胡适曾经有过来往的恽代英，也认为胡适在为美国服务，"美帝国主义与其它帝国主义无异致，乃亦以有教大与留美学生如胡适之博士，与其它教育界、学术界名人为之说辞，至今尚有人认为中国唯一之友邦"。③

　　在这样一种情况下，如果说胡适仍一味地"求同"，却也不符合他的性格。尚且，胡适的实验哲学应用在政治上，主张一点一滴地改造，"不承认根本的解决"。而当"根本改造"日益成为风气的时候，自然地就会对他形成一种压力，"我现在出来谈政治，虽是国内的腐败政治激出来

---

　　① 蔡和森：《武力统一与联省自治——军阀专政与军阀割据》，《向导》第 2 期，1922 年 9 月 20 日；《向导汇刊》第 1 集，向导周报社 1924 年印行，第 13—16 页。

　　② 邓中夏：《努力周报的功罪》，《中国青年》第 3 期，1923 年 11 月 3 日，第 6—7 页。

　　③ 恽代英：《反对帝国主义的文化侵略》，原载《广东青年》第 4 期，1926 年 6 月 30 日，见中共中央文献研究室、中央档案馆编：《建党以来重要文献选编(1921—1949)》第三册，中央文献出版社 2011 年版，第 245 页。

的,其实大部分是这几年的'高谈主义而不研究问题'的'新舆论界'把我激出来的"。① 在"问题与主义之争"中,虽然他主要针对的不是马克思主义,但是马克思主义显然也在批评之内。② 在联省自治、蔡元培辞职及科学与人生观等问题上,他都和陈独秀进行过激烈的争论。③

在这种争论的过程中,胡适所开辟的自由主义的一套社会发言模式及行为规范,愈来愈鲜明,他们逐渐有意地避免与马克思主义者同道,甚至"忍不住"地去与之对阵。1924 年 9 月,胡适在致《晨报副刊》的信中说:"今日政治方面需要一个独立正直的舆论机关,那是不消说的了。即从思想方面看来,一边是复古的混沌思想,一边是颂扬拳匪的混沌思想,都有彻底批评的必要。今日拳匪的鬼运大亨通:六年前作'克林德碑'那篇痛骂拳匪的大文(《独秀文存》卷一,页三四三至三六零)的作者,现在也大出力颂扬拳匪了!('政治生活'十五)。这种现象使我感觉《努力》真有急急出版的必要……我的出版物大部分是被外界的压力'榨'出来的。若不是我病了,政治思想界的混沌早已把《努力》又榨出来了。"④

尽管胡适把复古的思想和陈独秀的思想同看作"混沌思想",但是可以看出,他急于要创造自己的"言论阵地",去"彻底批评"的主要还是

---

① 胡适:《我的歧路》,《努力周报》第 7 期,1922 年 6 月 18 日,第 3—4 版。

② 李良玉认为,胡适当时主要针对的是无政府主义(见《关于五四时期"问题与主义之争"的历史考辨》,《南京大学学报·社科版》1993 年第 1 期,第 98—106 页)。罗志田认为,当时胡适主要批判的是"安福系"(见罗志田:《再造文明之梦——胡适传》,四川人民出版社1995 年版,第 330 页)。

③ 参见欧阳哲生:《胡适与陈独秀思想之比较研究(下篇)》,《中国文化研究》1996 年第5 期,第 54—58 页。

④ 胡适:《致晨报副刊》(1924 年 9 月 9 日),《晨报副刊》1924 年 9 月 12 日。

后者。这种倾向与自由知识人的社会立足点有很大关系。胡适等自由主义者的社会发言空间主要在思想领域，而在思想领域，前面已提到，纯粹的复古思想已失去市场，那么在胡适所谓的"进步思想界"，就存在着一个争夺追随者的问题，因而胡适急于去批判"颂扬拳匪的混沌思想"，一方面固然是由于其所选择的改造社会道路的不同，另一方面确也存在着与马克思主义者争夺在思想界的"权势"的因素。

这种社会解决方案的论争和对思想权势的争夺，使自由主义者与共产主义者的关系越来越疏远。胡适的"左倾"，在走到一定程度后开始回转，并且有意在"复古思想"和"新舆论界"之间，塑造不同的社会角色，开拓不同的言论空间。而共产主义者随着现实斗争的复杂和加剧，对"敌"和"友"的问题愈来愈敏感，"友"的范围愈来愈收缩，最后干脆树起了非"左"即"右"、"赤"与"反赤"的观念。无论如何，1925 年以后，"我们"与"你们"之间那种既争论又合作的朋友式关系结束了，原来那种"你中有我"、"我中有你"的胶着状态也不复存在了。自由知识分子和革命家的社会角色分野也变得明晰可辨、界限分明。

1925 年 12 月，胡适有一封写给陈独秀的信，从中可以清楚地看出当时他对马克思主义者的态度。他在谈了对自由的理解后说："我也知道你们主张一阶级专制的人已不信仰自由这个字了。我也知道我今天向你讨论自由，也许为你所笑。但我要你知道，这一点在我要算一个根本的信仰。我们两个老朋友，政治主张上尽管不同，事业上尽管不同，所以仍不失其为老朋友者，正因为你我脑子背后多少总还同有一点容忍异己的态度……如果连这一点最低限度的相同点都扫除了，我们不

但不能做朋友，简直要做仇敌了。"①政见的分歧，竟使向来以优容著称
的胡适提出连朋友也无法做了，说明自由主义者与马克思主义者要彻
底地分道扬镳了。不过，这封信并未发出，表明胡适仍抱有一种希望。
但这时与中共渊源关系较少的其他自由主义者，已开始进行"反赤化"
的大辩论。②

　　就马克思主义者对自由主义者的态度来看，则更为鲜明。1926 年
9 月，陈独秀在《向导》上发表的文章认为，当时的国内形势是"有主义、
有社会目的之战争"，即"赤与反赤"、"半封建势力与民主势力"之战争。
由此他把当时的社会势力分成"两大营寨"：半封建派（反赤的）、民主派
（赤的）。他明确地把自由主义者划在了半封建派一方，并认为"两派的
营寨旗帜都很鲜明，其争斗亦日趋剧烈，很少有中立之余地"。③ 这样，
自由主义者也就成了马克思主义者的斗争对象之一。

　　虽然这时胡适刚刚在苏联会见了"中国共产党的朋友"，因对苏联的
好感而在致张慰慈的信中说，对于"赤化"和"反赤化"问题，"许多少年人
的'盲从'固然不好，然而许多学者们的'武断'也是不好的"。④ 一时他似
乎又对"少年人"颇抱同情。但是，在他历经美国后，这种本来就较勉强
的"同情"便很快消失了。他责怪"许多朋友只高谈主义，不肯看看事实"。

　　① 胡适：《致陈独秀（稿）》（约 1925 年 12 月），《胡适来往书信选》上册，北京大学出版社
1996 年版，第 367 页。
　　② 1925 年，北方自由知识分子在《晨报副刊》和《京报副刊》上，进行了一场针对"苏俄"
的"反赤化"大辩论，见章进编：《联俄与仇俄问题讨论集》（上），北新书局 1927 年版。
　　③ 陈独秀：《我们现在为什么争斗？》，《向导》第 172 期，1926 年 9 月 25 日；《向导汇刊》
第 4 集，向导周报社 1926 年印行，第 1752—1754 页。
　　④ 胡适：《致张慰慈》（1926 年 7 月底或 8 月初），《胡适来往书信选》上册，北京大学出版社
1996 年版，第 380—381 页。

"拿一个赤字抹杀新运动,那是张作霖、吴佩孚的把戏。然而拿一个资本主义来抹杀一切现代国家,这种眼光究竟比张作霖、吴佩孚高明多少?"[1]

1927 年,当胡适在回国途中初闻国内"清党"的消息时,他宁肯相信参加"清党"的三位老人(吴稚晖、蔡元培和张静江)的"道义",也不相信有"许多朋友"的中国共产党,可见他那时的政治态度已明显地"右转"。[2] 虽然他在后来了解"清党"的实情后而与吴稚晖交恶,并因不满于南京政府的践踏人权而与国民党相争,[3]但是他始终再也没有和共产党亲近,表明他心中的另一条道路更加坚定了。当然,这也与中共在 1927 年以后所实行的政策有关。

到 1929 年,胡适代表自由主义者明确地宣告了"我们走那条路"。既与国民党进行了分别,又与共产党进行了区分。他不承认在中国有所谓的"封建阶级"或"资产阶级",反对武力革命,主张"和平的人功促进",提倡"自觉的不断的改革"。[4] 这里的"我们"再也没有马克思主义者的影子,而代表着一个新的群体的聚合,并且有意把国民党和共产党看作"他们"而与之划清界限。

稍后,他在《介绍我自己的思想》中说:"从前陈独秀先生曾说实验主义和辩证法的唯物史观是近代两个最重要的思想方法,他希望这两种方法能合作一条联合战线。这个希望是错误的。"他强调这两种方法是"根

---

① 胡适:《漫游的感想》,《现代评论》第 141 期,1927 年 8 月 20 日,第 13 页。

② 〔美〕斯特朗:《千千万万的中国人民》,李寿葆、施如璋主编:《斯特朗在中国》,三联书店 1985 年版,第 9 页。

③ 参见罗志田:《知识分子与革命:北伐前后胡适政治态度之转变》,耿云志编:《胡适评传》,上海古籍出版社 1999 年版,第 69—115 页。

④ 胡适:《我们走那条路》,《新月》第 2 卷 10 号,1929 年 12 月,第 1—16 页。

本不兼容"的。① 由此来看,在中共把自由主义者定为"革命对象"的同时,他们本身也自觉的选择了与马克思主义者"根本不兼容"的道路。即使从外部观感上,二者也被认为是分道扬镳了。1929 年,梁漱溟分析青年对国民党失望后的选择时说,他们是跟着胡适之先生走呢? 还是跟着共产党走?② 显然,自由主义和马克思主义在中国成了两条截然分明的道路。

胡适的这两篇文章,似乎既是对自己及其他自由主义者在 20 年代"参与政治"的总结,又是对他们以后"努力"方向的规范和声明。原来不明晰的事情现在明晰了,原来不确定的道路现在确定了。"我们"似乎要以一种新的与众不同的面目出现在世人面前。然而,这只是"某时某地"的设想,实际的"行"可能远非这样简单。胡适曾批评没有信念的人说:"人家叫我们向左走,我们便撑着旗,喊着向左走;人家叫我们向右走,我们也便撑着旗,喊着向右走。"③如果这里的"人家"是一种现实力量,那么胡适等自由主义者可以完全不听"人家"的召唤,但是如果这里的"人家"变成一种社会风气和思想环境,似乎并没有置身其外。④

二、不打不相识

关于胡适等自由知识人与三民主义在五四以后的关系,学术界已

① 胡适:《介绍我自己的思想》,欧阳哲生编:《胡适文集》(5),北京大学出版社 1998 年版,第 508 页。
② 梁漱溟:《主编本刊之自白》,《村治》第 1 卷第 1 期,1930 年 6 月 1 日,第 21—22 页。
③ 胡适:《我们走那条路》,《新月》第 2 卷第 10 号,1929 年 12 月,第 1—16 页。
④ 参见张太原:《自由主义与马克思主义:〈独立评论〉对中国共产党的态度》,《历史研究》2002 年第 4 期。

有不少研究成果。① 但是仍有许多未增揭示的面相，特别是对双方关系的演变过程似乎还缺乏一种整体的了解。因而有必要对二者关系的由来、接近、冲突及磨合作一个长时段的鸟瞰。

后来成为自由主义者的胡适与"三民主义者"的最早接触应该是在他就读于中国公学时期。1929 年，胡适在《中国公学校史》中说："我那时只有十几岁，初进去时，只见许多没有辫子的中年、少年，后来才知道大多数都是革命党人，有许多人用的都是假姓名。如熊克武先生，不但和我同学，还和我同住过，我只知道他姓卢，大家都叫他'老卢'，竟不知道他姓熊。同学之中死于革命的，我所能记忆的有廖德璠，死于端方之手；饶可权死于辛亥三月广州之役，为黄花冈七十二人之一。熊克武、但懋辛皆参与广州之役。教员之中，宋耀如先生为孙中山先生最早同志之一；马君武、沈翔云、于右任、彭施涤诸先生皆是老革命党。中国公学的寄宿舍常常是革命党的旅馆，章炳麟先生出狱后即住在这里，戴天仇先生也曾住过，陈其美先生也时时往来这里。有时候，忽然班上少了一两个同学，后来才知道是干革命或暗杀去了。如任鸿隽忽然往日本学工业化学去了，后来才知道他去学制造炸弹去了；如但懋辛也忽然不见了，后来才知道他同汪精卫、黄复生到北京谋刺摄政王去了。所以当

---

① 参见[美]李又宁主编：《胡适与国民党》，(纽约)天外出版社 1998 年版；桑兵：《陈炯明事变前后的胡适与孙中山》，《近代史研究》2001 年第 3 期；罗志田：《知识分子与革命：北伐前后胡适政治态度之转变》，载耿云志编《胡适评传》，上海古籍出版社 1999 年版；耿云志：《从五四到三十年代初期胡适的政治态度的变化》，载其《胡适研究论稿》，四川人民出版社 1985 年版；张忠栋：《从〈努力〉到〈新月〉的政治言论》，载其《胡适五论》，(台北)允晨文化实业股份有限公司 1987 年版；杨天石：《胡适与国民党的一段纠纷》，《中国文化研究》1999 年第 3 期；胡明：《试论二十年代末胡适与国民党政权的政治冲突》，《中州学刊》1995 年第 2 期；姜义华：《论平社昙花一现的自由主义运动》，《江海学刊》1998 年第 1 期。

时的中国公学的确是一个革命大机关。"①

胡适这里提到的名字，大都是国民党的元老或后来的国民党要人。这段经历也许给胡适最大的影响就是见识了什么叫做"革命"。"革命党人"活动的秘密性和危险性，对于幼时就有"小先生"称号的"文气"十足的胡适，大概有一种天生的不相合。但是，他在"革命大机关"里却并没有走上"革命"之路，除了有"革命党"的"爱护"因素之外，显然还与他个人对"革命党"及其活动的观感有关。胡适回忆："他们的年纪都比我大的多；我是做惯班长的人，到这里才感觉到我是个小孩子。不久，我已感得公学的英文、数学都很浅，我在甲班里很不费气力。那时候，中国教育界的科学程度太浅，中国公学至多不过可比现在的两级中学程度，然而有好几门功课都不能不请日本教员来教……教员和年长的同学都把我们看作小弟弟，特别爱护我们，鼓励我们。我和这一班年事稍长、阅历较深的师友们往来，受他们的影响最大。我从小本来就没有过小孩子的生活，现在天天和这班年长的人在一块，更觉得自己不是个小孩子了。"②

然而，在年龄上实是一个"小孩子"的眼里，"公学的英文、数学都很浅"，并感到"在甲班里很不费气力"。这说明胡适到中国公学以后很快就取得了一种心理上的优势和自信。他记得，有一次"革命党"从国外回来携带"禁品"出了事，由于他"可以说几句英国话"，还请他去海关上

---

① 胡适：《中国公学校史》，欧阳哲生编：《胡适文集》(11)，北京大学出版社 1998 年版，第 148－149 页。

② 胡适：《四十自述》，欧阳哲生编：《胡适文集》(1)，北京大学出版社 1998 年版，第 17 页。

交涉。最能使他自感"文才"之突出的是,他这样一个"小孩子"竟做了《竞业旬报》的编辑,并且"在学校里颇有少年诗人之名"。① 作为一个"小孩子"却有这样的"特遇",不能不令他感到"年长"的人也不过如此,这大概正是他"和这班年长的人在一块,更觉得自己不是个小孩子"的原因所在。

不过,令人奇怪的是,胡适又说"受他们的影响最大",那么影响他"最大"的是什么呢? 显然不是学问上的,从其回忆及他后来的个人选择来看,也肯定不是"革命精神上的"。因此,"影响"他"最大"的应该是生活上的。"这些人都是日本留学生,都有革命党的关系……我们打牌不赌钱,谁赢谁请吃雅叙园。我们这一班人都能喝酒……从打牌到喝酒,从喝酒又到叫局,从叫局到吃花酒,不到两个月,我都学会了。幸而我们都没有钱,所以都只能玩一点穷开心的玩意儿:赌博到吃馆子为止,逛窑子到吃'镶边'的花酒或打一场合股份的牌为止……真是在昏天黑地里胡混。有时候,整夜的打牌;有时候连日的大醉。"②幼年"总是文绉绉的"胡适,竟"学堕落"到这步田地,不能不说是"革命党人"对他的影响之"大"。这样一种影响,使他年长后对"革命"缺乏敬仰,就是可以理解的了。

中国公学时期,"革命党人"给胡适的印象至少有这样三种:(一)生活放荡。(二)读书少,学识浅。1926 年,丁文江曾向胡适谈及:"至于

---

① 胡适:《四十自述》,欧阳哲生编:《胡适文集》(1),北京大学出版社 1998 年版,第 17 页。

② 胡适:《四十自述》,欧阳哲生编:《胡适文集》(1),北京大学出版社 1998 年版,第 97—99 页。

国民党的那一套,我真正不敢佩服。我所检查到的信很多,其中最重要的主张,是学生应该'少读书,多做事'！你想这般青年,就是握了政权,有多大的希望呢?"①对国民党的这样一种观念,在曾与国民党人"胡混"过的胡适头脑里,或许形成得更早。不过,"少读书,多做事",此后的确成了中国青年人革命或者从政的"秘诀"。即使真正"握了政权",在自由主义者眼里,也的确没有看到"多大的希望",因而冲突就成为不可避免的事情。(三)"三民主义"言论大而空。胡适曾说,在中国公学时期,"要看东京出版的《民报》,是最方便的。暑假、年假中,许多同学把《民报》缝在枕头里带回内地去传阅"。②

"最方便"一词说明读《民报》是胡适当时日常生活的一部分,并提示了他对《民报》有相当的了解。但是,后来他谈到报刊与时代的关系时说,"二十五年来,只有三个杂志可代表三个时代,可以说是创造了三个新时代。一是《时务报》,一是《新民丛报》,一是《新青年》。而《民报》与《甲寅》还算不上"。③ 胡适对《民报》的这种看轻,不能不说与他早年对《民报》的"读后感"有关。虽然后来胡适被冯自由称为"民国前革命报人",但他却经常不自觉地流露出对国民党的"无好感",乃至自觉地对它批评或谴责,在某种程度上,不能不说是源于中国公学时期"三民主义者"给他的这些印象。

不过,胡适在经历了自由主义的洗礼,回国倡导新文化运动时,与

---

① 丁文江:《致胡适》,1926 年 11 月 28 日,《胡适来往书信选》上册,中华书局 1979 年版,第 410—411 页。

② 胡适:《四十自述》,欧阳哲生编:《胡适文集》(1),北京大学出版社 1998 年版,第 17 页。

③ 胡适:《胡适之的来信》,《努力周报》第 75 期增刊,1923 年 10 月 21 日,第 1 版。

国民党人的关系似乎并不坏,特别是与孙中山的几个得力助手,即戴季陶、胡汉民、廖仲恺和朱执信等孙"系",不但私下里有书信往来,而且在公开言论上也有呼有应:"他们办的《星期评论》和《建设》杂志,得到胡适的高度评价,不仅引为同调而且另眼看待……如果说新文化派影响国民党人的主要在宣传,国民党人影响新文化派的则首在组织。因为思想革新要落在实处,便不得不依赖组织的功能……戴、胡、廖、朱等人也常常参与新文化派的讨论,对胡适的言论著述有所回应、支持、补充或批评,以示声气相通,扩大影响。"[1]

当时,孙"系"还主动地将国民革命与新文化运动直接联系起来。戴季陶认为,1919 年是其"十年来最满意的一年","大凡一国的政治革新和社会进化,文学的感化力最大。文学里面,诗歌和小说的力量更是普遍。'三民主义'这个名词,靠着散文的鼓吹,造成了一个空招牌的民国。今后如果要把组织新国家新社会的真理,印到多数国民的脑髓里去,韵文的陶融一定是少不了的"。[2] 他还曾对朋友说:"你以为一定要炸弹、手枪、军队,才能够革命,才算是革命,那就错了。平和的新文化运动,这就是真正的革命! 这就是大创造的先驱运动!"如若不愿意亡国,便"只有猛力做新文化运动的工夫"。[3]

同时,胡适与孙中山的关系似乎也不算差。1919 年 5 月初,胡适

---

[1] 桑兵:《陈炯明事变前后的胡适与孙中山》,《近代史研究》2001 年第 3 期,第 76—80 页。

[2] 季陶:《白乐天的社会文学》,《星期评论》第 4 号,1919 年 6 月 29 日,第 4 版。

[3] 季陶:《我和一个朋友的谈话》,《星期评论》第 17 号,1919 年 9 月 28 日,第 4 版。

到上海迎接杜威时，在蒋梦麟的介绍下第一次会见了孙中山。[1] 这次见面的印象对双方来说应该都不坏。因为这不久孙中山就令廖仲恺把他新出版的《孙文学说》寄给胡适"批评"："前月，承孙先生命，寄上新版书五本，未审收到否？孙先生拟烦先生在《新青年》或《每周评论》上对于此书内容一为批评，盖以学问之道有待切磋，说理当否，须经学者眼光始能看出也。"[2]孙中山所求的显然不是"批评"而是其反面，这正是中国式表达的妙处。

而胡适很快就做出了回应，他写好书评后，先私下里写信对孙所说的与新文化运动相悖的"文字"问题提出了质疑，这可从廖仲恺给胡适的回信看出："尊函得读，即以呈之孙先生。所论中国'文字有进化，而语言转见退化'，孙先生谓此层不过随便拾来作衬，非潜深研究之结果，且于文学之途本未考求，拟请先生将关于此层意见详细开示。其他书中有欠斟酌之处，亦希一并指正，俾于再版时将尊见采入。《每周评论》31号出版，当敬读尊论……我辈对于先生鼓吹白话文学，于文章界兴一革命，使思想能借文字之媒介，传于各级社会，以为所造福德，较孔孟大且十倍。"[3]

可见国民党人当时在胡适面前还相当的谦卑，特别是把胡适提倡的"白话文学""所造福德"，竟看得"较孔孟大且十倍"，这真是不寻常的

----

　① 胡颂平编著：《胡适之先生年谱长编初稿》第2册，（台北）联经出版事业公司1990年校订版，第355—356页。

　② 廖仲恺：《致胡适》，1919年7月11日，《胡适来往书信选》上册，中华书局1979年版，第64页。

　③ 廖仲恺：《致胡适》，1919年8月2日，《胡适来往书信选》上册，中华书局1979年版，第64—65页。

赞誉,国民党似乎是想把胡适树立成"党外军师"。而胡适也投桃报李,对国民党的"实行"寄予希望,他在公开所作的对《孙文学说》的评论中,极言其"赞成的地方","中山先生一生所受的最大冤枉就是人都说他是'理想家',不是实行家。其实没有理想计划的人决不能做真正的实行家。我所以称中山先生做实行家,正因为他有胆子敢定一种理想的'建国方略'……所以我说这书是有正当的作用的。……所以我说中山先生这本书是不仅仅有政党作用的。书中有我不赞成的地方,比较的都是小节,我可以不细批评"。[①]

有意思的是胡适写书评的方法:通篇言其"好",即使"不赞成"的"小节"最后也予以"省略"。他似乎真的有为"孙文学说"作宣传的意味,难怪孙中山读后甚为满意。廖仲恺告诉胡适,"中山先生在《每周评论》上读尊著对他学说的批评,以为在北京地方得这种精神上的响应,将来这书在中国若有影响,就是先生的力量。还望先生于书里不很完全的地方,指示指示,第二版付印的时候可以修正,请先生不要客气。……另有一份计画书,中山先生寄先生的"。[②] 可见孙中山是非常看重胡适的作用的,似乎真的希望他指导和"修正"。

更为重要的是,孙中山还曾公开专门谈新文化运动和国民革命的关系。"此种新文化运动在我国今日诚思想界空前之大变动。推原其始,不过由于出版界一二觉悟者从事提倡,遂至舆论放大异彩,学潮弥漫全国,人皆激发天良,誓死为爱国之运动。倘能继长增高,其将来收

---

① 胡适:《孙文学说·卷一》,《每周评论》第 31 期,1919 年 7 月 20 日,第 3 版。
② 廖仲恺:《致胡适》,1919 年 7 月 19 日,《胡适来往书信选》上册,中华书局 1979 年版,第 66—67 页。

效之伟大且久远者,可无疑也。吾党欲收革命之成功,必有赖于思想之
变化。兵法攻心,语曰革心,皆此之故。故此种新文化运动是为最有价
值之事。"①

如果说孙中山及其助手此前私下里对胡适讲新文化运动,难免客
气,而这里却是孙中山对其"同志"说的。因此,这里的最后两句最能体
现当时国民党对新文化运动的认知,孙中山及其幕僚人物似乎都想使
国民革命借重新文化运动。罗志田曾说,"国民党人自有同盟会以来的
渊源和传统",他们"根本不屑也不会认同于这半路杀出来的什么新文
化运动"。② 然而,由前述看来,在新文化运动正处于"高潮",而国民党
革命正处于"低潮"的时候,国民党对新文化运动的态度似乎并不是那
么"不屑"。

相反,曾饱受自由主义熏陶的胡适,最初谈政治时,却不怎么看重
国民党的革命。本来胡适是不主张谈政治的,而他"忍不住"在政治上
"努力"时,抛出的第一个政治方案便是"好政府主义"。这一方案带有
明显的自由主义倾向的改良特征。它是基于这样一种认知:现有的政
府可以塑造成"好政府"。既然要塑造它,就要首先维护它的存在,因而
对于企图推翻现政府的革命自然是反对的。同时,胡适做的是北洋政
府的教授,是在北洋政府之下"暴得大名"的,这种个人因素也很难使他
在一开始介入政治时,就认同旨在推翻其"现有地位"系统的革命。胡

---

① 孙中山:《致海外国民党同志函》,1920 年 1 月 29 日,《孙中山全集》第 5 卷,中华书局
1985 年版,第 210 页。

② 罗志田:《走向"政治解决"的"中国文艺复兴"》,载《乱世潜流:民族主义与民国政
治》,上海古籍出版社 2001 年版,第 131 页。

适后来说,陈独秀被驱出北大,是"北大自由主义者变弱"的一个决定性因素。在他看来,如果陈独秀当年不是丧失了其教授的"地位",就不会"渐渐脱离自由主义者的立场"而变得"十分左倾"以致投向革命。① 那么,当时作为本身"地位"没有动摇的胡适,自然是保持自由主义立场,而对革命不表认同了。

1922 年 6 月 3 日,胡适"联署于蔡元培致孙中山电,劝其结束护法之役,以国民身份为国尽力"。② 这大概是胡适最早公开表示对国民党革命的态度。此电遭到国民党人的激烈反对。张难先致信胡适、蔡元培,对他们"漠视西南政府",气愤至极,"窃谓公等此种主张是偏颇的,是狭隘的,是苟且的,是糊涂的,是违反真正民意的,是祖护有枪阶级的,是造成异日大战的,是污辱吾国最高学府的。吾气甚、闷甚,又走李仲揆处探渠意见,及会面,亦谓公等糊涂,并谓北京不可住了"。③ 张难先的气愤似乎已失去理智,不过从其情绪之激动可以看出,胡适和蔡元培的主张在当时还确有相当的"威力"。

由于张难先的信中提到李仲揆即李四光的态度,李看到此信后,恐胡适误会他与张持同一态度,便给胡适写信略作解释,"昨午有张难先先生者来敝寓,询及光对于先生等前日致孙中山先生一电之意见,答云不甚赞成。适有李石曾先生函在案上,因告以李先生对于此电似亦不甚表同情,我等或有发表。张先生当时愤愤之情,形于颜

---

① 胡适:《致汤尔和》,1935 年 12 月 23 日,《胡适来往书信选》中册,中华书局 1979 年版,第 281—282 页。

② 耿云志:《胡适年谱》,四川人民出版社 1989 年版,第 110 页。

③ 张难先:《致蔡元培、胡适》,1922 年 6 月 7 日,《胡适来往书信选》上册,中华书局 1979 年版,第 151 页。

色,仓猝而去。今晚复得张先生函,夹有致先生及蔡先生函原稿,辞近于诉,读之不胜诧异。未识先生曾接到此函否？恐致误会,兹特致数语以为解释"。[①] 从李四光的解释中可知,教授中对南方抱一定同情的也有些许人在。

如果说胡适此举还不至于使他与国民党为仇的话,那么在继之而来的陈炯明事变中,他的态度则使其与国民党的关系急剧恶化。陈炯明事变发生后,胡适公开站在陈炯明一边,称陈叛孙为"革命",而指责孙所为是"倒行逆施"。促使胡适支持陈炯明的原因大致有这样几种:一是他联省自治的主张与孙中山的武力统一相抵触;二是受中共的影响,而当中共因苏俄和自身利益改变态度时,作为"爱惜羽毛"的胡适却没有随即变更;三是对陈炯明的个人印象颇佳。[②] 虽然他同样受中共的影响,后来对陈变的态度有所调整,但是国民党在"危难"之中,被胡适一击,其痛至深,愤怒至极,从此便时而不时地在其刊物上对胡适进行诋毁和谩骂。

1922 年底,北洋政府通过了一个"取缔新思想"的议案,而这时胡适因病在《努力周报》34 期上登了一个离校修养的启事,这种巧合引起了一部分人的猜疑。国民党人邵力子乘机在《民国日报》上以《胡适先生到底怎样？》为题,指责胡适因"恐惧而托病以求躲避",并引用《向导》上张国焘的话"三十六计,走为上策",大加讥讽。[③] 胡适也不示弱,以

---

① 李四光:《致胡适》,1922 年 6 月 7 日,《胡适来往书信选》上册,中华书局 1070 年版,第 150 页。

② 参见桑兵《陈炯明事变前后的胡适与孙中山》,《近代史研究》2001 年第 3 期,第 73—103 页。

③ 参见耿云志:《胡适年谱》(修订本),福建教育出版社 2012 年版,第 118 页。

同一题目在《努力周报》36 期上反唇相讥。

不但在国内,即使在海外国民党控制的报刊上,胡适的名字也经常被作为攻击的靶子,这可从 1923 年 1 月康白情致胡适的信中看出:"孙文愚而好自用,海内外私党相结,皆小人之尤,前后由其机关报造蜚语谩毁蔡先生及先生者,不知若干次矣。学生初来美时,备受若辈恭维巴结,近半年来则受谣言中伤……兹寄本日孙党御用机关报'小言'一则,以见吾辈外敌之多,聊资警惕,此犹其语气较为平和者也。"①直到 1926 年,胡适旅欧时,巴黎国民党支部还散发传单,要旅欧同胞"监视这孙传芳的走狗胡适之来欧的一切行动"。② 可见他与国民党结怨甚深。

就孙中山来说,对胡适更是记恨在心。1924 年 8 月,广州《民国日报》刊登孙中山《民权主义》第 1 讲时,在右上方的《响影录》专栏刊有题为《少谈主义》的短文,其中引用胡适"多研究问题,少谈主义"的话,孙中山阅后大为震怒,当即批示道:"编辑与记者之无常识一至于此,殊属可叹! 汝下段明明大登特登我之《民权主义》,而上面乃有此《响影录》,其意何居? 且引胡适之之言,其不知胡即为辩护陈炯明之人耶? 胡谓陈之变乱为革命。着中央执行委员会将此记者革出,以为改良本报之一事。"③可见,在孙中山心目中,胡适在其"危难"时刻的责难不可原

———————

① 康白情:《致胡适》,1923 年 1 月 21 日,《胡适来往书信选》上册,中华书局 1979 年版,第 182 页。
② 见胡适粘贴在其日记中的传单,胡适:《胡适的日记》手稿本第 5 册,1926 年 9 月,(台北)远流出版事业股份有限公司 1990 年版。
③ 转引自桑兵:《陈炯明事变前后的胡适与孙中山》,《近代史研究》2001 年第 3 期,第 81—82 页。

谅,从其将"无常识"的记者"革出"来看,孙中山对胡适简直是视同仇雠,不共戴天。

陈炯明事变后,胡适与国民党的相互批评和指责,可以说是自由主义与三民主义的第一次较量。这次较量对双方产生了截然相反的影响。本来国民党曾想借新文化运动的"东风",来"收革命之成功",但是经过这次变故,国民党因反对胡适而把其辈所促成的"思想界空前之大变动",也排除于他们的革命之外。同时,由于国民党最终战胜了陈炯明,力量迅速扩大,其底气渐足,气势渐大,也就更不把只会说三道四的胡适放在眼里了。

对于胡适来说,其支持的陈炯明成了失败者,其反对的孙中山不但取得了胜利,而且领导国民革命日见进展。同时,原来影响胡适立场的中共,很快与国民党在形式上合而为一,1923年以后的一段时间内,社会上人们所谓的国民党本身就包括共产党。陈炯明事变后的这种局面多少令胡适有些难堪,虽然他口头上不服输,仍不时地与国民党对阵,同时也经常与共产党唱反调,但是他内心可能会不自觉地对其态度进行调整。

更为重要的是,胡适自己的和平"努力"却一再碰壁,从而使他也不得不把希望移向别处。首先是"好政府主义"的破产,尽管胡适急人所急,一再为北洋政府提出"计划"或建议,但是却无一被采纳,其和平"努力"的结果是曹锟贿选成功。1923年10月,他在总结谈政治以来的"努力"时说,"我们当日对于北方政府,确曾抱有一点希望",不料"今日反动的政治已到了登峰造极的地位"。他承认,"我们向来鼓吹的各省会议","曹锟贿选成功之后,这个和平会议的梦想也更少实现的希望了"。因此他说："我们谈政治的人，到此地步，真可谓止了壁了。"①

这样，政治上的和平改造已无法再"努力"下去，而通向革命"阵营"之路又早已被他堵死。其实，即使这时他有心参加革命，也不会再找到他所希望的位置，况且其逐渐坚定的自由主义立场使他也不可能跨出这一步。因此，胡适不得不寄希望于"新努力"，重新回到"思想文艺"的工作上去，"我们今后的事业，在于扩充《努力》使他直接《新青年》三年前，未竟的使命，再下二十年不绝的努力，在思想文艺上给中国政治建筑一个可靠的基础"。②

但是，自由主义倾向的"知识阶级"在政治上的"努力"，借用后来蒋介石的一句话，总是"和平未到最后绝望之时决不放弃和平"。1925 年 1 月，段祺瑞邀请胡适参加"善后会议"，又激起了他和平改造的希望，他在复许世英的信中说："我是两年来主张开和平会议的一个人，至今还相信，会议式的研究时局解决法总比武装对打好一点；所以我这回对于善后会议虽然有许多怀疑之点，却也愿意试他一试。"③当时国民党正在北京掀起国民会议运动，而胡适却宣布参加北洋政府的善后会议，不免有与国民党唱对台戏之嫌。所以，胡适此举遭到国民党的批评应属自然。

不过，国民党仍对胡适做了争取。从丁文江给胡适的一封信可以看出，当时随孙中山一同到达北京的汪精卫，与胡适的来往还非同一般："《益世报》上登了一段新闻，把我的谈话加在里面，口气完全不对，

① 胡适：《一年半的回顾》，《努力周报》第 75 期，1923 年 10 月 21 日，第 1—2 版。
② 胡适：《胡适之的来信》，《努力周报》第 75 期增刊，1923 年 10 月 21 日，第 1 版。
③ 胡适：《致许世英》，约 1925 年 1 月上旬，《胡适来往书信选》上册，中华书局 1979 年版，第 292—293 页。

而且把骂国民党同请卢、韩说话的事变了我的主意,真真出我意料之外……我写信给你,请你给我做几件事:(一)向杏佛、精卫方面否认这段谈话的一部分,并且告诉他们这谈话的缘起……在文伯那里,看见杏佛的信说:美国赔款委员会的事也有了头绪,将来以胡适、汪精卫、邹鲁替顾、施、颜等,叫文伯守秘密。"①可知胡适与国民党的沟通渠道并未完全断绝。此外,尽管胡适已参加了"善后会议",但是国民党组织的"北京各界国民会议促成会",仍然推举他为"国民会议组织法研究委员"。②虽然这可能是国民党仅仅为了树立一种宽容和看重学人的公众形象,但也表明它并未完全把胡适排除于其视野之外。

更为重要的是,胡适自己尝试和平解决的"努力"最终失败。"善后会议"召开期间,军阀就又"武装对打"起来,在提出的建议被拒绝后,胡适便于1925年3月退出了"善后会议"。至此,胡适便对北洋军阀彻底失望了,同时他和平解决的努力也彻底丧失了继续"努力"的余地。这不能不说是他逐渐主动呼应国民革命的一个根本原因。

1925年9月,胡适在《现代评论》上附答一位学生的来信时,尽管不主张学生参加"政党",但是却引了孙中山作例子来鼓励学生从政要多读书,"青年学生如要想干预政治,应该注重学识的修养。你们不听见吴稚晖先生说孙中山先生没有一天不读书吗?民国八年五月初,我去访中山先生,他的寓室内书架上装的都是那几年新出版的西洋书籍,

---

① 丁文江:《致胡适》,1925年1月20日,《胡适来往书信选》上册,中华书局1979年版,第304—305页。

② 《北京各界国民会议促成会致胡适》,1925年2月13日,《胡适来往书信选》上册,中华书局1979年版,第312页。

他的朋友可以证明他的书籍不是摆架子的,是真读的,中山先生所以能至死保留它的领袖资格,正因为他终身不忘读书"。自己努力的失败使他不能不反省原来对南北的一些看法,而对国民党新的观感及由孙中山之死自然产生的哀怜,使他原来对孙的好感似乎又重新浮出了脑海。他在"附言"中对学生提出的"期望"是:"第一要不愧是个学生,然后第二可以做个学生革命家。"①从中不难发现,胡适对国民党和革命的态度已发生了些许变化。

1925 年以后,一方面胡适企图和平改造北洋政府的"努力"彻底无望;另一方面他曾反对的南方革命却蓬勃发展,不但彻底消灭了陈炯明势力,而且还正式宣告成立了国民政府,1926 年出师北伐,大有将革命扩展到全国之势;同时胡适与国民党的沟通似乎多起来,并且不止一次地从他信任的友人口中听到对南方的赞扬。在这样的情况下,胡适对"时务"的认识发生了急剧的变化,在对南方革命的态度上,他自身主动做了一种看起来并不自然的调整。

首先在思想上,他开始把国民革命纳入他诠释的"中国文艺复兴运动"之中。1926—1927 年,胡适在英美演讲时,曾反复论述"中国文艺复兴运动"。他认为,以文学革命为开端的"中国文艺复兴"是自鸦片战争以来中国现代化进程的最新阶段。其前期是重视个人主义倾向的新文化运动,其后期是重视集团主义的国民革命。第一阶段向第二阶段转变的标志就是 1923 年国民党的联俄容共。在他看来,联俄是中国向

---

① 胡适:《〈"爱国运动与求学"〉附言》,《现代评论》第 2 卷第 42 期,1925 年 9 月 26 日,第 20—21 页。

西方学习的最新发展，"容共"则使国民党吸收了大量的受新文化运动影响的青年，从而使国民党承继了新文化运动的精神。[①] 这样，胡适的文化"行业"和国民党的革命"行业"就融为一体了。

其次在政治倾向上，他公开主动赞扬国民革命。如果在国内由于他与国共两党都有许多不愉快，现在反过来说他们的好话，可能会使他感到不好意思，而在国外则不会感到这种难为情。因而可以毫不掩饰自己态度的变化，直抒胸臆："在南北政府之间，胡适明确站在南方一边。胡适一开始就告诉英国人，南北之争的结果必定是南方取胜。因为南方军队有理想，而南方政府则是中国最好也最有效率的政府。更重要的是南方的事业得到中国人民的同情……胡适高度赞扬国民党的军党一体化制度……'这样组织起来的军队当然要打败（北方）没有组织的军队'。"[②]

在伦敦的时候，胡适还曾对一个英国人说，北伐战争是"中国的一大转机，因为要使中国近代化，就非除掉割据的军阀，让国民党完成统一的工作，来实行三民主义不可。他并且郑重声明这是全国民意之所归，因而断定国民党必可迅速顺利的成功"。[③] 他一次演讲结束后，留英学生沈刚伯问他是否有意为国民党宣传，胡适说他本来反对武力革命及一党专政，但是革命一旦爆发，便要助其早日完成，才能减少战争，

① 转引自罗志田：《胡适与社会主义的合离》，载许纪霖编：《二十世纪中国思想史论》，东方出版中心 2000 年版，第 81 页。

② 罗志田：《知识分子与革命：北伐前后胡适政治态度之转变》，耿云志编：《胡适评传》，上海古籍出版社 1999 年版，第 70—81 页。

③ 张忠栋：《从〈努力〉到〈新月〉的政治言论》，《胡适五论》，（台北）允晨文化实业股份有限公司 1987 年版，第 38—39 页。

从事建设。"目前中国所急需的是一个近代化的政府,国民党总比北洋军阀有现代知识,只要他们真能实行三民主义,便可有利于国,一般知识分子是应该加以支持的。"①

胡适自然也在这"一般知识分子"之内。"国民党总比北洋军阀有现代知识",充分提示了他对南北态度变化的原因。有意思的是,他一再表示希望三民主义的"真能实行",可知为了统一"早日完成",胡适竟把自己推崇的自由主义暂时置在了脑后。同时,他对革命的赞赏也已逸出了其一贯坚持的和平主义立场,可知胡适是何等地识"时务"和与时俱进。

对胡适的这种变化,他的老朋友丁文江从其信中也明显地感觉到了,"我细读你的信。觉得你到了欧洲,的确是吃了一剂补药……望你'自己保重',回来做一个好的'徽州朝奉'"。② 连老朋友丁文江都戏笑他的大转向,如果在国内说不定会受到更多人的讥笑,果真如此,胡适对国民革命的誉美肯定会有所收敛,不会象在国外这样"无所顾忌",畅所欲言。但是即使不便公开捧场,其内心认可则是肯定的。后来,胡适谈到国民革命时曾说:"民国十五六年的国民革命军北伐,真是能号召全国感情的一件空前大壮举:许多少年人的投考黄埔军官学校,更多少年人在各地的秘密活动;还有许多中年老年人也受了那个运动的震荡,都期望它的成功:那种精神上的统一是中华民族史上绝无仅有

---

① 沈刚伯:《沈刚伯先生文集》,(台北)中央日报社 1982 年版,第 697—709 页。
② 丁文江:《致胡适》,1926 年 11 月 28 日,《胡适来往书信选》上册,中华书局 1979 年版,第 410—411 页。

的。"①所谓受了国民革命"震荡"并期望它"成功"的"中老年人"自然也包括胡适自己。

然而,胡适对国民革命的这种认同和呼应并不怎么为国民党所接受与看重。国民党的"行业"一直是"革命",在他们眼里,国民革命所承继的是辛亥革命、护国战争、护法运动等一连串的武力斗争,确然没有一个什么新文化运动,并且斗争的经历使它形成的是党同伐异的思维方式,因此很难会把其党外的努力纳入他的革命史。另一方面,1923年后国民革命蓬勃发展,革命力量迅速膨胀,更增加了国民党的威势,如果说1925年在北京开展国民会议运动时,国民党还需要"屈尊"去争取一些"知识明星"的支持,那么1926年北伐开始以后,在革命战争迅速进展的形势下,"知识阶级"的态度如何,对它已无关紧要,无论是"你"赞扬还是反对,反正是"我"快要胜利了。就是说1926—1927年,国民党已进入其"得志"的时期,在这样的情况下胡适对它的态度已无足轻重,所以也就不会为它所看重。况且,胡适的这些"好话"是在国外讲的,国内的一般国民党人不易得知。

事实上,在革命即将取得胜利或取得胜利之后,国民党人的头脑中主要想的大概不是当时人们对它的态度如何,而是会更多地想到以前谁曾为它做了什么? 谁曾怎样反对它? 顾颉刚告诉胡适:"现在国民党中谈及先生,皆致惋惜,并以好政府主义之失败,丁在君先生之为孙传芳僚属,时加讥评。民众不能宽容:先生首倡文学革命,提倡思想革命,他们未必记得;但先生为段政府的善后会议议员,反对没收清宫,他们

---

① 胡适:《武力统一论》,《独立评论》第85号,1934年1月14日,第4页。

却常说在口头。如果北伐军节节胜利,而先生归国之后继续发表政治主张,恐必有以'反革命'一名加罪于先生者。"①这段话所描述的国民党人对胡适的态度,特别能反映他们即将成为"胜利者"的心态。五四时期,胡适与国民党何尝没有友好往来? 即使陈炯明事变后,胡适对国民党的态度也何尝没有调整? 但是日趋党同伐异的国民党,在即将取得胜利之时对这些自然是没有印象了。

从一些人给胡适的建议来看,在胡适的朋友的眼中,此前胡适同国民党是不友好的,是得罪过国民党的。然而,国民党中也并非没有了解胡适者,高梦旦在信中告诉他,"顷晤乡人之为海军政治部主任者,言有人主张请胡某为上海市宣传部主任,徐志摩为之副,业已决定,云云。似此,足下返国后如何能不问事,且有吴、蔡诸君关系较深,亦必不放手。"②对于作为"善后会议议员,反对没收清宫"的胡适,国民党中竟有人让他主持大上海的"宣传"工作,显然是对他在国外的"宣传"之热心有所耳闻。几乎在同时,他的一位学生更为具体地向他证实了这一消息:"前几天上海中央宣传委员会开会。郭泰祺先生提议,拟请吾师回国主持一部分工作,众无异议。鄙意以为今尚未其时,暂观时机为妥……现生任此间总政治部国际编译局秘书,编史(?)委员会委员等职。"③作为在"总政治部"效力的学生,其言应该是靠得住的。

① 顾颉刚:《致胡适》,1927 年 2 月 2 日,《胡适来往书信选》上册,中华书局 1979 年版,第 426 页。

② 高梦旦:《致胡适》,1927 年 5 月 5 日,《胡适来往书信选》上册,中华书局 1979 年版,第 430—431 页。

③ 陈彬龢:《致胡适》,1927 年 5 月 8 日,《胡适来往书信选》上册,中华书局 1979 年版,第 431 页。

国民党的如此厚爱,大概也成为胡适最终决定支持南京政府的一个因素。本来胡适主动赞扬国民革命的原因之一是国民党实行了"容共"政策,"充分吸收新文化运动的青年",然而问题是这时国民党已实行了"清党"政策。胡适即将离开美国时,得知"广州、上海开始清党",[①]这可能令胡适犹豫了好一阵。1927 年 4 月 24 日,胡适乘坐的"船到了日本,我知道南京已成立了新国民政府。我在日本停留了三个多星期,仔细读了那几个月的报纸,才充分明白当日吴稚晖、蔡子民、张静江等一般文人出来主张清党反共,却有很重要的历史意义"。[②] 最后一句应该是晚年的省悟,而当时阅读旧报纸后的实际感受大概仅使他"明白"应该站在那一边。

最终促使胡适支持南京政府的原因至少有这样几种:(一)在美国的观感,使他新起的对苏俄的热情便又迅速消失了。这样,国民党的"绝俄"正好与他的观感有某种程度上的一致,或者起码不至于使他太反感。(二)出国时他与共产党已相当隔膜,和陈独秀竟连朋友也无法做了;作为共产党的"少年人"对他的批评远比国民党要尖刻。此外,在日本时他还听到或读到不少关于工农运动的谣言,"赤色恐怖"可能比"清党"更令他担心。(三)对蔡元培、吴稚晖等人的信任。他对"刚从上海来"的哈佛大学法学教授赫贞说:"你们外国朋友也许不认得吴敬恒、蔡元培是什么人,但我知道这几个人,很佩服他们的见识与人格。这个新政府能得到这一班元老的支持,是站得住的。"他还公开向日本记者

---

　　① 胡颂平编著:《胡适之先生年谱长编初稿》第 2 册,(台北)联经出版事业公司 1990 年校订版,第 675 页。
　　② 胡适:《追忆吴稚晖先生》,《自由中国》第 10 卷第 1 期,1954 年 1 月,第 5—6 页。

说明，"蔡元培、吴敬恒不是反动派，他们是倾向于无政府主义的自由论者。我向来敬重这几个人。他们的道义力量支持的政府，是可以得着我的同情的"。① "温情主义"极浓厚的胡适在政治倾向上往往不能摆脱老朋友的影响。

后来他曾说，"在南京政府成立以后，绝大多数人的心理是赞助新政权并且渴望统一的"。② 这"绝大多数人"自然也包括他自己。在最终作出选择之后，胡适很快就启程回国。但是回国后在不到一年的时间里，他的思想又变化了。从 1927 年 5 月到 1928 年 5 月，尽管胡适对"新朝"寄予厚望，并通过各种渠道提了许多建设性意见，但是他对国民党的不满与厌恶却也与日俱增。

本来他对国民党的信任并不牢固。他在英美所称道的国民革命，大概是他自己所理想的国民革命，其中不免有许多悬想的成分。比如，他主动把新文化运动与国民革命承接起来，显然就是一厢情愿。回国后，他立刻就发现，曾吹捧他提倡"白话文学"之功比"孔孟大且十倍"的国民党，竟然全不用白话，"骈文的函电，古文的宣言，文言的日报，文言的法令！……一个革命的政府居然维持古文骈文的寿命"。③ 这不能不令他自己感到难为情，不能不使他清醒地认识到，国民党与他并不是"同道"。

其次，新政权的某些龌龊行为也令他难以忍受。胡适遗稿中有一

① 胡适：《追忆吴稚晖先生》，《自由中国》第 10 卷第 1 期，1954 年 1 月，第 5—6 页。
② 胡适：《武力统一论》，《独立评论》第 85 号，1934 年 1 月 14 日，第 4 页。
③ 胡适：《新文化运动与国民党》，《新月》第 2 卷第 6、7 号合刊，1929 年 9 月，第 1—15 页。

篇写于 1927 年 10 月未发表的《记某女士》,其中谈到,任"厅长"的"某女士"当时又被改任"临时法院院长"。该女士曾对一美国记者说,王宠惠"再入政府,全是她一人之功"。由于此记者在《字林西报》上曾发表不利于该女士的言论,因而该女士乘一次机会把此记者邀至家中,"强行"送给他五百元钱,并说是"政府的"钱。后该记者把钱送交当时的"交涉使"郭泰祺。"此事"是胡适听那美国记者"亲口告诉"的。向来重视中国在外国人面前形象的胡适,气愤地叹道:"中国的脸面真被这位女英雄丢尽了!"后来胡适对此事又补记到:"郭君(郭泰祺)将此事报告伍部长,伍部长转告王宠惠部长。王说:'展堂(胡汉民)当日每月确有六百元给她收买报馆记者,故此事不为虚假。'"[①]无论此事到底是真是假,这种了解肯定会影响胡适对国民党的态度。领袖人物胡汉民,国民党的"高官"等竟如此龌龊,作为崇尚"清誉"的胡适自然不会与之同流合污。难怪南京政府初期曾给他过多种职务,他最终都无一就任。

更令他不能"释然"的是国民党的"清党"。回国后,他逐渐了解了"清党"的真相,由相信吴稚晖的"道义力量",到怀疑他"背后玩把戏",[②]胡适的思想发生了一个根本性的变化。"赤色恐怖"对他来说可能比较抽象,而"白色恐怖"却充斥了他的头脑。1928 年 5 月,胡适在上海光华大学演讲时说道:"自从五四运动以来,中国的青年,对于社会

---

① 胡适:《记某女士》,欧阳哲生编:《胡适文集》(11),北京大学出版社 1998 年版,第137—138 页。

② 参见罗志田《知识分子与革命:北伐前后胡适政治态度之转变》,载耿云志编:《胡适评传》,上海古籍出版社 1999 年版,第 68—108 页。

和政治，总算不曾放弃责任，总是热热烈烈的与恶化的挣扎；直到近来，因为有些地方，过分一点，当局认为不满，因而丧掉生命的，屡见不鲜。青年人的牺牲，实在太大了！他们非独牺牲学业，牺牲精神，牺牲少年的幸福，连到他们自己的生命，一并牺牲在内了；而尤以 25 岁以下的青年学生，牺牲最大。例如前几天报上揭载武汉地方，有二百余共（产）党员，同时受戮，查其年龄，几皆在 25 岁以下，且大多数为青年女子……中国的青年，如此牺牲，实在牺牲太大了！"①

　　作为自由主义者和人道主义者的胡适，即使如何不赞成共产党的主张，也决不会认同国民党的"屠杀"政策；公民的生命权不经任何法律程序而就被剥夺，这是崇尚"法治"的胡适无论如何也不能容忍的。或许《人权与约法》正是在此心态之下写成的。他在《人权论集》序中说："今天正是大火的时候，我们骨头烧成灰终究是中国人，实在不忍袖手旁观。我们明知小小的翅膀上滴下的水点未必能救火，我们不过尽我们的一点微弱的力量，减少良心上的一点谴责而已。"②这充分体现了自由主义者在一个暴力政权面前的心态。有研究者认为胡适这里所说的"大火"，"首先是指共产党领导的人民革命"，③似乎不确。从胡适当时的主要言论和心态来看，他所谓的"大火"不但不是首先指共产党的革命，反而是首先指国民党对共产党的残酷镇压。因为在国民党统治之下，公民的"人权"根本得不到保证，因此有成批的青年人"同时受

---

　　①　胡适：《五四运动纪念》，欧阳哲生编：《胡适文集》(12)，北京大学出版社 1998 年版，第 731 页。

　　②　胡适：《人权论集·小序》，上海新月书店 1930 年版，第 1—2 页。

　　③　参见耿云志：《从五四到三十年代初期胡适的政治态度的变化》，载耿云志：《胡适研究论稿》，四川人民出版社 1985 年版，第 230 页。

戮"。在胡适看来,"骨头烧成灰终究是中国人",尽管他不能阻挡国民党这样做,但是仍要尽"一点微弱的力量",即尖锐地批评国民党,企图使它做一点点改变。

从 1928 年 7 月到 1929 年 9 月,胡适先后发表了《名教》、《新年的好梦》、《人权与约法》、《我们什么时候才可有宪法》、《知难,行亦不易》和《新文化运动与国民党》等文,这些批评国民党的文章一篇比一篇激烈,一篇比一篇尖锐,胡适对国民党的"旧恨新仇"痛快淋漓地喷涌而出。同时,这期间其他自由知识人如罗隆基写了《论人权》、《告压迫言论自由者》和《专家政治》;梁实秋写了《论思想统一》。这些文章在 1930 年集合成《人权论集》出版,具体内容许多研究者都已讨论,这里不再赘述。须要说明的是,这些文章集中体现了自由主义者对于一个暴力政权的抗争,充分反映了自由知识分子企图对国民党新政权加以塑造的愿望。胡适曾说,"以一班没有现代学术训练的人,统治一个没有现代物质基础的大国家,天下的事有比这个更繁难的吗? 要把这件大事办的好,没有别的法子,只有充分请教专家,充分运用科学"。[①] 这正是胡适等自由知识人所理想的所希望的新政权。

在他们看来,国民党这"一班没有现代学术训练的人"要统治国家,就必须"请教"他们这些受过"现代学术训练的""专家",让他们来做国家的"导师",对"当国的政党"进行指导。然而,这种愿望却很难得到国民党的认可。作为依靠暴力夺得政权的国民党,自然主要依靠暴力来

[①]　胡适:《知难,行亦不易》,《新月》第 2 卷第 4 号第 7 篇,1929 年 6 月,第 1—15 页。

维护政权，不可能按和平主义者的思想来建构；同时，已有政权附丽的三民主义，自然是借政权的力量扩张于天下，不可能容忍自由主义者的思想自由。从这一点来说，奉行三民主义的国民党不能令信奉自由主义的知识分子满意，纯属其自身的逻辑所致，而自由主义者的所为倒是有点不识"时务"。

尽管蒋介石在 1929 年 12 月 27 日曾通电请国人"尽情批评"党事与国事，但是他所希望的批评显然是有限度的，这是典型的既想实行"专制"又想以"自由"装点门面的政治"新伎"。即使蒋介石的确想听到一些批评，但是当批评真的来到他面前的时候，他便又受不住了：听惯了其党员吹捧的最高领袖，显然会觉得"批评"特别刺耳，以致于"改悔"，甚至连起码的雅量也不能再保持了。这里的关键问题是作为独揽大权的最高领袖，可以随时随意对这种批评加以取消或限制。高兴的时候可以让人"尽情批评"，不高兴的时候则可以"以言定人之罪"。此外，即使蒋介石有请人"尽情批评"的雅量，而高喊"打倒知识阶级"的下级党员，也不会容忍别人说三道四，更不会请他人来指导。这些"缺知识少训练"的下级"国民党人"，如陈德征之流，[①]没有正当谋生的本领，只能靠吹捧上司排斥异己及充当"打手"或"走狗"，来混饭及获得社会权势。可以说国民党能够夺取政权，在相当程度上得益于这样一部分人，但是其夺取政权之后，继续让这一部分人"得势"，所谓"打江山坐江山"，象胡适所记的"某女士"竟然能做

---

① 陈德征，为当时的国民党上海特别市代表，曾向国民党三全大会提出由党部判定是否反革命分子的议案，并首先向批评国民党的胡适发难。

“厅长”或“临时法院院长”，不能不说国民党的由盛而衰也正起于这样一部分人。

　　须要指出的是，这场人权之争，是由胡适等人“主动”挑起的，胡适写完《人权与约法》后在日记中自忖道，“此文之作”是“多一事也”；[①]可见即使在他自己看来，也是由他主动发难的。他在答周作人的信中曾说，“我对于名利，自信毫无沾恋。但有时候总有点看不过，忍不住。王仲任所谓‘心愤涌，笔手扰’，最足写此心境。自恨‘养气不到家’，但实在也没有法子制止自己”。[②]可见“社会良心”的促使，令作为知识分子的胡适不能不主动起来“为民请命”，这可以说是自由主义向三民主义一次“尝试”性的挑战。

　　本来国民党政权建立之初，并非完全“独得独享”，相反在某种程度上还表现出一定的招贤纳士不计前嫌的海量。王世杰、王宠惠、周鲠生和唐有壬等曾批评国民党的一批英美派人物先后被吸入政府，并委以高位。这些人本来“在山作得许多声”，而这时自然是“流到前溪无一语了”。本来应该“说”，“说”了也没事的事情，他们都不“作声”了，这种情况可能并不完全是国民党的“不允许”，而是由于他们慑于国民党以往的所为而形成的心理上的“自我禁抑”，或者是由于被“重用”而担心失去“新贵”的“自定藩篱”。但是，自由主义思想根深蒂固的胡适却不然，本来他也曾被任为“大学委员会委员”，并曾被拟任中山大学副校长，如

---

　　①　胡适:《胡适的日记》手稿本第7册,1929年5月6日,(台北)远流出版事业股份有限公司1990年版。
　　②　胡适:《致周作人》,1929年9月4日,《胡适来往书信选》上册,中华书局1979年版,第542—543页。

果他能"迎头赶上去",①混得肯定不会比别人差,然而自由主义的立场使他无法"摧眉折腰事权贵",面对国民党新的"倒行逆施",他又"忍不住了",②"知其不可为而为之",他禁不住要对"没有现代学术训练"的国民党进行一次"现代学术训练"。

但是,对国民党"训练"的结果却是差一点被它"法办"。罗隆基曾一度被捕,胡适先是被"奉令警告",后又传言被"通缉"。在这样的情况下,如果再继续"训练"下去,对于手无寸铁的知识人来说,其后果可能是不堪设想的。他们固有的改造政治的信念,使他们不可能走上革命道路;即使他们有心投向革命,正在日趋"净化"的革命阵营,也未必能收留他们。当时,瞿秋白批评人权派要求人权,是"反革命大竞赛"之中的"新鲜旗帜",是替"地主资本家"谋"出路",是"赞助屠杀"的"聪明"方法。③既然已被否决了革命的"资格",那么,本来也不会"革命"的他们,除了与当局"妥协"之外,似乎并没有什么路可走。但是立刻不"作声",显然是面子上过不去,所以只有且战且退才是良策。有学者认为,胡适遇有压力,必有反弹;压力越大,反弹越大。其实胡适在反弹达到

---

① 胡适到南京参加"全国教育会议"以后,曾大发"感慨,有许多人确是'迎头赶上去',难免招人轻视"。这恐怕是招他自己轻视。见胡适:《胡适的日记》手稿本第 7 册,1928 年 5 月 22 日,(台北)远流出版事业股份有限公司 1990 年版。

② 1928 年 4 月,胡适在给学生讲《道学的起源》时说,"最要紧的是要知道道学起源于政府的反对党",他说朱熹、王守仁等都是"受摧残的反对党魁","他们在压迫之下,一切不能自由,只有此心是绝对自由的,绝对不受压迫与束缚。吕坤所谓天下惟理与势(?)最尊,而理为尊中之尊,正是这被压迫者的心理"。胡适把这段在课堂上讲的内容特意记在了日记中,显然是有意要表达什么。也许这恰反映了他作为"社会的良心"深感"被压迫"的"心理"。见胡适:《胡适的日记》手稿本第 6 册,1928 年 4 月 4 日,(台北)远流出版事业股份有限公司 1990 年版。

③ 瞿秋白:《中国人权派的真面目》,《布尔塞维克》第 4 卷第 6 期,1931 年 11 月,第 101—123 页。

一定极限以后,还有善于自我调整的一面。

到 1929 年 8 月,曾指责胡适对"清党""视若无睹"的周作人,也觉得胡适"社会良心"的发挥已到了不能"保身"的地步,因而他又反过来为胡适担心,劝他别再"说闲话","昨天报载沪党部有什么决议,对于这件事如乐观说,不会有什么,自然亦可以;又如愤慨说,应该抵抗,自然也应当。不过我想,'这个年头儿'还是小心点好,Rabelais(拉伯雷,法国 16 世纪讽刺作家)说得对,'我自己已经够热了,不想再被烤。'我想劝兄以后别说闲话,而且离开上海。最好的办法是到北平来。说闲话不但是有危险,并且妨碍你的工作,这与'在上海'一样地有妨碍于你的工作"。① 这集中体现了自由知识分子在一个暴力政权面前既想"抗争"又想"保身"的心态。

可以说这种劝告正中胡适下怀,他复信周作人说:"因为党部有人攻击我,我不愿连累北大做反革命的逋逃薮。前几天百年兄来邀我回北京去,正是上海市党部二次决议要严办我的议案发表的一天,我请他看,说明此时不愿回去的理由,他也能谅解。俟将来局面稍稍安定,我大概总还是回来的。至于爱说闲话,爱管闲事,你批评的十分对。受病之源在于一个'热'字。任公早年有'饮冰'之号,也正是一个热病者……近来因为一班朋友的劝告——大致和你的忠告相同,——我也有悔意,很想发愤理故业。如果能如尊论所料,'不会有什么',我也可以卷旗息鼓,重做故纸生涯了。但事实上也许不能如此乐观,若到逼人太

① 周作人:《致胡适》,1929 年 8 月 30 日,《胡适来往书信选》上册,中华书局 1979 年版,第 538—539 页。

甚的时候,我也许会被'逼上梁山'的,那就更糟了。但我一定时时翻读你的来信,常记着 Rabelais（拉伯雷）的名言,也许免得下油锅的危险。"①可见胡适此时不愿退出"争",已仅仅是碍于面子,而实际上已有"悔意",并准备"饮冰",以免"下油锅"了。稍后胡适虽然又发表了言词更尖锐的《新文化运动与国民党》一文,但是达到这一巅峰之后便没有再写文章。

此后胡适不但有所收敛,而且还通过上层路线,企图与似有一定雅量的最高当局达成某种谅解。1931年1月,他为《新月》被"停邮"和罗隆基被光华大学解职致信陈布雷,其中谈到:"罗君所作文学,一一可以复按,其中皆无有'恶意的'诋毁,只有善意的忠告而已。此类负责的言论,无论在任何文明国家之中,皆宜任其自由发表,不可加以压迫。若政府不许人民用真姓名负责发表言论,则人民必走向匿名攻讦或阴谋叛逆之路上去……罗隆基一人之事易了,而此事所引起的波浪决不易了。光华教授因此事而辞职者,将有八九人之多,此皆一校中最知名之士,学校将从此更不安宁了。岂但光华一校而已？将来必有党部人员要求中国公学辞退□□（按：原文如此）,于是中国公学又更不安宁。将来必有党部人员要求青岛大学不许梁实秋教书之事。将来又必有党部要求蒋梦麟先生不许胡适之在北大教书之事。"②

胡适警告国民党如果不许公开批评,就有可能被逼走上"阴谋叛逆

① 胡适:《致周作人》,1929年9月4日,《胡适来往书信选》上册,中华书局1979年版,第542—543页。

② 胡适:《致陈布雷》,1931年1月15日,耿云志、欧阳哲生编:《胡适书信集》(上),北京大学出版社1996年版,第530—532页。

之路",并且会引起更大的"波浪"。他的话听起来仍然不卑不亢,似乎是在给国民党上"政治课",但此举本身却表明他是在企图与当局"沟通"。他声明"我决不先替自己的饭碗发愁",其实这恰是他担心会蹈罗隆基"覆辙"的反映。胡适之所以没有走到罗隆基那一步,一则与他的声名之大有关,国民党可能不敢轻易动他;二则是由于国民党政府中有许多他英美派的朋友,可以为他疏通和说话;三则大概与他及时进行了"自我调整"不无关系。

陈布雷的复信已不见,但从胡适的复信可略知梗概:"谢谢先生一月十七日的信。我非不知'此事部中既决定,当不能变更'。但我当日妄想天下事也许有更大于变更一个决定者,故不避冒昧,为先生进一解。先生之不能赞同鄙见,我很能谅解。但我关于此事要说的话,已大致写出来了;白纸写黑字,还不能使先生认识我们,口谈如何能望得着'一个初步的共同认识'?鄙意'一个初步的共同认识'必须建筑在'互相认识'之上。故托井羊先生带上《新月》二卷全部及三卷已出之三期各两份,一份赠与先生,一份乞先生转赠介石先生。《新月》谈政治起于二卷四期,甚盼先生们能腾出一部分时间,稍稍流〔浏〕览这几期的言论。该'没收焚毁'(中宣部密令中语),或该坐监枪毙,我们都愿意负责任。但不读我们的文字而但凭无知党员的报告,便滥用政府的威力来压迫我们,终不能叫我心服的。"①

胡适明知道国民党的决定不会变更,却仍然写信一试,可知他的目

---

① 胡适:《致陈布雷》,1931 年 1 月 18 日,耿云志、欧阳哲生编:《胡适书信集》(上),北京大学出版社 1996 年版,第 533—534 页。

的不是要求变更决定，而是旨在与当局"沟通"，即达成"一个初步的共同认识"。虽然"初步的共同认识"这次并未达到，但毕竟是"相互认识"了。就蒋介石来说，对于那些阿谀奉承者，他可能并不放在眼里，而对于那些敢于直言"进谏"者，他可能倒觉得不同寻常，有"卓识硕学"。在这一点上，蒋介石似乎还较明白，只要不动摇他的根本统治，一定限度的"尽情批评"似乎并不在意。并且为从更高层次上巩固他的统治，他似乎还企图使反对者为其所用，后来在民族危机日益严重的情况下，他竟然还能受到越来越多的自由知识分子的拥护，大概与他的这一点"本领"不无关系。

而对于自由主义者来说，本来就没存有动摇国民党根本统治的想法，他们只是要"一点点"批评的自由，只是要做它的"诤友"。因而只要当国政党稍一宽容，他们便会投桃报李。更重要的是，国民党形式上"统一"中国之后，自由主义与三民主义的关系落实到自由知识分子与中央政府的关系上，这些自由主义者可以不爱党，但却不能不爱国；可以谴责国民党，但却不能不维护中华民国。经过这次人权之争，自由主义与三民主义似乎的确达成了某种谅解和"共识"。30年代，胡适办《独立评论》，从未再受到"中央政府"的干涉；而《独立评论》对国民党的批评虽不能不说依然尖锐，但对"中央政府"的维护也不能不说是"坚决"，甚至《独立评论》同人不惜牺牲个人的"自由"投入其中。在这个意义上，可以说自由主义者与国民党是"不打不不相识"。

第四章 民主与独裁之争

民主与科学是五四时期的两个基本口号，由于中国没有这两种传统，尽管他们可风行一时，但是却很难深入人们的头脑。或者说，这种无根性特征很容易使人们对它们的信念发生动摇。同时，作为舶来品，当西方发生变化和对它们进行反思时，也很容易影响到它们在中国并不牢固的地位。五四以后，先是科学受到人生观的挑战，到1930年代民主又受到独裁的挑战。这种挑战一方面是思想与社会互动的结果；另一方面也来自于思想界自身的反思。有关1930年代的民主与独裁论争,学术界已有不少的研究成果。① 但是作为一次涉及广泛影响深远的论争,仍有许多面相可以探讨。

一、言人人殊的"民主"

五四时期的"民主"口号,尽管响彻入云,但是,就具体的实践来说,主要落在了对传统家庭生活的挣脱及对自主生活的追求上,致使中国历史上出现了一个前所未有的甚至后世也未再出现的个性主义张扬的时代。

在五四人的观念中,民主并不仅是一种政治制度或政治运作方式,而是遍及人类的整个生活,首先它代表一种全面的反叛精神。陈独秀说,"原来'民治主义'(Democracy),欧州古代单是用作'自由民'(对奴隶而言)参与政治的意思,和'专制政治'(Autocracy)相反。后来人智

---

① 作为专门章节论述的著作有:徐宗勉、张亦工、徐思彦等:《近代中国对民主的追求》,安徽人民出版社 1996 年版;陈仪深:《〈独立评论〉的民主思想》,(台北)联经出版事业公司 1989 年版;沈卫威:《自由守望——胡适派文人引论》,上海文艺出版社 1997 年版;彭明、程歗:《近代中国的思想历程(1840—1949)》,中国人民大学出版社 1999 年版。专门讨论这一论战的文章有:徐思彦:《要民主宪政,还是要专制独裁——30 年代关于民主与专制的一场大讨论》,《史学集刊》1995 年第 2 期;雷颐:《近代中国自由主义的困境》,《近代史研究》1990 年第 3 期;雷颐:《30 年代"新式独裁"与"民主政制"的论战》,《东方》1995 年第 3 期;黄道炫:《30 年代中国政治出路的讨论》,《近代史研究》1992 年第 5 期;顾昕:《民主思想的贫瘠土壤——评述一九三〇年代中国知识分子关于"民主与独裁"的论战》,载许纪霖编:《二十世纪中国思想史论》,东方出版中心 2000 年版。这些著作和文章主要讨论了:(1)社会中主张民主宪政的人与拥护国民党一党专政的人之间的论争内容;(2)自由知识分子内部论争双方的具体主张;(3)传统文化对论争双方的影响;(4)论战双方对工具价值的张扬及对基本价值的忽视;(5)自由知识分子"独立"态度的"倾斜"。但是,如何接近这场论争本身仍有很大的探讨余地。

日渐进步,民治主义的意思也就日渐扩张,不但拿他来反对专制帝王,无论政治、社会、道德、经济、文学、思想,凡是反对专制的、特权的,遍人间一切生活,几乎没有一处不竖起民治主义的旗帜"。① 这就是说"民主"标志着要反对所有旧的腐朽的东西。他在《我们为甚么要做白话文》的讲演中,还曾指出,"德谟克拉西"是"反对一切不平等的阶级特权"的"时代精神",并有各种表现:"政治的德谟克拉西(民治主义)"、"经济的德谟克拉西(社会主义)"、"社会的德谟克拉西(平等主义)"、"道德的德谟克拉西(博爱主义)"、"文学的德谟克拉西(白话文)"。②

这几种表现说明"民主"还是一切美好事物的代表。这种观念不仅存在于陈独秀一人的思想中,1919 年 3 月,谭平山在《"德谟克拉西"之面面观》一文中也提出过类似的认识:"今日世界之最大主潮为何? 稍有识者,莫不知举'德谟克拉西'以对矣……无论精神界物质界,凡为人类活动——内部活动外部活动——之所表显者,当此潮流,莫不具有'德谟克拉西'之色彩……大体观之,约有以下四方面之区别:第一方面政治的德谟克拉西;第二方面经济的德谟克拉西;第三方面精神的德谟克拉西;第四方面社会的德谟克拉西。"③

即使接受马克思主义后的李大钊,在 1922 年时还认为,"现代有一最伟大、最普遍的潮流,普被人类生活的各方面,自政治、社会、产业、教育、文学、美术,乃至风俗、服饰等等,没有不著他的颜色的,这就是今日

---

① 陈独秀:《实行民治的基础》,陈独秀:《陈独秀文章选编》,三联书店 1984 年版,第 429 页。
② 陈独秀:《陈独秀文章选编》,三联书店 1984 年版,第 493 页。
③ 谭平山:《谭平山文集》,人民出版社 1986 年版,第 37—40 页。

风靡全世界的'平民主义'……平民主义原语为 Democracy"；他同样把民主与社会主义联系起来，"德谟克拉西与社会主义，在精神上亦复相同"。①

可见，在早期马克思主义者眼里，民主既代表对一切旧的不好的东西的反叛，又代表对一切新的美好的事物的追求，这种观念发展的结果就是把民主和革命关联起来，使民主几乎全然落在了革命上面；革命也就是打破旧的，追求新的。然而，这仅是五四时期的"民主"演化的一条线。另一条线是胡适所代表的和平主义与自由主义。当时胡适虽说"拥护德谟克拉西（民治主义）"是"新思潮"的两大内容之一，②但他更多的强调自由对"民治"的意义，"极力提倡思想自由和言论自由，养成一种自由的空气"，以"布下新思潮的种子"。③

在这样做的过程中，他认为并不能因自由有流弊，就怀疑自由，"自由不是容易得来的。自由有时可以发生流弊，但我们决不因为自由有流弊便不主张自由。'因噎废食'一句套语，此时真用得着了。——自由的流弊有时或发现于我们自己的家里，但我们不可因此便失望不可因此便对于自由起怀疑的心。我们还要因此更希望人类能从这种流弊里学得自由的真意义，从此得着更纯粹的自由"。④ 不过，胡适这里所

① 李大钊：《平民政治与工人政治》，李大钊研究会编：《李大钊文集》，人民出版社 1999 年版，第 569、574 页。

② 胡适：《新思潮的意义》，欧阳哲生编：《胡适文集》（2），北京大学出版社 1998 年版，第 551 页。

③ 胡适：《不老》（附在《通信：梁巨川先生的自杀》后），《新青年》第 6 卷第 4 号，1919 年 4 月，第 432 页。

④ 胡适：《寄吴又陵先生书》，欧阳哲生编：《胡适文集》（2），北京大学出版社 1998 年版，第 604 页。

谈的自由，仍然是"个人生活"的自由，这种"个人自由"的提倡，是基于
"一个新社会，新国家，总是一些爱自由爱真理的人造成的，决不是一般
奴才造成"。① 把自由和民主具体应用到中国的"社会问题"上，当时胡
适主张和平的一点一滴的改造。②

　　这样一种理念，后来发展的结果，就是把民主与"联省自治"关联起
来，使民主落在了"联省自治"上面："'联省自治'这个名词虽然不免有
语病，但他的内容实在不过是一种联邦或联省的国家；无论联邦与联
省，并不妨害国家的统一。约法或宪法上尽可以仍旧说'中华民国永远
为统一民主国'，因为统一民主国尽可以包含联邦式的统一民主国。假
使我们能做到像美国那样的联邦式的统一，难道我们还不能满足吗？
……我们平心而论，'联省式的统一国家'，是现在唯一的统一；只有这
种统一是可能的……我们要明白承认：民治主义是一种信仰。信仰的
是什么呢？ 第一，信仰国民至多可以受欺于一时，而不能受欺于永久。
第二，信仰制度法律的改密可以范围人心，而人心受了法制的训练，更
可以维持法治。第三，民治的本身就是一种公民教育。给他一票，他今
天也许拿去做买卖，但将来总有不肯卖票的一日；但是你若不给他一
票，他现在虽没有卖票的机会，将来也没有不卖票的本事了。若因为
'组织未备，锻练未成'，就不敢实行民治，那就等于因为怕小孩子跌倒
就不叫他学走了。学走是免跌的唯一法子，民治是'锻练'民治的唯一

---

　　① 胡适：《个人自由与社会进步》，《独立评论》第 150 号，1935 年 5 月 12 日，第 4 页。
　　② 参见胡适的《多研究些问题，少谈些主义》《问题与主义》《三论问题与主义》《新思
潮的意义》等文。

法子!"①

　　这里胡适把民主提高到"信仰"的高度,在他看来,民主尤其应该成为统治者的"信仰",这种信仰表现在具体的政治上就是政治公开、法治和投票。如果说早期马克思主义者比较看重民主的精神或内容,而早期自由主义者则更看重民主的形式或制度。胡适在此还指出,不能等到民主的条件具备了再实行民主,如果那样中国将永远不会有实行民主的机会,"民治是'锻练'民治的唯一法子",也就是说中国可以"随时随处"开始推行民主,因为只有在屡次"试验"甚至是屡次"跌倒"后,才能接近民主的真髓。这一思想后来一直为胡适所坚持,并成为他民主思想的一个特色。然而,问题是当时军阀为了"割据",也主张"联省自治",也主张"制宪"。② 这种情况影响了"民主"在人们心目中的"威望",造成了政论界的概念混乱。

　　不难发现,五四以后中国社会存在着一种泛民主化的倾向,一则人们喜欢把人类生活的一切都与民主联系起来;二则人人都在谈民主,甚至军阀也以"民主"相号召。这说明民主确有相当的"社会权势",以致于世人都不敢贸然反对它,但是人人谈民主,却未必真正懂得民主,其实民主在中国并未深入人心,只是作为一种虚悬的社会象征而存在。特别是在一些没有取得中央政权的政治势力看来,民主就是他们"作主",因此等他们取得了中央政权,民主就很自然地变成了"专政"。

　　民主在中国的这种遭遇,到 30 年代时仍然没有根本改变,比如它

---

　　① 胡适:《吴佩孚与联省自治》,《努力周报》第 15 期,1922 年 8 月 13 日,第 1 版。
　　② 参见林茂生、王维礼、王桧林主编:《中国现代政治思想史》,黑龙江人民出版社 1984 年版,第 112—128 页。

与"割据"的关系仍是理不清的问题："作政论的人们可以分成两派：
（一）看重打破地方割据而求统一的一派，主张中央集权，而中央集权又
等于专制政治。（二）反对中央政府的专制的一派，主张减削中央权力
及地方分权，而地方分权又等于地方割据。由于前一推论，甚至于统一
就是专制。由于后一推论，甚至于民治必须割据。由此而专制论者借
统一为口号，割据论者以民主为辩护。政论界演成观念混淆的奇观，在
实际政治上发生悲痛的影响。两年前，也许可以说是'统一必须专制'
的思潮云涌的时代。两年以来，代之而起的是'民治必须割据'的
思潮。"①

　　陶希圣所说的这两种思潮存在的先后未必准确，但是这两种观念
在当时社会中确实存在。"统一必须专制"其实就是前此蒋廷黻的主
张。在他看来，民主是"维多利亚时代的自由主义和代表制度"，"从理
想说来，我以为这种制度比任何专制都好，从事实上看起来，我以为这
种制度绝不能行。人民不要选举代表，代表也不代表什么人。代表在
议会说的话不过是话而已。中国近二十年的内争是任何议会所能制止
的吗？假若我们能够产生国会，而这国会又通过议案，要某军人解除兵
柄，你想这个议案能发生效力吗？只要政权在军人手里，如现在这样；
又只要民众乐为军人所使用，又如现在这样，你的国会有一连兵就可解
散了"。②

　　可见在蒋廷黻的心目中，民主就是"选举"和"国会"。他认为这两

---

　　①　陶希圣：《民主政治的一解》，《独立评论》第 235 号，1937 年 5 月 23 日，第 18 页。
　　②　蒋廷黻：《论专制并答胡适之先生》，《独立评论》第 83 号，1933 年 12 月 31 日，第 4—
5 页。

样东西在当时的中国不会产生,即使产生了也无法对军人"发生效力"。这从另一个侧面说明,先前胡适对民主的见解还是高人一筹的,即民主只有成为一种普遍信仰,才能在社会中真正地推行,难怪他总是一有条件就致力于"思想文艺"工作。这提示了民主的推行,确是需要一个在思想上打"基础"的广阔空间及漫长时期。

值得注意的是,这里蒋廷黻揭示了中国政权更替中一个难以摆脱的症结,即"以暴易暴",那么,在以暴力维护政权和夺取政权的社会中,民主一词大概只能作为一种漂亮的政治用语而存在,因为无论是掌握武力的哪一方,都可以把自己的举措和行为说成"民主",而社会中其他人即使不认同,却也不能奈他何。蒋廷黻似乎较为清醒地意识到了自由知识分子在近代中国所面临的这种无法改变的尴尬,用传统的一句俗话来说,就是"秀才遇见兵,有理说不清"。然而问题是,如果自由知识分子为摆脱这种尴尬,去支持某种武力争斗,其结果可能更没有了他们的"用武之地",这正是胡适所担心的。

在民主的内容上,胡适似乎认同蒋廷黻所说的"国会",但是在民主的功能上,他却有截然不同的看法。他认为民主与统一并不矛盾,相反是能维持统一"稳定"的唯一手段,"只有国会和省议会一类的民意机关可以超越一切割据的区域,造成一个统一国家的最高统治权的基础"。[①]

早在论争没有发生之前,胡适就曾提出过以国会来统一的倡议:"我们主张,今日必须建立一个中央与各省互相连贯的中央政府制度,

---

① 胡适:《统一的路》,《独立评论》第28号,1932年11月27日,第5—6页。

方才可以有一个统一国家的起点……我们可以举出‘国会’一个制度来做一个最重要的例……国会的功用是要建立一个中央与各省交通联贯的中枢。他是统一国家的一个最明显的象征,是全国向心力的起点……要各省选出人来统治中央,要各省的人来参加中央的政治,来监督中央,帮助中央统治全国。这是国会的根本意义……要一个联贯中央与各省的国家机关,要建立一个全国全民族的机关。各省要捣乱,就请到国会里来大家一块儿捣乱。各省要建设,就请到国会里来大家一块儿建设。无论如何,总比‘机关枪对打’要文明一点。让各省的人到中央来参加全国的政治,这是养成各地方向心力的最有效的一步……国会是代表全国的议会,是一个有形的国家象征,人民参加国会的选举,就是直接对那个高于一切的国家尽义务。”①可见,胡适是非常注重民主的载体和形式的,他似乎认为,民主必须落在某种特定的制度上,才能算作民主。

与蒋、胡略有不同,丁文江把民主与“普选”联系起来,并认为民主需要各种条件成熟后才能推行,“假如民主政治是要根据于普选——就是凡是成年的人都要有选举权,然后算是民主政治,则民主政治在中国今日不可能的程度远在独裁政治之上……中华民国的人民百分之八十或是七十五以上是不识字的,不识字的人不能行使选举权,是大家应该承认的。若是所谓民主政治是相对的,是逐渐推广的,则当然有讨论的余地的了。不过这是不是我们所谓民主政治……实行民主政治,一定要有普通的教育,完备的交通,健全的政党,宽裕的经济”。这就是说中

---

① 胡适:《政治统一的途径》,《独立评论》第86号,1934年1月21日,第5—7页。

国还不具备实行民主的条件。他还指出,由于社会中不是每个人都对政治感兴趣,因此即使能够普选,其结果也不会使选举人掌握政权。"实际的政权旁落在出党费,开报馆,办无线电广播的人手里。"①可见在丁文江心目中,只有绝大多数人真正参与了政治,或政治真正体现了绝大多数人的意志,才能谈得上是"民主政治"。否则,民主政治可能成为工商大佬和媒体大亨的政治。

胡适虽然承认普选是民主政治,但他认为民主政治是一个由低到高的过程,并不一定就立即实行普选,"我所主张的议会是很有伸缩的余地的:从民元的临时参议院到将来普选产生的国会——凡是代表全国的各个区域,象征一个统一国家,做全国的各个部分与中央政府的合法维系,而有权可以用和平的方法来转移政权的,都不违反我想象中的议会。我们有历史眼光的人,当然不妄想'把在英美实行而有成效的民主政治硬搬到中国来',但是我们当然也不轻视一切逐渐走向民主政治的尝试与练习"。②

在胡适心目中,民主是与和平联系在一起的,是通过一点一滴的努力逐步实现的:"宪政可以随时随地开始,但必须从幼稚园下手,逐渐升学上去。宪政是一种政治生活的习惯,唯一的学习方法就是实地参加这种生活。宪政的学习方法就是实行宪政,民治的训练就是实行民治……我们主张先从有限制的选举权下手,从受过小学教育一年以上的

---

① 丁文江:《民主政治与独裁政治》,《独立评论》第 133 号,1934 年 12 月 30 日,第 5—6 页。

② 胡适:《从民主与独裁的讨论里求得一个共同政治信仰》,《独立评论》第 141 号,1935 年 3 月 10 日,第 18 页。

公民下手,跟着教育的普及逐渐做到政权的普及。"①他的意思是,民主只有从"幼稚园"或有限制的选举开始,才能落到实处,否则贸然实行普选或者好大喜功地推行"全民政治",反而很可能会变为另一种形式的"专制"。

他还特别提到民主的价值,在于人们受蒙蔽后能够说"不","民治国家的阿斗不用天天干政,然而逢时逢节他们干政的时候,可以画'诺',也可以画'NO'。独裁政治之下的阿斗,天天自以为专政,然而他们只能画'诺'而不能画'NO'。……民主国家有失政时,还有挽救的法子,法子也很简单,只消把'诺'字改做'NO'字就行了。独裁国家的阿斗无权可以说一个'NO'字。"②这就是说,实行民主表决或选举,比把国家命运长期系于一人或一种政治力量要安全得多。

在胡适正面立论时,他更多的是把民主与"法治"联系起来,认为政府以法律办事是实行民主的前提。"制宪之先,政府应该要在事实上表示守法的榜样,养成守法的习惯,间接的养成人民信任法律的心理。这才是宪政的预备。宪政的预备不在雇人起草,不在征求讨论,而在实行法律……总而言之,制宪不如守法。守法是制宪事业的真正准备工作。"③

在他看来,推行民主的关键是在走出第一步,是在"行",是在按"规则"办事,而不在于制定一部并不能遵守的宪法,也不在于宪法里有多

①　胡适:《我们能行的宪政与宪法》,原载天津《大公报·星期论文》1937 年 7 月 4 日;《独立评论》第 242 号,1937 年 7 月 11 日,第 12—13 页。

②　胡适:《答丁在君先生论民主与独裁》,《独立评论》第 133 号,1934 年 12 月 30 日,第 8 页。

③　胡适:《制宪不如守法》,《独立评论》第 50 号,1933 年 5 月 14 日,第 4 页。

少空头条文。"民主宪政不过是建立一种规则来做政府与人民的政治活动的范围;政府与人民都必须遵守这个规定的范围,故称为宪政;而在这个规定的范围之内,凡有能力的国民都可以参加政治,他们的意见都有正当表现的机会,并且有正当方式可以发生政治效力,故称为民主宪政。这种有共同遵守的规则的政治生活就是宪政……现在需要的宪法是一种易知易行而且字字句句都就可实行的宪法。宪政的意义是共同遵守法律的政治;宪政就是守法的政治……我们的宪法里必不可有一句不能实行的条文。"[1]

为了强调"法治"的必要,他还特别指出,人民争取民权或民主也应该依照法律,"只有站在法律的立场上来谋民权的保障,才可以把政治引上法治的路。只有法治是永久而普遍的民权保障。离开了法律来谈民权的保障,就成了'公有公的道理,婆有婆的道理',永远成了个缠夹二先生,永远没有出路……民权的唯一保障是法治。"[2]在胡适看来,统治者即使要镇压人民,也需要通过法律来镇压;而人民即使要反对政府,也要通过法律来反对。这种把法治看作民主前提的思想实在是胡适高出时人的地方。林毓生曾说,"没有法治便没有民主,健全法治的建立是实现民主的先决条件"。[3] 虽然在学理上胡适可能对民主并没有什么精深的研究,但是对"法治"的强调无疑是抓住了民主政治的根本。不过,谁来立法,法律体现谁的意志,在以武力为政治基础的环境

---

① 胡适:《我们能行的宪政与宪法》,《独立评论》第242号,1937年7月11日,第12—13页。
② 胡适:《民权的保障》,《独立评论》第38号,1933年2月19日,第4页。
③ 林毓生:《热烈与冷静》,上海文艺出版社1998年版,第86页。

里，又成了问题。

有意思的是，胡适把民主的一般表现形式即"宪政和议会政治"，并不看作是资本主义特有的制度，"宪政和议会政治都只是政治制度的一种方式，不只是资产阶级所能专有，也不是专为资本主义而设的。……现今各国的普遍选举权实行后，也曾屡次有工党代表因议会政治而得掌握政权。近百年来所有保障农工和制裁资产阶级的种种'社会立法'，也都从议会里产生出来……议会政治与宪政不是反对'民生'的东西，也不是和季廉先生所谓'社会主义的政治制度'不相容的东西。'社会主义的政治制度'难道只有无产阶级专政的一种方式？……我们深信宪政是引中国政治上轨道的一个较好的方法。宪政无甚玄秘，只是政治必须依据法律，和政府对于人民应负责任，两个原则而已。议会政治只是人民举代表来办政治的制度而已"。[①] 1930 年代胡适一度对社会主义的热情很高，但主要是着眼于经济层面，而在政治层面他始终放不下议会政治，所以这里他便一厢情愿地把议会政治和社会主义硬撮合在一起了。

钱端升与胡适一样把民主政治看作一种政治制度，但是他却视之为一些国家特有的制度，"民主政治在西文叫做'德谟克拉西'。'德谟克拉西'本应专指政治上的一种体制而言……我们今日所论的民主政治是指一班通认为民主国家，如英、美、法、瑞、比、荷等国的政制而言，是指具体的，现实的一种制度，而不是指抽象的一种理想，或实现无期的一种希望。那么，英美等民主国家有哪些共同之点呢？第一，在这些

---

① 胡适：《宪政问题》，《独立评论》第 1 号，1932 年 5 月 22 日，第 7 页。

国家中,各个人民……在法律上是一概平等……第二,国家的权力有限,而个人保留着若干的所谓自由权;国家如欲伸张其权力或限制人民的自由,则须依照一定的制宪程序,所谓制宪程序者大概都含有人民直接对某事表示意见之意在内。第三,人民有一代议机关,以个人平等的原则选出……第四,议会中同时有两个或两个以上的政党存在,互相监督,且轮替执政。第五,为保障人权及限制国家权力起见,政府采分权制;没有一个国家机关,无论立法,行政,或司法,能独揽国家一切的大权"。[1]

可以说钱端升对西方民主的观察相当地道,但是他认为设立一种政治制度的目的在于为"平民"谋福利,而这样一种民主政治并没有做到这一点,"尝以'平民政治'译德谟克拉西。如政治而真能有平民主持,且为平民谋福利,恐反对者将世无一人。然英美等国的政治既不是真正的平民政治,故我不用'平民政治'一词,而用比较中立的'民主政治'"。可见在他心目中,民主只是一种手段,而不是目的,不是人民所应有的生活方式。

钱端升似乎是受了社会主义的影响,所以他企图以是否能"为大多数人谋福利"来衡量民主的价值:"赞成民主政治者一方提倡个人自由,一方又声言民治为大多数人福利的保障。然独裁既真能为大多数人(几乎是全体人民)增进福利,则又焉能因少数人的自由之被剥夺,而硬要维护谋福不及独裁的民治?"值得注意的是,钱端升似乎认为民主是

---

[1] 本段与下段所引均出自钱端升:《民主政治乎? 集权国家乎?》,《东方杂志》第 31 卷第 1 号,1934 年 1 月,第 17—25 页。

为"少数人"谋福利的,而独裁或权力的集中却是为"多数人"谋福利的。这样一种虚悬的观念,在近代许多中国人的头脑中一直挥之不去。

从中还可发现,钱端升所看重的是民主的社会功能,离开了它的功能,民主似乎就没有存在的必要了,"我们中有些人——我自己即是一个——本是受过民主政治极久的熏陶的,这些人对于反民主政治的各种制度自然看了极不顺眼。但如果我们要使中国成为一个强有力的近代国家,我们恐怕也非改变我们的成见不可。"①这就是说即使"我们"本身喜欢民主政治,但是为了建立一个"强有力的近代国家"也不得不作出牺牲。当时,许多知识人都具有这种心态。

可知在他心目中,民主政治并不能建立一个"强有力的近代国家",但是当时英、美等国明明是"强有力的近代国家",为什么钱端升视而不见呢? 其原因就在于他只看到了新崛起的德、意、俄及英、美的某种变化,"政治制度是一最现实的东西,不能永久地为我们的感情所牵制……一切的制度本身是有时代性的。民主政治在五十年前的英国尚为统治阶级所视为不经的,危险的思想,但到了一九〇〇年以后即使保守党亦视为天经及地义"。由此可知,"趋新"对钱端升来说仍然存在,他对世界局势的观察笼罩在一种根深蒂固的进化论观念之中,在他看来,新出现的就是好的,就是必然,就是大势所趋。

与钱端升不同,吴景超认为民主政治本身并没有什么问题,可谓是一种理想的政治运作方式,他说:"我赞成民主政治的理由是很简单的。

---

①　本段与下段所引均出自钱端升:《民主政治乎? 集权国家乎?》,《东方杂志》第 31 卷第 1 号,1934 年 1 月,第 23—25 页。

第一,民主政治是理智的政治,谁能够说服大众,谁就可以当权。第二,民主政治是自由的政治,我们的主张,无论是赞成政府,或反对政府,都有充分发表的机会。第三,民主政治是和平的政治。假如我们对于政府不满意,可以提出我们的主张来,以求民众的拥护,假如民众赞成我们,我们便可上台,不必流血,不必革命。第四,民主政治是大众的政治,凡是公民,都有参政的权力与义务,民众与政治,可以打成一片,没有统治者与被治者的分别。"①可以看出,在吴景超眼里,民主是与"自由"、"和平"、"大众"联系在一起的,"是一个价值问题",显然他是认可民主的价值的。

但是,他又认为当时的中国事实上或技术上,不具备实行民主政治的条件,"民主政治,在一个国家里,能否推行,要看这个国家是否具备下列五个条件:第一,便是政党的组织,但政党的数目,一定要在一个以上。第二,是自由的讨论,对于国家大事,不但要有发表意见的自由,而且还有人肯来利用这种自由。对于国事漠不关心或不知关心的人民,决不会产生民主政治的。第三,是普选的权利,假如选举权只在少数人的手里,如英国在十九世纪初叶的情形,只可称为阶级政治,不能称为民主政治。第四,是多数党执政。民众选举的结果,谁得着民主的拥护,谁便掌握政权。少数党只可在旁批评,只可设法培植力量,以求下次胜利。但决不可捣乱,不可拆台。第五,是频屡的选举,每隔若干年,立法员及主要的行政首领,要让民众行选举一次,以示民心的向背"。②

---

① 吴景超:《中国的政制问题》,《独立评论》第134号,1935年1月6日,第18—19页。
② 吴景超:《中国的政制问题》,《独立评论》第134号,1935年1月6日,第18—19页。

这五项本身就是民主政治运作的表现,而吴景超却把他们看作实行民主的条件,可知他心目中的民主,乃是一种"无形"的价值、状态或信仰,而并不是一种具体的政治制度或政治运作方式。在他看来,"这五个条件,在今日的中国,或因法律上有阻碍,或因民众的程度不够,或因新习惯还未养成,并没有充分实现。在条件还未完备的时候,便要把在英美实行而有成效的民主政治,硬搬到中国来,结果是一定重蹈民国初年的覆辙,使民众对于民主政治更加一层的厌恶而已"。① 因而他赞成武力统一,认为"在中国历史上",统一几乎无一例外都是通过"武力"来完成的。② 对于国内政争,为了和平而必须使用武力,这正是近代大多数热衷政治者的逻辑。

对于吴景超所说的只有普选才能算是民主政治,作为政治学教授的陈之迈明确地不表认同:"吴景超先生列了五个民主政治的条件,拙见以为这个条件未免定得太过苛刻,况且近世许多研究政治现象的人,如柏瑞图(Vifredo pareto)及米赛尔(Robert Michels)等,都说选权在法律上无论如何普及,结果仍然为少数人所把持,仍然是'寡头政治'而不是民主政治或'大家的政治',虽则我们不可走到极端,而承认大战前普鲁士的'二级选举制'也是名副其实的民主政治。其实照中国目前的情形而论,民国元年所公布的众议院议员选举法,或民国二十年国民会议的选举法(前者根据于地域代表,后者根据于职业代表制),如果能够切实奉行,都足以称为民主化了。至于清末的咨议局选举章程,民三袁

① 吴景超:《中国的政制问题》,《独立评论》第 134 号,1935 年 1 月 6 日,第 18—19 页。
② 吴景超:《革命与建国》,《独立评论》第 84 号,1934 年 1 月 7 日,第 2—5 页。

世凯时代的立法院议员选举法,民七段祺瑞时代的众议院议员选举法,则限制森严,标准含混,很难目为民主。"①

可见他认为民主并不是一种特定的标准或固定的形式,而是一个逐步推行的过程,在这一点上他的认识更接近胡适所理解的民主:"民主政治,顾名思义,是'许多阿斗'的政治,是统治者由被治者产生,而根据于被治者同意而统治的政治⋯⋯'许多阿斗','大众的政治',诚如胡适之先生所说,并不一定要根据于普选,虽则我们不能不把普选高高悬起来做我们的鹄的⋯⋯选举权之普及与否只是程度问题,并不是民主政治的主要特色。民主政治的根本在于吴先生所举的第三点,换言之即(一)统治者由被治者产生,(二)统治者根据于被治者的同意而统治,在统治者失了被治者同意(政治学里有时称之为失去了"信任")的时候,被治者可以不用暴力便能请统治者下台,另外产生合被治者脾胃的统治者来统治。被治者有和平的方法来产生及推倒统治者是民主政治的神髓,抓住了这层便有了民主政治。美国政府,在选举权未曾普及以前,便被认为民主政治,即是因为它的根本精神是'得被治者同意而统治'。'国内问题取决于政治,不取决于武力'便是民主政治的根本⋯⋯而就产生和推倒两层来讲,推倒是比较上最重要的。因为民主政治常常也是用革命手段建造起来的,亦即和专制独裁一样以武力为获取政权的手段,然而只有在民主政治之下,推倒统治者是不以暴力而用合法的和平手段的。"②

可见,陈之迈所理解的民主,就是"得被治者同意而统治",就是"被

① 陈之迈:《民主与独裁的讨论》,《独立评论》第 136 号,1935 年 1 月 20 日,第 5—10 页。

② 陈之迈:《民主与独裁的讨论》,《独立评论》第 136 号,1935 年 1 月 20 日,第 5—10 页。

治者有和平的方法来产生及推倒统治者"。显然他的说法更具有学理性。但是他对民主的关注却并未停留在这种学理层面,而是更注重它在中国推行的途径,他认为在心存"民主根本"的目标下,应该力图使一切"现存的带民主色彩的制度"再进一步,即逐步朝着目标推进。他还特别提出要先促使国民党实行党内民主,来作为过渡。能够象陈之迈这样既有学理基础,又能重视中国国情的论者在当时实在不多。

不过,他也并非没有知音,同样作为政治学教授的张奚若对民主的认识和主张,就与他有些许相同之处:"民主政治是'最高等的政治制度',第一,民主政治的最要精神便在它是以所谓'被治者的同意'作一切政治设施或活动的根据……第二,民主政治虽然在原则上是比其他任何政制都高明的一种政治制度,但是在事实上它必须在两种条件之下才有实现的可能。(一)一般人民需要有相当的智识,需要有了解普通政治问题的能力……(二)一般人民对于政治不但要有相当的智识,并且还须有极大的兴趣与关心……第三,现代的民主政治离不开代议制度,但是代议制度若要运用得宜,使它真能达到代表民意的目的,却就极端的不容易……代议制度有以下数种主要困难。(一)在事实上一个选民不大容易选他理想上所要选的人,他只能在各党推出来的候选人中挑选他反对较少的一个人或一群人。(二)他的判断须靠事实做根据,但是政党所供给他的事实多半是有作用,不可靠。(三)代表一经选出,在事实及理论上,并不能,且不必,代表他。这几种困难都是不容易解决的,全少并非幼稚的简陋方法所可解决的。如此,在政治原理方面,在实现条件方面,在实际运用方面,我都认为民主政治并非如胡适之先生所说是一种幼稚的政治制度;反之,它实在是一种极高明极高等的政治制度。"①

在张奚若的心目中,民主是"极高等的政治制度",他与陈之迈一样把"被治者的同意"看作民主的根本,不过他更注重民主的表现形式——代议制度。在他看来,这种制度的推行确是有许多的阻碍和"困难",但不能因"我们的政治经验极简陋"而就不学它:"民主政治既然是最合理的政治制度,我们的程度再低,也应该去学它。我相信民主政治的最要理由就是因为它是一种值得学的东西。别的政治制度,就是容易学,若不值得,也不必学。这是一个价值问题,不应忽略过去。其次,现在因为各种工具发达的原故,社会进化甚速,我们增进人民智识的效率也就甚大,从前数百年作不到的事情,现在十数年或数年便可作到,所以就是在'学会的可能'方面讲,只要我们肯真心努力去学,并不是没有把握的。民治在原则方面既是应学,在实际方面又属能学,那我们又何苦不学呢?何况在其他许多事实方面,例如民主政治可以提高国民人格及减少革命发生等,又有几种更应学的重要道理呢?"②不难发现,张奚若意识中的民主是人类生活必须的一种基本价值,同时又是有迹可循的具体制度。

值得注意的是,他提出了与胡适、陈之迈大致相同的学习路径,"假如真要学,那就只有一条路可以走通。这条路就是先由低度的民治做起,逐渐扩充范围,提高程度,以期在不远的将来可以进步到高度的民治。我们一方不应因为民治可以由低度做起,便误认它为幼稚的政治

---

① 张奚若:《我为什么相信民治》,《独立评论》第 240 号,1937 年 6 月 27 日,第 2—5 页。
② 张奚若:《我为什么相信民治》,《独立评论》第 240 号,1937 年 6 月 27 日,第 2—5 页。

制度;同时另一方也不应因为它是很高明的政治制度,又不先由低度做起。"①这表明民主论者并不仅是理想主义者,而确实是想从实际出发来推进中国的民主,确实是想使中国先走出通向民主的第一步。但是,由于这一各说己见的群体并不能"左右"中国的政治,因此近代中国这一步却始终也没有真正地走出。

与前几个论者不同的是,陶孟和特别强调"个人的价值"与民主的关系,"民治承认每个人都有价值,虽然同时也承认人的差异,也承认领袖。因为独裁注重特才,所以以一般人为无足轻重……民治则使每个人都得发展,然后可以得全体、国家或民族的发展。这样的发展才是真的发展。"②后人一般认为,民主是实现个人价值的最好的制度,但是民主并不一定不妨害个人的自由。③ 在民主并没有真正实行过的中国,"大多数人"的自由还得不到保障,自然很难有人意识到"多数统治"的危害。陶孟和能够把个人价值的实现和国家的发展统一起来,在当时是非常与众不同的。在时人的观念中,大都认为为国家服务、做贡献,必须牺牲个人的自由,国家和个人的利益往往不能兼得。

不过,陶孟和也并没有把民主看作一种完美的制度,只是认为它的危害较少:"至今人类还没有发见完美的共同生活的方式,还没有实现一种完全无缺的制度。所有的政治制度都不过是残缺的程度问题,我们与丁先生不同的,所以相信民治制度,正因为它比一切其他的制度,

———————

①　张奚若:《我为什么相信民治》,《独立评论》第 240 号,1937 年 6 月 27 日,第 2—5 页。

②　陶孟和:《民治与独裁》,《国闻周报》第 12 卷第 1 期,1935 年 1 月,第 3—4 页。

③　参见[英]弗里德里希·冯·哈耶克著,邓正来译:《自由秩序原理》,三联书店 1997年版,第 125—143 页。

缺点较少,并且有健全的主义的基础。"①显然,陶孟和不是带着一种理想化的标准来要求民主,在他的心目中民主仅是一种相对较好的制度,然而这对于向来崇尚完美、崇尚"普世真理"的一般中国人来说,可能并不容易接受。

不难看出,在民主与独裁的论争中,不少论者所思考和讨论的并不是民主本身,而是人们认知中民主的社会功能或其实行所需要的条件,蒋廷黻认为它不利于统一,丁文江认为它不利于救亡,钱端升认为它不能为"多数人"谋福利,吴景超则认为它在中国没有实现的条件,而在胡适等人眼里,民主恰具有这些功能或具备"随时随地"开始的条件。这种对民主的功能或条件的争论,从一个侧面反映了 30 年代中国自由知识分子特定的政治关怀,即统一、救亡和建设。

民主作为口号在五四时期"盛行"时,其概念并无一个大家认可的共知。五四以后,各种政治势力都企图把自己的主张与民主联系起来,由此在政治思想界产生了一种泛民主化的现象,这种现象表明人们并不真正懂得什么是民主,因而民主仅作为一种"进步"的社会象征,存在于各种政治势力的宣言中。同时,民国初年"民主政治"试验的"失败",使此后人们对民主的看法不再那么神圣,特别是在急于寻求救治良药的近代中国人面前,民主的功用显得十分无力,因此,尽管它常常与各种政治口号结合在一起,而实际上却仅仅是作为一种色彩或装饰而存在,并没有什么具体的表现。

有关民主与独裁的论争表明时人心目中,民主概念的歧义仍然超

---

① 陶孟和:《民治与独裁》,《国闻周报》第 12 卷第 1 期,1935 年 1 月,第 3—4 页。

过其共性。在某种程度上,论争正是由于对民主不同的理解所造成的,此民主不是彼民主,其结果是"自说自话"。不但如此,时人对专制或独裁概念的认知也有很大的差异,论争中不少论者把当时英美出现的行政权力的集中,与"德意俄"的制度同等看待,足以说明时人对什么是专制或独裁也并不了解,大致在人们心目中,独裁代表一种效率、一种国力的集中、一种大一统的局面,这些都是时人所最希望在为内忧外患所困的中国出现的,因而人们自觉不自觉地就把这样一种希望赋予了似乎很时髦的"独裁"或"专制"。

由于时人对民主和独裁两种概念的认知都不具备一致的基础,所以论争中"言人人殊",甚至出现了概念的混乱,比如《独立评论》的主要撰稿人之一申寿生所谈的专制,就很令人摸不着头脑,他说德、意、俄的独裁不是旧式的"权力专制或独裁",而是新式的"旨趣专制或独裁","他们共同信奉的主义,虽出于个人,或数人的思想,乃为其同党者所满意,既如此,此主张已非个人或数人的主张而成为同党公共主张了。所以,吾人敢说:现时代个人的独裁已经行不通了,建立在权力上的独裁,已经过时了……权力的独裁时代,只要时来运到,流氓,光棍可以作皇帝。旨趣的专制,没有思想,热情伟大的人格,是不会发生的……英、美、法的议会制度,实也是'旨趣专制'……他们是以理论来征服人民,是取获人民的信心,是以他们的意见酿成全国的意见……不过,英、美的'旨趣专制',是多元的,互换的;而俄意是一尊的,欲无限的延长其'旨趣'罢了"。但他反对武力统一,"武力之不足凭如此。武力的独裁是只有战乱,不会统一的……全凭武力来统一徒延长战祸。欲行专制,只有'旨趣专制'一途可走。因'旨趣专制'是积极的,今时代的,顺人情的。……若专就胡、蒋两先生的意见,问吾同情谁,吾人宁肯同情胡先生了"。[1]

德、意、俄是专制,英、美也是"专制";一党专政是专制,议会政治同样是"专制";提倡"专制"却同情主张民主的"胡先生",这足以说明时人在概念使用上的混乱,同时这也提示了自由知识分子所谓的"专制"决不能仅仅从字面上去理解,而必须把它放在特定的语境中,透过其"言外之意"来发掘其真正内涵。

这种概念上的混乱,于无形中降低了这次论争的意义,论者不用说不能达成共知,即使他们各自阐述的观点,也很难为社会中一般人所了解。这直接影响到怎样在中国提倡和推进民主的问题,自由知识分子在 30 年代之所以没有形成有组织的政治势力,不能说不与人们的对民主认知的差异有关。但是,论争各方没有共知,却并不能排除他们在实际的思想趋向上的一致。

二、努力产生中国的新政治理论

五四及以后相当一个时期,中国的各种政治势力,诸如军阀、政府、革命党和"智识阶段"等,都竞言民主,唯恐自己被贴上不民主的标签。然而,到 20 世纪 30 年代,"民主"相对受到冷落,"执政者不肯欢迎真正的'德先生',一般人民正在用怀疑的目光去注视'德先生',有许多人正

---

[1] 寿生:《试谈专制问题》,《独立评论》第 86 号,1934 年 1 月 21 日,第 7—11 页。

大声疾呼的反对'德先生'"。[①] 尤其是九一八事变以后,在内争与外患加剧的形势下,本来一些信仰民主的知识人暂时把"民主"的口号收起,谈起"新政治理论"来。

《独立评论》创刊之前,蒋廷黻拟订的编辑方针指出,"目前在中国大倡'天赋人权'、'主权民有'等理论不但无益,而且有损。本刊物应根据中国历史及现状,努力产生中国的新政治理论"。[②] 这正是中国政治思想界反思的集中体现,由这一"方针"可知,后来蒋廷黻公开主张专制并非仅因"福建事变"偶然而发,事实上早已是"成竹在胸"。在《知识阶级与政治》一文中,蒋廷黻进一步指出:"知识阶级的政治活动不可靠'口头洋'。西洋政治制度和政治思想,当作学术来研究是很有兴趣而且很有价值的,当作实际的政治主张未免太无聊了。愈讲这些制度和思想,我们愈离事实远,而我们的意见愈不能一致。""其实这些学说制度在讲者的口里不过是'口头洋',在听者那方面完全是不可懂的外国话。我们的问题不是任何主义或任何制度的问题。我们的问题是饭碗问题,安宁问题。"[③]这表明蒋廷黻开始对近代中国在政治制度和思想上一味追随西方进行反思。

值得注意的是,这样的反思者大有人在,程天放说,"过去二十年政治则时而采总统制,时而采内阁制";"结果,他人行之有效者,往往至中国利未见而害先行,是可谓前车之鉴"。[④] 章益指出,"中国人羡慕西洋

---

① 伍启元:《中国新文化运动概观》,现代书局 1934 年版,第 114 — 110 页。

② 《〈独立评论〉编辑方针(稿)》,约 1931 年底,《胡适来往书信选》下册,中华书局 1979 年版,第 574—575 页。

③ 蒋廷黻:《知识阶级与政治》,《独立评论》第 51 号,1933 年 5 月 21 日,第 16—17 页。

④ 程天放:《对于建设中国本位的文化之意见》,上海《晨报》1935 年 2 月 14 日。

的民主政治，于是也要求成立一个宪法。在前清末造就产生立宪运动，民国以来，又历次有制宪运动。我们虽有过好几次的宪法和约法，但是纸面上虽说得天花乱坠，事实上政府从来未把宪法的规定放在心上"。① 特别是民初议会制的实验，使许多人认为西方的民主政治在中国行不通。② 但是，同样的反思，得出的结论却大相径庭；观点各异，而思想取向却不谋而合。具体地说，寻找适合中国的政治理论，成为当时众多知识人普遍关注的问题，但是寻找的结果却又在什么适合中国的问题上产生了歧异和论争。

比如，在与胡适争论时，蒋廷黻还曾指出，"我们对于本国的政治没有认识。因为没有认识，所以我们才高谈，畅谈，专谈西洋的自由主义及代表制度"；"从理想来说，我以为这种制度比任何专制都好，从事实上看起来，我以为这种制度绝不能行"；"唯一"可行的就是"个人专制"。③ 可见他立足于"本国的政治"研究得出的"新政治理论"，便是主张在中国推行一个"专制"阶段。"中国现在的局面正像英国未经顿头（按：今译都铎）专制，法国未经布彭（按：今译波旁）专制，俄国未经罗马罗夫（按：今译罗曼诺夫）专制以前的形势一样。"④这里，蒋廷黻强调中国自身的国情，仍以外国的情形来强化自己的认识，充分说明一些近代

① 章益：《教育与文化》，《教育研究》第 49 期，1934 年 2 月，第 32—33 页。

② 在历经了社会的几度变化之后，有学者认识到：社会的改造不能"跳墙"，从"甲级"到"乙级"，"甲级试验失败"，并不能表明这个阶段不适合，因此，"应另求正确方法，必求试验成功，然后方可进到乙级"（耿云志：《傅斯年对五四运动的反思——从傅斯年致袁同礼的信谈起》，《历史研究》2004 年第 5 期）。

③ 蒋廷黻：《论专制并答胡适之先生》，《独立评论》第 83 号，1933 年 12 月 31 日，第 5 页。

④ 蒋廷黻：《革命与专制》，《独立评论》第 80 号，1933 年 12 月 10 日，第 5 页。

知识人"西化"之深,似乎到了不言西无以言中的地步。不过,值得注意的是,他把中国学习的目标退到了"十六世纪的英国"、"十七世纪的法国"和"十八世纪的俄国"。①

胡适也承认,应从中国实际出发来考虑解决问题,但他的结论与蒋廷黻恰恰相反,"西洋的政治和中国的政治截然是两件事。十五六世纪的英国顿头朝,十六七世纪的法国布彭朝,十八九世纪的俄国罗马罗夫朝,和二十世纪的中国更截然是四件事。所以者何? 地理不同,民族不同,时代更绝不同,似未可相提并论"。② 因此,他认为专制是不合当时的中国国情的:"第一,我不信中国今日有能专制的人,或能专制的党,或能专制的阶级","专制训政更需要特别高明的天才与知识";"第二,我不信中国今日有什么大魔力的活问题可以号召全国人的情绪与理智,使全国能站在某个领袖或某党某阶级的领导之下,造成一个新式专制的局面。"③胡适所批驳的并不是专制的坏处,而是它之不适合于或不能行于中国的实际,观点各异,而思路相同,这尤其能体现当时思想界的取向。

蒋廷黻说,"字母没有学会的时候,不必谈文法,更不必谈修辞学"。显然他把"民主政治"看得比专制要"先进";而胡适则与之相反,根据时境所创立的则是另一种"新政治理论",即"民主政治幼稚论"。"我观察

---

① 在涉及向外国学习问题时,蒋廷黻因言说的对象不同或希望学习的内容不同,所以选择的"目标"也往往不仅一致。在针对"中国国民"讲话或者谈到"政治问题"时,他往往提倡学习西欧十七、十八世纪的"专制";在针对国民党政府或谈到经济问题时,他也与时人一样常常以苏俄为榜样。

② 胡适:《武力统一论》,《独立评论》第85号,1934年1月14日,第6—7页。

③ 胡适:《再论建国与专制》,《独立评论》第82号,1933年12月24日,第4—5页。

近几十年的世界政治,感觉到民主宪政只是一种幼稚的政治制度,最适宜于训练一个缺乏政治经验的民族。""民主政治是常识的政治,而开明专制是特别英杰的政治。特别英杰不可必得,而常识比较容易训练。在我们这样缺乏人才的国家,最好的政治训练是一种可以逐渐推广政权的民主宪政。"①不管胡适所谈的本身有没有道理或者是否用心良苦,但是在向外国学习问题上,他与蒋廷黻竞比学得"低"或"旧",却是当时中国思想界的一种新现象。② 胡适之言并不是随意而发,而是"慎重考虑的结果",因为他不止一次地阐述这一"民主政治幼稚论":"英美都是民主政治的发祥地,而专家的政治("智囊团"的政治)却直到最近期才发生,这正可证明民主政治是幼稚的,而需要最高等的专门技术的现代独裁乃真是最高等的研究科政治。所以我说,我们这样一个知识太低,经验又太幼稚的民族,在这最近的将来,怕没有实行新式独裁政治的资格。"③尽管这里胡适仍然以进化论的眼光来看待世界大势,但是他主张中国不学英美新出现的"专家政治",而提倡实行过去"幼稚的政治",表明他确实不再跟着西人"变",而开始强调中国的"经验"与"资格"。这背后的潜台词显然是中国还没有达到与现在西方一致的阶段。

张奚若也主张中国实行民主政治,却不认同胡适所谓"幼稚的政

---

① 胡适:《再论建国与专制》,《独立评论》第 82 号,1933 年 12 月 24 日,第 4—5 页。

② 这与 20 世纪 20 年代的科学与人生观论战时已大为不同,当时丁文江和张君劢尽管观点对立,但是却竞相比"新",以自己代表西方最新来强化自己的主张。参见罗志田:《从科学与人生观之争看后五四时期对五四基本理念的反思》,《历史研究》1999 年第 3 期。

③ 胡适:《中国无独裁的必要与可能》,《独立评论》第 130 号,1934 年 12 月 9 日,第 4—5 页。

治"论。在他看来,"民主政治的根本","毫无疑义的,是个人解放","由个人解放所发生的政治理论自然是所谓个人主义。十八世纪中美法两国的革命都是这个人主义所放的异彩。它的成就,它的影响,是人所共知的。固然,个人主义在理论上是有极大的缺陷的,在事实上也有很大的流弊,尤其在经济方面。欧洲十九世纪后半期所发生的社会主义及集团主义就是为矫正个人主义的流弊的"。[①] 他是把"社会主义及集团主义"看得更"新"、更"进步",但是他却说:"我们今日所能行的民治是近代英美式的民治。"[②]可见在他的意识里也是从是否适合中国出发着眼于学西方"旧"的政治。另一位民主论者胡道维,同样把"独裁制"看作实行充分的民主制度以后才走的路,"现代的稳健的独裁制是不容易学的,因为独裁制是需要民治制度作基辅而方能建设起来的,而民治制度又是我们国家尚未曾有过的经验。我说且等到我们走上了宪政的路,立定了民治制度的根本,再有需要,再来树立独裁制"。[③] 他似乎把"民治制度"看作实行独裁制的基础或者必经的一个阶段,这恰与蒋挺黻的观点相反。

有趣的是,丁文江在主张上与胡适等人相悖,而在思维理路或论证方式上也与他们相同,"民主宪政有相当成绩的国家,都是政治经验最丰富的民族。反过来说,政治经验比较缺乏的民族,如俄,如意,如德,都放弃了民主政治,采用了独裁制度。足见民主宪政不是如胡适之先

---

① 张奚若:《国民人格之培养》,《独立评论》第 150 号,1935 年 5 月 12 日,第 15—17 页。

② 张奚若:《民主政治当真是幼稚的政制吗?》《独立评论》第 239 号,1937 年 6 月 20 日,第 6 页。

③ 胡道维:《中国的歧路》,《国闻周报》第 12 卷第 6 期,1935 年 2 月,第 10 页。

生所说的那样幼稚的。""'苏俄与意大利都不是容易学的'。这话当然
是不错的。但是没有问题,英、法、美比苏俄与意大利更要难学。""中国
的政治完全在革命期中,而且在内战期中。在这种状况之下,民主政治
根本还谈不到。独裁政治当然是不可避免的。"①

显然,丁文江是把"民主宪政"看得比"独裁制度"更"进步",这说明
他提倡学的"独裁"不是"进化",反而是"回归"。他明确地强调独裁更
适合中国"实际的政治","我们的民治经验的短,民治传统的弱,当前危
机的大十倍于欧洲任何的国家。在这种状况之下,我们应该想想,那一
种政治比较的容易实现,比较的可以希望使我们可以渡过空前的难关。
……我所要说的是我们实际的政治"。② 主张独裁的钱端升同样把民
主看得更高,"欲求达到英美那样的民治,即在最佳的情形之下也非十
年二十年所可办到"。③ 反对立即实行宪政的张佛泉表示,"若真以英
美的民治作标准,恐怕学他们也不易一时学到,这里包含着教育、自治
习惯、整个历史的问题"。④

胡适等人把"独裁"看得比民主"高"或"进步",却大力提倡"民主",
表明他们不再赶世界的"时髦";而在一些独裁论者眼中,独裁比民主
"低"或"容易",却主张独裁,说明他们也并不是趋世界的"新"。蒋廷黻

---

① 丁文江:《民主政治与独裁政治》,《独立评论》第 133 号,1934 年 12 月 30 日,第 5—6
页。

② 丁文江:《再论民治与独裁》,原载《大公报·星期论文》1935 年 1 月 20 日;《独立评
论》第 137 号,1935 年 1 月 21 日,第 19—22 页。

③ 钱端升:《民主政治乎? 集权国家乎?》,《东方杂志》第 31 卷第 1 号,1934 年 1 月,第
17—21 页。

④ 张佛泉:《建国与政制问题》,《国闻周报》第 11 卷第 26 期,1934 年 7 月,第 5 页。

提倡的"专制"，学习的是西方 19 世纪以前的英、法、俄，丁文江主张的"独裁"效仿的则是"政治经验比较缺乏的民族"，这表明蒋、丁二人的主张并不是由西方的"新潮流"而来，或者并不认为俄、意、德是代表着进步的新潮流。有研究者曾说，"蒋廷黻、丁文江对民主的怀疑"，在于认为"独裁政治由于德、意等法西斯国家所表现的表面高效率和超速发展，代表了新的时代潮流"。① 这种解释如果用在 30 年代主张独裁的其他一些人身上可能是存在的，但是对于蒋廷黻、丁文江来说，他们所"秉持"的观念不是"趋新"，而相反却是"怀旧"。

特别是在蒋廷黻看来，民治主义乃是"一个不可遏抑的潮流"或"世界的大潮"。② 而俄、意、德的变革，不但不代表"新的时代潮流"，而且是与世界"共同的趋势""背道而驰"的，"上次世界大战以前，全世界的文化发展似乎有共同的趋势：素不行民治的国家如中国，日本，土耳其，俄罗斯都像望着民治走；从未使用机械的国家也步步的踏入工业革命的园地。却是大战以后，经苏联的革命，意大利，德意志，日本诸国的法西斯运动，世界的政治经济制度反而背道而驰了"。③ 相信民治是世界大潮却提倡"专制"，一则表明这只是一种权宜之计，二则表明是否适合中国成为焦虑所在。

不难发现，30 年代的中国思想界虽然仍存在着"西与西战"的现

---

① 黄道炫：《30 年代中国政治出路的讨论》，《近代史研究》1992 年第 5 期。

② 有研究者曾指出，蒋廷黻之所以推崇"独裁"，在于他认为"独裁"政治"代表了新的时代潮流"，显然不确。参见黄道炫：《30 年代中国政治出路的讨论》，《近代史研究》1992 年第 5 期。

③ 蒋廷黻：《中国近代化的问题》，《独立评论》第 225 号，1936 年 11 月 1 日，第 10—11 页。

象,无论民主论者还是独裁论者,都常常引西方某国如何来强化自己选择的正确,但是原来那种总是竞相比谁更"新",即以采取西方的"新"来取得优势的现象,在某种程度上已有所改变;甚至变得开始比谁"更旧"。有学者曾说,"尊西趋新"是近代中国越来越凸显的一个潮流。①那么,到了 30 年代,可以说"尊西"尚存,而"趋新"却不再那么普遍了。其实,"尊西"何尝没有变化,当时人们纷纷强调中国的"实际",就是变化的明证。

陈之迈还曾专门写过一篇名为《实际政治》的文章,其中谈到,"我们讲政治,最要紧的便是要讲实际的政治,不能专讲原则政治。我们不能只问政治应该如何,或外国的政治如何故中国的政治便应该如何。我们必须先问中国的政治究竟如何,然后根据这种事实谋事实所能容许的改进改善"。② 后来他还特别强调,中国政治要避免美国政治学理论的影响:"我们当想美国人做的政治学教科书对中国政治有最不良的影响,抄袭来这些虚幻的梦想便是显证。二十世纪的政治学还未曾写成为我们的参考,但我们却不可因此而为陈腐的学说所困囿而不能自拔。"③"故凡一切政治制度","中国决不能抛弃本国背景,而专模仿他人。"④其实,早在 1932 年,《申报》上有人谈宪法问题时,就开始考虑"国情"的问题,认为中国无论是选择民主政治,还是选择专制政治,都要既"注意无背于时代之潮流",又要看是否"适合

---

① 参见罗志田:《新的崇拜:西潮冲击下近代中国思想权势的转移》,《权势转移:近代中国的思想、社会与学术》,湖北人民出版社 1999 年版,第 18—81 页。
② 陈之迈:《实际政治》,《独立评论》第 182 号,1935 年 12 月 22 日,第 7 页。
③ 陈之迈:《再论政制的设计》,《独立评论》第 205 号,1936 年 6 月 14 日,第 4—6 页。
④ 程天放:《对于建设中国本位的文化之意见》,上海《晨报》1935 年 2 月 14 日。

国内社会与经济上之需要,及本国历史习惯之趋向",而后者更为重要,政治制度好比衣服,国情好比身材,"衣服大小长短,必须适合个人之身材"。①

在世界大潮下,转而注重中国的实际,这自然有外患压境人们急于寻求出路的因素,但更主要的是一部分"知识人"对追随西方历程的反思。反思的结果基本上有两种倾向:一种是对于西方不再趋其"新",反而求其"旧";另一种是对于中国自身,注重"实际",追求"可行"。② 但是,当时知识人关注国情的结果又产生了新的分歧。西方固然已经分裂,而国情也认识歧异。不说党派之说的纷纭,即使知识人的看法也大相径庭。在某种程度上,20 世纪 30 年代民主与独裁论争及中国政治出路的讨论,正是由对国情的不同认识造成的,实质上是什么更适合中国的问题,而不是民主与独裁本身的优劣问题。③

值得注意的是,当人们"尊西"有所动摇而把视点移向中国自身的时候,却很容易产生对中国传统的呼唤:由热衷于西洋的"民治",转而求助于中国传统的"德治"。比如,有人反思"现代政治思想与中国政治"的结果,便又重新搬出了"孔圣人","孔子说:'政者正也',这是千古不易之论";"务正树信便是政治上放诸四海而皆准,行诸百世而不变的

---

① 转引自徐思彦:《要民主宪政,还是要专制独裁——30 年代关于民主与专制的一场大讨论》,《史学集刊》1995 年第 2 期,第 62—67 页。
② 这是相对于政治制度层面来说的,在经济方面仍然热衷于学习世界的"新"。
③ 一些论者探讨这一问题时,关注的大都是民主与独裁本身的价值,或从政治学层面上进行讨论,参见陈仪深:《〈独立评论〉的民主思想》,(台北)联经出版事业公司 1989 年版;雷颐:《30 年代"新式独裁"与"民主政制"的论战》,《东方》1995 年第 3 期;顾昕:《民主思想的贫瘠土壤——评述一九三〇年代中国知识分子关于"民主与独裁"的论战》,载许纪霖编:《二十世纪中国思想史论》,东方出版中心 2000 年版。

金科玉律。历览古今中外的历史,这条定律,的的确确操着至高无上的权威,遵从无不成功,违反它必然灭亡"。① 向往儒家"德治"的熊十力说,"今人假托法治,而恶言人治。不知吾人未有法治习惯,端赖在上位者清白乃心,自行守法,而后可以率人于法"。② 对此,章益说,"在我国屡次模仿他国而不能见效以后,方始觉得到自己囊中原有法宝,何必求教他人。这也可算得抄袭政策之后的一种反响"。③

20 世纪 30 年代,国际格局发生了剧烈的变化,几乎每一个西方国家都有很大的变动,并且仍然在继续变动着。在这种捉摸不定的形势下,中国人对待西方的态度不得不作出调整。"追西趋新"虽然仍不乏其人,但是,越来越多的知识人开始关注中国自身的实际和需要。其中,最明显者是一部分独裁论者和民主论者,都说自己"旧",而说对方"新",④由此来强化批驳对方的优势及自己的主张在中国的可行性。同时,在西方"众说纷纭"无所适从的情况下,"旧"得更甚者则又退而求诸中国的传统资源,这些都充分揭示了在外患压境下一部分知识人的心态所指,即迅速找出一种适合中国的制度来应付内忧外患。好与不好,退到"其次";关键是能解决中国的问题。因此,关注中国自身的需

---

① 揆予:《现代政治思想与中国政治》(续),天津《大公报》1932 年 3 月 29 日,第 8 版。
② 熊十力:《英雄造时势》,《独立评论》第 104 号,1934 年 6 月 10 日,第 12—13 页。
③ 章益:《教育与文化》,《教育研究》第 49 期,1934 年 2 月号,第 26 页。熊十力试图靠恢复古代儒家所提倡的"正心"、"以身作则"来改善政治贪污。但是儒家官僚的心性修养是以"学"为基础的,学问大、修养高、为官廉是儒家三位一体的人生追求和理想,而国民党的高官大吏,大都是革命出身,其"出道"时,就"缺知识少训练",根本不具备"极高"修养的基础,因而给他们讲"清白乃心",似有点"宜乎其难"。不过,熊十力的批评提示了国民党的执政,既不是"人治"也不是"法治",因为它既没有"人治"下的人格修养,又没有"法治"下的制度约束。
④ 显然,在当时一些自由知识分子眼里,"旧"代表"易行"、合乎"国情";"新"则代表"难行",不合"实际"。

要,认识中国的实际,突显中国的独特,成为思想界各领域言说的
重点。

三、异中之"同"

有的研究者指出,民主与独裁的论争,"从思想上宣告了'独立的'
自由主义思潮作为一个流派带有悲剧色彩的破产"。① 这未免言重了,
不说坚持民主的自由主义者的阵营还很可观,即使大多数独裁论者也
并未从根本上改变其自由主义立场。

这里首先要把提倡"独裁"的自由知识分子与完全拥护国民党一党
专政或领袖独裁的人分开。后者主要是一些国民党的少壮派,鉴于国
民党的不统一或无力而提倡德意式的独裁,其核心组织是"蓝衣社"。
从30年代初开始,他们以《前途》、《社会主义月刊》和《晨报》等刊物为
阵地,掀起了一股法西斯主义潮流。在他们看来,"民主主义的议会政
治在目前世界的确已是违反时代潮流的东西,而义务的中正的强力的
独裁才是时代的产物"。② 因而他们把中国向西方学习的目标转向了
德意:"墨索里尼的整理意大利,希特勒的整理德意志,是我们绝对的榜
样,也是我们绝好的例证……中国的前途无疑是法西斯蒂的前途!"③
同时也正是他们所想的中国的需要:"吾人之所需者,在法西斯蒂之革

① 雷颐:《近代中国自由主义的困境》,《近代史研究》1990年第3期,第164页。
② 徐渊:《议会政治的前途》,《社会主义月刊》第2卷第1期,1934年3月,第50页。
③ 徐渊:《中国法西斯蒂的前途》,《社会主义月刊》第1卷第6期,1933年8月,第49
页。

命精神，与其行动手段，以实现三民主义，而挽救危急之国运，以团结涣散之人心，而复兴垂亡之民族耳。"①

有人主张以"法西斯蒂"来拯救国民党，"中国国民党的三民主义要注入法西斯蒂的新鲜血液，才有出路"；"今后的中国革命无非是'三民主义（正确主义）＋法西斯蒂（有力的组织）'。"② 有人主张以它来对付日本的侵略，"东北问题燃起了日本的法西斯蒂烽火，同时却也激起了中国的法西斯蒂潮流"；③"中国能够团结，不要说一个日本帝国主义，就是全世界的帝国主义一致来围攻，也有力量打退他们。只是中国究竟怎样才能团结，却是一个问题……有毅力而彻底明了事实的志士，都感觉中国必须放弃惰性的民主，实行正义的独裁。这样，法西斯主义就成了中国的对症要药了"。④ 有人还认为这一潮流正好适合中国国情，"民主运动，则未尝一有痕迹，传统的观念，是君为主，臣为仆，而民则为奴。至于由此遗教而造成的社会习惯，如忠君爱国，家族主义等，亦三千余年，始终如一"。⑤

对于这些人提倡的"独裁"，胡适曾进行过善意的忠告："今日有许多求治过急的人梦想领袖独裁，是不但不能得着党外的同情，还可以引

---

① 陈秋云：《三民主义与法西斯蒂》，《前途》第3卷第1期，1935年1月，第45—50页。
② 陈穆如：《法西斯蒂与中国的出路》，《社会主义月刊》第1卷第7期，1933年9月，第42页。
③ SW：《东北问题的世界观及中日法西斯蒂的前途》，《社会主义月刊》第1卷第1期，1933年3月，第39页。
④ SW：《法西斯蒂与中国革命》，《社会主义月刊》第1卷第1期，1933年3月，第30页。
⑤ 张伏云：《中国政治的前途》，《前途》第1卷第1期，1933年1月，第3页。

起党内的破裂与内讧的。"①但是反对"专制"的自由主义者对他们并不
是很在意,大概是认为"专制的人或党"主张"专制",不足为奇。然而当
蒋廷黻、丁文江等学者提倡"独裁"时,胡适等人便不能等闲视之了,其
中一个主要原因就在于担心与这些"妄人"混为一谈,尽管事实上自由
知识分子提倡的"专制"与"蓝衣社"所鼓吹的"独裁"是截然不同的。

　　阎润鱼认为,"面对蒋介石国民党政府在对付外部和内部危局所呈
现的无能为力状态,一批知识分子开始倡导专制独裁,鼓吹实行墨索里
尼式的统治"。② 这实在有点冤枉那一批"书生"了。其实知识分子中
几乎没有人"鼓吹实行墨索里尼式的统治",即使被怀疑参加了"蓝衣
社"的蒋廷黻所谓的"专制",也并不是"墨索里尼式的统治"。

　　据陈之迈回忆:"当时有一种普通的印象,以为'胡适之提倡民主,
蒋廷黻主张独裁'。其实这是很肤浅很错误的归纳。胡先生提倡民主
是不错的。但是廷黻有许多篇文字极力强调舆论的重要,而慨叹中国
舆论之不健全,显然不是主张独裁。廷黻思想的中心重点在切望中国
的现代化,赶速的、彻底的现代化,我们的国家才能在现代世界上立足
……廷黻所主张的所谓独裁,绝对不是墨索里尼、希特拉式的独裁,当
然更不是列宁、史太林式的独裁,而是土耳其在第一次世界大战后凯末
尔领导的革新运动。在廷黻眼中凯末尔是近代历史上很了不起的人
物,因为他能在很短暂的时间,大刀阔斧,将号为'东方病夫'的土耳其

---

　　① 胡适:《从民主与独裁的讨论里求得一个共同政治信仰》,《独立评论》第141号,1935
年3月10日,第18页。
　　② 彭明、程歗主编:《近代中国的思想历程(1840—1949)》,中国人民大学出版社1999
年版,第643页。

复兴起来，他的革新运动对于他的国家确有起死回生的作用。廷黻所希望的是中国也有这样的一个革新运动，把中国快快的建设起来，对内可以谋致人民的康乐幸福，对外可以抗拒帝国主义的侵略，更好的是使得帝国主义者对我根本不敢起觊觎之心。"①陈之迈曾长期与蒋廷黻共事，他对蒋的理解应该大致不差。

其实，蒋廷黻自己当时也曾公开明确地表示过对"法西斯主义"的厌恶："法西斯主义之失败是可预期的。并且它的失败的过程会给人类不少的痛苦及文化不少的摧残，这也是可预期的。"②他提倡"专制"，仅是把它作为一种过渡方法，在基本价值和发展目标上，他并不反对民主和"自由主义"，"引起辩论的是过渡方法问题。适之先生相信我们不须经过新式的专制。他相信我们现在就能行，就应行维多利亚时代的自由主义和代表制度。从理想说来，我以为这种制度比任何专制都好，从事实上看起来，我以为这种制度绝不能行……我以为唯一的过渡方法是个人专制"。③

蒋廷黻的"专制"主张是在一种特定的语境中比较随意地提出的，有着很大的试探性和不确定性，根本不是"丧失了对自由民主的信念"。④ 1934 年，蒋廷黻在去西欧考察的路上致信胡适说："我对独裁虽发表了不少赞成的言论，我此次出来当然不抱定主见而不加以考察。

① 陈之迈：《蒋廷黻的志事与平生》，（台北）传记文学出版社 1967 年版，第 28—29 页。
② 蒋廷黻：《三种主义的世界竞争》，《国闻周报》第 12 卷第 38 期，1935 年 9 月，第 7—10 页。
③ 蒋廷黻：《论专制并答胡适之先生》，《独立评论》第 83 号，1933 年 12 月 31 日，第 4—5 页。
④ 雷颐：《近代中国自由主义的困境》，《近代史研究》1990 年第 3 期，第 158 页。

所以你的劝告我自然愿意接受。这不是说，我从此就放弃这种主张。这是说：我绝不争意气；如果我考察的结果证明我错了，我一定认错；不然，我自应该更努力的提倡。"[1]

结果，经历这次考察后，他对"专制"不但没有"更努力的提倡"，反而产生了这样的认识："在政治方面，自由主义国家的统治阶级不专制而能统治，不鞭打人民而又能使人民更改习惯……我不是一个恋爱自由主义的政治制度的人，我现在还觉得这种政制不宜于中国的国情，但我这次到英国去看了以后，始知道英国政制所养的国民实是一个国家的至宝。我先以为大英帝国的末日快要到了，现在我看大英帝国能影响人类前途的力量不在任何其他国家之下。它所代表的主义就是一个力的大发动机。等到患难临头之日，自由主义国家的国民必能精诚团结起来。因为这种团结是自由的，其力量反而更大……我以为自由主义所握有的物质及精神力量不但是在法西斯主义之上，并且在最近二三十年之内也是在共产主义之上。"[2]可见其对自由主义的笃信因新的观感很快又得到了巩固。

虽然蒋廷黻后来还曾说过："政权愈集中的国家，其推行近代化的成绩愈好。所谓好，就是改革的程度愈彻底，愈快速。"[3]但是，其所谓"政权集中"并不是"墨索里尼式的统治"，则是可以肯定的。陈之迈曾这样释解他的真实意图："对于胡先生所说的种种，廷黻是大体同意的，

---

① 蒋廷黻：《致胡适》，1934 年 12 月 28 日，《胡适来往书信选》中册，中华书局 1979 年版，第 264 页。
② 蒋廷黻：《三种主义的世界竞争》，《国闻周报》第 12 卷第 38 期，1935 年 9 月，第 7—8 页。
③ 蒋廷黻：《中国近代化的问题》，《独立评论》第 225 号，1936 年 11 月 1 日，第 12 页。

不过胡先生所着重的是文学的和社会的改革，而廷黻所注意的偏重于经济建设方面，要利用现代科学方法和技术来建立新国家。我在许多场合听过他的议论，归根就是这一点……廷黻相信中国的革新运动需要一个强有力的政府来领导；他服膺孙中山先生'万能政府'的概念，因而反对胡先生'无为而治'的主张，因此也不憧憬西洋以保障人权为最高原则的政治制度。凯末尔如果事事要顺应民意，他就不可能在短期内除掉了土耳其妇女的面罩。根据同一理由，中国政府如果没有实权，也不能短期内禁绝中国妇女的缠足。"①

对于当年的主张，蒋廷黻晚年自己也曾予以说明，"我认为应该在经济方面即刻采取行动，而无需等待中国政治的民主。我认为经济应该先于政治。在经济方面我认为有两件工作要做：其一，利用现代科学和技术从事生产运输。其二，社会化或公平地分配财富。我认为宪法和议会之有无是次要问题。创造更多的财富，平均分配对我才是最重要的。我从未认为胡适反对向繁荣方向发展经济，同时，我也希望他从未怀疑我反对政治民主。我俩的不同点不是原则问题，乃是轻重缓急问题"。② 可见蒋廷黻并未"怀疑"民主的价值，也从未放弃"自由民主信念"，他晚年企图劝胡适出面"组党"一事充分说明了这一点。

有学者指出，"自'五四'以来一直被视为天经地义的神圣理想与现实道路的'德先生'，到这个时候已受到了一部分知识分子的怀疑"。③ 确切地说受到"怀疑"的是民主的现实功用，而不是民主的价值和理想。

① 陈之迈：《蒋廷黻的志事与平生》，(台北)传记文学出版社1967年版，第30页。
② 蒋廷黻著，谢钟琏译：《蒋廷黻回忆录》，(台北)传记文学出版社1979年版，第142页。
③ 许纪霖：《现代文化史上的"五四怪圈"》，《文汇报》1989年3月21日，第4版。

在这一点上,这样一种认识显然更接近实际:"那主张独裁的一方,(除了少数的例外)并非根本否定民主的价值,而是主张以独裁的方法创设一适当的状态,或消除某些障碍,以便将来或能实行民主。"①

不但如此,他们还都明确地反对"旧式专制"或非理想的"独裁"。丁文江说,"大家要打倒""改头换面的旧式的专制";②钱端升说,"我们更要防止残民以逞的独裁之发生";③虽然张弘伯认为,"从当今的国际环境,从吾国过去现在与将来的过程上观察,均需要专制",但是他又说"这所谓专制决非野蛮专制,非法专制,无限专制,权力专制,禁止言论自由的专制,而乃是开明专制,以公共福利为前提的专制,不似旧日以个人为目标的专制"。④

可知他们心目中的"独裁"或"专制",决不是法西斯式的独裁,同时他们几乎没有人认同当时国民党所实行的专制。既不是德意式的独裁,又不是国民党式的专制,那么他们所谓的这种独裁或专制到底是一种什么样的制度呢?从他们的各种描述和要达到的效果来看,大致是属于当时英美式的行政权力的集中,这种权力的集中自然是在自由主义的张力之内。主张"专制"的张弘伯,反对"禁止言论自由";提倡"专制"的蒋廷黻也曾说,"舆论应该监督政府,鞭挞政府;政府应该顺从舆论。政府是被动的,舆论是主动的。政府是仆人;舆论是主人翁——国

---

① 陈仪深:《〈独立评论〉的民主思想》,(台北)联经出版事业公司1980年版,第20页。
② 丁文江:《民主政治与独裁政治》,《独立评论》第133号,1934年12月30日,第6页。
③ 钱端升:《民主政治乎? 集权国家乎?》,《东方杂志》第31卷1号,1934年1月,第25页。
④ 张弘伯:《专制问题平议》,《独立评论》第104号,1934年6月10日,第4页。

民——的命令"。① 可知他们所谓的"专制"并不妨碍自由,似乎还有很大的自由空间。

其实,自由主义与民主主义并不是一回事,现在的一种解释说:"自由主义关注的核心是限制政府强制权力的管辖范围,从而为个人提供较大的活动空间;而民主主义强调的重点是由大众或大众的多数控制乃至行使政府的强制权力。前者涉及政府权限的范围,后者则涉及谁来行使政府权力的问题。"②因此,按照哈耶克的观点,在独裁体制之下,自由并不一定比在民主体制之下少;而在民主体制之下,自由并不一定比在独裁体制之下多。③ 由此可推知,中国自由知识分子所提倡的"独裁"或"专制",应该是有着并不比在民主体制之下少的自由,也就是说他们所谓的"独裁"或"专制"仍然是自由主义的一种表现形式,只不过这样一种形式仅存于他们的意念或理想中,其实人类历史上并没有出现过这类体制的成功模型。一般来说,民主制度是实现自由的保证。也许这正是民主论者极力主张民主的原因,论争中民主论者虽然驳论多于立论,更多的是强调民主的功能,但是也有不少人把民主与个人价值、个人自由联系起来,如陶孟和、张奚若和胡适等。

因此,如果说民主与独裁的论争是一场自由主义者内部的论争,应该是成立的。其实这场论争能够在《独立评论》上发生,其本身就昭示了一种自由主义的特征。近代中国思想文艺界的论争很多,但有许多

---

① 蒋廷黻:《这一星期:政府与舆论》,《独立评论》第 55 号,1933 年 6 月 18 日,第 3 页。

② 李强:《自由主义》,中国社会科学出版社 1998 年版,第 203 页。

③ 参见[英]弗里德里希·冯·哈耶克著,邓正来译:《自由秩序原理》,三联书店 1987 年版,第 1—3、125—143、260—279 页。

都是意气之争,"甲乙讨论一种问题,结果每是甲呼乙为走狗,乙呼甲为
败类收场。这种讨论,是没有价值的,也没有结果的"。① 而这次论争
基本上是心平气和的问题讨论,堪称知识界论争的典范。吴景超还说:
"我们如提出一种见解或主张来与别人讨论,最要紧的,是不可固执己
见,要虚心领略别人的理论及其主张。假如从别人的批评中,发现自己
主张或见解的错误,便应立刻矫正。所以有讨论态度的人,是欢迎别人
批评的,他们时刻想发现别人的长处来修改自己的短处。"②

　　虽然这次论争未必达到这个程度,但是各抒己见,不争意气,基本
上是做到了。胡适曾谈到:"外间有人传说:因为蒋廷黻和胡适之的政
治主张不同,所以蒋先生不给《独立评论》作文字了。这是最大的笑话。
我们在第一号的《引言》里就说过:'我们都不期望有完全一致的主张,
只期望各人都根据自己的知识,用公平的态度,来研究中国当前的问
题。'我们出了一百期了,议论尽管不一致,辩争尽管很激烈,这一点根
本态度是始终不会抛弃的。"③观点和主张各异,却能在同一个空间里
即《独立评论》上尽情地发挥,这本身就是自由主义的作风和态度。

　　另一方面,这场论争的发生与 30 年代中国特殊的政治环境有很大
关系,当时国民党在实际上推行专制,而在表面上却以"宪政"相号召,
从 1932 年到 1936 年,"宪政工作"一直在进行。可以说,民主与独裁的
论争能够发生,本身就说明这两种制度在当时都有了实现的可能,至少
在呈现的政治形势上是如此。同时,国民党打通了与"知识阶级"的沟

---

① 吴景超:《舆论在中国何以不发达》,《独立评论》第 87 号,1934 年 1 月 28 日,第 4 页。
② 吴景超:《舆论在中国何以不发达》,《独立评论》第 87 号,1934 年 1 月 28 日,第 3 页。
③ 胡适:《编辑后记》,《独立评论》第 100 号,1934 年 5 月 13 日,第 19 页。

通渠道,特别是正逐渐吸收社会各界的知名学者或专家参加其政权。国民党的这些举措在相当程度上影响了自由知识分子的政治倾向,一部分人如民主论者企图因势利导,旨在使国民党的表面文章做成真正的民主之路;另一部分人如独裁论者,则企图使国民党吸收更多的"知识阶级"中人参加政权,同时也希望更多的自由知识分子放弃清高,到国民党政权中去为国家服务及实现政治抱负。这种情况表明,30年代中国的自由主义不但没有"面临绝境",[①]而且正是相当活跃、表现形式多样及内含一定张力的时期;自由主义者面临的不是走投无路,而是如何择善而从;自由主义者的心态不是消极沉沦,而是比较积极进取的。

对于这场论争的结局,学术界说法不一。黄道炫认为,"这场讨论实际成为一个各说其理,纷无头绪的论案"。[②] 顾昕认为,"民主与独裁"论战的结局,"民主赢得了宣传上的胜利,但知识上的误解与混乱却依然故我地存在"。[③] 沈卫威指出,"民主与独裁的讨论的实际结果,是当局对胡适派文人的利用……他们的讨论是为了与当局求得一种理解和共同的'政治信仰'……《独立评论》的同人多是主张开明专制和新式独裁的。《独立评论》的政治倾向因为胡适反对、争辩得无力而更加昭明"。[④] 而在罗志田看来,"民主与独裁"之争的结局是民主与独裁并

---

① 雷颐认为,30年代,"迫在眉睫的亡国之祸","使自由主义面临绝境"。参见雷颐:《30年代"新式独裁"与"民主政制"的论战》,《东方》1995年第3期。

② 黄道炫:《30年代中国政治出路的讨论》,《近代史研究》1992年第5期,第154—168页。

③ 顾昕:《民主思想的贫瘠土壤——评述一九三〇年代中国知识分子关于"民主与独裁"的论战》,载许纪霖编:《二十世纪中国思想史论》,东方出版中心2000年版,第399页。

④ 沈卫威:《自由守望——胡适派文人引论》,上海文艺出版社1997年版,第318—321页。

进,"即执政的国民党政府基本实行独裁而民间仍有大量知识分子以民主为口号"。[①]

这些认识自然都有所依据,但是如果说《独立评论》的主要"政治倾向"是专制,或者说论争中独裁"占有明显的优势",则显然不确。单就《独立评论》中发表的关于民主与独裁论争的文章而论,提倡新式专制的有 10 篇,主张民主的有 21 篇,建议折衷的有 12 篇,所谓折衷的其实大都是倾向民主的。据此,《独立评论》的主要政治倾向显然是十分"昭明"。就《独立评论》同人来看,只有蒋廷黻和丁文江两人提倡新式专制或独裁;胡适和张奚若主张民主;陈之迈和吴景超表面上是折衷,在总体上仍倾向于民主。[②]

在 1930 年代的中国社会中,专制或独裁似乎并不怎么受欢迎。提倡者在其前面纷纷加上"新式"、"现代"或"旨趣"等限定词,就充分说明了这一点;显然即使在"话语"层面也是处于弱势。最能体现其地位的是,真想实行专制的当权者也公开表示不欢迎它。1934 年 11 月,蒋介石和汪精卫联名发出感电,声明:"决不愿徒袭一党专政之虚名,强为形式上之整齐划一……盖中国今日之环境与时代,实无产生意俄政制之必要与可能也。"[③]稍后,蒋介石在答日本记者问时又说:"中国与意德诸国之

---

① 罗志田:《西方的分裂:国际风云与五四前后中国思想的演变》,《中国社会科学》1999年第 3 期,第 32 页。

② 对丁折衷派在总体上倾向于民主,顾昕和陈仪深也持此看法,参见顾昕:《民主思想的贫瘠土壤——评述一九三〇年代中国知识分子关于"民主与独裁"的论战》,载许纪霖编:《二十世纪中国思想史论》,东方出版中心 2000 年版,第 363—399 页;陈仪深:《〈独立评论〉的民主思想》,(台北)联经出版事业公司 1989 年版,第 119—151 页。

③ 《汪蒋通电:消除隔阂分工合作》,天津《大公报》1934 年 11 月 28 日,第 3 版。

情各异,不适宜独裁。"[①]希望独裁或正在执行独裁的人却不敢公开承认独裁,尤能体现当时社会中人们对独裁的普遍观念,正象胡适所说:"这个宣言的发表,表示在今日有发表这样一个宣言的必要。"[②]显然,蒋介石和汪精卫是在顺应和争取民意,及以所谓"自由"来装饰他们的政权。这提示了自由或民主在当时仍有相当的"社会权势"。不过,这恰表明自由或民主在中国社会中仅仅是作为一种象征而存在,即使推行专制的人也可拿它来做文章,充分体现了中国政治的实际运作和书面宣言的关系。

须要说明的是,30 年代的中国有一个最大的无人心中不虑的问题,即越来越严重的日本侵略之患。民主与独裁论争的发生,与此外患有着不可分割的联系。几乎所有的独裁论者都提到主张独裁的原因之一,就在于集中力量对付日本侵略。最有代表性的是丁文江说的几句话:"在今日的中国,新式的独裁如果能够发生,也许我们还可以保存我们的独立。要不然只好自杀或是作日本帝国的顺民了。我宁可在独裁政治之下做一个技师,不愿意自杀,或是做日本的顺民!"[③]这说明一些自由知识分子是带着非常无奈的心态来选择独裁的。一位西方学者曾说,"民族主义使民主变得无效。因为它限制了大众的民意,并使民意被一个更高原则所取代"。[④] 可以说,正是民族主义使中国的自由主义者内部起了冲突。

---

① 天津《大公报》1935 年 2 月 1 日。

② 胡适:《中国无独裁的必要与可能》,《独立评论》第 130 号,1934 年 12 月 9 日,第 4—5 页。

③ 丁文江:《再论民治与独裁》,《独立评论》第 137 号,1935 年 1 月 27 日,第 22 页。

④ Lord Acton,*"Nationality" in Lord Acton*,*Essays on Freedom and Power* (Glencoe, I11:The Free Press,1949),P. 194.

第五章　全盘西化的背后

五四时期,"欧化"思潮曾兴盛一时。此后,作为一种激进主义思想潮流演化为多种表现形式。到 1930 年代,知识界出现了各种不同的"全盘西化"论,并蔚为一种社会文化思潮。

一、全盘西化的滥觞

全盘西化作为一种思想倾向,早在 19 世纪末就产生了。维新运动中的激进人士易鼐认为,中国要自立于五洲之间,要使列强平等待我,就必须"改正朔,易服色,一切制度,悉从泰西"。[1] 当时的樊锥也曾说:

---

① 易鼐:《中国宜以弱为强说》,《湘报》1898 年第 20 号,中华书局 1965 年影印本,第 77 页。

"一切繁礼细故,猥尊鄙贵,文武名场,恶例劣范,铨选档册,谬条乱章,大政鸿法,普宪均律,四民学校,风情土俗,一革从前,搜索无剩,唯泰西者是效。"[1]这大概是全盘西化作为一种思想倾向,最早见之于文字。但是从易鼐和樊锥的总体思想来考察,所谓"悉从泰西"与"唯泰西者是效",并"非废我教而行彼教也",[2]他们都还有一个前提即"保教"。张忠绂曾谈到中国人的这种思想变化,"甲午战后,国内发生了一个奇特的现象。凡外国人所认为是中国的好人好事,中国人也必随声附和,以耳代目。此一现象,入民国后尤为突出。例如一九二〇年代的'基督将军'冯玉祥,北伐时代的'天才理财专家'宋子文等,都是外国人捧出来的。因之而狡黠之徒,往往利用西人对中国的无知(包括大部分所谓中国通在内),先取得西人的信服,以为国内飞黄腾达的进身之阶。有些政客甚至于不惜买通西人,为之宣传誉扬。变法以后,效法西人为势所必然"。[3] 挟洋自重,充分表现了中国人价值趋向的变化。

五四运动时,全盘西化的思想倾向更为浓厚。陈独秀明确提出要"欧化","若是决计革新,一切都应该采用西洋的新法子,不必拿什么国粹、什么国情的鬼话来捣乱"。[4] 鲁迅主张"将中国书籍一概束之高阁"。钱玄同则指出,中国之救亡,"必以废孔学、灭道教为根本解决,而

① 樊锥:《开诚篇(三)》,《湘报》1898 年第 24 号,中华书局 1965 年影印本,第 93—94 页。

② 易鼐:《中国宜以弱为强说》,《湘报》1898 年第 20 号,中华书局 1965 年影印本,第 77 页。

③ 张忠绂:《迷惘集》,沈云龙主编:《近代中国史料丛刊续编》第 53 辑,(台北)文海出版社 1978 年版,第 225 页。

④ 陈独秀:《今日中国之政治问题》,《新青年》第 5 卷第 1 号,1918 年 7 月 15 日,第 3 页。

废记载孔门学说及道教妖言之汉文,尤为根本解决之根本解决。"①这时,他们连"教"也不要了,甚至提出了"打倒孔家店"的口号。须要指出的是,五四时期的西化论者,大都着眼于用西方的"文明"来批判东方的"野蛮",重在"破",带着一种强烈的恨中不如西的情绪色彩。尽管他们的主张十分激进,但大都停留在中西比较的层面,而没有深层次的理论基础,也没有形成完善的理论体系。

1929 年,胡适为英文刊物《中国基督教年鉴》写了《中国今日的文化冲突》一文,文中同时使用了两个词汇:Wholesale Westernization 和 Wholehearted Modernization。稍后,潘光旦在《中国评论周报》上发表一篇书评,指出这两个词,前者可译为"全盘西化";后者可译为"全力的现代化"或"充分的现代化"。这是"全盘西化"作为一个词语最早出现在报刊上。有人就此断定胡适是"全盘西化"论的始作俑者。② 其实这不太确切。一则胡适使用这一词语时,是和 Wholehearted Modernization 即"全力的现代化"同时使用的,在他看来这两个词并没有什么差别。二则当时胡适并没有有意地去主张,更没有形成一种理论,因此也就无所谓"论"了。直到 1935 年,在看到陈序经写的《关于全盘西化答吴景超先生》后,胡适才声明"我是完全赞成陈序经先生的全盘西化论的"。③

"全盘西化"论的最早提出者应该是陈序经。早在 1925 年他就萌

---

①　钱玄同:《中国今后之文字问题》,《新青年》第 4 卷第 4 号,1918 年 4 月 15 日,第 354 页。

②　周溯源:《"全盘西化"论的始作俑者》,《人民日报》(海外版)1987 年 3 月 4 日,第 2 版。

③　胡适:《编辑后记》,《独立评论》第 142 号,1935 年 3 月 17 日,第 24 页。

生了这种主张:"自民国十四年到美国读书之后,对于这个题目尤为注意。同时,因为友朋之中谈及东西文化的既是不少,而身处西洋,东望故国,感触良多。"显然,他所感触的是中不如西的反差。"我个人在美国时,一方面因为对于文化的研究从来颇有兴趣,一方面又因对于东西文化的问题有所主张,故平常也很喜欢阅读关于文化方面的著作。"[①]由于早已"有所主张"和有意的关注,1928年陈序经在岭南大学做演讲时,便明确提出了中国要"全盘采纳西洋文化","差不多二十年前(按:1928年),卢观伟、陈受颐两先生与我已坚决的相信中国要全盘西化,不过,在名词上,我们最初所用的是'全盘采纳西洋文化'或是'全盘接受西洋文化'的字样"。[②] 这是在中国最早不折不扣地提出要全盘采纳西洋文化。此前,梁漱溟和吴稚晖都曾使用过"全盘承受西洋文化"一类的字样,但是他们又都有前提或别的解释。陈序经在使用这一词语时,一开始就非常彻底而没有任何预设,并且一开始就与西方的文化学理论联系起来:"民国十七年,我在广州岭南大学当教席。有一次在一个学术讨论会上,我曾用过'文化学'这个名词,等到散会之后,有了数位同学曾问我到'文化学'这个名词,是不是一个很新奇的名词?'我的回答:'在中文上,这个名词虽是一个新奇的名词,然而在西文上,却是一个久已应用的名词。'"[③]

---

① 陈序经:《〈南北文化观〉(手稿)跋》,杨深编:《走出东方——陈序经文化论著辑要》,中国广播电视出版社1995年版,第462、466页。
② 陈序经:《东西文化观(二)》,杨深编:《走出东方——陈序经文化论著辑要》,中国广播电视出版社1995年版,第388页。
③ 陈序经:《〈南北文化观〉(手稿)跋》,杨深编:《走出东方——陈序经文化论著辑要》,中国广播电视出版社1995年版,第466页。

1931 年,陈序经写了《东西文化观》一文,发表在《社会学刊》第 2 卷第 3 期上。文中他首次使用了"全盘西化"的提法:"到了民国二十年间,我开始用了'全盘西化'这个名词。我之所以用了这个名词,至少有了下面三个原因:一来全盘采纳西洋文化或是全盘接受西洋文化这些名词似为较长;二来这些名词较为呆板;三来这些名词至少在字面上也许有些人会误解为全盘接纳或接受西货,结果是往往徒事享受西洋文化而忽视创造西洋文化。"这是陈序经最早使用"全盘西化"一词。须要指出的是,陈序经此前并没有见到过这个词,"'全盘迎受西洋文化'的字样,在我们最初主张全盘接受西洋文化的时候,我既没有发现这些字样已经有人用过;而十余年来流行最广的'全盘西化'这个词却是我用得最早,至少直到现在我还没有发现有人用了这个名词是较我为早的"。[①] 1933 年,陈序经写了《中国文化的出路》一书,在书中他从研究文化学理论入手,系统地提出了他的"全盘西化"论。

综上所述,可以这样说,"全盘西化"作为一种思想倾向,最早产生于易鼐,作为一个词语最早由胡适使用,而作为一种主张或理论,最早是由陈序经提出的。

到 20 世纪 30 年代,不但出现了系统的"全盘西化"论,而且形成了一股颇有影响的"全盘西化"思潮。梁启超曾说:"今之恒言,曰'时代思潮'。其此语最妙于形容。凡文化发展之国,其国民于一时期之中,因环境之变化,与夫心理之感召,不期而思想之进路,同趋于一方向,于是

① 陈序经:《〈南北文化观〉(手稿)跋》,杨深编:《走出东方——陈序经文化论著辑要》,中国广播电视出版社 1995 年版,第 388、425 页。

相与呼应汹涌,如潮然。始焉其势甚微,几莫之觉;浸假而涨——涨——涨,而达于满度;过时焉则落,以渐至于衰熄。"[①]30 年代的"全盘西化"论,就是这样因时而生,群趋而涨,形成了一种社会思潮。其一,涌现了一批颇有影响的代表人物,如胡适、陈序经、陈受颐、卢观伟、沈昌晔、吕学海、冯恩荣、张佛泉、张熙若等。他们的观点虽稍有不同,甚至相互批评,但都主张中国在根本上和全局上采纳西洋文化。其二,出现了一批专门的文章和著作。发表了《"全盘接受西洋文化"的意义》、《全盘西化的辩护》、《趋于"全盘西化"的共同信仰》等一大批文章,出版了《中国文化的出路》这样的专著,编纂了《全盘西化言论集》、《全盘西化言论续集》、《全盘西化言论三集》。这些文章和著作影响了相当一批社会中人。其三,形成了比较完整的理论体系。一些人主张全盘西化,并不仅是源于对西方文化的倾慕,并不仅是鉴于对中西文化的浅层次比较,而是有着更深层次的理论基础。比如陈序经从文化学入手,谈到东西文化的比较,再由东西文化的比较谈到全盘西化,创造了一套完整的理论体系。正因为如此,全盘西化才由几个人的主张,逐渐发展为一种社会思潮。然而,这样一种思潮的出现并不是偶然的,它有着特定的时代背景。

第一,30 年代的中国兴起了一股"尊孔读经"的潮流。1934 年 2月,蒋介石倡导在全国开展"新生活运动",要人们以"礼义廉耻"作为生活准则。7月,南京政府定每年 8 月 27 日孔子诞辰为"国定纪念日",下令全国照规举行纪念活动。11月,国民党中常会又通过了"尊孔祀

---

① 梁启超:《清代学术概论》,商务印书馆 1934 年版,第 1 页。

圣"的决议。这期间,国民党政要戴季陶、陈立夫相继发表谈话和文章,来鼓吹"复古"的合理性。戴季陶强调"经书为我国一切文明之胚胎,其政治哲学较之现在一般新学说均为充实"。① 陈立夫则赞誉传统文化"光芒万丈,无与伦比",指出"要建设文化,须先恢复固有的至大至刚至中至正的民族特性"。② 与此同时,各地军阀也极尽"复古"之能事。广东最为突出,早在1933年,陈济棠就在西南政务委员会上提出尊孔的议案,令各校恢复读经;同时又宣扬"孔子为百世之师,关岳为忠义之表;以道德格民者,宜祀孔子,以忠义率民者,宜礼关岳",③提议恢复祭拜孔子及关岳祀典。一时间,复古的空气弥漫了全国。

第二,日本入侵中国,加重了中国的民族危机。南京国民政府建立后,进行了改订条约的努力。但是收效甚微,外国势力仍然严重束缚着中国的发展。加之一些负外交责任的国民党人明知实力不够,而又肆意逞强,致使旧患未除,新患又起,1931年,日本制造了九一八事变,此后得寸进尺,救亡的主题再一次突显在中国人民面前。

第三,农村破产,人民生活困苦不堪。20世纪以来,连年的战争使中国几乎没有进行建设的机会。南京政府建立后,采取了一些刺激经济发展的措施,并且力图解决农村的问题,但是由于利益牵涉和决心不够,最终没有实现对农村的有效改造,致使农村破产的呼声遍及全国。

"全盘西化"思潮,正是在上述历史背景下兴起的。由于广州的"复

---

① 转引自李新编:《中国新民主主义革命时期通史》第2卷,人民出版社1981年版,第241页。
② 陈立夫:《中国文化建设论》,《文化建设》第1卷第1期,1934年10月,第3页。
③ 天贶:《文化论战中的广州》,《华年》第3卷第12期,1934年3月24日,第233页。

古"开始得较早,这股思潮最初以中西文化论战的形式出现于广州。1935年,《中国本位的文化建设宣言》发表后,又引起了一场全国性的关于中西文化的论战。这样,由论战缘起,在全国就形成了一股颇有影响的作为"本位文化建设"对立面、作为挽救民族危机及解决社会问题方案的"全盘西化"思潮。

由特定时代背景形成的这一思潮,其思想内容是很丰富的,不但表现为对这一主张论证的多样性,而且表现为对这一观点表达的多样性。

尽管胡适不是"全盘西化"论的首创者,但他仍可以算是一个"全盘西化"论者。对于胡适来说,"全盘"是"充分"、"尽量"、"全力"、"一心一意"、"死心塌地"[①]的意思。他的这种主张主要有四个理由:第一,从东西文化比较的角度,认为中国"百事不如人,不但物质机械上不如人,不但政治制度不如人,并且道德不如人,知识不如人,文学不如人,音乐不如人,艺术不如人,身体不如人"。[②] 第二,认为由于在"优胜劣败的文化变动的历程之中,没有一种完全可靠的标准可以用来指导整个文化的各方面的选择去取",[③]因此,所谓取长舍短是根本办不到的,不可能有什么用来取舍的"科学方法"。第三,是他关于模仿与创造的原理。他认为"模仿是创造的必要预备工夫",[④]所以,"在这个我们还只仅仅

① 胡适:《编辑后记》,《独立评论》第142号,1935年3月17日,第29页;《充分世界化与全盘西化》,天津《大公报》1935年7月21日;《答陈序经先生》,《独立评论》第160号,1935年7月21日,第15页;《介绍我自己的思想》,《胡适文选》,上海亚东图书馆1935年版。
② 胡适:《介绍我自己的思想》,《胡适文选》,上海亚东图书馆1935年版,第16页。
③ 胡适:《试评所谓"中国本位的文化建设"》,《独立评论》第145号,1935年4月7日,第6页。
④ 胡适:《介绍我自己的思想》,《胡适文选》,上海亚东图书馆1935年版,第16页。

接受了这个世界文化的一点皮毛的时候,侈谈'创造'固是大言不惭,而妄谈折衷也是适足为顽固势力添一种时髦的烟幕弹"。① 第四,是他的文化惰性论。胡适认为,文化作为"一种文明所形成的生活的方式",②是有惰性的,"文化本身是保守的。凡一种文化既成为一个民族的文化,自然有它的绝大保守性,对内能抵抗新奇风气的起来,对外能抵抗新奇方式的侵入。这是一切文化所公有的惰性,是不用人力去培养保护的"。这种"文化的惰性实在大得可怕",③一个民族即使尽全力、一心一意去学习他民族的文化,那么到头来本民族的文化也是不会完全丢弃的。

可以看出,胡适的"全盘西化"是一种态度、一种策略,是鉴于"取法乎上,仅得其中,取法乎中,风斯下矣"的道理。那么在客观上,"全盘西化的结果自然会有一种折衷的倾向","旧文化的惰性自然会使它成为一个折衷调和的中国本位新文化"。④ 由于胡适的社会影响较大,也由于他后来在名词上把"全盘西化"改成了"充分世界化",比较易于接受,所以,他的这种主张在当时有为数不少的支持者。

不过,有些论者主张"全盘西化",并不拘泥于这个用语,而是注重精神实质。比如,陶孟和提出要"大胆的吸收"他国文化,"一般盲目的

---

① 胡适:《试评所谓"中国本位的文化建设"》,《独立评论》第 145 号,1935 年 4 月 7 日,第 7 页。
② 胡适:《我们对十四洋近代义明的态度》,《胡适文选》,上海亚东图书馆 1935 年版,第 138 页。
③ 胡适:《试评所谓"中国本位的文化建设"》,《独立评论》第 145 号,1935 年 4 月 7 日,第 7 页。
④ 胡适:《编辑后记》,《独立评论》第 142 号,1935 年 3 月 17 日,第 24 页。

保存国粹不过是现代的狭隘的民族主义的表现罢了……现代一切文化都是许多种文化融合物，同时也是世界的……如果具有世界的眼光，具有全人类的文化的眼光，而不为狭隘的爱国心所囿，也可以大胆的吸收他国所发展的文化。现在的世界正在互相交换文化的时代。那么，现在中国追随他的历史的先例顺应现代的潮流而采取与他的不同的文化，并不是一个耻辱了。现在大家所提倡的是采取西洋文化。所谓'西洋文化'是一个极含糊的名词，里面包含许多的事物……在理论上，我们似乎对于某种文化有选择的自由，但文化的各方面常是相连的，所以在事实上这个自由常受极端的限制。例如我们只想接受西洋物质的科学，但是受物质科学的影响所发展的宇宙观，人生观，便也要慢慢的渗进来了。所以我说在理论上尽管有选择文化的自由，在实际上却应该慎重的考虑某种文化的连带事物与其联属的影响。"①

张佛泉主张"根本西化"，"在基本文化单位方面是无所谓长短的，如果我们以西方社会为理想，我们便必须对这些单位全盘接受"。不过，他所说的全盘接受是指"根本上和实质上"的。"我所主张的可以说是从根本上或是从基础上的西化论。有许多皮相与枝节问题，如是打桥牌好，还是打麻将好，我以为可以不专去讨论它。我们目前最主要的工作，就是整个改造我们的头脑，要将中式的头脑换上一西式的头脑。由一个《论语》式的头脑换上一个柏拉图《共和国》式的头脑。同时我们有许多基本观念传入我们的脑筋如此之深，它们已成了刻入而固定的条纹、沟渠。我们的思想与行动已整个被这些沟渠给限制住，我们不动

---

① 陶孟和：《国粹与西洋文化》，《独立评论》第 151 号，1935 年 5 月 19 日，第 15 页。

则已，一动便滚入这些沟里去。我们若不彻底从根上改造，我们是永远也逃不开那些陈旧却很有力的窠臼的……我深信从根本上西化才是我们民族的出路。"①

一位名为熊梦飞的人则希望根据"四大原则"进行西化："所谓西洋文化，从历史看，并非西洋人所可注册专利，从地域看，他已风行全球，除了将陈列博物院做人种标本之红色黄色种以外，几于一律采用，可'名正言顺'地唤作现代世界文化；我们之吸取所谓西洋文化，就是要使中国现代化，要使中国成为世界队伍中之一员大将。中国之现代化，无疑地为吸取所谓西洋文化，全盘吸取乎？局部吸取乎？吸取根本乎？吸取枝叶乎？曾经过学者们的争辩，至今还没有获得一个定论。个人敢大胆地提出四大原则来：甲、全盘的吸取西洋文化之根本精神。乙、局部的吸取西洋文化之枝叶装饰。丙、运用西洋文化根本精神，调整中国固有之优美文化，剔除中国固有之毒性文化。丁、中西文化动向一致之条件下，保留中国民族特征，加以中国民族创化，成为一种新文化……西洋现代文化的根本是甚么？他是：1. 科学化的学术思想。2. 机械化的工业与农业。3. 民主化的政治社会与家庭组织。这三样宝贝，织成功现阶段世界文化体系……这三件：'俟诸百世而不惑，放之四海而皆准'的根本东西，我主张无条件地整个地吸取，这是建设现代中国文化一条'必由之路'，也就是'由是而之焉之谓道'。"②

①　张佛泉：《西化问题之批判》，《国闻周报》第 12 卷第 12 期，1935 年 4 月，第 2、7—8 页。

②　熊梦飞：《谈"中国本位文化建设"之闲天》，马芳若编：《中国文化建设讨论集》下编，龙文书店 1935 年版，第 129—134 页。

常燕生认为,西方文化作为一个"有机的整体","必然全盘采取","鸦片战争的教训,就是证明一个未完成近代国家机构的民族,是不能生存于现在的世界的。事实教训我们,使我们抬起头来,看到了社会进化的另一个新阶段……所以要采取一种阶段的文化,必然要全盘采取,没有自由选择的余地,因为文化本是社会集团的产物,社会集团的本身是一种有机的整体,它所产生的文化也是一个有机的整体,部分的采取或拒绝是不可能的。鸦片战争以后的中国人,因为没有这种认识,所以他们的维新政策就不免有舍本逐末的缺点"。①

在张熙若看来,中国应该"大部西化","我们今日大部分的事物都应该西化,一切都应该现代化"。② 李绍哲表示,"主张西化,并且主张实质的西化,是彻底的,积极的,生产的,创造的,本位的西化";"应该不仅是文化的消费者,而是文化的生产者"。③ 翁文灏更具体地提出,分三步向西方学习,以创造新文化。④

尽管倾向于"全盘西化"的论者在使用词语上有所不同,在具体观点上也不尽一致,甚至相互指责。但是,他们在思想本质上是一致的,即都反对折衷调和,都主张中国应该以西方为绝对标准,来寻求中国文化的出路。对此,陈序经说:"在'西方文化'这个名词下,分析起来,固然是五光十色,斑驳陆离,可是总而观之,他们却有共同的基础,共同的

---

① 常燕生:《现实生活与理想生活———二十年来中国思想运动的总检讨与我们最后的觉悟》,《国论》第 1 卷第 1 期,1935 年 7 月 20 日,第 1—2 页。

② 张熙若:《全盘西化与中国本位》,《国闻周报》第 12 卷 23 期,1935 年 6 月,第 9 页。

③ 李绍哲:《真要自甘毁灭吗?》,1935 年 5 月 17 日《晨报·晨曦》,马芳若编:《中国文化建设讨论集》中编,龙文书店 1935 年版,第 192 页。

④ 翁文灏:《从反省中求出路》,《独立评论》第 54 号,1933 年 6 月 11 日,第 3,5 页。

阶段,共同的性质,共同的要点。""所谓全盘西化,就是从这根本的原则上着想"。① 在主张全盘西化的论者中,最坚定最彻底的莫过于陈序经,远胜于一般人所认为的全盘西化的代表人物胡适。那么,陈序经何以如此坚定呢? 关键在于他有一套支撑其观点的系统的文化学理论。

二、文化概念

陈序经曾经慨叹:"近来一般人之谈文化的实际问题的,而尤其是近来一般人之谈西洋与中国的文化问题的,往往是因为对于文化的意义,缺乏了相当的认识,结果不只是引起很多的无谓的纠纷与争论,而且对于我国的文化的实际问题的解决上,引起很多的困难,与生出不少的障碍。"②因此他对文化的概念非常重视,在 1934 年出版的第一部关于文化的专著《中国文化的出路》中,第一章就阐述"文化的根本观念";在早已成稿而最终成书于 1947 年的四册《文化学概观》中,也是开宗明义地论述"文化的意义"。对文化的界定,是陈序经文化思想的立足点和出发点。

陈序经认为,文化一词在中国最初所指的是"文治教化"。汉人刘向所撰写的《说苑·指武篇》谓"凡武之兴,为不服也,文化不改,然后加诛";又如"束皙《补亡诗》里所谓'文化内辑,武功外悠'……这就是所谓文化是指着文治或教化而言,而与武备或武功处于相反的地位"。但近

① 陈序经:《关于全盘西化答吴景超先生》,《独立评论》第 142 号,1935 年 3 月 17 日,第 5、6 页。
② 陈序经:《文化学概观(一)》,商务印书馆 1947 年版,第 33 页。

代以来,中国人所用的文化一词是以对西方文化概念的认可和接受为基础的。陈序经因此又考察西方语言中的"文化"一词:"在德文为 kultur,在英文与法文都为 culture,原从拉丁文的 cultus 而来",而"cultus 又是从字干 col 而来。col 这个字干希腊文为 koa。比方,所谓 boukolos 的意义是农夫,又如 agricola 的意义是农业,再如 In—Colo 的意义是居住,这都是从 col 的字干而来的。"根据这两个词根组成的其他词和它们不同的应用,陈序经认为 cultus 的意义就有好几种:(1)含有耕种的意义;(2)含有居住的意义;(3)含有练习的意义;(4)含有留心或注意的意义(不仅指人类留心或注意某种东西,而且含有神灵留心或注意某种事物);(5)含有敬神的意义。由此他得出:"cultus 一字,不但含有物质文化的意义,而且含有精神文化的意义。在古代社会里,以至现代的原始社会里(按:指现代仍处在原始部落阶段的民族的生活),敬神与耕种是有了密切的关系的。耕种与居住可以说是物质文化的要素,而敬神与哲学可以说是精神文化的要素。所以从语源上来看,所谓文化并非专指精神一方面,也非专指物质一方面,而是包括精神与物质两方面。"[①]这一般被视为广义上的文化。

30 年代的中西文化论战中,从文化词源入手的还不在少数。刘元钊曾在《晨报》上发表了一篇题为《"文化"之涵义》的短文,其中认为:"德文的 kultur 是由拉丁文 Cultura 转化而成的。但 kultura 又出自 cultus,而 cultus 则又出自 colere。colere 是含有劳作的维护与措置的意思。Cultus 一字则有两个意义:(一)即是 Cultus deorum 的意义(即

---

① 陈序经:《文化学概观(一)》,商务印书馆 1947 年版,第 20、24、33、34 页。

为颂拜神明而劳作的意思）。（二）即 cultus agori 的意义（即为生活而劳作—耕作—的意思）。在上古时代的农业社会，一般人类的日常生活，都是不外乎这两件：就是拜神和耕作而已。但是在中世纪，人类生活逐渐进化复杂，除此以外，尚有其它的事件，故 Cultus 一字不能包括，遂又转变成为 Cultura 一字了。Cultura 一字除能包括上面两件事—拜神、耕作—的意义外，尚有培养农作物及研究如何培植的意思。当时有一句成语叫：Cultura Mentis，就是表示一切世上知识的总和。由此，今日德文的 kultur 实是中世纪 Cultura 一字所转成的了。"①

可以看出，刘元钊和陈序经的考察是非常接近的，连二者最后对文化的界定也很相似，都认为文化是人类适应环境的产物。把二人的意见结合起来，就会更清楚文化一词的来源。不妨再看一下当代人对这一词的追踪和释义。李鹏程在《当代文化哲学沉思》中认为 Culture 来自于古代的拉丁文 Cultura，它的意思是"培养"、"修治"、"栽培"、"修养"、"修炼"、"教化"等，与它同根的词有 culta、culte、cultyo、cultor、cultus 等。例如"cultura vitium"就是修剪葡萄园；"culti agri"就是耕种田地，而"commodare culturae"就是听从教导等等。由此，他把文化的基本含义理解为："第一，对自然界的事物进行某种'改良'、'优化'（'驯化'）和有目的地培植的活动。第二，对人自己的'教育'、'训练'和'培养'，使人脱却野蛮、粗俗和愚昧，而成为有教养的、文雅的、聪明的人。"②可以看出，李鹏程的考察和理解与陈的稍有出入，陈侧重于强调

---

① 转引自马芳若编：《中国文化建设讨论集》下编，龙文书店 1935 年版，第 416 页。

② 李鹏程：《当代文化哲学沉思》，人民出版社 1994 年版，第 71 页。

文化本身的内含即包括"物质和精神两方面",而李鹏程侧重于强调文化与人的关系即"文化是人的活动",是人对人自己"生命存在的优化"。这与《哲学与文化》一书中对文化的考证非常相似:"'文化'一词在西方是源于拉丁文 cultura,其原意是对土地的耕耘和植物的栽培;后来又引申为对人本身的身体和精神的培养。"由此得出,"文化是标志人解决自身同环境的矛盾的努力所达到的程度和水平的概念"。[①]

从陈序经和其他学者对文化一词考证的比较,可以看出陈的考察和阐释是很深入的:一则考察很彻底,一直追溯到希腊文 koa,这甚至比某些当代人还要高一筹;二则相当准确地指出了"文化"最原始的含义,如"耕种"和"敬神"等,在这一点上和其他学者的认识大同小异。但陈对文化一词的引申理解和其他学者有所不同,他把人类最初的文化概念阐释为"包括物质和精神两方面",这为他以后论述"文化的整体性"打下了基础,而"耕种"和"居住"的含义则为他对"文化的工具性"定义做了铺垫。总而言之,陈对文化一词富有特色的考察,成为他关于文化的概念和理论与众不同的根源所在。

在对"文化"词源考证的基础上,陈序经进而探讨如何界定文化的涵义:"文化既不外是人类适应各种自然现象或自然环境而努力于利用这些自然现象或自然环境的结果,文化也可以说是人类适应时境以满足其生活的努力的结果。"[②]然而,他最经常采用的一种表述是:"文化可以说是人类适应时境以满足其生活的努力的结果和工具。"[③]这个看

---

① 陈筠泉、刘奔主编:《哲学与文化》,中国社会科学出版社 1996 年版,第 56、57 页。
② 陈序经:《文化学概观(一)》,商务印书馆 1947 年版,第 38 页。
③ 陈序经:《中国文化的出路》,商务印书馆 1934 年版,第 5 页。

似很简单的文化定义,实际上包含非常丰富的内容:

第一,文化是人类独有的现象,是人与动物的根本区别。

陈序经认为,"有了人类,必有文化。文化的历史和人类的历史,可以说是同时发生的"。从这个角度来说,"人之所以为人,是因为他有文化……人之所以异于其它的动物者,也可以说是:因为前者有了文化,后者没有文化"。[①] 他把世界上的现象分为自然现象和文化现象,自然现像是"自然生长的",文化现像是"人工发展的"。从某方面来说,"文化愈发展,文化的范围愈放大;文化的范围愈放大,自然的范围愈缩小。人类本来是自然的产物,然而现在也多已成为文化的产物"。[②] 陈的文化概念和文化学理论,正是从阐述人类与文化的这种关系展开的。

第二,文化是时代的产物,具有时代性。

在陈序经看来,每一个时代有每一个时代的文化,"过去的文化,是过去人适应时代环境的产物。现代的文化,是现在人适应时代环境的产物"。[③] 时代不同,文化也就不同,因为"文化是时时变化的,而且是时时演进的"。[④] 即使现实中看起来有一些固有的文化特性的存在,这些特性实际上并不再是原来意义上的特性,而是由于这些特性适应现在的坏境"与过去的特性偶合"。这就是说,文化是进化的,从古到今是一个"由低而高"的过程。

第三,文化是人类适应或改造环境的产物。

---

① 陈序经:《中国文化的出路》,商务印书馆 1934 年版,第 2、3 页。
② 陈序经:《文化学概观(一)》,商务印书馆 1947 年版,第 15 页。
③ 陈序经:《东西文化观(下)》,《岭南学报》第 5 卷第 3 期、4 期合刊,1936 年 12 月。
④ 陈序经:《中国文化的出路》,商务印书馆 1934 年版,第 32 页。

陈序经所说的环境包括四种:地理的、生物的、心理的、社会的。文化的地理环境指文化受"气候、江海、山岭、平原、沙漠、矿产等等要素"的影响。例如,江河与海洋附近往往是文化的发源地或者文化发达的枢纽;而近代的大城市又常常发展于煤铁等矿产较丰富的地方。文化的生物环境,指生物对人类创造文化的影响。一方面,"人是生物的一种",所以,人类创造的文化也要受"生物的一些普通与基本的原则的支配";^①另一方面,"人类是靠着生物而生"的,吃穿住行都与生物有了密切的关系;假如没有生物作基础,人类就不可能创造文化。文化的心理环境指人类因"本能情绪欲望习惯理性的差异",而对文化产生的不同影响。比如"家庭的产生,是基于性的本能和为父母的本能",又如"同情的情绪,可以发生象慈善的机关及制度;畏惧的情绪,可以使一个人去找保护,因保护而生服从,因服从而生政治制度"。^②陈认为人类的心理和欲望乃是产生文化的一种源泉。文化的社会基础指人不能离群而独居。"文化是人与人间的共同生活的产物,所以文化的产生,固要依赖于社会的生活,而文化的发展,更要依赖社会的遗传。"^③他认为,人类的社会是先于人类的文化的;社会是创造与发展文化的机构,没有社会的生活,就不能产生或发展文化。在陈看来,无论哪一种文化都受了这四种环境的影响,有所差异是可能的,但不会只受一种环境的影响。事实上,"这四种环境,也就是文化本身的对象,文化本身的材

① 陈序经:《文化学概观(二)》,商务印书馆1947年版,第75、94页。
② 陈序经:《中国文化的出路》,商务印书馆1934年版,第8页。
③ 陈序经:《文化学概观(二)》,商务印书馆1947年版,第135页。

料".①

在文化的这四种环境中,前两种即地理的、生物的,指的主要是自然因素;后两种即心理的、社会的,一方面指的是自然因素,另一方面亦指文化因素。在陈看来,自从人类创造文化以后,人类的心理和社会主要受已有文化的影响。到如今,人类的心理和社会差不多完全成了文化的心理和文化的社会。这样,"文化还有所谓文化的环境……文化也可以说是人类所创造的文化的基础","从表面上看起来,这好象有了矛盾,但是事实上,却是很平常的道理。有了人类,就有文化,所以人类自生长到老死,都是在文化里生活。凡一切衣、食、住、行、动作、思想等,都受文化的影响。所以一个人,在其一生中,用不着自己去发明种种生活的方式,只要自己去模仿已有的种种生活的方式,就能过活。而且,因为人类在少时,受了家庭的教育,与社会的习惯的影响,他们在不知不觉中,受了家庭与社会的流行与遗传的文化的传染,有意的或无意的,做前人所已做的东西,行前人所已行的方法,遵社会所已有的风俗、传说与信仰".② 因此,人是不能离开文化的,可以说人是文化的产物。已有的文化不但塑造着人类,而且也影响和限制着人类创造新文化,"所谓新种类的文化,也是基于过去的文化".③

可以看出,陈序经所理解的环境,又可分为自然环境和文化环境。在"原始社会"里,文化受自然环境的影响较大;而在"进步的文化"里,文化所受自然环境的影响则较小。随着人类社会的发展,文化的自然

---

①　陈序经:《文化学概观(三)》,商务印书馆 1947 年版,第 1 页。
②　陈序经:《文化学概观(三)》,商务印书馆 1947 年版,第 5 页。
③　陈序经:《中国文化的出路》,商务印书馆 1934 年版,第 8 页。

环境对文化的影响越来越小;文化的文化环境对文化的影响则越来越大,特别是在现代社会里,文化的文化环境决定新文化的创造。

第四,文化是人类为了满足自己的生活而努力创造的。

在陈看来,"文化固然是人类所独有的,但文化的发生及发展,必赖于人类的努力创造。设使人类专靠着天然的生产供给,以维持其生活,不想努力去改变环境,则文化决不会产生和发展。所以文化的产生,及其发展的程度如何,是与人类是否能够努力,及其所努力的程度如何,成为正比例"。[①] 文化产生以后,如果人们觉得这种文化能够满足生活的需要,便会保存之,保存文化不是坐着不动,而也是要人努力的;然而,人类的真谛"并非保存文化,而在于创造和改变文化"。[②] 要创造和改变文化,就更须要人努力。"坐着不动,而对于世间一切,都没有振作的念头的人,不但不会创造新文化出来,连了旧文化也保存不住。"对此,陈打了一个比方:"一个人辛苦的去置了一种产业,或是赚了百万家财,这种家财和产业,假使他的子孙,不努力去发展,而增加其产业财产,或是不努力去维持,则坐食江山,不但发展不来,保存也是不住,结果是家财荡尽。文化也是这样。"所以,"每一代的文化,都赖每一代人的努力扩张和更新。更新固要我们的努力,保存因袭也要我们自己去努力"。[③]

第五,文化是人类生活的结果和工具。

从语法上看,陈序经关于文化定义的中心词是"结果和工具"。所

---

① 陈序经:《中国文化的出路》,商务印书馆 1934 年版,第 4—5 页。
② 陈序经:《东西文化观(下)》,《岭南学报》第 5 卷第 3 期、4 期合刊,1936 年 12 月。
③ 陈序经:《中国文化的出路》,商务印书馆 1934 年版,第 108 页。

谓"结果",乃是一个集大成者,一个"复杂总体"。它既可分为物质和精神两方面,又可分为家庭制度、礼义制度、政治制度、职业制度等多方面,但不论分为多少方面,都是"假定的、相对的、主观的",即"为研究上便利起见而设";在客观上,文化是"整个表示",是不能分开的。① 从整个人类历史发展来看,文化是人类以往生活的结果,同时又是人类现在和以后生活的工具。作为工具,它"是一件有形模,有体质,有眼睛皆可以见,有知觉皆可以感,有耳孔皆可以听的东西"。② 人类生活的每一个方面都离不开它;没有了文化,也就没有了人类。

　　总之,在陈序经心目中,文化是人类所独有的,是时代的产物,是环境的产物,是人类为了生活而努力的结果和工具。

　　这样一个定义并不是陈序经杜撰的,它是陈序经在充分吸收西方人类学者、社会学者和文化学者的文化观念的基础上形成的。

　　关于文化是人类独有的思想,陈主要吸收了福尔森(Joseph Kirk Folsom)和爱尔华德(Charles Abram Ellwood)的观点。福尔森在1928年所刊行的《文化与社会进步》(Culture and Social Progress)一书里,认为文化是人类生活的一切人为的或超有机的东西,"是人工产物的总和,包括一切人类发明并由人类传达后代的器物的全部及生活的习惯。"爱尔华德在《文化进化论》(Culture Evolution: a Study of Social Origins and Development)一书里说:"所有人类的团体,都拥有文化,然而没有动物的团体拥有文化。"关于文化的时代性,陈主要采用

---

① 陈序经:《中国文化的出路》,商务印书馆1934年版,第19页。
② 陈序经:《对于一般怀疑全盘西化者的一个浅说》,吕学海编:《全盘西化言论集》,岭南大学青年会1934年版,第109页。

了西塞罗（Marcus Tullius Cicero，前 106－前 43）的观点。西塞罗指出，文化是有等级的，而且是不断进步的，故此每一个时代有每一个时代的文化。关于文化受环境影响的思想，陈主要受了拉弗日尼·培古轩（M. V. Lavergne Peguihen）和孔德（Auguste Comte，1798－1857）的影响。培古轩认为，文化筑在自然科学、生物学、心理学与数学的基础之上；孔德也认为，这些科学对于文化和社会有着重大的影响。关于文化是人类努力创造的思想，陈主要是受了优德尔（Fr. Jodl）和牟勒来挨尔（T. Mullerlyer）的影响。优德尔在 1887 年所刊行的《文化史的写作——其发展与问题》中，认为文化是须要人类努力才产生和发展的。它不只是指着人类对于自然的征服，而且包括社会的各种运动与人类追求于理想的努力。牟勒来挨尔也认为，文化的产生和发展必须依靠人类的努力。

然而，对陈序经的文化定义影响最大的是格雷姆（Gustav Fridrich Klemm）、泰勒（Edward Burnett Tylor，1832－1917）和马其维（R. M. Maciver）等人关于文化的观念。格雷姆在《普通文化学》和《人类普通文化史》中认为，地理环境对于人类的性格与思想有着很大的影响；文化包括风俗、技能、在平时以及战时的家庭与公众生活、宗教、科学与艺术。陈认为，格雷姆"给了我们以一个较为准确的文化的定义"，它是"近来好多研究文化学的人们的文化的定义的前身"。泰勒在1871 年出版的《原始文化》一书里认为，文化是一个复杂的总体，包括智识、信仰、艺术、道德、法律、风俗以及人类在社会里所得的其他的一切的能力与习惯。在陈看来，这是一个"解释文化的意义比较具体明了"，而且又为"近代研究文化的人们所常常引用的文化的定义"。马其维在 1929 年刊行的《社会》一书中指出,凡是人类努力去设法以统制其生活的状况的一切的机构与组织,可以叫做文明;而凡是人类努力去设法以满足自己的内在的结果,可以叫做文化。显然,陈序经吸收了马其维关于文化与文明两方面的概念。

"文化是人类适应时境以满足其生活的努力的工具和结果。"陈序经这个文化的定义,并不是简单地拼凑西方学者的文化观念,而是创造性地综合,在某种程度上表现出其对文化的独特思考。这个文化定义,一方面是贯穿于陈序经的文化学理论和文化观的最基本的话语,另一方面又是把它们联在一起的关键枢纽。正是从文化的界定入手,陈序经才一步一步导出他的"全盘西化"主张。

既然文化具有时代性,那么,过去的文化和现在的文化便该截然不同,从古到今,"文化的进步是显而易见的"。[①] 所以,"要想适应现代的环境,则不能不采纳现代的文化;同时也不能不排除旧时代环境的文化"。[②] 他所谓旧时代的文化,就是中国文化;所谓新时代的文化,就是西方文化。"自东西文化接触以后,中国人感觉到事事样样都不如人,同时又不能闭关自守而保存自己固有的文化,结果是固有的中国的国情,已不适合新的时代。整个文化既是不适合现代的环境,则整个文化也要现代化了。"而"所谓现代化的根本干体,就是近代西洋文化"。[③]

文化既受环境的影响,环境不同,其所形成的文化也就不同,"文化是这些环境所形成的东西,而各种文化之所以不同,往往就是由于各种

---

① 陈序经:《文化学概观(三)》,商务印书馆 1947 年版,第 115 页。
② 陈序经:《东西文化观(下)》,《岭南学报》第 5 卷第 3 期、4 期合刊,1936 年 12 月。
③ 陈序经:《教育的中国化和现代化》,《独立评论》第 43 号,1933 年 3 月 26 日,第 8 页。

环境的差异。比方,中国文化,经了二千余年的历史而没有多大的变化,这可以说是因了环境的作用。又如,西洋文化在近代数百年来,能够日新月异,也可以说是因了环境的作用"。① 在陈序经看来,中西方文化的自然环境并没有多大差别,所差别的是中西方文化的"文化环境"。这种差别,在中西文化一开始形成时就产生了。就目前来说,所谓中国的文化环境,就是中国的整个传统文化;所谓西方的文化环境,就是现在的整个西方文化。既然西方文化比中国文化先进,那么,就应该把中国文化彻底抛弃,而全盘采纳西方这个"现代世界的文化"。

既然文化的创造需要人的努力,那么,文化的进化乃是自然而然的道理,"努力总是要动,所以文化之发生及发展,完全是由于动。安静不动而随着时代环境的推移,决不会创造出文化来……设使文化没有变动,那么文化决不会有演进。所以文化的演进,是与文化变动的速度成为正比例"。按陈的看法,中西文化都是变动的、进化的,"所差异点,不外是欧洲现代的文化动得很厉害,而中国的文化的变动,却比较的动得太少"。② 如果中国文化要像欧洲文化那样进步快,就必须"彻底而且全盘"把它"化"起来。

既然人们以文化为生活的工具,那么,"他们若觉得他们的文化有缺点,他们可以改变之。他们若觉得他们的文化,比他人的文化好得多,他们可以保存之。他们若觉得人家的文化比较他们自己的文化高一点,他们可以模仿之"。③ 西方人能用的工具,当然中国人也能用。

---

① 陈序经:《文化学概观(三)》,商务印书馆 1947 年版,第 2 页。
② 陈序经:《中国文化的出路》,商务印书馆 1934 年版,第 56—57 页。
③ 陈序经:《中国文化的出路》,商务印书馆 1934 年版,第 5 页。

从人种学上来说，中国人并不比西方人愚笨，西方人能创造的工具，当然中国人也能创造，"只有相信中国民族有了这种创造能力的人，始能相信中国将来的文化不但可以和欧美并驾齐驱，且可以超越在欧美所成就之上"。① 事实证明，现在西方人赖以生活的工具要比中国赖以生活的工具先进，所以，中国应该毫不吝惜地舍弃自己的工具，而把西方的工具完全整个地拿过来。

总之，从陈序经的文化概念的每一点，不但可以看出他关于文化的"普通与根本的观念"，②而且可以推衍出"全盘西化"的结论来。不仅如此，陈序经还经常用他定义的文化概念，去批驳他人的文化观，他最常说的一句话就是"这种见解的错误，在于不明了文化是人类适应时代环境以满足其生活努力的工具和结果"。这样一个文化概念便是陈序经文化思想中最基本的概念和范畴。如果说陈的"全盘西化"论有一套完整的体系，关于文化的概念便是他构建这个体系的理论基石。

三、"文化圈围"理论

长期以来，人们对陈序经的"全盘西化"观争议最大的就是"全盘"二字，为什么陈序经要"全盘"西化呢？难道仅仅是由极端的"崇洋心理"造成的吗？其实，他的"全盘"西化观主要来源于其文化学理论中的

---

① 陈序经:《对于一般怀疑全盘西化者的一个浅说》，吕学海编:《全盘西化言论集》，岭南大学青年会 1934 年版，第 121 页。
② 陈序经的文化概念中已内含下文所论述的"文化圈围"理论和"文化演进"理论不少的因素。

"文化圈围"理论。

陈序经是中国最早提倡建立"文化学"为专门学科的学者之一。早在西南联大时,他就开了一门中国大学中从所未有过的名为"文化学"的课程。后来,他把讲课的内容系统化,于 1947 年整理出版了四册《文化学概观》。在书中他集中阐述了他的一整套独特的文化学理论,其中"文化圈围"理论是着墨最多和最富特色的一种。所谓文化圈围,就是从空间上对文化的观察,"是某一种文化的整个方面的表示,而别于他种文化圈围"。[①] 具体来说,它有以下几点内容:

第一,每一个文化圈围都包含很多不同的成分,这些成分密切联系而不可分。

在陈序经看来,不同地域的文化,在发生广泛联系之前,是以一个一个圈围的形式存在的;每一个文化圈围都包含着很多的成分。所谓文化的成分是"组成一种文化的要素或原素"。[②] 它们的分类往往因人而异。比如,"李鸿章薛福成们"把文化分为器的文化和道的文化;克鲁伯(AL. Kroeber)把文化分为物质的文化、社会的文化、审美与宗教的文化;威士莱(C. Wissler)分文化为:语言、物质的特质、艺术、神话与科学知识、宗教的动作、家庭与社会制度、财产、政治的形式、战争等九种。陈所提到的关于文化成分的分类有二十四种之多。至于他自己,则从文化的重心的角度,把文化分为宗教、政治、经济、伦理等四方面;在应用上,有时他又把文化分为物质、社会、精神三方面。

---

① 陈序经:《中国文化的出路》,商务印书馆 1934 年版,第 11 页。
② 陈序经:《文化学概观(三)》,商务印书馆 1947 年版,第 38 页。

对于文化成分的分类，为什么是这样"言人人殊"呢？陈序经认为，这是由于"分析不过是我们为研究上便利而设，而且这种分析，总不免有多少的主观。结果是每一个人的分析，可以和别人的分析不相同。这个原因不外是因为文化本身上，象我们上面所说，是整个表示。分析是我们对于文化认识上一种权宜，文化本身上并没有这回事"。① 职是之故，"分析为两方面，固无不可；分析为十方面，百方面，以至千万方面，也无不可"。② 这就是说，分析是主观的、假设的；文化本身是作为整体存在的，是不能分开的。在这种意义上，即使对文化进行分析，不管分析为多少方面，也都是密切联系而不能单独存在的。

总之，无论文化圈围所包含的成分怎样多或复杂，都是密切联系而不可分的。因为分析是为研究的便利，而"非实体的本身"。③

第二，文化圈围内，一方面的波动必然影响到别的方面。

文化圈围的各方面不但是密切联系的，而且是互相影响的，"在这种互相影响的历程中，其所需要或是经过的时间，也许很长，然而影响是一种不可避免的事实"。④ 陈把这种相互影响或相互关系分为四种不同的方式：(一)相成的关系。(二)相反的关系。(三)直接的关系。(四)间接的关系。

所谓相成的关系，就是两种文化特质或成分向同一方向变化的关系。"某种文化的特质若发达，则别种文化，也随之而发达；某种文化的

---

① 陈序经：《中国文化的出路》，商务印书馆 1934 年版，第 19—20 页。
② 陈序经：《文化学概观(三)》，商务印书馆 1947 年版，第 70 页。
③ 陈序经：《文化学概观(三)》，商务印书馆 1947 年版，第 70 页。
④ 陈序经：《文化学概观(一)》，商务印书馆 1947 年版，第 36 页。

特质若衰落，别种文化也随之而衰落，这可以叫做相成的关系。比方，科学的知识进步，物质的文化也进步，科学的知识落后，物质的文化也落后，这就是相成的关系。"所谓相反的关系，就是两种文化特质向相反方向变化的关系。"某种文化的特质若发达，则别种却随之而衰微，这可以说是相反的关系。比方，科学的知识进步，宗教的信仰却因之而衰微，这就是相反的关系。"①

所谓直接的关系，就是两种文化特质之间没有任何中介而相互引起变化的关系。"某种文化的特质的变化，若立刻影响到别的文化的特质，这可以说是直接的关系。比方，机器发明，工业发达，就是直接的关系。"所谓间接的关系，就是两种文化特质通过其他文化特质而相互引起变化的关系。"某种文化的特质的变化，立刻影响到别的文化的特质，等到别的文化的特质变化以后，再影响到第三种文化的特质，这可以说是间接的关系。比方，机器发明，而直接的影响到工业发达，等到工业发达之后，又影响到家庭的制度。则机器发明与家庭的制度的变化，可以说是间接的关系。"间接的关系本身也有很多情况，有时"一种文化的特质之于别种文化特质，也许要经过数十次的间接关系"。②

事实上，文化特质之间的这四种关系，也不是孤立的、也是有关系的。比如，相成的关系，有时是直接的，有时是间接的；相反的关系也是如此。直接的关系，有时是相成的，有时是相反的；间接的关系也是如此。"因为文化的特质，是有关系的，所以文化一方面的波动，往往会影

---

① 陈序经：《文化学概观(一)》，商务印书馆 1947 年版，第 75—76 页。
② 陈序经：《文化学概观(三)》，商务印书馆 1947 年版，第 76、77 页。

响到文化的其它方面。"①

总之,无论文化圈围所内含的各方面是什么样的关系,相互影响是一种事实;牵一发而必然动到全身。

第三,文化圈围只有程度的不同,而没有性质的差异。

关于这一点,陈序经有好几种大同小异的表述,如"二种不同圈围的文化的差别,只有程度上的不同,而没有成分上的各异";"一切文化的差异,只有程度或量上的简单和复杂的差别,却没有质上的差异";"文化本身上只有程度的差异,没有种类的不同"②等。他总的意思是说,文化的成分是相同的,无论文化分析为多少方面,却都存在于任何一种文化之中。"这些文化的成分,无论在哪一种文化里,都可以找出来。在最高级的文化里,固可以找出这些成分;在最野蛮的文化里,也可以找出这些成分。"前面曾提到,陈序经认为对于文化的成分有许许多多的不同的分类,为何此处又说它们是相同的呢? 原来陈所指的文化成分,不仅是名称上的或形式上的,而且还是性质上的或内容上的。比如,他说:"文化是人类生活的总和,文化成分不外就是这个总和的分析。生活的必需条件,就是各种分类中的文化成分。文化又是人类生活的方式,生活的方式,虽然很多,然而生活上的基本方式,就是各种分类中的文化成分。"③陈所谓文化成分的相同,就是指的人类生活的必需条件和基本方式的相同。关于这一点正如李鹏程所说的文化的"总体性的结构框架":"任何民族都有物质生活资料的生产,有生产资料

---

①　陈序经:《文化学概观(三)》,商务印书馆 1947 年版,第 77 页。

②　陈序经:《中国文化的出路》,商务印书馆 1934 年版,第 21、77、106 页。

③　陈序经:《文化学概观(三)》,商务印书馆 1947 年版,第 62 页。

的生产,有从婚姻制度到国家制度的一系列文化制度,有自己的宗教、风俗、禁忌、道德规范,有自己的精神生活,包括知识系统、善的观念系统和审美观念系统。这一切,就是人类文化的生命存在的总体性的结构框架,这个框架对于每一个民族都是基本上适用的。"①

既然文化的成分是相同的,研究文化就只能从程度上进行研究。由此,陈序经又得出了两个结论:

其一,每一种文化圈围都有一种代表其发展程度的水平线,无论这个圈围的哪方面都不会离这个水平线太高或太低。这个水平线并不是实际存在的,而是假设的,就像经济学上的价值,无论价格怎样变化,都是围绕着价值波动;既不会离价值太高,也不会离价值太低。文化圈围的水平线与它各方面的关系也是如此。"在同一时间的地层及同一文化圈围里,无论文化的哪方面都不能离得这种文化地层太高。因为在同一地层的文化的各方面,都受这地层的限制。"比方,在石器时代,决不会有机器发明;机器若不发明,决不会有飞机。又如一个文化圈围的物质文化水平很低,那么这个圈围的精神文化水平必然不会很高。其二,在同一时间的地层中,可以有各种高低不同的文化圈围。文化圈围的发展是不平衡的,有的快,有的慢。若从某一时间来看世界上的文化圈围,它们往往是高低不同的。假若它们之间没有接触,所谓高低只在客观上存在;而只有在它们接触以后,高低才能真正表现出来,"因为高低是由比较而来"的。②

---

① 李鹏程:《当代文化哲学沉思》,人民出版社 1994 年版,第 477 页。
② 陈序经:《中国文化的出路》,商务印书馆 1934 年版,第 31、33 页。

总之,陈序经认为文化圈围的"成分"是相同的,所差别的只是高低程度的不同。

第四,文化圈围是有重心的,文化圈围的其他方面都要受它的重心的影响。

文化的重心是文化的内容上或成分上的概念,它使人明白文化偏重于某一方面,而"在某个社会或某个时代里,文化的重心若偏于某一方面,则这个社会或这个时代里的文化的其它方面,往往会受这种文化重心的影响"。在陈看来,处在某种地层下的文化圈围,一般情况下都有一个重心,而这个圈围的其他方面,都或多或少的与这个重心有了关系。比如,西洋中世纪的文化重心是宗教,那么"文化的各方面,无论直接上,或间接上,都受宗教的影响"。① 前面曾提及,陈序经把文化的成分分为四方面:宗教方面、政治方面、经济方面和伦理方面。他认为,这四方面在不同的时代中分别充当着文化圈围的重心。

以上就是陈序经的"文化圈围"理论。从其内容来看,它主要吸收了泰勒、萨皮尔(E. Sapir)和沃利斯(W. D. Wallis)等人的观点。比如,人类学家泰勒认为,文化是一个复杂的总体,总体内部包括智识、信仰、艺术、道德等许多成分,这些成分是非常密切地联系在一起的;社会学家萨皮尔在1925年《美国社会学杂志》上发表的《文化:真与假》一文中,认为文化需要一种"和谐平衡自足"的原则,这种原则使每一种文化都作为整体而存在;文化学家沃利斯在30年代著的《文化与进步》一书中,认为文化可以包括许多部分,但各部分是不能分开的,一部分发生

---

① 陈序经:《文化学概观(三)》,商务印书馆1947年版,第23、24页。

变化,往往引起他部分也发生变化。显然,陈序经的"文化圈围"理论充
分吸收和采用了这些学者的思想。正是根据这一理论,陈序经得出了
他的"全盘"西化观。

既然每一个文化圈围都是一个整体,那么西方文化是一个整体,东
方文化也是一个整体;假若承认东方文化出了问题,就得承认是它的整
体出了问题;假若承认西方文化比我们先进,就得承认是它的整体比我
们先进。所以,要学习西方文化,就必须学习它的全部,即把东方文化
彻底抛弃,把西方文化整个地"化"来。正如他说:"因为文化本身上是
整个表示……时势的趋向,以及今日西洋文化的优胜的地位,所以取其
一端,应当取其整体。"①

既然文化圈围内一方面的波动必然影响到其他方面,那么学习西
方文化的一方面,就必然带动其他方面,比如学习西方的物质文化,就
必然带动西方的精神文化;结果是西方文化的所有方面都被吸收过来,
正是"每一层和每一种文化的各方面,都是互有关系的、互相连带的。
我们若是采纳人家的一方面,那么从这方面就会影响到他方面,结果是
牵动了整个文化"。②

既然文化圈围只有程度上的不同,没有成分上的差异;那么"把某
个圈围里的文化,来和别的圈围的文化,寻出根本上的性质不同,是决
不能给我们以彻底的了解。我们若要明白东西文化的差别,只能于程
度上观察"。而"就文化的程度或量的方面来看……所谓中国的固有文

---

① 陈序经:《再谈"全盘西化"》,《独立评论》第 147 号,1935 年 4 月 20 日,第 6 页。
② 陈序经:《东西文化观(下)》,《岭南学报》第 5 卷第 3 期、4 期合刊,1936 年 12 月,第
113 页。

化,若把它和现代的西洋的文化比较,则其差异正有天壤之殊"。① 也就是说,在性质或成分上,中国文化和西方文化都是一样的,而在程度或量上,中国要远远落后于西方。在这个前提下,由于处在同一地层的文化各方面都不会离它所处的水平线太高或太低,因此,中国文化不可能有一方面或数方面高于西方,只能是所有方面都低于西方,即"事事太落后,样样不如人"。② 这样看来,中国文化没有任何值得留恋的地方,必须彻底抛弃,从而全面地学习西方先进文化。

既然文化是有重心的,每个文化圈围的其他方面都受它的重心的影响,那么学习西方文化就应由重心着手,从而带动其他方面。

由此可以看出,根据这个"文化圈围"理论,陈序经主张"全盘"西化乃是理所当然的。因为文化是作为整体存在的,文化各方面是密切联系而相互影响的,所以不向西方学习则已,要学习就须全盘学习。

正是根据这样一个理论,陈序经还批判了"文化折衷派",即通过批判文化折衷的路走不通,来证明只能走"全盘"西化的路。在陈序经看来,所有的"文化折衷"论者,都主张保留和发扬中国传统文化的一部分,吸收和采纳西洋文化的一部分,即取两者之长,舍两者之短,以造成一种中西合璧的文化。它们之间所不同的,是对东西文化保留和采纳的多少或内容的差别。而陈序经根据他的"文化圈围"理论认为,文化的各方面是密切联系而相互影响的,精英和渣滓往往是连在一块的。对此人们不能随意地取长去短。因为对文化无论怎样的分析,都避免

---

① 陈序经:《中国文化的出路》,商务印书馆 1934 年版,第 107 页。
② 陈序经:《东西文化观(下)》,《岭南学报》第 5 卷第 3 期、4 期合刊,1936 年 12 月,第 113 页。

不了主观性。你认为长的,他可能认为短;你认为短的,他可能认为长;人们不可能有一个共同的标准。结果,各取其长,往往是各取其短,比如"他们一方面享受了西洋的物质文化以饱私欲,一方面利用中国的旧道德旧思想以欺骗人民。他们购买枪炮就说是物质的西化,他们杀害无辜,就说是攻乎异端"。① 象这样,陈序经批评的"文化折衷派"有十几种之多,具有代表性的是:

他利用"文化圈围"理论的第一点,批驳了"中体西用"说。张之洞在《劝学篇》中,把洋务派对待东西文化的态度,概括为"中学为体,西学为用",这是最典型的一种折衷学说。陈认为,它的错误在于不明了文化各方面分不开的原理:"中西学术,各有其体,而且各有其用。其用之所依,在于其体,体之所表,在于其用。而且有其体必有其用,有其用必赖其体。今欲二种不同之体,及其不同之用,颠倒配置,是无异欲用目以觉嗅味,而用鼻以视物。中西文化既是二件不同的东西,今欲采纳西方文化之用,而不要其体,正像是舍本而求末,断其源而取其流。"②

因此,中体西用的主张是一种不可能实现的幻想,洋务运动的最终破产也正说明了这一点。

陈利用"文化圈围"理论的第二点,批驳了冯友兰所谓"共殊的文化"论。冯友兰在《新事论》一书里,把文化分为"共同的"与"特殊的"两方面。"共同的文化"就是人类共同需要的文化;"特殊的文化"就是每个民族特有的文化;前者可以改变,后者却不能改变。他认为自清末以

---

① 陈序经:《东西文化观(下)》,《岭南学报》第 5 卷第 3 期、4 期合刊,1936 年 12 月,第 109 页。

② 陈序经:《中国文化的出路》,商务印书馆 1934 年版,第 42—43 页。

来，"组织社会的道德是中国人所本有的,现在所须添加者是西洋的智识、技术、工业";"在基本道德这一方面,是无所谓现代化,或不现代化的"。[1] 而在陈序经看来,所谓共需的文化与特殊的文化,是有了密切关系而不易分开的,是相互影响的,"道德之于智识、技术、工业是有了密切的关系的,智识发展、技术进步、工业发达则社会组织的本身也要起了变化,所谓组织社会的道德也不能不受了影响"。[2] 比方,自从采纳了西洋的智识、技术、工业之后,中国家庭的道德如父母之命、媒妁之言、男尊女卑及种种信条和礼俗,无一不受了重大的影响。反过来说,中国对西洋的智识、技术、工业之所以不能"全盘采纳、彻底讲求",也是由于中国固有的道德在作崇。因为它们之间是密切联系而相互影响的。

陈还用"文化圈围"理论的第三点关于文化水平线的原理,批驳了东方精神文化和西方物质文化互补的主张。在中西文化问题上,有人认为,欧洲文化偏重于物质文化,所以欧洲的物质文化比东方的物质文化优得多;中国偏重于精神文化,所以中国的精神文化较优于欧洲。由此主张,以西方之长来补东方之短;以东方之优去救西方之劣。而陈却认为,"欧洲的物质文化是由欧洲的精神文化而来。看了欧洲的精神文化,也可以知道欧洲的物质文化。东方的物质文化是由东方的精神文化而来,看了东方的物质文化也可知道东方的精神文化"。这就是说,西方的物质文化先进,精神文化也同样先进;东方的物质文化落后,精

---

① 冯友兰:《新事论》,商务印书馆 1937 年版,第 227、228 页。
② 陈序经:《东西文化观(二)》,杨深编:《走出东方——陈序经文化论著辑要》,中国广播电视出版社 1995 年版,第 380—381 页。

神文化也同样落后。因此,东西互补是不能成立的,"我们若是要西方的物质文化,我们不能不要西方的精神文化。我们若要保存东方的精神文化,我们不能不保存东方的物质文化"。[①]

从根本上来说,陈序经认为所有主张"文化折衷"的派别,都是昧于文化的成分和分析的意义。"以为文化的全部,好象一间旧屋子,我们随便可以部分的折毁,看看哪几块砖石,或是木料,可以留用。他们忘记了文化的各方面的特质的分析,不外是我们自己的假定,而非文化本身上有这么一回事。"[②]因此,折衷派所主张的中西合璧只是一种虚无、幻想,实事上是根本不可能实现的。对待西方文化,不采纳则已,要采纳就只能全盘采纳。

总之,在陈序经的"文化圈围"理论和他的"全盘"西化主张之间,是有一种必然的联系的。一方面,他以文化是作为整体而存在、而相互影响的为由,论证了"全盘"西化的可能性;另一方面,他又以文化是不能随意取舍、折衷调和的为由,批驳了文化折衷派。所以,"文化圈围"理论就是陈序经"全盘"西化观的理论基础。

四、"文化演进"理论

"文化演进"理论,是陈序经在吸收西方文化思想的基础上,从时间上即从纵的角度对文化的考察。主要内容有:

---

① 陈序经:《中国文化的出路》,商务印书馆 1934 年版,第 54 页。
② 陈序经:《东西文化观(下)》,《岭南学报》第 5 卷第 3 期、4 期合刊,1936 年 12 月。

第一，今胜于古，后胜于今，是文化演进的总趋势。

在陈序经看来，文化从古到今是一个进步的历程，"就我们的观察，文化的进步是显而易见的"。比如，"从衣树叶而至穿丝绸，从泥屋而至砖屋，从帆船而至轮船，这种进步，凡是有眼睛的，都可以见。其实，我们可以说，人类之所以异于无机体与其它的动物，就是因为前者没有文化的发展，而后者却有文化的进步"。[①]

为什么文化能够进步呢？他认为，原因之一是文化的发展依赖于人类的创造力量。人的创造力量是不会减少的，不但不会减少而且是逐渐增加的。比如前人创造一点东西，后人在此基础上再添上去一点，如此下去，人的创造力量会越来越大，由此所产生的文化也会越来越进步。原因之二是在于人的意向性。这种意向性，在人类发展初期，表现为本能的欲望；随着文化的进步，则越来越表现为有目的的要求。"人类饿的时候，想找东西吃；冷的时候，想找东西穿；风雨来了想找地方去防避；山河间隔，想设办法去通过；这可以说只是一种本能的行为，并不一定有意去创造文化。但是为了满足这种欲望的结果，就是我们所说的文化。欲望是无穷的，欲望是继续的，所以文化也正在不断的发展。等发展到了相当的程度之后，人类始逐渐的有空余的时间，去回顾过去的成就，与考虑将来的计划。"这个时候，欲望就变成了有目的的要求。"只有人类在文化上做有目的要求之后，文化的发展，始有意义。自然的，这里所谓目的，只是相对的，而非绝对的。因为某种目的已达之后，别种目的又排在我们面前。因为目的是一种理想，而理想是无止

---

① 陈序经：《文化学概观（三）》，商务印书馆1947年版，第115、116页。

境的。"①人类一个一个欲望的满足,一个一个理想的实现,就是文化的发展;也可以说,人类的欲望和理想在推动着文化"日进无疆"。不但如此,随着时代的发展,文化进步的速度还会逐渐增加。

总之,陈序经认为,文化是向前进步的;文化之所以进步,是由于它的产生和发展依赖于人的创造能力和意向性。

第二,文化的演进是分为层累的,由宗教时期→政治时期→经济时期→伦理时期,是文化层累发展的规律。

在陈序经看来,"文化既是演进的,则文化层累之存在,当无可疑"。所谓文化的层累,就是文化发展的大致阶段性的表示,它比较有弹性,反映的只是文化变化的连续的历程。"既有了文化层累,则层累的分类,也为研究文化及明了文化的高低,所不可无的条件。"②但是,文化层累的分类却因人而异。比如,克利喜阿斯(Lucretius)把文化的层累分为:(一)石器时期,(二)铜器时期,(三)铁器时期;孔德(Comte)从思想智识的立场,把文化分为:(一)神学时代,(二)哲学时代,(三)科学时代;黑斯(E. C. Hayes)从整个文化的发展,分层累为:(一)野蛮时期,(二)半开化时期,(三)文明时期,(四)文化时期。在列举了文化层累的近二十种分类以后,陈也阐明了自己的分类,"我个人以为若从文化的发展的重心来看,我们可以把文化的层累,来分为下列四个时期:(一)宗教时期,(二)政治时期,(三)经济时期,(四)伦理时期"。③

从空间上来看,文化是以一个一个圈围的形式存在的,每一个文化

---

① 陈序经:《文化学概观(三)》,商务印书馆1947年版,第143页。
② 陈序经:《中国文化的出路》,商务印书馆1934年版,第31、33页。
③ 陈序经:《文化学概观(三)》,商务印书馆1947年版,第137—138页。

圈围都包含宗教、政治、经济和伦理四方面,其中有一方面是文化的重心。而从时间上来考察,陈序经认为,文化发展的趋势是由宗教的重心→政治的重心→经济的重心→伦理的重心。以西洋文化来看,"从希腊罗马以至中世纪的末年,西洋的文化的重心,是在宗教方面"。宗教在人们的生活中具有至高无上的地位,文化的各方面如政治、思想、艺术等都要受宗教的影响。"自宗教改革以至十八世纪的末年,也可以说直到现在,政治成为西洋文化的重心。"所以,近代国家主义和民族主义兴极一时,政权组织代替教会成为最高权威,"文化无论哪一方面,都可以说是染了多少政治的色彩"。自 18 世纪末年,工业革命以后,"经济的情形,逐渐变化,而影响到文化的各方面"。其主要表现,首先是人们的物质生活大为改善;其次是贫富悬殊,造成了劳工阶级和资本阶级的对立;再次是思想派别繁多,内容丰富。尽管如此,文化的经济方面"尚未能够完全代替政治方面,而成为现代的文化的重心"。至于文化的伦理重心的时代,"在目下尚谈不到,虽则将来有实现的可能"。①

　　西洋文化重心的发展趋向固是如此。在陈看来,东方文化的重心的发展趋向同西洋差不多是一样的。例如,印度固有文化的重心,是在佛教方面。而受了英国的侵略和统治以后,"印度的民族主义,与国家主义,逐渐的发展起来"。即政治逐渐成为印度文化的重心。再如,日本固有文化的重心,是在"对天皇尊崇"的宗教方面,但自明治维新以后,日本在国内励精图治,对外又战胜了中国和俄国,政治遂成为文化的重心。一战以后,日本建立了工业化的基础,经济正逐渐成为日本文

①　陈序经:《文化学概观(三)》,商务印书馆 1947 年版,第 28、29、30 页。

化的重心。又如，中国也不例外，"中国的文化的外表，既以孔教为重心，中国文化的实质，又以拜祖宗、崇佛道为重心。因而一个人生、死、婚、葬，都不能离拜祖宗崇佛道的典礼"。然而，自太平天国以后，国人逐渐注意到政治的生活，维新运动、辛亥革命和五四运动，都是中国文化趋于政治重心的表征。而"自北伐成功以后，经济的问题，又逐渐引起国人的注意，这可以说是趋于经济重心的预兆"。[①]

根据西洋历史的发展和东西文化接触以后所发生的变化，陈认为，无论是西洋文化，还是东方文化，都是由宗教的重心→政治的重心→经济的重心而发展的。不过，显而易见的是，东方文化重心的发展受了西洋的影响，才趋于这种走向的。

总的来说，陈认为文化的进步是分为层累的，层累的划分因人而异，但从文化重心的变化来看，由宗教时期→政治时期→经济时期→伦理时期，是文化层累发展的规律。

第三，文化的演进是由于文化各方面的变化，变化又有渐变和突变的分别。

所谓文化的渐变，也可称缓变，就是文化变得很慢，是逐渐变化的，但不是停滞。比方，中国的文化从古到今就属于渐变，这期间虽然也有朝代的更替，但是"变来变去，始终不能逃出孔老所划的圈子"。[②]

所谓文化的突变，就是文化变得很快、很明显。它的发生有两种情况。一种是缘于文化内部的波动，比如，"在欧洲，十六世纪的宗教改

---

① 陈序经：《文化学概观（三）》，商务印书馆 1947 年版，第 31、34 页。
② 陈序经：《文化学概观（三）》，商务印书馆 1947 年版，第 144 页。

革,十八世纪的法国革命,与十九世纪的工业革命,都是突变的例子。这三种突变,最初虽是由于文化的某一方面,如宗教,或政治,或经济,但是这一方面的变动,在本身上,既骤如其来,而其影响于文化的其它方面,又很厉害,使整个文化,都受了极大的波动,而改换了一个新形态,或是趋向于一个新方面"。突变的另一种情况,是因受外界的刺激而引起的。比方,"日本、暹罗、中国,在近代之受西洋的文化的影响,而引起的变化,就是突变。十三世纪的西洋文化,因受了中国的文化的影响,而引起的变化,也是突变。因为两者都能引起文化上的新形态、新方向"。[①] 在两种文化接触以后所引起的大突变中,又往往有许多小突变。比如,近代中西文化接触后,在中国发生的维新运动、辛亥革命和五四运动,就属于大突变中的小突变;再如13世纪的欧洲,因传入了中国的指南针、火药、印刷术,所引起的变化,也属于这一例。

　　渐变与突变,可以说是文化发展变化的两种不同的方式。渐变是文化发展的常态,突变是文化发展的变态。"但是两者的差别,并非绝对的,而是相对的,并非种类的不同,而是程度的差异。所以缓变若经过了长久的时期,则前后的差异,必定很大,而等于突变的结果。所谓突变,虽像骤然而来,但是若细心考究起来,就能明白,这种变化也有其悠长的历史与渐变的步骤。"缓变和突变,虽说不是绝对的差异,而乃程度的不同,但是,"突变是发展的转机时代的分野,文化的进步,主要是依赖于突变,突变不但是由新刺激而来,而且可以引起新刺激。突变的发生,虽是往往会使义化失调,然而失调只是义化发展的过渡的历程,

----

　　① 陈序经:《文化学概观(三)》,商务印书馆1947年版,第145页。

经过相当的时期以后,失调可以变为和谐,而变态可以成为常态"。^①

总的说来,陈认为,渐变和突变都是文化进步的方式;渐变是常态,突变是变态。二者的差别虽不是绝对的,但是比较来看,突变对于文化进步的作用要大于渐变。

第四,文化演进得快慢,取决于文化的弹性和惰性的力量对比。

所谓文化的弹性,是指文化变化的特性,"文化是有弹性的。这就是说,文化是变化的。文化之所以能够累积,文化之所以能有进步,都是由于文化的弹性的作用。大致上,我们可以说,弹性愈强,则其累积愈多,而进步愈快。因为有了累积,有了进步,所以文化可以从一种水平线,而变化为较高的水平线"。所谓文化的惰性,是指文化难于变化的特性,"停滞而没有变化的文化,是因为文化的惰性的作用,文化是人类生活的各种方式,人们习惯于某种生活的方式,往往不愿加以改变。有时因为历史既久,就以为这种方式,是天经地义,是精神表示,结果是当了这种方式做一种永远不能变化的东西"。比如,中国人相信孔子的学说,习惯于大家庭制度,及对许多东西的固守,都是因为"这些东西发生了惰性的作用"。由于这种惰性的作用,文化往往"成为停滞的状态,趋于退步的地位"。^②

弹性和惰性,共同存在于某一种文化之中。尽管它们的力量或大或小,但是,"绝对的弹性,或绝对的惰性,是没有的。就是有了,也是很少。文化能否进步,或是停顿,要看其弹性与惰性的力量如何。假如弹

---

① 陈序经:《文化学概观(三)》,商务印书馆 1947 年版,第 146 页。
② 陈序经:《文化学概观(三)》,商务印书馆 1947 年版,第 7—8 页。

性的力量较惰性的力量为强,那么文化可以进步;假如惰性的力量较弹性的为强,那么文化必定停顿。"①

总之,陈认为,文化是有弹性和惰性的。文化弹性大的,进步快;文化惰性大的,进步慢。

以上就是陈序经的"文化演进"理论。从其内容来看,它主要吸收了格雷姆、摩尔根(Morgan)和色什兰(Suther Land)等人的观点。格雷姆把世界的种族分为两类:不活泼的种族和活泼的种族,认为人类的进化由前者而趋于后者,并呈现三个阶段:野蛮的阶段、养驯的阶段和自由的阶段;摩尔根在 1877 年刊行的《古代社会》中,首次提出了社会进化论思想,并把人类社会的发展分为:未开化时期、半开化时期和文明时期;以后色什兰在此基础上,进一步考察了人类社会的进化,并分文化的层累为更详尽的四个时期:野蛮时期、半开化时期、文明时期和文化时期。正是在吸收这些学者的观点的基础上,陈序经创立了他的"文化演进"理论。根据这一理论,陈序经得出了他的全盘"西化"观。

文化是进步的,进步又是逐渐加速的。既然如此,无论是固守传统,还是复返古代,都是不可能的。历史的发展是今胜于古,后胜于今。所以,中国人寻求文化的出路,不能朝后看,而应朝前看;朝前看,则西方已远远地在我们前面了。那么,我们首先要做的就是紧紧赶上西方,即彻底全盘采纳西洋文化。

文化是进步的,在进步的历程中表现出一个一个的层累。从文化重心的变化来看,由宗教时期→政治时期→经济时期→伦理时期,是文

---

① 陈序经:《文化学概观(三)》,商务印书馆 1947 年版,第 7—8 页。

化层累发展的"规律"。在东西文化接触之前,东方文化大都处于较低的宗教时期;东西文化接触以后,东方文化便被带到较高的层累中,溶入西方文化层累发展的趋势。但是,溶入还没有达到步调一致,如果中国想真正进到更高一级的层累,同西方一样的发展,那么就该顺应这个"规律",即全盘采纳西洋文化。

文化的演进是由于文化各方面的变化,变化又有渐变和突变之分。事实上,西方文化的发展经常出现突变,而中国文化却一直是渐变,所以西方文化比中国文化进步快。但是,自从受了西洋的影响,中国文化也开始发生突变,比如太平天国运动、维新运动、辛亥革命和五四运动等,不过,这只是大突变中的小突变。所谓大突变,就是进步慢的东方文化被进步快的西方文化所代替。这个大突变早已开始,但还没有完全实现,中国所急需的就是通过努力加速它的实现。

文化是有弹性和惰性的,而不同的文化,弹性和惰性的力量又是有差别的。西方的文化弹性大,中国的文化惰性大。"西洋文化在近代之所以能够有一日千里的进步,就是因为她的动性较强;两千年来的中国文化之所以停滞不发展,就是因为她的惰性较深。惰性较深,就是表示没有创造力,动性较强,就是表示有创造。因此,有些人且叫中国的文化为保守的文化,西洋的文化为创造的文化。这样看起来,全盘西化,实为中国创造别一种新文化的张本了。"①这就是说,如果要去掉中国文化的惰性,象西方文化那样富有弹性;或者要改变保守的文化,使中

---

① 陈序经:《关于全盘西化答吴景超先生》,《独立评论》第 142 号,1935 年 3 月 17 日,第8—9 页。

国创造别一种新文化,其最好的办法就是彻底全盘采纳西洋文化。

显然,根据这个"文化演进"理论,全盘"西化"乃是合乎逻辑的结论。不但如此,陈序经还用这一理论批判了与西化相悖的文化"复古"的主张。在他看来,"文化复古派"一般都坚持文化退化的观点,认为古胜于今,时代越古越好。其最典型的表现就是盲目尊孔,认为孔子乃万世之尊,其学说乃永恒之常理;认为中西文化接触后,中国的境遇之所以愈来愈坏,就是由于孔子之道的丧失,所以要复兴中国文化就要复兴孔子之道。而陈序经认为,文化是发展变化的,"因为它是变化的,所以既变之后,再想恢复以前的状态,是绝对不可能的事"。[1]"我们的祖宗,若是能够从野蛮的时代,而变到周公、孔子的地位,岂止到了周孔就成了止境。"[2]尽管在近代以前,中国文化没有逃出孔子所划的圈子,但是在这个圈子内,中国文化仍然是前进的,"唐宋的文化,若谓比之秦汉而不及,这是无论何人都不承认的"。[3] 至于有人提倡用复兴孔家学说来解决近代以来的问题,他认为这简直是愚不可及,如果孔子能解决问题,也就不会有问题了。事实上,正是抱着祖宗的脚不放,才造成了中国"今天这种积贫积弱"的局面。具体说来,陈序经用"文化演进"理论,主要批驳了辜鸿铭的"复古"主张和东方文化派梁漱溟的"中国文化复兴"说。

辜鸿铭是中国留学最早的人之一。他在外国留学之长,通晓语言之多,很少人能与他相比。然而,他几乎又是守旧最深,主张"复古"最

---

① 陈序经:《文化学概观(一)》,商务印书馆 1947 年版,第 36 页。
② 陈序经:《东西文化观(下)》,《岭南学报》第 5 卷第 3 期、4 期合刊,1936 年 12 月。
③ 陈序经:《中国文化的出路》,商务印书馆 1934 年版,第 81 页。

力的人。集中反映他文化思想的著作有《总理衙门论文集》、《中国牛津运动史》和《春秋大义》等。在这些由英文写成的书中,他认为能够估量某种文化价值的,是那种文化所养成的男男女女,即文化不外是道德,而道德是不变的,万世成一统,所以他主张尊孔和复孔。在他看来,人类生活有两种祸害:一为可怕的自然势力;二为人类自身的心理情绪的冲动。其中祸害最大的还是后者。欧洲文化近世以来,虽然在征服自然方面比较成功,但是它却不能抑制和调适人类心理情绪的冲动,因此才酿成了"欧战"(第一次世界大战)。由此他认为,原来的欧洲文化已走到了绝境,只有采用我们的孔子之道才能救之。① 在陈序经看来,辜鸿铭的错误,在于他不明了文化的根本观念:道德不外是文化的一部分,而且道德的势力"是随着文化的发展而发展的","随时随处跟着文化而变换的","时时处处是随着整个文化的变更而变更的"。因此,"假使他相信道德是变化的,那么复返孔子的伦理信条的主张,就要根本打破"。陈认为,"欧战"只是西方文化发展中的变态,"现在"已恢复常态了;如果"专靠道德的势力,去节制因情绪的冲动而生的武力的战争,以免文化的破坏,而至于沦亡,是不异持半升之沙土,而阻黄河之溃决一样"。②

对于主张复兴中国文化的梁漱溟,陈序经认为,从严格意义来说,并不是一个复古派,他骨子里头"老早是位有意或是无意的,要我们中国人去做一种中西合璧的生活的人"。③ 然而,梁漱溟自己却不止一次

① 参见辜鸿铭著,黄兴涛译:《辜鸿铭文集》,海南出版社1996年版。
② 陈序经:《东西文化观(上)》,《岭南学报》第5卷第1期,1936年7月。
③ 陈序经:《东西文化观(上)》,《岭南学报》第5卷第1期,1936年7月。

声明,他是极端反对文化调和的,极端主张复孔的,所以,陈把他也列为复古派来批评。集中反映梁漱溟文化观的是他的《东西文化及其哲学》一书。在书中,梁漱溟把当时世界上的文化分为三种:

(一)西方文化是以意欲向前要求,为其根本精神的。

(二)中国文化是以意欲自为调和持中,为其根本精神的。

(三)印度文化是以意欲反身向后要求,为其根本精神的。

他认为,从文化的发展上来看,这三种文化也是文化发展的阶段。文化发展的程序是由西洋化而中国化,由中国化而印度化;换言之,文化的发展,是由西洋文化的路向→中国文化的路向→印度文化的路向。这是文化发展必经的阶段,是人类文化发展的趋势;而且每个阶段的本身上,必有了相当的成熟的发展,然后才能进到较高的一级,否则就是"早熟"。梁漱溟认为,原来三者都是走着西洋——物质文化那条路的,然而走了不久,西洋文化的路还没走完,还没弄妥当,西洋和印度便跑入第三条路——印度的路;中国则跑入第二条路——孔子的路。中国和印度一错错到了"现在",惟有西洋经过一千多年的中世纪,而重新折回第一条路,逼直的走到"今天",而得到了第一步所应有的妥当和完满的发展,他们再走下去,就是中国文化——孔子的路。那么仍在错中的中国应该怎么办呢? 经过"缜密"的思考,他认为:第一,要排斥印度的态度,丝毫不能容留;第二,对西洋文化是全盘承受,而根本改过,就是对其态度要改一改;第三,批评地把中国原来的态度重新拿出来。一句话,就是用孔子的态度重走西洋文化的路,并准备好进入孔子的路。至于印度,在折回第一条路后也要走孔子的路,所以,"世界未来文化,就是中国文化的复兴"。①

　　陈序经认为，梁漱溟的文化观除了表达上的矛盾和含糊之外，主要是错解了文化发展变化的道理。第一，梁把当时西洋的物质文化看作是发展到顶了无须再发展的文化。根据梁的意思，物质文化发展到西洋这种程度，就完全足够了，就不用发展了；而在陈序经看来，物质文化的发展是无止境的，是日进无疆的。只要人的欲望和理想不泯灭，那么物质文化的发展就不会停止。过去人们只能想到的东西，现在人们已把它变成了现实；而现在人们所想到的东西，谁又能说以后不会变为现实呢？第二，梁以意欲的不同来区分世界上的三种文化，是完全错解了意欲的真谛："意欲是无论何时何处，都是向前直赴的。它并没有持中，也没有向后。意欲是象炉中的火，有了一点火，则热度总是向上升；只有没有火的时候，才没有热。同样：意欲之所以成为意欲，就是因为它是向前的、活动的；唯有完全没有了意欲，才没有向前的动作。同样：一切的文化所走的途径，都是向前的；决没有向后的。前人创造了一点东西，后人学了前人所做的东西以外，又添了多少上去。这样的累进不已，后人不但不象复古一般人所说，不如古人，其实是常常胜过古人，而且应当胜过古人。"②这就是说，意欲都是向前要求的，文化也都是以向前进步为其根本精神的。第三，梁没有指出印度的路之后是什么路。梁所理解的文化的发展是一种有限的发展，只走到印度的路就没有了。实际上，文化的发展是无限的，是一直向前而没有止境的。与梁的认识

①　梁漱溟：《东西文化及其哲学》，商务印书馆 1922 年版，第 293 页。
②　陈序经：《中国文化的出路》，商务印书馆 1934 年版，第 76—77 页。

恰好相反，陈序经认为不是印度文化高于中国文化高于西洋文化，而是西洋文化高于中国文化和印度文化；未来的世界将是西洋文化的一统天下。总之，在陈看来，梁漱溟的文化"三路向"说，是没有弄清文化演进的道理。

从根本上来说，陈序经认为，"复孔派"和"复兴中国文化派"的最大缺点和错误，是昧于文化发展变化的道理。"以为环境时代是不变的，所以圣人立法，可以施诸万世而用于四海；他们却忘记了圣人之所以为圣人，都不过是这种时代和环境的出产品！"①

总之，在陈序经的"文化演进"理论和他的全盘"西化"观之间，是有一种必然的联系的。一方面，他用这个理论论证了全盘西化的必要性，着重说明了为什么要"西化"的问题；另一方面，他又用这个理论批驳了"固守传统派"或"复兴中国文化派"，强调任何文化都是向前进步的，固守传统或"复古"是办不到的。那么，要寻求中国文化的出路，眼睛不应向后，而应向西，即以先进的西洋文化来解决中国问题。由此可以看出，根据这个"文化演进"理论，陈序经主张全盘"西化"也是合乎逻辑的。

五、文化"一致与和谐"理论

除了对文化进行空间上和时间上的考察，陈序经还论证了不同文化接触后的规律，由此得出了他的文化"一致与和谐"理论。其主要内

---

① 陈序经：《中国文化的出路》，商务印书馆 1934 年版，第 82 页。

容是：

第一，文化无论是在空间上，还是在时间上，都含有一致与和谐。

陈序经认为，文化可以从空间上和时间上两方面来观察，空间上表现为种种色色的成分；时间上表现为由简单而复杂的发展。

从文化空间上的成分的分析来看，一致与和谐是双双并立和双双需要的。就文化的物质方面来说，人们"在衣食住的各方面，都有了好多雷同之处"。根据这些相同的地方，可以说这种文化是偏于一致；但是"耕田的人未必就是织布的人，而织布的人未必是造屋的人"。从其差异和需要的方面来看，这种文化是偏于和谐。就文化的社会方面来说，也是如此。社会组织的成立既依赖于相同的兴趣或目的；又依赖于不同的需要或贡献。从其相同的地方而组织的社会来看，是偏于一致；从其不同的地方而组织的社会来看，是偏于和谐。就文化的精神方面来说，同样是如此。"相同的心理，可以发生一致的现象，但是不同的心理，若经过交换与讨论后，也可以成为和谐的状态。"①它们都是需要的。把文化分为物质、社会和精神三方面，固是这样；其实，无论把文化分为多少方面，一致与和谐都是两相并立两相需要的。即从空间上观察，一致与和谐是文化存在的状态。

从文化时间上的发展的趋势来看，一致与和谐同样是存在的。"时间上的一致与和谐，不但是两相并立，而且好象有了先后的分别。"文化的进步，是由简单而趋于复杂的，"因为了简单，所以容易趋于一致，因为了复杂，所以才能偏于和谐"。从文化发展的整个历史来看，由一致

---

① 陈序经：《文化学概观（四）》，商务印书馆 1947 年版，第 3、5 页。

而偏于和谐的趋向是很为明显的。在较低的文化里，"不但是一切风俗、习惯、道德、信仰，往往偏于一致，就是物质生活上的必需，也大致相同，而偏于一致"。而在较高的文化里，特别是"我们现在"的文化里，"思想既有很多支流派别，社会组织又是千绪万端。至于物质生活上的分工，更是无微不至"。[①] 这就象无数乐器联合奏出的音声，因而是偏于和谐的。如果承认较高的文化是由较低的文化发展而来，那么就得承认文化在时间上的发展，是从一致而趋于和谐。不过，这只是一种相对的原则，而非绝对的真理。"因为在古代与以往的文化里，也可以找出因差异而成为和谐的现象，而在近代与现代的文化里，也可以找出因相同成为一致的形态。"[②]

总之，一致与和谐是文化空间上存在的状态，又是文化时间上发展的趋势。

第二，假使两种或两种以上的文化接触起来，其结果和趋势同样是趋于一致与和谐。

在陈序经看来，世界上每一种文化在与他文化相接触之前，都是一个独立的整体；同时它们又是以一个一个圈围的形式存在的。而不同的文化圈围相接触以后，"它们的结果和趋向也是一致的，或和谐的，或是一致与和谐的"。[③] 那么，不同的文化圈围是怎样接触起来的呢？陈认为，造成文化接触的原因很多，大致的说主要有三种：（一）商业的交通，比如中西文化的最先接触；（二）宗教的传播，比如基督教的东来；

---

① 陈序经：《文化学概观（四）》，商务印书馆 1947 年版，第 8、9、10 页。
② 陈序经：《文化学概观（四）》，商务印书馆 1947 年版，第 10 页。
③ 陈序经：《中国文化的出路》，商务印书馆 1934 年版，第 37 页。

（三）战争的结果。他说："有好些人，以为战争对于文化只有破坏，没有好处。这只是片面的见解。其实，战争对于文化发展上的贡献是很大的。专从文化接触方面来看，两个民族往往因了战争而使其文化有接触或溶化的机会。"[①]比如，罗马对希腊的征服，十字军的东征，蒙古人的西征，都对文化的沟通产生了重大的影响。虽然陈序经没有提到鸦片战争对于西洋文化和中国文化接触的"好处"，但是从他所举的例证来看，这一点是不言而喻的。

不管什么原因造成的文化接触，就文化接触的种类来说，陈序经认为主要有三种情况：（一）两种完全相同的文化；（二）两种完全相异的文化；（三）两种有同有异的文化。假使这三种文化接触起来，其结果是：

（一）两种完全相同的文化相接触→一致。

（二）两种完全相异的文化相接触→和谐。

（三）两种同异兼有的文化相接触→一致与和谐。

这种假定，"完全是基于程度相等的文化。所谓程度相等的文化的标准，颇难决定。但大概至少要具有下面所列的三种条件：（一）在文化层累的发展上，必须处于同等的阶段。（二）在文化发展的趋向上，两者都必须能够很适合。（三）两者必须能够适合接触以后的新时代与新环境"。[②]

这种情况只限于两种文化的接触，假使两种以上的文化接触起来，其结果也是趋于一致与和谐的。两种或两种以上的文化从接触到一致

---

① 陈序经：《文化学概观（四）》，商务印书馆1947年版，第15页。
② 陈序经：《文化学概观（四）》，商务印书馆1947年版，第15—16页。

与和谐的地位，必定经过一个过渡时期，这个过渡时期，也许很长，也许很短。这期间各种文化的趋势有时好象是平行的，但这只是文化变迁与溶化中的一种历程，其结果必然是趋于一致与和谐的，因为除了完全相同的文化外，接触一经发生就立刻变为一种新局势、新要求、新趋向。各种文化都不能单独适应这种新情况，它们都是各方共同必需的东西。无论哪一方都不可能再保持固有。自然，各方可以说某一部分是自己固有的，但这只是历史上的陈迹，而非新时境所需要的，"新时境所需要的是一种共同的一致或和谐的文化"。①

　　以上说的是程度相等，而时境又允许两者或两者以上合而为一的文化的接触情况。如果程度不相等的文化接触起来，其结果和趋势如何呢？"假使因为甲种文化的程度较高，而乙种文化的程度较低，而时代环境所需要的，又是甲种文化，那么这两种文化接触以后的结果，是怎么样呢？我们的回答，是乙种文化不能适应这个新时境，而逐渐的成为文化层累的一层。这种文化接触，也有其过渡的时期。在过渡的时期里，乙种文化和甲种文化，也好象有了两种平行并立的文化，但是从文化的趋势上看去，他们并非平行并立，而是乙种逐渐成为陈迹，甲种逐渐伸张成为共有的东西，而变为送旧迎新的时期。这个时期，也许延长得很久，但其趋势是一致的。"②在这个送旧迎新的时期里，甲种文化和乙种文化也都不能保存固有，在乙为时境所不许，在甲固有则变为共有，其趋势是甲种文化成为双方共有的文化。

---

①　陈序经：《文化学概观（四）》，商务印书馆 1947 年版，第 18 页。
②　陈序经：《文化学概观（四）》，商务印书馆 1947 年版，第 18 页。

　　总之，无论是程度相等的文化，还是程度不等的文化，其接触以后的结果和趋势，必定是"一致"或"和谐"或"一致与和谐"。

　　第三，创造文化的个人的相同和相异，产生了文化的一致与和谐。

　　为什么文化"含有一致与和谐的道理"呢？陈序经认为，这要从创造文化的单位"个人"说起："人是处处都有相同的地方的，但是同时又是处处都有了相异的地方的。因为他们有了相同性，所以某一个人所能够做或所喜欢做的东西或事情，别人也能够做或喜欢做。因为他们有了相异性，所以某一个人所能够做或所喜欢做的东西或事情，未必为他人所能够做或所喜欢做。假使在一个社会里的人们，对于适应环境以满足他们的生活的努力的工具与结果是同样的，这就是说，他们都循着他们的相同的地方去做，那么这个社会的文化，是趋于一致。反之，假使他们都循着他们相异的地方去做，而成为互相利用的分工，那么这个社会的文化从每一个人方面来看，固是各异，但是从整个社会方面来看，却是趋于和谐。其实，一致与和谐，往往可以在同一个社会里找出来。"①

　　这就是说，正是由于人的相同，才产生了文化的一致；正是由于人的相异，才产生了文化的和谐。从另一方面来看，文化的一致与和谐，也是由于人的需要造成的。因为人的相同，所以他们需要相同的东西；因为人的相异，所以他们某些需要的东西要赖别人去做。因此，"相同与相异，既可以在同一的文化里存在，一致与和谐，也可以在同一的文

_____

　　① 陈序经：《文化学概观（四）》，商务印书馆 1947 年版，第 2 页。

化里，两相并立两相需要"。①

　　总之，在陈序经看来，只要是人，无论是什么样的人，都有相同的一面，也有相异的一面，正是这两面才造成了文化中的"一致与和谐"。

　　以上就是陈序经关于文化的"一致与和谐"理论。它主要吸收了泰勒、歧丁斯和基佐（F. P. G. Guizot）等人的观点。比如，泰勒认为，文化是一个复杂的总体，所谓复杂的总体"乃一致与和谐的结果"。歧丁斯认为，人类的意识有许多相同的地方，这些"同类意识"表现在人类创造的文化上，便出现了类似或一致。基佐在 1828 年所刊行的《欧洲普通文化史》里认为，过去的文化差不多都是受制于一种原则之下，而这种原则是一种流行的原则，是一切的制度、习俗、意见及一切的发展的基础。因此，这样的文化总不免有一致的特性。然而，现代的文化，却杂乱纷呈，各种原则应有尽有、同时并存。因此，这样的文化便有了和谐的特性。所以他得出，文化从过去到现在，总体上是由一致向和谐发展的，虽然过去的文化中也有和谐，现代的文化里也有一致。显然，陈序经的文化"一致与和谐"理论充分吸收了这些学者的思想。

　　尽管这一理论有相当的篇幅说明的是文化空间上存在的状态、文化时间上发展的趋势及"一致与和谐"产生的原因，然而，它的核心则是阐明了不同的文化相接触所发生的"规律"，特别是高低不同的文化相接触发生的"规律"。他认为两种一高一低的文化相接触，其结果必然是低者逐渐成为陈迹，高者逐渐伸张为共有；也就是日渐趋于低者向高

---

① 陈序经：《文化学概观（四）》，商务印书馆 1947 年版，第 2 页。

者的"一致"。那么,以此来看落后的东方文化和先进的西方文化,①两者不接触则已,一经接触,"东方文化就会立刻败下阵来",其趋势是它逐渐被西方文化所代替。尽管这要经过一个较长的过渡时期,但终究是东方文化趋向西方文化的一致。

由此来看,陈序经的"一致与和谐"理论,为他的"全盘西化"观提供了一种强有力的根据。按照这一理论,全盘西化乃是中国文化出路的必然选择。

他说:"两种差不多处于平衡的文化,因为历史的发展和特殊的性质的不同,若是接触起来,当然要经过不少的时间,然后始能和谐。但是两种一高一下的文化,一经接触,立刻就会分出胜负,而成为一种受制或屈服于他种。"比如,15 世纪的初叶,中国郑和出使西洋时,曾降服了 30 多个西南洋国家,其原因就在于中国文化高于西南洋诸国的文化,故两者一经接触,胜负立分。由于欧洲文化也高于这些地区的文化,所以当欧洲人到达时,这些地方又被欧洲人征服,但是欧洲人与中国人不同,他们是要在世界各地通商互市、开土殖民,而且欧洲文化是比中国文化更先进的一种文化,因此"我们试把十六世纪以后的世界地域一看,除了中国本部和其藩属的暹罗、安南、朝鲜以及中国文化上的弟子日本以外,所有其它的种族土地,差不多通通都在欧洲文化的势力范围之下"。并且以后,世界上的一切地方包括日本和中国等,也都被欧洲文化所染指,或者主动西化,或者被迫西化,或者自甘绝灭。在陈

---

① 陈序经在《中国文化的出路》和《东西文化观》中都有专门的论述,其结论是西方文化无论在哪方面都比东方文化先进。

序经看来,欧洲文化即西方文化,正在成为世界的文化;世界上的其他文化正趋于被它所代替的"一致"。这是当今文化发展的必然趋势。如果识"时务",就该顺应这种趋势;即使不主动地顺应,也会被迫拉到这种趋势中去。否则,就可能象印第安人那样陷于绝灭的境地。所以,"假使中国要做现代世界的一个国家,中国应当彻底采纳而且必须全盘适应,这个现代世界的文化"。[①]

总之,根据陈序经的文化"一致与和谐"理论,"全盘西化"是中国文化发展的一种必然的趋向。

通过前面的分析可以看出,陈序经所要"全盘西化"的"文化"是他所界定和特指的文化,因此,要谈论他的"全盘西化"观,不能离开他的文化概念。如果说,陈序经的文化概念是他文化思想的一个根本立足点和出发点,是贯穿于他整个文化理论体系的最基本的话语和范畴;而他的"文化圈围"理论、"文化演进"理论和文化"一致与和谐"理论,则是他"全盘西化"观的主要理论基础。虽然他的文化学基本理论还不仅仅是这些,但这些是与他的"全盘西化"主张关系最为密切的理论。一方面,从这些理论的任何一种,都能推出"全盘西化"的结论来;另一方面,它们又是相互联系相互弥补构成一种有机的整体,来为"全盘西化"观服务的。它们在陈序经"全盘西化"观的理论根基中,各自起着不同倾向的作用:

---

① 陈序经:《东西文化观(下)》,《岭南学报》第 5 卷第 3 期、4 期合刊,1936 年 12 月。

　　"文化圈围"理论,实质上就是"文化整体"论。[①] 文化作为人类为生活努力的结果和工具,是一个整体,是不可分的;即使为研究的便利而分成若干方面,它们也是密切联系而相互影响的。这个理论的主要目的在于说明"全盘"问题,证明"文化折衷"的路走不通。"文化演进"理论,实质上就是"文化进化"论。文化作为人类的创造品,是按一定原则不断进步的,进步又是分为层累的,大致是由宗教时期→政治时期→经济时期→伦理时期。这个理论的主要目的在于说明"西化"问题,证明固守传统和"复古"的路也走不通。既然两种路都走不通,那么什么样的道路才可行呢? "一致与和谐"理论,便揭示了中国文化出路的必然选择。这个理论指出,两种高低不同的文化接触以后,其结果一定是趋于低者被高者代替的"一致"。在陈序经看来,东西文化一低一高,它们既已接触,从发展趋势来看,东方文化必将逐渐成为陈迹,西方文化必将逐渐伸张为共有,而"全盘西化"正好符合这一趋势。"现在世界的趋势,既不容许我们复返古代的文化,也不容许我们应用折衷调和的办法,今后中国文化的出路,唯有努力去跑向彻底西化的途径。"[②]

　　因此,"文化圈围"理论、"文化演进"理论和文化"一致与和谐"理论,是三位一体地为陈序经的"全盘西化"观服务的。根据"文化圈围"理论,"全盘"西化是可能的;根据"文化演进"理论,全盘"西化"是必要

---

　　① 把文化作为整体来看待,是从一个新的角度对人类世界历史发展的抽象,如今正被越来越多的人作为观察世界的工具和方法。正如余英时在《从价值系统看中国文化的现代意义》(《文化:中国与世界》,三联书店 1987 年版,第 40 页)一文中所说,近几十年来,人们对于文化的认识虽日益深入,但是对于文化的这种整体性依然是多数人所肯定的。
　　② 陈序经:《对于一般怀疑全盘西化者的一个浅说》,吕学海编:《全盘西化言论集》,岭南大学青年会 1934 年版,第 105 页。

的；根据文化"一致与和谐"理论，"全盘西化"则是必然的了。或者可以说，貌似简单的"全盘西化"观背后隐含着一整套从西方引入的文化学理论，是典型的运用西方学理观察中国问题的结果。

陈序经出生于海南岛的一个华侨家庭，自幼生活在一种被西方文化感染较深的环境里，他经常随同其父来往于南洋和祖国大陆之间。在南洋的谋生经营事业方面，使他感触特别深的是，一般土人不如华人，而华人又不如西人。都是"人"，为什么有这样的差别呢？这早早地使他产生了"文化乃生活的工具，中不如西"的意识，也早早地使他产生了对西方文化的倾慕和向往。这种意识和向往可以说都是感性的，它需要理性来证明，而陈序经所受的教育和所学的知识则为此提供了可能。自小学到大学，他所受的基本上是西方的新式教育，在他就读的学校中，有的是新的西方式学校，有的则是教会学校；大学毕业后他又留学美国和德国，更是直接受到了西方教育。他所学的知识大都是西方的，由此也养成了近乎西方的思维模式，当时西方学术界正盛行"欧洲中心主义"，他不可能不受到这种思潮的影响。事实上，正是在留学期间，他收集了关于文化问题的大量资料，"自民国十四年到美国读书之后，对这个题目尤为注意……也很欣喜阅读关于文化方面的著作"；①"民国十八年的夏天我到了德国之后，除了研究政治哲学而尤其是主权的观念外，对于这个问题（按：即文化问题）慢慢的加以考虑，而且很有意的去搜集关于这个问题的多少材料，而特别是德文方面的材料。凡

---

① 陈序经：《〈南北文化观〉（手稿）跋》，杨深编：《走出东方——陈序经文化论著辑要》，中国广播电视出版社 1995 年版，第 462 页。

每有所得就作一记号,而由我妻用打字机打起来。到了民国三十年回国时,带了不少关于这方面的材料"。^①

这些材料大多是西方人类学家、社会学家和文化学家的文章与著作。陈序经正是在充分研究和利用这些材料的基础上,同时又注入了自己对文化独特的思考和观照,从而才形成了他的文化概念、"文化圈围"理论、"文化演进"理论和文化"一致与和谐"理论。

陈序经自己也曾说:"我是从文化本身上的普通与根本的原理,而谈到东方与西方的文化……这是一个历史观,这也是一个世界观……我个人虽然有了我个人的主张,可是我个人的主张也是以文化普通与根本的原理及其历史的发展事实为根据的。"^②那么,正是根据文化概念、"文化圈围"理论、"文化演进"理论和文化"一致与和谐"理论等这些"文化本身上的普通与根本的原理",陈序经得出了他的"全盘西化"观。

由此看来,陈序经的"全盘西化"论,是在感性和理性共同作用的基础上形成的。陈序经早年产生了一种中不如西、中国需向西方学习的感性认识,这种感性认识加上他对中国现实的责任感,促使他对文化问题发生了浓厚的兴趣。本来在美国和德国期间,他主攻的是政治学,一直在研究"主权能分论",而他却十分注意文化的问题,这主要是他头脑里存在着一种为他早年的意识寻求根据的倾向。结果,他早年的感性认识终于在西方的人类学家、社会学家和文化学家那里得到了论证,从

---

① 陈序经:《〈南北文化观〉(手稿)跋》,杨深编:《走出东方——陈序经文化论著辑要》,中国广播电视出版社 1995 年版,第 467 页。

② 陈序经:《〈南北文化观〉(手稿)跋》,杨深编:《走出东方——陈序经文化论著辑要》,中国广播电视出版社 1995 年版,第 477 页。

而使他有一种如同发现真理的感觉。再经过一番系统的思考和研究，以后他便旗帜鲜明的、毫不妥协的、并引以为自豪的宣扬"全盘西化"论。那么由此可以断定，陈序经主张"全盘西化"的主要原因和根本原因，不在于"崇洋"，而在于他通过吸收西方文化学说所创立的文化学理论及在此基础上进行的中西文化比较。

如果离开陈的理论和观点本身，从他寻找中国文化出路的出发点来看，从他主张全盘西化的目的来看，或者把他的思想放到更广阔的历史发展中来看，那么可以说，陈序经的"全盘西化"论，并不是简单的崇洋媚外，而是立足于中国自身，企图改变中国近代落后局面的一种激进思想；它是魏源"师夷长技"思想的延伸和极端化，是对中国现代化道路的一种不无偏颇的探索；它的良苦用心，在于使中国达到与西方并驾齐驱及驾而上之的地位。可以看出，他在阐发自己的理论的时候，一方面，有一种关于中国文化的危机感，这种危机感使他告诫人们：不能向后看，而只能向前看，也就是向西看，向西方寻求解决危机的出路；另一方面，他又有一种赶上并超越西方的激情，这种激情，使他提醒人们：不能徘徊，不能妄想折衷，而要义无反顾地在向西方学习的道路上走下去。

这样看来，陈序经之所以那么执着地主张全盘西化，是在于他坚信自己抓住了时代问题。"凡'思'非皆能成'潮'，能成'潮'者，则其'思'必有相当之价值，而又适合于其时代之要求者也。"①那么，30 年代的"全盘西化"思潮正是"适合于其时代之要求"产生的，显然，它也有"相

---

① 梁启超：《清代学术概论》，商务印书馆 1934 年版，第 1 页。

当之价值"。

第一,它是对复古思潮的反动,在某种程度上,消解了国民党亟欲加强的"文化统制"。须要说明的是,复古思潮和文化保守主义思潮是不同的,复古者盲目地要恢复传统文化,特别是企图利用旧有的、人们所习惯的方式来巩固自己的统治;文化保守主义者是理性地试图从传统中发掘走向现代的资源。30 年代,由国民党政府和各地军阀倡导的"读经祀孔",显然是有违历史潮流的复古行为。从批判的对象上来说,"全盘西化"论者和马克思主义者是一致的。并且一些"全盘西化"论者把马克思主义亦视为西方文化的一部分,"社会主义也是西洋的产物",尽管他们所要"全盘"的着眼点还是资本主义,但也表达了对社会主义的某种向往:"像我们中国这样贫穷的国家苟能有了资本主义的生产力量的基础,然后再谈社会主义者所谈的分配的方法,岂非一件更好的事情吗?"①这种思想认识可能使一些人在 1949 年的去留问题上进行抉择时,最终选择留在了大陆,并表现出服务社会主义的热情,如陈序经等。

第二,它的主旨是要解决中国近代以来的主要任务。鸦片战争以后,凸显在中国人民面前的最主要的任务就是民族独立和现代化。为完成这两个任务,中国人从很早就开始了向西方学习、向西方寻求救治方案的历程,从"师夷长技"到"中体西用",从"君主立宪"到"民主共和",再到五四时期的"民主"和"科学"及改造国民性,这是近代历史发

---

① 陈序经:《东西文化观(二)》,杨深编:《走出东方——陈序经文化论著辑要》,中国广播电视出版社 1995 年版,第 452、453 页。

展的主线之一。那么，"全盘西化"思潮则是这条主线的极端化。30 年代的中国，民族危机日益严重，现代化道路迟滞不前，"外患日亟，内乱未已"，[①]"全盘西化"思潮，正是基于解决这一时期中国倍感急迫的主要任务而兴起的。陈序经曾说："全盘彻底的西化，就是激动起一种新的民族意识而适宜于现代的世界"；[②]他认为，要打倒列强的军力主义，也只有学习和采纳它的军力主义。另一方面，"全盘西化"论者大都认为，西方化就是现代化，因为西方文化是现代世界最先进的文化；中国要实现现代化，就必须全面向西方学习。应该说，这是当时一种积极的向上的潮流。

第三，它反映了当时中国人希图迅速赶上和超过西方国家的强烈愿望，其着眼点是全面学习西方的"先进"文化。如果说五四时期的激进主义思想潮流是以"破"为主，其着眼点是猛烈批判不合时宜的传统文化，那么，五四之后的激进主义思想潮流则以"立"为主，其着眼点是强烈要求全面输入西方的先进文化。随着时间的变化这一潮流又分为两支：一是马克思主义运动，一是"全盘西化"思潮。前者以革命的形式而不断取得胜利，形成一股激进的现实斗争力量；后者以论战的形式而不断扩大影响，形成一股激进的思想斗争力量。两者的态度都是鲜明的、坚决的、彻底的、急切的，其出发点都是要改造当时问题重重的中国社会，其目标都是要把中国变成世界上的一个强国，"要是我们能彻底

---

①　陈序经：《东西文化观（二）》，杨深编：《走出东方——陈序经文化论著辑要》，中国广播电视出版社 1995 年版，第 409 页。
②　陈序经：《对于一般怀疑全盘西化者的一个浅说》，吕学海编：《全盘西化言论集》，岭南大学青年会 1934 年版，第 117 页。

和全盘的西化,则中国必定和西洋并驾齐驱",①因此可以说,它们以不同的方式表达了当时中国人赶上和超过西方的同一愿望。但是,历史很快又在它们两者之间作出了选择。

此外,"全盘西化"论者所要"全盘"的是西方的"先进"文化,其着眼点和立论的重心是西方文化的先进性。那么,在客观上,他们认为一些负面的东西随同而来是不可避免的。但是在主观上,他们从没有提出过要把西方的渣滓和精华一同输入。"全盘西化"论者所要告诫世人的是不要因噎废食,不要犹豫徘徊,先把西方先进的东西学过来再说,正像陈序经所谓:"全盘西化,也许免不去所谓西洋文化的短处,可是假使我们承认西洋文化之长处为百分之六十,中国文化之长处为百分之四十,我们若能全盘西化,则我们至少有了二十分的进步。"②

当今,正在形成"星球"文化的时代,传统、现代和"后现代"是一条思路,而东方和西方这条思路也无须回避,③中国如何对待传统文化和西方文化,仍是须要进一步探讨的问题。诚然,"全盘西化"作为20世

---

① 陈序经:《东西文化观(下)》,《岭南学报》第5卷第3期、4期合刊,1936年,第107页。
② 陈序经:《关于全盘西化答吴景超先生》,《独立评论》第142号,1935年3月17日,第8页。
③ 现代新儒家的所谓"开新"、"现代阐释"、"现代精神",显然主要是以西方或西方所产生的问题作参照的,尽管"现代性"还应有更高更理想的标准。

纪不时兴起的一种思潮,在理论上难以严密,[①]在事实上难以实行。[②]

但是,从陈序经主张"全盘西化"的理论中,可以得到些许启迪:传统文化,大都是内化于中国人心的东西,实事上从未间断过,[③]所以,对此更应注重去掉什么;西方文化,是他山之石,是传统文化的参照物,所以,对此更应注重吸取什么,而找到两者的结合点或嫁接方式则是建设"现代文化"的关键。然而,这样一种思潮的问题也是十分明显的,甚至可

---

①　如陈序经的文化学理论中有许多内在矛盾:(1)一方面他认为"文化的文化环境决定着新文化的创造",中国有中国的文化环境即传统文化,西方有西方的文化环境即近代以来的西方文化;另一方面他又认为中国要创造新文化,可以不受中国的文化环境即传统文化的影响,而采纳"全盘西化"的办法,并相信"全盘西化"是能够实现的:"百分之一百的全盘西化,不但有可能性,而且是一个较为完善较少危险的文化的出路。"(参见陈序经:《全盘西化的辩护》,《独立评论》第 160 号,1935 年 7 月 21 日,第 15 页。)(2)他在"文化演进"理论中一方面认为,"缓变若经过了长久的时期,则前后的差异,必定很大,而等于突变的结果";另一方面又认为中国的文化从古到今都属于渐变,而没有突变。(3)他在"文化圈围"理论中认为"文化本身上只有程度的差异,没有种类的不同",而在文化"一致与和谐"理论中又"基于程度相等的文化",例举了"两种完全相异的文化"和"两种有同有异的文化"的接触情况。在程度相等的情况下,"完全相异"的文化和"同异兼有"的文化,不是种类的不同又是什么呢? 这些内在矛盾使人不能不怀疑由此得出的"全盘西化"观的可取性。

②　这主要表现为三个方面:(1)历史上没有任何执政力量把"全盘西化"作为治国方略或文化建设方案。(2)在中国 20 世纪思想史中,"全盘西化"并不是主流,而是一股非常微弱和偶尔兴起的思想潮流,因而也没有在社会中形成一股坚持这种主张或行为的现实力量。(3)主张向西方学习或采纳西方某种方案的大部分思想家,政治家及一般社会中人,沉沉没有"将中式的头脑换上一西式的头脑"或"由一个《论语》式的头脑换上一个柏拉图《共和国》式的头脑"(借用张佛泉语,参见张佛泉:《西化问题之批判》,《国闻周报》第 12 卷第 12 期,1935 年 4 月,第 7—8 页。)在 20 世纪的中国,不乏这样的例子:打的是西方的旗号,实行的却是中国的内容;表面上是来自西方的,而骨子里却是某种传统的演化。

③　林毓生认为,五四时期的"全面反传统",造成了中国文化发展的断裂(参见林毓生:《中国意识的危机——五四时期激烈的反传统主义》,贵州人民出版社 1986 年版;林毓生:《中国传统的创造性转化》,三联书店 1996 年版。)实际上,传统文化中深层次的东西,无论是优秀的,还是劣质的,都从未中断过,只是在不同的时期,由于环境的作用,不同的一面在起着主要作用。此外,传统也是很难中断的,即使主张"全盘西化"的陈序经,其生活起居、为人处世甚至情趣嗜好,都是很传统的。

以说对中国的历史进程产生了许多负面的影响。

第一，以西洋文化为中国现代化的标准和目标，彻底否定传统文化。近代以来，由于东方文化在与西洋文化的交锋中处于劣势的地位，致使一些中国人很早就产生了以西洋文化为价值标准的思想倾向，"西方理论代表普遍真理的观念，在 1905—1911 年间已深深地根植于中国知识分子的心中了"。[①] 诚然，西方是中国进行现代化的一个样板，在中国走向现代化的道路上，向西方学习应该是极其重要的内容，并且这种学习不应是局部的、片面的，而应是全面的、系统的，但是西化并不等于现代化，现代化应该有更高意义上的标准和目标。20 世纪中叶以后西方后现代主义的出现，反映了它们自己对本身的现代化模式也存在着不满和困扰，而表现出对更理想社会的渴望和希冀。如果中国仅仅是以西方为理想和目标，那必然会从一种困境走向另一种困境。从世界各国发展的历史来看，一个国家在走向现代化的时候，是不能彻底抛弃传统的。一方面，学习别国的东西，需要传统的嫁接和支持，如果没有经过传统的创造性转化，学来的东西是不会入地生根的，对此，林毓生曾说过："自由、理性、法治与民主不能经由打倒传统而获得，只能在传统经由创造的转化而逐渐建立起一个新的、有生机传统的时候才能逐渐获得。"[②] 另一方面，传统中也存在着可供现代社会利用的资源，有的可为现代化提供某种智慧和启迪；有的经过创造性的转化可成为现代社会的原则，如人与自然的和谐等。总之，一个国家在走向现代化的

---

① 余英时：《中国知识分子的边缘化》，香港《二十一世纪》1991 年 8 月号，第 23 页。

② 林毓生：《中国传统的创造性转化》，三联书店 1996 年版，第 5 页。

过程中,如果完全背弃了传统,就会缺乏后劲和原动力,就会陷入形式主义。

第二,把文化平面化、静态化,没有形成一个科学的文化观。"全盘西化"论者的思想,大都建立在对东西文化比较的层面上,如对中西器物、技术、政治、教育、法律、艺术等等的比较。显然,这些比较是一种平面的比较,把文化看作是外在的东西,而文化事实上是一种立体的系统,它不仅包括外在的东西,而且还包括一整套内在的思维方式和价值系统。人的思维方式和价值系统是永远不可能被完全抛弃和更替的。此外,在"全盘西化"主张者的眼里,文化是静态的,是可以作为一种模型来模仿的,而实际上文化是一种不断发展着的动态的系统,其中每一个方面的发展也是不平衡的,因此,是不可能来"全盘"化的。

第三,仅局限于文化讨论领域,没有找到实践这一主张的现实力量。一方面,作为社会现实的批评者,"全盘西化"论者明显地表达了对当政者的不满,另一方面,他们又强烈希望当政者能够改弦易辙,采纳他们的主张。他们企图在维持现有秩序的基础上,通过舆论宣传和文化论战使越来越多的人接受全盘西化的主张,从而使社会按照他们设计的轨道即全盘西化的道路前进。除此之外,"全盘西化"论者,根据程度不相等的文化接触后发生的"规律",认为全盘西化是中国文化发展的必然趋势;根据中国近代以来的社会变革,认为中国文化的发展无论是在态度上还是在事实上,都在趋于全盘西化。既然如此,在他们看来,中国实现全盘西化无须多么费力地争取,随着时间的发展,它将是自然而然的事情,因此他们抱着一种盲目乐观的态度。然而这只是他们一相情愿的主观幻想,他们没有认识到中国近代社会发展的特点是武力解决问题,武力是近代社会变革的杠杆;没有武力,任何社会解决方案都是空中楼阁,任何理想设计都是枉费心机。因此,全盘西化仅是作为一种文化主张或理论形态,在 30 年代为相当一批人所宣扬,它从来都没有在中国真正地实践过。即使作为一种社会思潮,也只是昙花一现,抗日战争开始以后也就"渐至于衰熄"了。之所以如此,是因为"全盘西化"论者没有找到实践这一主张的现实力量。

　　30 年代中期的中国社会是十分复杂的,一方面,国民党的专制统治正在向社会的各个层面蔓延,另一方面,国民党内斗不已,其统治并未完全巩固。这种特殊形势造就了"全盘西化"思潮的生存空间,并使它能够兴盛一时。然而,即使在 30 年代,这一思潮的实际社会影响也是十分有限的,它既没有成为思想界的主流,也没有形成一股能够产生实际作用的现实力量。那么,林毓生说五四时期的"全盘西化"就造成了中国传统文化的断裂,[1]显然有些言过其实。事实上,传统文化中深层次的东西,无论是优秀的,还是劣质的,都从未中断过,只是在不同的时期,由于环境的作用,不同的一面在起着主要作用。况且,中国现代化迟滞的原因主要不在于传统的断裂和"全盘西化"的提倡,而主要在于当政者以武力作为维护政权的手段,"仁人志士"又以武力作为推动社会变革的工具,从而使中国常处于动荡的状态而没有建设的机会。

---

　　① 　林毓生:《中国意识的危机——五四时期激烈的反传统主义》,贵州人民出版社 1986 年版。

第六章　文化领域里"没有了中国"

　　清末以来,向西方学习,以西方为价值标准,紧跟西人的变化而变化,一直是中国思想界的一个显著特征。有学者指出,由于国际环境的变化,五四以后,中国人心目中的"西方"形象,由一个理想美好的整体分裂为"优劣兼具的复合体",在这种"西方分裂"的语境下,中国思想界演化成"西与西战"的典型现象。[①] 到 20 世纪 30 年代,这种现象应该说仍然存在,并且已有人注意到了这一点,"各种各式思想制度在外国行之数百千年,分别为一十余国者,在中国一国中却能在短短数十年内搬演殆遍,终至行行不就,百无一成。这就因为中国在国际势力的宰割之余根本自己就丧失了罗盘针,东风吹则西倒,西风吹则东倒,没有一

---

　　① 　参见罗志田:《西方的分裂:国际风云与五四前后中国思想的演变》,《中国社会科学》1999 年第 3 期。

个确定的方向"。① 在谈到民主与独裁的论战时,有人还明显带有嘲讽意味的指出,"我们中国人的思想,向来就是有如钟摆一般的动摇不定俯仰由人的。从前欧美崇尚民治,我们也就主张民治;如今欧美发生了独裁,我们也要效法独裁。这正足以证明效颦的东施,缺乏卓然自立的精神与能力。我们的思想界太随波逐流了"。② 即使学术似乎也不例外,"学问却如走马灯。把学问当作时髦装饰,永远跟从在外人背后闹摩登样子"。③

　　然而这只是问题的一面,事实上到 30 年代,中国思想界已开始对于追随西潮的历程进行反思。这几段话显然是人们"清醒"后的观察,其本意就在于反对这种弊病。早在 1930 年就有人指出,"如何撷汲新潮,镕化中外",使中国"别出机枢,卓然有以自立",应当成为中国"社会科学者"努力的方向。④ 伴随着世界大潮与中国自身的遭遇,类似的倡议在 30 年代不绝于耳。也就是说,当时一部分知识人已清醒地认识到清末以来的"尊西崇新"的思想潮流,由此试图予以修正,由原来参照外国探讨中国之"应如何",而变为立足中国历史人情,思考中国能够如何,由追求理想的中国而变为改造现实的中国。这种反思明显地反映

---

　　① 《中国本位的文化建设宣言的回响》,南京《中央日报》1935 年 1 月 17 日。

　　② 胡道维:《中国的歧路》,《国闻周报》第 12 卷第 6 期,1935 年 2 月,第 2 页。

　　③ 庄心在:《文化上的战斗——三论中国本位文化建设运动的前途》,《时事新报·星期学灯》1935 年 6 月 2 日,马芳若编:《中国文化建设讨论集》下编,龙文书店 1935 年版,第 88 页。

　　④ 社评:《社会科学者应当努力》,天津《大公报》1930 年 2 月 19 日。

于政治、教育和文化等领域的讨论。①

一、新教育的中国化

　　有思想的知识人大多立身于教育领域。值得注意的是,在 20 世纪
30 年代,相当多的知识人反而对自家领地极度不满,"现今的教育,无
论是学生,是教员,是主持教务的人,是掌理教育行政的人都怀有一种
不满的心理"。② 也就是说,"中国教育的现状,谁都不能满意"。③ 这种
不满的心理自然造成了对教育的普遍批评。

　　《大公报》的一篇文章指出:"今日国中可悲可忧之现象,岂胜枚举,
然而最可悲可忧者,厥为教育之破产。"④类似之说在此后的数年间不
绝于耳。1931 年,有人指出,"国内近年来大学教育破产,已毫无疑问
了"。⑤ 1932 年,何竞武在致胡适的信中写到:"中国现在最糟的是教
育,乡村不必说,城市教育亦破产。"⑥《独立评论》创刊不久,傅斯年即
发表《教育崩溃之原因》一文,由对现实教育的不满开始怀疑近代以来

---

　　①　这里所选取的当时关于教育的中国化、建设中国本位文化等问题的讨论,学界已有
不少关注,但是大都流于平面的梳理或现象的观察,似并未有人发现这些讨论在中国近代思
想上的意义及其所内涵的思想窘境。

　　②　陈德征:《三民主义教育与教育者》(续),《上海教育》第 17 期,1930 年 10 月 1 日,第
8 页。

　　③　范云龙:《今日研究教育者应有的觉悟与认识》,《中华教育界》第 19 卷第 2 期,1931
年,第 4—6 页。

　　④　《最可悲可忧之现象》,天津《大公报》1930 年 7 月 8 日。

　　⑤　萧铮:《大学校长无用论——大学改制与整顿教育》,《社会与教育》第 15 期,1931 年
2 月 21 日,第 1 页。

　　⑥　何竞武:《致胡适》,约 1932 年上半年,《胡适来往书信选》中册,中华书局 1979 年版,
第 146 页。

受西方影响产生的整个新教育,"中国的学堂教育自满清末年创办的时候起到现在,从不曾上过轨道,而近来愈闹愈糟,直到目前,教育界呈露总崩溃的形势"。① 1933 年,又有人指出,"实施卅余年来的新教育,竟而宣告破产"。② 1934 年,有文章还说:"时人恒谓我国教育破产,惟我国教育之破产,不独于学风及实质为然,即系统政策,亦何一而非陷于破产绝境?"③

不但如此,"教育破产"、"教育崩溃"、"教育危机"或"教育失败"之说,在当时并不是个别的识见,而是"弥漫于全国";④"是全国上下公认的事实"。⑤ 有趣的是,越来越"竭力宣传长处,禁止公布短处"⑥的执政党也认同这种判说,"最近中央党部向国民会议提案中提及现在教育在质量方面说都是失败"。⑦ 直到 1935 年,国民党对教育仍是责之有加:

　① 傅斯年:《教育崩溃之原因》,《独立评论》第 9 号,1932 年 7 月 17 日,第 2—6 页。

　② 刘荆荫:《近代中国教育与社会经济》,《学术月刊》第 2 期、3 期合刊,1933 年 7 月 10 日,第 177 页。

　③ 《当前教育之最大缺陷》,《北平晨报》1934 年 8 月 21 日。

　④ 旭生(徐炳昶):《教育罪言》(四),《独立评论》第 33 号,1933 年 1 月 1 日,第 6—12 页。

　⑤ 古楳:《现代中国及其教育》,中华书局 1936 年版,第 430 页。但是,自称具有"不可救药"的乐观态度的胡适却与"全国人"不尽相同:"曾几何时,全国人对于教育好像忽然都冷淡了! 渐渐的有人厌恶教育了,渐渐的有人高喊'教育破产'了。""事实上,我们今日还只是刚开始试办教育,还只是刚起了一个头,离那现代国家应该有的教育真是去题万里! 本来还没有'教育'可说,怎么谈得到'教育破产'?产还没有置,有什么可破? 今日高唱'教育破产'的妄人,都只是害了我在上文说的'没有胃口'的病症。""教育所以'破产',都因为教育太少了,太不够了。教育的失败,正因为我们今日还不曾真正有教育。"参见胡适:《教育破产的救济方法还是教育》,天津《大公报·星期论文》1934 年 8 月 9 日。胡适的意思是,要对教育有信心,且要有更大的"胃口"。

　⑥ 陈柏心:《中国本位文化建设运动的展望》,《半月评论》第 1 卷第 3 期,1935 年 3 月 1 日,第 13 页。

　⑦ 舒新城讲,曾伯声、陈应咸笔记:《中国教育出路问题》,《师大教育丛刊》第 2 卷第 2 期,1931 年 11 月 29 日,第 197—206 页。

"今日教育之流弊,视昔日之八股变本而加厉。"①

　　需要指出的是,对教育如此普遍的批评与国难有一定的关联,当时已有不少人道出这一点。程天放说:"这种呼声,近几年常常接触吾人的耳廓。自从去年九一八以后,更是高唱入云。本来提倡了四十年的新教育,而国家的危险,人民的痛苦,社会的不安定,较四十年前更甚,任何人平心一想,都不能不承认过去教育之有缺点。"②徐炳昶指出,"教育破产之呼声日有所闻,尤其是在去年国难以后"。③而他自己的感受更能说明问题:"国难骤来,我麻木的精神顿受巨大的刺激,对于现在的教育状况异常痛心。深思之余,渐知教育制度自身的缺陷,中国抄袭外国教育制度的荒谬。"④常导之也注意到:"到了'九一八'之事变,久已潜伏的国难突然表面化严重化以后,国人痛心之余,穷究此项责任之最后的归属,结果几于朝野一致,认为由于过去教育失败所致! 于是现行学制被指摘,教育研究被揶揄,蔚然成为一时风尚!"⑤夏承枫同样发现,"近几年国难日重,民生日蹙,过去教育的罪恶几于无人不咬牙切齿。社会的怨恨,专家的指摘,到处可以听得。"⑥稍后,潘光旦还专门

---

　　① 《国民党四届六次中央全会通过的教育改革案》,1935年11月5日,中国第二历史档案馆编.《中华民国史档案资料汇编》第5辑第1编:教育(二),江苏古籍出版社1994年版,第1052—1060页。

　　② 程天放:《改革中国学校教育刍议》,国立浙江大学秘书处出版课1932年发行,第1页。

　　③ 旭生(徐炳昶):《教育罪言》(一),《独立评论》第25号,1932年11月6日,第6—10页。

　　④ 旭生(徐炳昶):《教育罪言》(六),《独立评论》第38号,1933年2月19日,第5 12页。

　　⑤ 常导之:《现行学制需要改善的几点》,《中华教育界》第22卷第9期,1935年3月号,第25页。

　　⑥ 夏承枫:国立中央大学《教育丛刊》第2卷第2期,1935年6月,第2页。

写了一篇《国难与教育的忏悔》的文章。①

对教育的普遍批评何以与国难有关联呢？这大概与此前许多知识人所持的"教育救国"的口号有关。本来新教育的产生是在外患迫切中为了"救国"，"当时之改行新学校制度，并非国情民性对于此种制度有什么需要，亦并非主持教育行政或教育学者对之有特殊的研究而认识其优点；不过因国势日微，误认他国之强盛在于形式的教育制度而极力模仿，以求满足'救败图存'之欲念而已"。② 到头来国不但未获救，而且难愈深。这令一些知识人不能不进行反思，反思的结果则是反过来责怪这种盲目引进的新教育，同时自然也就把教育破产的责任归到了"外国化"上面。

范云龙指出，"中国教育的失败"，最紧要者就在于"第一是抄袭，第二是抄袭，至今还是抄袭"。③ 蒋挺黻认为，中国的新教育，"忽而学美，忽而仿法"，"效果永远是没有的"。④ 邱椿则说，"模仿外国而不顾国情是三十年来中国教育的通病"。⑤ 李静澄也谈到："中国教育，从生长就带着病根，第一为'外国化'。"⑥总之，中国近代以来的教育，"所以失败，根本的病因在于不顾国情而专事模仿"，"最初模仿日本，继而模仿

---

① 潘光旦：《国难与教育的忏悔》，1936 年，杨东平主编：《大学精神》，文汇出版社 2003 年版，第 41—45 页。

② 舒新城：《中国教育建设方针》，中华书局 1931 年版，第 99 页。

③ 范云龙：《今日研究教育者应有的觉悟与认识》，《中华教育界》第 19 卷第 2 期，1931 年 8 月号，第 6 页。

④ 蒋挺黻：《陈果夫先生的教育政策》，《独立评论》第 4 号，1932 年 6 月 12 日，第 6—8 页。

⑤ 邱椿：《通信：致适之先生》，《独立评论》第 11 号，1932 年 7 月 31 日，第 19—22 页。

⑥ 李静澄：《中国教育新动向》，《时代教育》第 1 卷第 1 期，1933 年 1 月 31 日，第 6 页。

德国,继而模仿美国,继而模仿法国与俄国,一切都是浮薄的皮毛的"。① 不难看出,对于"教育之失败,论者多归咎于徒事抄袭,不切需要"。②

既然"以往教育之罪孽","殆由于模仿的抄袭的非中国的教育所造成",③"外国化"已成为众矢之的,那么,"治'外国化'这个病根的方法,就是'中国化'"。④ 作为教育家的庄泽宣发现,当时许多关于教育的论文都在提倡"课程中国化"。⑤ 即使嫌程度"外国化不够"⑥的任鸿隽也提倡"理科课程的中国化",希望"做出几本适合国情的教科书"。⑦ 一个教育刊物在创刊伊始,就声明:"同人确信中国之教育,当力求中国化。"⑧邱椿注意到,"近三四年来",许多谈论教育者"都觉悟纯粹抄袭的错误而提倡中国化的教育,关于这类的文字已发表了许多,差不多成为烂调了"。⑨ 提倡教育"现代化"的陈序经也承认,"新教育的中国化,

---

① 周予同:《中国现代教育史》,上海良友图书印刷有限公司 1934 年版,第 2—3 页。

② 汪懋祖:《中学制度之检讨与改进》,《中华教育界》第 22 卷第 1 期,1934 年 7 月号,第 187 页。

③ 雷伯豪:《中国本位的文化建设的基础在何处》,开封《教育平话》第 1 卷第 5 期,1935 年 2 月,第 8 页。

④ 毅生:《中国教育的三大病根和救治的方法》,《明日之教育》第 1 卷第 5 期,1932 年 7 月 25 日,第 87—89 页。

⑤ 庄泽宣:《我的教育思想》,中华书局,1934 年 4 月,第 348 页。

⑥ 叔永(任鸿隽):《评国联教育考察团报告》,《独立评论》第 39 号,1933 年 2 月 26 日,第 18—19 页。

⑦ 任鸿隽:《一个关于理科教科书的调查》,《独立评论》第 61 号,1933 年 7 月 30 日,第 8—9 页。

⑧ 刘廷芳:《明日之教育发刊词》,《明日之教育》第 1 卷第 1 期,1932 年 5 月 25 日,第 2—3 页。

⑨ 邱椿:《通信:致适之先生》,《独立评论》第 11 号,1932 年 7 月 31 日,第 19—22 页。

的确是数年来一般教育家的时髦口号,而且是国内一种很普遍的思想"。①

何谓"中国化"呢? 有论者指出,"一国教育,必须有其全盘系统与整个政策,因国家之历史,环境,需要,各异其系统与政策";"故我国于确立教育系统与政策之前,必须认清我国之历史,环境,需要"。② 因而,应"斟酌国情,参考历史,厘定中国国产之教育制度";③或"就实际社会状况,厘订学制,编制课程"。④ 但是,时人对中国历史、环境和需要的理解却不尽相同,因而提出的中国化主张或"国产"教育制度也就纷纭歧异。其中,职业教育为越来越多的人所强调,"现今职业教育,不但教育家认为重要,即社会一般人士亦来提倡"。⑤ 更值得注意者,这也体现在国民政府的教育政策中。1931 年,教育部训令各省教育厅,

---

① 陈序经:《教育的中国化和现代化》,《独立评论》第 43 号,1933 年 12 月 11 日,第 6—12 页。

② 《当前教育之最大缺陷》,《北平晨报》1934 年 8 月 21 日。

③ 黄问歧:《民国二十三年中国教育回顾与今后展望》,1934 年 12 月 2 日,《国民政府教育部档案》,中国第二历史档案馆编:《中华民国史档案资料汇编》第 5 辑第 1 编:教育(一),江苏古籍出版社 1994 年版,第 162 页。

④ 《蒋梦麟、胡适等关于改革中学教育制度以适应国情案》,1934 年 8 月 25 日,中国第二历史档案馆编:《中华民国史档案资料汇编》第 5 辑第 1 编:教育(一),江苏古籍出版社 1994 年版,第 145—150 页。此件系蒋梦麟、胡适、周炳琳、杨振声、陶复恭、翁文灏、徐炳昶、吴俊升等人出席庐山国防设计委员会时提出的。

⑤ 清儒:《职业教育与人的教育》,《职业与教育》第 149 期,1933 年 10 月 1 日,第 679 页。职业教育思潮的形成,亦可能是国民政府推动的结果,1928 年,第一次全国教育会议期间,有一个专门的"职业教育组"来讨论如何加强职业教育问题,大会通过了《请推行职业教育案》,其中指出:"职业教育之举办,亦为当务之急。"(戴修骏原案、审查会修正、大会通过:《请推行职业教育案》,1928 年 5 月,中华民国大学院编:《全国教育会议报告》乙编 2,第 495 页。)全国教育会议最后发表的宣言也要求"各省区市县应于可能的范围内,单独设立特种职业学校,专授直接生产的技能"(《全国教育会议宣言》,1928 年 5 月 28 日,中华民国大学院编:《全国教育会议报告》甲编 1,第 6 页)。

"自二十年度起,各县立中学应逐渐改组为职业学校或乡村师范学校","各普通中学应一律添设职业科目"。① 稍后,经国民会议通过而由国民政府行政院公布的《确定教育设施趋向案》,则训令教育部,"尽量增设职业学校及各种职业补习学校";中小学教育应"一律以养成独立之生活之技能与增加生产之能力为中心"。② 1932 年,国民政府公布的《职业学校法》,进一步规范了职业教育的办理,指出其目的在于"培养青年生活之知识与生产之技能";③《中学法》明确规定,"中学应视地方需要,分别设置职业科目"。④ 一位考察中国教育发展"趋势"的人也发现,"最近教育部的施政方针是要注意于职业学校"。⑤

社会中人和教育当局如此重视职业教育,应该与当时青年的就业状况相关,"'毕业无出路''毕业就是失业''毕业等于毕命',这是近年来大学生毕业生一致的呼声和悲吟"。⑥ 因此,"关心社会问题的不断研究这教育病态,教育当局也整天为这事绞尽脑汁。现在为解决这个严重问题,似乎大家都同意须将教育尽量职业化"。⑦ 但是,对于如何职业化,人们又各有其说。比如,傅斯年虽然提出,"全国的教育,自国

---

① 《教育部为推进职业教育致各省市教育厅局训令稿》,1931 年 4 月 2 日,中国第二历史档案馆编:《中华民国史档案资料汇编》第 5 辑第 1 编:教育(一),江苏古籍出版社 1994 年版,第 410—411 页。

② 教育部编:《第一次中国教育年鉴》甲编,开明书店 1934 年版第 17 页。

③ 《国民政府公布职业学校法》,1932 年 12 月 17 日,中国第二历史档案馆编:《中华民国史档案资料汇编》第 5 辑第 1 编:教育(一),江苏古籍出版社 1994 年版,第 412 页。

④ 《国民政府公布中学法》,1932 年 12 月 24 日,中国第二历史档案馆编:《中华民国史档案资料汇编》第 5 辑第 1 编:教育(一),江苏古籍出版社 1994 年版,第 414 页。

⑤ 林晓庄:《中国教育发展的趋势与其改革的原则》,《北平周报》第 85 期,1934 年 9 月 9 日,第 4—9 页。

⑥ 浩然:《再论毕业生出路问题》,《北平周报》第 30 期,1933 年 7 月 30 日,第 3—6 页。

⑦ 《新学年的几句话》,天津《大公报》1934 年 9 月 7 日。

民教育至学术教育,要以职业之训练为中心",但是,他说办法不是"把学校弄成些不相干的职业的'艺徒学堂'",而是"主张学校中的训练要养成幼年人将来在社会服务的能力,养成一种心思切实,态度诚实,手脚动得来,基本知识坚固的青年"。[①] 针对国民党关于职业学校的规定,有人则指出,"假使在一种县市","仅设立一个普通中学或任何一种职业学校,即使能适合地方需要,恐未必能适合多数学生各个需要。此种办法,是无异使地方设立之学校来决定学生未来之职业,而不能使学生各自按照其能力与兴趣及志愿自由选择其职业"。[②] 蒋梦麟、胡适等人也不认同当时各级职业学校的设法及其教育内容。[③]

施教育者常常考虑到受教育者的个性和需要,而当政者则往往只注意教育的"统筹规划",或者仅仅使之配合于政治的需要。当时,有人指出"共产党十之九皆为学校毕业生",就是因为找不到正当职业的缘故。[④] 由是观之,国民党的职业教育政策还有更深一层次的用意。此外,也有一些人从根本上质疑职业教育,樊仲云说,"教育的最终目的","在造成合理的社会,人的社会",而不仅仅是为了解决职业的问题。[⑤] 有人还指出,尽管职业"与教育,当然须取得极密切的联络。但教育却

---

① 傅斯年:《教育改革中几个具体事件》,《独立评论》第10号,1932年7月24日,第6—9页。
② 亮功:《三中全会之教育议案》,《独立评论》第35号,1933年1月15日,第10页。
③ 《蒋梦麟、胡适等关于改革中学教育制度以适应国情案》,1934年8月25日,中国第二历史档案馆编:《中华民国史档案资料汇编》第5辑第1编:教育(一),江苏古籍出版社1994年版,第145—150页。
④ 樊仲云:《从恶化到腐化》,《社会与教育》第19期,1931年3月21日,第1页。
⑤ 樊仲云:《职业教育与奴隶教育》,《社会与教育》第2卷第17期,1931年6月5日,第1页。

须有他更远,更大,更完整的目标,和历史的与民族的使命。它同时自然也该增加个人谋生的能力,提高全国生产的力量,但无论如何,教育却不该弄成解决职业的手段!"①看来,有些人并不认同把职业教育作为适合中国实际和新教育中国化的一种方案。

值得注意的是,在教育中国化的普遍呼声下,有些人虽然不赞成狭隘的职业教育,却大力提倡生产教育。② 职业教育是对于受教育的个人来说的,生产教育是对国家的经济发展需要来说的。这一话语的转变,从一个侧面反映了中国经济环境的变化,职业教育的背后往往是市场经济,生产教育的背后往往是计划经济,而 20 世纪 30 年代的中国恰是正由"自由经济"向"统制经济"即计划经济的转变过程中。③ 因而,有人注意到,"职业教育的运动"之后,"生产教育的呼声又甚嚣尘上"。④ 舒新城指出,中国传统教育"不是讲生产的,而是导示治术,论语所谓食人治人","欲救济此病唯在实行生产教育"。⑤《明日教育》在发刊词中声明,"同人相信中国之教育,须力求生产化"。⑥ 何思源发现,改革中国教育的"致力之方向,虽言人人殊,各有见地,而努力实施

---

① 《论教育与职业》,天津《大公报》1934 年 11 月 26 日。

② 其实,"职业教育的意义逐渐扩大而和生产教育的意义甚为接近","职业教育一名词,虽然仍然时常见诸报章杂志以及政府的文件中,但实际上已以生产教育为其骨干,和生产教育名异实同"(郑世兴:《中国现代教育史》,(台北)三民书局 1981 年版,第 194 页)。比如,陶希圣就从"增进生产力"的角度来看"职业教育"(陶希圣:《积极造生产与职业教育》,《社会与教育》第 26 期,1931 年 5 月 9 日,第 1 页)。

③ 这点在当时的经济问题的评说中有明显的反映。

④ 《论教育与职业》,天津《大公报》1934 年 11 月 26 日。

⑤ 舒新城讲,曾伯声、陈应咸笔记:《中国教育出路问题》,《师大教育丛刊》第 2 卷第 2 期,1931 年 11 月 29 日,第 197—206 页。

⑥ 刘廷芳:《明日之教育发刊词》,《明日之教育》第 1 卷第 1 期,1932 年 5 月 25 日,第 3 页。

生产教育,则为公认之先决问题".① 教育史家注意到,"生产教育思想极一时之盛。当时各报章杂志,如《东方杂志》、《教育杂志》、《申报》、《大公报》等都为此问题出专号出特辑,各专家学者对于生产教育理论及其实施原则,阐扬至为详尽".②

对此,教育当局更是推波助澜,王世杰任教育部长后表示:"当依照中央所决定三大办教方针:即一在实施生产教育。良以生产教育为今日我国社会所最需求,盖我国之沦于次殖民地地位,实由于生产技术之不良,生产工具之不完备,故今日应切实注重生产教育,为挽救国运之唯一办法。""故今后施教方针,即在切实推进生产教育工作,改造各校环境,转变学生兴趣,俾得生产教育由口号而进至事实。"③应该看到,国民政府对生产教育的重视,确与其实际的需要有关,王世杰在日记中记载:"自政府决定加速经济建设工作以来,工科农科人才之供给渐感不济;工科中下级人员如工头及下级管理员之类大(缺?)。蒋院长自牯来电促部设法,于三五年内训练一二万此类中下级工作人员。"④

但是,主张生产教育的也不尽一致。有的强调工科或工业教育;⑤有的强调农业或乡村教育;有的认为"应以农业为主,工商为辅";⑥有

---

① 何思源:《中国教育危机的分析》,《独立评论》第 21 号,1932 年 10 月 9 日,第 11—14 页。

② 郑世兴:《中国现代教育史》,(台北)三民书局 1981 年版,第 194 页。

③ 王世杰:《今后办理教育方针》,1933 年 5 月,教育部编:《第一次中国教育年鉴》丙编,开明书店 1934 年版,第 9 页。

④ 王世杰:《王世杰日记》手稿本第 1 册,1937 年 6 月 6 日,(台北)中研院近代史研究所 1990 年版,第 58—59 页。

⑤ 参见张太原:《20 世纪 30 年代的文实之争》,《近代史研究》2005 年第 2 期。

⑥ 舒新城讲,曾伯声、陈应咸笔迹:《中国教育出路问题》,《师大教育丛刊》第 2 卷第 2 期,1931 年 11 月 29 日,第 197—206 页。

的则主张"商业教育"、"矿业教育"。① 总的来看,农业或乡村教育更为人看重,蔚为一种思潮和实际运动。在教育中国化的语境里,"到民间去!"成为当时改革教育者的普遍呼声。徐炳昶说,"我国现行的教育制度与我国的社会情形完全不适合;由无限农村组成的中国,应该创造出来一种农村的教育"。比如,"把学校移在乡野,另外的组织起来,与农夫的生活打成一片";"无论何种学校中均无年暑假,农忙即作田工,农闲即讲学问","我们的学校是一个大农场的组织,教员学生自耕自食"。② 不难发现,徐炳昶所设计的"新教育制度",是一种半农半读的教育。稍后,他参与署名由蒋梦麟、胡适等众多学者向国防设计委员会提出的改革中学教育制度案,也体现了这种设想,"欲谋农村建设,教育上必先养成有知识之新农夫","大多数失学儿童在于乡间,必使其半耕半读"。③ 加强农村教育,这在一些谈教育改革者的眼里是理所当然的,"中国教育的最大范围是在农村,政府应该特别注重农村教育,农村教育发达,才算中国教育发达"。④ 傅斯同样提出,"自高中以上的学校,要训练并诱掖学生反乡间去的一条路。自清末办新教育,似乎都忽略了乡间的背景。中国之大都会虽然近年很发达,但中国之基础仍是

<hr>

① 吴景超:《都市教育与乡村教育——对于旭生先生教育方案的商榷》,《独立评论》第40号,1933年3月5日,第5—10页。

② 徐旭生:《教育罪言(六)(续)》,《独立评论》第38号,1933年2月19日,第5—12页。

③ 《蒋梦麟、胡适等关于改革中学教育制度以适应国情案》,1934年8月25日,中国第二历史档案馆编:《中华民国史档案资料汇编》第5辑第1编:教育(一),江苏古籍出版社1994年版,第145—150页。

④ 林晓庄:《中国教育发展的趋势与其改革的原则》,《北平周报》第85期,1934年9月9日,第4—9页。

在乡间"。① 可见,反观中国的实际,乡村成为知识人普遍关注的对象。如果联系到此时的革命者亦把眼光和活动转入乡村,不难想象乡村成为当时"中国化"的去处。

需要说明的是,有关农业或乡村教育的主张同样不尽相同。比如,任鸿隽的意见就与徐炳昶的大相径庭,在他看来,农业教育就是"利用科学的研究,以求农业的进步";"故农业学校的第一个职责,在造成研究的人才";"第二个职责,又在养成许多推广的人才"。② 更能说明农业或乡村教育主张不同的是当时形成了数种各具特色的乡村教育实验,比如,黄炎培主持的中华职业教育社的农村教育改进、陶行知的乡村教育改造、宴阳初主持的中华平民教育促进会的定县实验、梁漱溟的乡村建设、雷沛鸿的国民教育、俞庆棠的民众教育等。当时,乡村教育之所以得到普遍关注,应该与"农村破产"的普遍认知有关。③ 科举制度废除和城市化开始以后,中国乡村的知识精英和富有之家大都移居城市,致使乡村失去了可以效仿的对象,同时也失去了稳定乡村、调试矛盾的力量,因此,乡村渐渐形成了一种权威真空。这既造成了乡村的衰败,又为新的力量在乡村的动员创造了条件。因此,有眼光的人提出知识人重返乡村,到乡村去改造中国,的确切中了社会之变。

前述职业教育、生产教育、农业教育,尽管言人人殊,但基本上都在

---

① 傅斯年:《青年失业问题》,欧阳哲生主编:《傅斯年全集》第 4 卷,湖南教育出版社 2003 年版,第 94—98 页。

② 叔永(任鸿隽):《农业教育与改良农业(一)》,《独立评论》第 21 号,1932 年 10 月 9 日,第 14—16 页。

③ 参见张太原《自由主义与马克思主义:〈独立评论〉对中国共产党的态度》,《历史研究》2002 年第 4 期。

"实用教育"之列,"因生存竞争,技能为先;国民能力,乃国家所托,故希望有实用教育";但是另一方面,"因恶闻学潮,嫌厌浮嚣,以任重致远,属望青年,故希望有人格教育"。① 同样是从教育的中国化出发,不少人则更强调人格教育。《大公报》的社论指出,"吾人以为人格教育,乃今日最急最要之教育,必使举世多加有所不为之人,然后天下事乃可以有为焉"。② 陈衡哲说,"我以为人格的修养,却是最为根本的。假使一个人的人格站不住,那么,无论他有多深的学问,多大的才能,多强的体魄,也不过如老虎添了翅膀,只能加添他的祸国殃民的能力,是讲不到洗刷国耻的"。③ 对近代教育的变革有重大影响的蔡元培"渐渐觉悟"后,同样认为"大学教育,应学问与人格并重"。④ 专门研究"教育学"的郑晓沧甚以为然,"今之大学学生,不可不勉为绩学之'士',不可不勉有'君子'之风"。⑤

由人格教育一些人还念起中国古代的教育来。傅斯年指出,"中国学问向以造成人品为目的,不分科的","清末改革教育,凡旧制皆去之,于是书院一齐关门","这不能不说不是当时的失策"。⑥ 潘光旦说,"记

---

① 《全国教育会议开会》,天津《大公报》1930 年 4 月 15 日;国闻周报社编:《论评选辑(1929 年 12 月－1930 年 12 月)》,收入沈云龙主编《近代中国史料丛刊三编》第 5 辑(《国闻周报选辑》第三册),(台北)文海出版社 1985 年版,第 142 页。

② 《全国教育会议开会》,天津《大公报》1930 年 4 月 15 日;国闻周报社编:《论评选辑(1929 年 12 月－1930 年 12 月)》,收入沈云龙主编:《近代中国史料丛刊三编》第 5 辑(《国闻周报选辑》第三册),(台北)文海出版社 1985 年版,第 140－141 页。

③ 陈衡哲:《清华大学与国耻》,《独立评论》第 50 号,1933 年 5 月 14 日,第 18 页。

④ 蔡元培:《大学生之被助与自主》,《武汉日报》1932 年 5 月 27 日。

⑤ 郑晓沧:《大学教育的两种理想》,《浙大日刊》1936 年 9 月 30 日、10 月 1 日。

⑥ 傅斯年:《改革高等教育几个问题》,《独立评论》第 14 号,1932 年 8 月 21 日,第 2－6 页。

得梁任公先生曾经说过一句比较自负的话,他说我们闹了好多年的维新运动,别无成绩,总算把科举推翻了。我们今日看来,这便是一句不大认识历史与文化本位的话"。① 意思是说科举制度的废除也是一种失策,因而他极力提倡恢复"士的教育"。② 蒋梦麟、胡适等众多知名学者提出的改革教育案,同样念及"我国古来之以洒扫、应对、进退教儿童,养成其作人根本者"。③

不难发现,1930 年代,一些知识人顺着教育中国化的思维理路,产生了一种怀恋传统与回归传统的倾向。这种倾向发展的一个结果便是形成了因政权支持而颇具声势的读经思潮和运动。1933 年,陈济棠在两广令各校恢复读经,④何健、宋哲元遥相呼应。1934 年,蒋介石倡导在全国开展"新生活运动",而"新生活运动与孔子的伦理思想更若合符节"。⑤ 有人明确提出,"在学校中,应以养成新生活为目的而厉行新教育"。⑥ 除了党政要人,宏儒硕学提倡读经者也大有人在,如唐文治、姚永朴、钱基博、章太炎、梁漱溟、古直、杨寿昌、王节、顾实、李权时、崔载阳等。其中最有代表性的说法是,"于今读经,有千利而无一弊也";⑦ 读经可以"养成高尚人格,庶可造就其德性才能","不独可以固结民心,

① 潘光旦:《谈'中国本位'》,《华年》第 4 卷第 3 期,1935 年 1 月,第 45 页。

② 潘光旦:《国难与教育的忏悔》,1936 年,杨东平主编:《大学精神》,文汇出版社 2003 年版,第 41—45 页。

③ 《蒋梦麟、胡适等关于改革中学教育制度以适应国情案》,1934 年 8 月 25 日,中国第二历史档案馆编:《中华民国史档案资料汇编》第 5 辑第 1 编:教育(一),江苏古籍出版社 1994 年版,第 145—150 页。

④ 天怳:《文化论战中的广州》,《华年》第 3 卷第 12 期,1934 年 3 月,第 233 页。

⑤ 和:《论祀孔大典》,《北平周报》第 84 期,1934 年 9 月 2 日,第 1—2 页。

⑥ 施培:《新生活与新教育》,《北平周报》第 60 期,1934 年 3 月 11 日,第 7—8 页。

⑦ 章太炎:《论读经有利而无弊》,天津《大公报》1935 年 6 月 15 日、16 日。

且可以涵养民性,和平民气,启发民智,故居今之世而欲救国,非读经不可"。[1] 教育中国化的思维理路延伸出来的另一个结果是,在当时出现了国学研究热,几乎所有的大学,包括教会大学,都设立了国学研究机构。创办于1920年代的无锡国学专修学校,更是兴盛一时。国联教育考察团称该校是"纯粹中国文化的学校","研究'国学'之最高学府"。[2] 在裁并大学的声浪中,它反而能获得教育部的资助。

值得注意的是,国民党政府对教育中国化的推动颇为积极。其实,在教育领域里,强调中国自身的需要,本是国民党执政以后党化教育的一个特点。由于民国以来的教育权大多为从外国留学回来的新知识人所掌握,因此,强调"本国化",在某种程度上成为党化教育者与自由教育者争夺教育权的一个砝码。[3] 早在1927年,就有人指出,"中国国民党化的教育",是"最适合中国国情的"。[4] 稍后,有人发现,中国教育"发展的趋向,是由日本化而美国化而三民主义化。后者亦可叫做中国化"。[5] 把"三民主义化"等同于"中国化",大概不能为自由教育者所认同,却颇能体现国民党人的用意。此外,在教育中国化的普遍呼声下,党化教育者一方面跟着大喊,"已往教育制度",完全不合中国国情",[6] 另一方面,其教育政策确也很能体现这种色彩,比如,国民党四届三中

① 《教育杂志》第25卷第5号,1935年05月20日,第4页。
② 陈平原:《中国大学十讲》,复旦大学出版社2002年版,第92—93页。
③ 参见张太原:《20世纪30年代的文实之争》,《近代史研究》2006年第5期。
④ 李驹光:《党化教育原理》,《大夏周刊》第47期,1927年11月21日,第6—12页。
⑤ 欧元怀:《中国高等教育之过去与现在》,《上海教育》第16期:特载,1930年9月1日,第19页。
⑥ 段碧江:《教育改进与三民主义教育》,出版者不详,1933年,第129页。

全会关于教育的决议案,要求"各大学及学院之课程应注重本国教材";①教育部则"拟具改进办法:系以民族意识为中心纠正万国化的个人发展"。② 显然,国民党试图借中国化来推行党化。对此,当时已有人洞察这种用意,"假定生产教育还有另外的目的的说话,那或者就是在把一班青年都变成不会思想而只知劳作的马牛"。③ 专制的当政者大凡都希望普天之下皆顺民,而愚民之教育自然为其首选。

需要说明的是,教育中国化的呼声在某种程度上也是受了外人的影响。外人罗格(Harold Rugg)在中国演讲,曾几度告诉"国内教育界的领袖","中国学校的教育与社会的需要,不相适合",他建议"新教育当因地制宜","与欧美宣告独立"。④ 对此,有人明确地说,"罗格教授最近在上海讲演,希望中国教育家注意实化的教育,民众的教育,及乡村的教育。我们也深信要彻底改革我国的教育,必须努力于合乎本国需要,合乎民众需要,合乎乡村需要的教育"。⑤ 外人陶内(R. H. Tawney)著书认为,"中国的大教育问题是:怎样使教育以中国的实在需要为基础,不以外国的模型为基础";中国教育家应该"找得材

---

① 《中国国民党四届三中全会重要决议案:关于教育之决议案》,1932年,中国第二历史档案馆编:《中华民国史档案资料汇编》第5辑第1编:政治(二),江苏古籍出版社1994年版,第402页。
② 《全国教育的新动向》,《民众教育季刊》第1卷2期,1932年11月1日,第3页。
③ 周予同、刘真:《中国教育现状之剖视》,《中学生》第41号,1934年1月,第123—140页。
④ 潘光旦:《教育与位育》,《华年》第1卷第14期,1932年7月16日,第263页。
⑤ 毅生:《中国教育的三大病根和救治的方法》,《明日之教育》第1卷第5期,1932年7月25日,第87—89页。

料来创造一个适合中国需要的教育制度"。[①] 由国民政府邀请的国联教育考察团在其呈交的报告中更是明白地指出,"中国新时代之知识分子,自革命以还,咸努力于依照某种舶来之思想,以改造中国之教育制度",而教育内容"对于外国材料之应用过度,未能充分中国化"。[②] 因而,"新中国必须振作其本身之力量,并从自有之历史,文献,及一切固有之国粹中抽出材料,以建造一种新文明"。[③] 中国化,却难逃外国的影响;跟着外人来喊中国化(当然,其中也不尽如是),这不能不说是对中国化的讽刺。

其实,即使教育中国化的具体方案也难逃外国之辙。比如,关于职业教育,有人指出,国民政府正是根据国联教育考察团的建议而制定了其相关实施原则的;同时,人们还不无受苏联的启发,"苏俄的青年","头脑里没有饭碗问题,他们进学校是学某种技能,而且常常是某一个工厂或某一种职业为了某种需要而送他们进学校的"。[④] 关于生产教育,同样来自于外,"试观欧美各国,对于生产教育,提倡不遗余力,俄国对于生产人才之培植,更无论矣"。[⑤] 关于农业教育,同样是步的外国的后尘,西方"农村教育的产生,是由于农村运动",中国的"农村运动既

① R. H. Tawney 著,蒋廷黻译:《中国的教育》,《独立评论》第 38 号,1933 年 2 月 19日,第 12—16 页。

② 《国联教育考察团报告》,转引自李建勋:《国联教育考查团报告之批评》,《师大月刊》第 4 期,1933 年 5 月 1 日,第 7—13 页。

③ 国联教育考察团:《中国教育的改造》,转引自叔永(任鸿隽):《评国联教育考察团报告》,《独立评论》第 39 号,1933 年 2 月 26 日,第 17—20 页。

④ 陈西滢:《苏俄的青年》,《独立评论》第 129 号,1934 年 12 月 2 日,第 2—4 页。

⑤ 杜元载:《中国究需何种教育始能复兴》,《明日之教育》第 1 卷第 4 期,1932 年 7 月10 日,第 72 页。

已发轫，农村教育之地位也因之显著"；①"美国注意农事家事知识，于各州设立推广总部"，"这是我们的好榜样"；②即使主张农村教育最力的徐炳昶也不承认自己的主张来源于中国"数千年已有的农村化"，而是"完全由于民众经济的观点"，并"均与苏俄制度暗合"。③关于人格教育，有人借鉴的是却是英国"养成 Gentlemen"的教育。④即使对科举制度废除的重新认识，也有外人的因素，美国的孟禄"认为科举取消得太快，弄得新旧教育制度与人才所有产生的机括青黄不能衔接"，对此，潘光旦甚以为然。⑤更能说明问题者，主张读经研究国学的人，同样引外人来助威。⑥不难发现，外人之见代表着权威，已成为当时知识界"一般的思想和信仰"，甚至到了不言外不足以言中的地步。种种如是，不能不令人疑问：何处是"中国"？

　　当时，还有人指出，"中国化的教育，要能造就脑内充满科学，手内掌着马力的人才；要能够利用科学的原理和方法，手脑并用的生产人才"。⑦众所周知，科学本是舶来品，按此哪里是"中国化"，分明是"外国化"。这说明外来的新知早已充斥了人们的头脑，人们用之而不自觉，以致误认他乡是故乡。对此，较一般人更为清醒的庄泽宣发现，这种种中国化的

① 傅葆琛：《农村运动与农村教育运动的关系》，《明日之教育》第2卷第3、第4期，1933年2月16日，第11—12页。
② 杨廉：《复兴中国的教育政策》，《明日之教育》第1卷第1期，1932年5月25日，第11—12页。
③ 徐旭生：《教育罪言(六)(续)》，《独立评论》第38号，1933年2月19日，第5—12页。
④ 郑晓沧：《大学教育的两种理想》，《浙大日刊》1936年9月30日、10月1日。
⑤ 潘光旦：《谈"中国本位"》，《华年》第4卷第3期，1935年1月，第45页。
⑥ 《教育杂志》第25卷第5号，1935年5月20日，第10页。
⑦ 古楳：《现代中国及其教育》，中华书局1936年版，第478页。

主张,"还不够彻底","改来改去还是牛头不对马嘴,因为这些文章的作者,所有的头脑子(连我的在内),都是太西洋化了！所用的名词变来变去,还是那一套,都逃不出西洋的把戏,孙行者的本事虽大,跳不出如来的手掌。因此所推的论理,所得的结论,完全是西洋式的"。他无奈地叹道:"今后的出路如何？我自问我的头脑子也是太西洋式了,未必有好的答案。"[①]这表明,人们在外国化的道路上已走得太远,已难以找到返乡之路。学步未成,其故已失。当人们重新寻找"中国"的时候,发现"中国"却不存在了,这不能不令有思想的知识人感到无比的尴尬。

　　1930年代,关心教育的各界人士对新教育的历程进行了反思,反思的结果产生了一种共同的倾向,即大都提倡新教育的中国化,即使曾经是外国化的鼓吹者和推动者的蒋梦麟、胡适等人,也提案改革教育以适应国情,充分表明教育中国化的普遍认知。但是,人们对于中国化的理解和提出的中国化主张却众说纷纭,此中国往往与彼中国相抵牾,相对以前的"西与西战",当时可说是出现了"中与中战"的局面。不过,自认为中国化的种种主张,却仍然"逃不出西洋的把戏"。这表明"中国化"只是那时思想界的一个新名词,并无实质的意义。同时,这也使一些人在更大的范围内来寻找"中国"。

二、建设中国本位的文化

　　20世纪30年代,中国思想界反思的一个高潮,是《建设中国本位

---

　　①　庄泽宣:《中国民族的出路与中国教育的出路》,《教育研究》第33期,1932年2月,第56页。

的文化宣言》的发表及其引起的相关讨论。以往的研究,大都倾向于论者主张的分析及与他派的论争,而未曾把它放到当时的历史语境中去从整个思想界的流向考察。其实,本位文化建设的提出主要是缘于对中国近代文化发展历程的反思。

发表宣言的十教授后来自己就说,"我们曾由中国文化之史的发展去检讨西化东渐后中国文化动摇的原因,指陈以往种种运动失败的症结,主张今后的文化建设应以中国为本位"。[①] 细察《宣言》,确有此意。比如,其中说,中国文化"直到鸦片战争才发生了很大的质的变动。巨舰大炮带来了西方文化的消息,带来了威胁中国步入新时代的警告,于是古老的文化起了动摇,我们乃从因袭的睡梦中醒觉了。随着这种醒觉而发生的,便是曾国藩、李鸿章的'洋务'运动,康有为、梁启超的'维新'运动,孙中山先生的'革命'运动"。这三种运动依次是"技艺的模仿"、"政治的抄袭"、"彻底的改造"。而到"民国四五年之交,整个的中国陷在革命顿挫、内部危机四伏、外患侵入不已的苦闷中,一般人以为政治不足以救国,需要文化的手段,于是就发生了以解放思想束缚为中心的五四文化运动。经过这个运动,中国人的思想遂为之一变"。"新的觉醒要求新的活动",随后,"打倒军阀、帝国主义的声浪遍于全国,由此形成了一个伟大的国民革命"。[②] 宣言署名者陈高佣在另一处则更明确地把"近代士人对于中国文化问题的看法"分为:"第一时期,曾、李洋务运动时期,以模仿西洋的技术科学为主。第二时期,清末维新革命

---

① 王新命等:《我们的总答复》,《文化建设》第1卷第8期,1935年5月10日,第1页。
② 王新命等:《建设中国本位的文化宣言》,《文化建设》第1卷第4期,1935年1月10日,第3页。该宣言在当时又被称为《一十宣言》。

运动时期,以模仿西洋的法律、政治为主。第三时期,五四新文化运动时期,以模仿西洋的学术思想为主。第四时期,国民革命军北伐前后时期,以模仿西洋的社会组织为主。"①

《宣言》的作者们把"鸦片战争"作为中国一个新的历史时期的开始,并以对西洋文化态度的演进来划分此后的历史为:洋务运动、维新运动、五四运动和国民革命。这种至今仍广为沿用的历史分期法应该是源于梁启超,到 20 世纪 30 年代已成为知识界相当普遍的认识。比如,有人的看法几乎与《宣言》署名者完全相同,"鸦片战争以还,敌人之枪声金鼓齐鸣,震耳欲聋,数千年来,国人坐井观天自尊自大之迷梦,至是已被其完全惊破","三种运动,由是而发生矣。三种运动者何? 一曰曾国藩、李鸿章之洋务运动,一曰康有为、梁启超之维新运动,一曰民国八年轰动一时之五四运动。分析言之,洋务运动者,西洋技艺方面之模仿也,维新运动者,西洋政治制度之抄袭也,五四运动者,西洋学术思想之介绍也"。② 佛教人士释太虚也注意到,"鸦片战争之后",中国人对于西洋文化的仿效随着战争的失利而不断递进,"羡之效之者,初则在乎枪炮兵舰,以为强国之道,唯在乎此耳。其结果则中日战争之失败,由是其羡之效之者,更进一步,而及军政、法律、农工商业者,庚子之后,既舍中国本有政教重心,将谓立国之道,胥赖乎彼,遂推行益力,其结果由清末之立宪,而成政柄迭更军阀割据之民国。民国八年,新文化之运动思潮起,其羡之效之者,更进一步,而及学术

---

① 陈高佣:《中国文化问题研究》,商务印书馆 1937 年版,第 249—251 页。
② 雷伯豪:《中国本位的文化建设的基础在何处》,开封《教育平话》第 1 卷第 5 期,1935 年 3 月 1 日,第 6 页。

思想之文化根本,同时更以俄国式之革命相号召"。① 有人还特别指出中外战争与文化变革的关联,"鸦片与英法联军之役以后才产生同光革新,中法、甲午之役以后才产生戊戌变法,庚子之役以后才有革命思潮之高涨"。②

《宣言》的作者们及当时许多知识人在回顾历史时,都认识到鸦片战争以后中国人模仿西方的程度越来越深,从技艺器物到政治制度再到思想文化。但是,他们痛苦地发现,"中国屡次的自救,都没有大的成功",③"取法日本失败了,取法英、美失败了,取法苏俄亦失败了";④"时而学外人之洋枪大炮,时而学外人之立宪共和,一变再变,什么都变到了,而中国之积弱不振,依然如故,甚至江河日下,不堪回首";⑤"在过去,中国是曾经挂过各种的漂亮的招牌的,而中国依然没有进步"。⑥"夫数十年来中国之情况,无论其物质文明,政治与经济制度,以及其他社会上之一切,将如治丝而愈乱呼?"⑦"五四以来,二十年间,我们在文化上个别的说虽不无相当进步,但一般说来,就时间的进步说来,是一

① 释太虚:《怎样建设现代中国的文化》,《文化建设》第1卷第9期,1935年9月,第26页。

② 熊梦飞:《谈"中国本位文化建设"之闲天》(一),《文化与教育》第50期,1935年4月10日,第7页。

③ 陶希圣:《对于〈中国本位文化建设宣言〉的补充说明》,《教育短波》1935年卷5月下册第27期,1935年5月21日,第4—5页。

④ 陈高佣:《怎样了解中国本位的文化建设》,《文化建设》1卷8期,1935年5月,第58页。

⑤ 《建设中国本位的文化》,汉口《大同日报》1935年1月19日。

⑥ 曾今可:《建设中国本位文化之我见》,上海《晨报》1935年2月15日。

⑦ 雷伯豪:《中国本位的文化建设的基础在何处》,开封《教育平话》第1卷第5期,1935年3月1日,第7页。

个逆流!"①"二十余年来讲究造炮,乃至军阀据城,土匪据野,二十余年来争论自由平等,离婚,自杀,诱拐,奸淫,造成都市记录。二十年介绍新文化,于是青年之左倾,亦变成知识之恐怖。"②

追随西方的结果,不但没有进步,反而每况愈下,这不能不促使人们深思,"过去数十年间,西洋之良法美制,移植于中国者殆已不鲜;何以他国行之而致富强,在我国则罕有成效"?"此其故实足令人深长思者!"③不少人长思的结果是认为中国人丧失了自信心,而盲目地崇拜西洋文化,"鸦片战争以还,震慑于外国枪炮的利害,顿然失掉了本国的自信自尊,由惧外而媚外,由媚外而效外";④"方欧西侵略之达到全国也,我同胞之心理,由攘夷而转为惧夷,敬夷,终至于崇夷而仿夷";⑤"中国民族几十年来都是徘徊于三叉路口","民族的自信力消失殆尽"。⑥ 而"最足以亡民族的生命的,莫过于失去自信心与自信力"。⑦有人更具体地指出,是中国人对西洋文化没有选择去取,"中国民族的力图自救,而卒致愈救愈艰困者,不唯起初固守陈旧而整个的排斥为错

---

① 胡秋原:《中国文化复兴论》,蔡尚思主编:《中国现代思想史资料简编》第4卷,浙江人民出版社1986年版,第150页。
② 孙承烈:《建设中国文化问题之检讨》,福州《福建文化》半月刊第1卷第5期,1935年3月,第12页。
③ 张世禄:《建设文化之基本问题》,《晨报》1935年4月9日—11日。
④ 《中国本位的文化建设宣言的回响》,南京《中央日报》1935年1月17日。
⑤ 雷伯豪:《中国本位的文化建设的基础在何处》,开封《教育平话》第1卷第5期,1935年3月1日,第8页。
⑥ 艾澐:《现阶段的中国文化建设运动》,《读书青年》第1卷第3期,1936年8月1日,第1页。
⑦ 庄泽宣:《中国民族的出路与中国教育的出路》,《教育研究》第33期,1932年2月,第62页。

误,五四后抛弃固有而整个的输入为错误,而'择焉不精'的采取尤为错误"。① 有人则认为,学非所本,"我们东方人自与西方人接触以来,在无意识中已经受了他们的大骗"。就是"只学到了他们的讲享用的习气",却没有学会他们生产的能力。② 有人则归咎于只有破坏而无建设,"《新青年》对于近十余年中国政治社会的混乱是应该负很大责任的。《新青年》派对于中国的功绩,只在摧毁传统的社会机构和思想这一点上";"他们所留给中国的,只是消极的破坏工作,家族主义破坏了,传统的文化道德破坏了,新的可以代替的东西在哪里呢?""中国的思想界在五四以后就变成了一片白地"。③ "今日的情形,尤其不幸。我们因为对于一切旧制度,旧道德,旧礼教的怀疑,把这些一古脑儿都打倒推翻,同时却又不能产生新道德的标准。"④

无论什么原因,人们普遍感到的是,模仿西方的结果并没有实现所愿。更令一些知识人所未料及的是,中国人几十年的努力,本来是为了救国,而到头来,不但中国再次处于危亡状态,而且文化领域里也没有了"中国"。《宣言》说:"在文化的领域中,我们看不见现在的中国了";"中国政治的形态、社会的组织和思想的内容与形式,已经失去它的特

---

① 释太虚:《怎样建设现代中国的文化》,《文化建设》第 1 卷第 9 期,1935 年 9 月,第 26—27 页。

② 《自己不能生产的便先不用》,天津《大公报》1935 年 4 月 22 日,国闻周报社编:《论评选辑(1934 年 12 月—1935 年 12 月)》,收入沈云龙主编:《近代中国史料丛刊三编》第 5 辑 (48),(台北)文海出版社 1985 年版,第 2085 页。

③ 常燕生:《现实生活与理想生活———二十年来中国思想运动的总检讨与我们最后的觉悟》,《国论》第 1 卷第 1 期,1935 年 7 月 20 日,第 10—11 页。

④ 李登辉:《我们所最需要的教育》,《国立大学联合会月刊》第 2 卷第 7 号,1929 年 11 月,第 2 页。

征。由这没有特征的政治、社会和思想所化育的人民,也渐渐的不能算得中国人。"所以,"中国的领土里面也几乎已经没有了中国人"。与之相对的是,"目前各种不同的主张正在竞走,中国已成了各种不同主张的血战之场"。①

这虽然有点危言耸听,但却为当时许多人所认同,"中国文化在中国社会之消失,诚哉,其为不可掩蔽之事实与现象"。② 即使"就具体的日常生活而论,也已'没有了中国'。衣、食、住、行民生四要事,事事都洋化,尤其是喜谈文化的知识阶级,那里还见得多少'中国'的影踪儿"。③ 关于不同主张在中国的争战,有人更具体地指出:"这里,有孔孟偶像的复活;这里,有释迦香烟的缭绕;这里,有德谟克拉西思想的憧憬;这里,有法西斯蒂理论的酝酿;这里,更有布尔希维克学说的流行。"④"复古呢? 英美化或苏俄化? 中体西用化呢?""中国的思想界,早成为这三种主张的血战场。"⑤"总而言之,中国目前一切生活现象及内容,均充满了矛盾,几乎人人徘徊于十字街途,作那东西南北之张望,牺牲的牺牲了,彷徨的彷徨着。"⑥"任何一种都还没有定形化。而且任何一种都在奋斗,以图取得生长繁荣的机会,因此,在文化界呈出了五

---

① 王新命等:《建设中国本位的文化宣言》,《文化建设》第 1 卷第 4 期,1935 年 1 月,第 3 页。

② 雷伯豪:《中国本位的文化建设的基础在何处》,开封《教育平话》第 1 卷第 5 期,1935 年 3 月 1 日,第 8 页。

③ 《中国本位的文化建设宣言的回响》,南京《中央日报》1935 年 1 月 17 日。

④ 李立中:《中国本位文化建设批判总清算》,《文化建设》第 1 卷第 7 期,1935 年 4 月,第 43 页。

⑤ 王懋和:《中国到那里去?》,《晨报》1935 年 4 月 14 日。

⑥ 熊梦飞:《谈"中国本位文化建设"之闲天》(一),《文化与教育》第 50 期,1935 年 4 月 10 日,第 6 页。

花八门，莫衷一是的样子"；①"一般社会中坚人物，犹复各是其是，各非其非。"②正是面对"中国"的"消失"和思想界的这种混乱，十教授才联合宣言要建设中国本位的文化，试图来造成一种"中心的信仰"。③ 宣言署名人何炳松明白指出："我们的意思，中国在现代的文化领域中已经消失了。要使他抬头，必须从事于中国本位的文化建设。"④⑤

不难发现，提倡建设中国本位的文化，既是知识人反思近代历史的结果，又是中国人思想变化的明证。尽管当时"崇外爱新"依旧，正如萨孟武所言，"爱新心代替了保守性，自轻心代替了自尊心，不论任何思想，只要他是新奇而且来自外国的，无不与以暂时的热烈欢迎，至于此种思想是否适合于中国现社会的需要，则置而不问"。⑥ 但是，也有相当一部分士人开始"觉悟"，⑦"到了最近几年，人们渐渐都有点自觉心理了"；"中国人的自尊心已经觉醒了！不甘学人言语，随人脚跟，而要求文化之独立了，要求文化之创造了"；⑧人们认识到，"夫徒事模仿，抄

---

① 叶青：《读〈中国本位的文化建设宣言〉以后》，《文化建设》月刊第1卷第5期，1935年1月，第24页。
② 《论本位文化》，汉口《武汉日报》1935年4月6日。
③ 《中国本位文化之建设》，南京《朝报》1935年1月16日。
④ 何炳松：《论中国本位文化建设答胡适先生》，《文化建设》第1卷第8期，1935年5月，第47页。
⑤ 萨孟武：《论中国本位文化建设答胡适先生》，《文化建设》第1卷第8期，1935年5月，第48页。
⑥ 萨孟武：《论中国本位文化建设答胡适先生》，《文化建设》第1卷第8期，1935年5月，第48页。
⑦ 《自己不能生产的便先不用》，天津《大公报》1935年4月22日，国闻周报社编：《论评选辑(1934年12月—1935年12月)》，收入沈云龙主编：《近代中国史料丛刊三编》第5辑(48)，(台北)文海出版社1985年版，第2085页。
⑧ 余景陶：《谈中国本位文化》，《独立评论》第149号，1935年5月5日，第14页。

袭或介绍,要亦非根本之大计,良以文化有其历史之渊源,又有其社会与自然之背景"。①所以,"中国的问题需要我们具体的认识,解决中国问题的方案,亦需要我们就实际情形而重新决定"。②

即使胡适也曾认为,建国"不完全是'师法外国'的问题",③尽管当他感到师法本国传统成为潮流的时候,依然强调"全盘西化","但是由此亦可知自觉的心理已经是近年来人所同有了,因此到了二十四年春间便有《一十宣言》的产生"。④这里,当事人陈高佣明确地道出了人们对近代历史的反思和《一十宣言》的关联。即使日人室伏高信也看出了这一点,"在世界文化的波浪上,他们回顾他们的过去,自己醒觉,自己反省,而在模仿与翻译之长久记录后,继续自己的再评价,以创造自己"。"惟从这个时代,却得到了一个教训,似已无可疑,至少盲目的崇拜西洋的时代,现在是过去了。这是确定的事实。"中国本位的文化运动便是明证。⑤可以说,建设中国本位的文化,是当时一些知识人反思中国近代文化变化历程的一个结论和象征,尽管其中也参杂着若隐若现的政治因素。

由此不难理解《一十宣言》在中国近代思想史上的意义,对于这一点,时人还把它与五四运动进行了比较:"五四运动的思想表现是

①　雷伯豪:《中国本位的文化建设的基础在何处》,开封《教育平话》第 1 卷第 5 期,1935 年 3 月 1 日,第 7 页。
②　陈高佣:《怎样了解中国本位的文化建设》,《文化建设》1 卷 8 期,1935 年 5 月,第 58 页
③　胡适:《建国问题引论》,《独立评论》第 77 号,1933 年 11 月 19 日,第 7 页。
④　陈高佣:《中国文化问题研究》,商务印书馆 1937 年版,第 303—304 页。
⑤　室伏高信:《中国思想界的巨浪》,《文化建设》第 1 卷第 12 期,1935 年 9 月,第 176 页。

充满了批判的精神,而《一十宣言》的思想表现亦处处注重批判的态度,此为五四运动与《一十宣言》之相同点。五四运动之批判精神是侧重破的方面,而《一十宣言》之批判精神侧重立的方面,此为五四运动与《一十宣言》之相异点,这是历史发展的必然趋势,是文化运动的自然方式。""盖数千年来的传统文化,若不经过五四运动的严厉批判,绝不能打破他人支配权威,但破坏以后若终究没有新的文化系统建立,人民徘徊歧路,无所依归,势将更感痛苦。所以十六年前先有以'破'为根本态度的五四运动,至今日又有以'立'为根本态度的《一十宣言》。""没有五四运动的历史,绝不会有《一十宣言》的要求"。[1]不过,《一十宣言》也仅仅是反映了思想界"立"的态度和倾向,从其引起的争论来看,"立"似乎并不容易。因为当时"破"较为明确,而"立"什么则众说纷纭。

《一十宣言》中说,"我们特别注意于此时此地的需要,就是中国本位的基础",[2]"中国本位的文化建设,是创造,是迎头赶上去的创造;其创造目的是使在文化领域中因失去特征而没落的中国和中国人,不仅能与别国和别国人并驾齐驱于文化的领域,并且对于世界的文化能有最珍贵的贡献"。"我们的文化建设就应是:不守旧;不盲从;根据中国

---

① 许性初:《从五四运动说到一十宣言》,《文化建设》月刊第 1 卷第 5 期,1935 年 1 月,第 35 页。

② 后来针对有些人的质疑,十教授对"中国此时此地的需要"进行了解释,"就是:充实人民的生活,发展国民的生计,争取民族的生存。故中国本位的文化建设,是一种民族自信力的表现"。参见王新命等:《我们的总答复》,《文化建设》第 1 卷第 8 期,1935 年 5 月,第 1 页。

本位,采取批评态度,应用科学方法来检讨过去,把握现在,创造未来。"①这听起来似乎美不胜收,但其内容本身就充满矛盾,"按《宣言》的第一种精神,结论应该是而且已经是:中国应'迎头赶上去'";"中国的社会政治经济作彻底的改造。就是说,中国文化应当欧化近代化。按《宣言》的后一种精神,结论是:'中国的政治社会和思想都具有中国的特征'。这就是说中国应保留东方文化。然则中国文化运动究应欧化近代化呢? 抑应保留其东方文化特色呢?"②

更值得注意的是,署名十教授的本位文化见解似乎并不一致。何炳松说,"中国'本位',就是中国'此时此地的需要'。我们要根据这个本位,用科学方法,来淘汰固有的文化,来吸收外来的文化"。③ 陈高佣认为,孙中山所谓"'明乎世界趋势与中国国情',即可说是中国本位文化的建设"。④ 在樊仲云看来,"今后文化发展的动向,凡是地方的色彩必将渐归消灭,而汇纳于世界的巨大文化圈中。所以我们具有四五千年历史的中国文化,若于此时不谋刷新,殊不免如非、澳的野蛮人民一样,为西洋文明的巨浪所吞没"。因此,"中国今后文化的建设,其路径是很明白,我们必须与世界合流";"必须能实现我图存救亡的要求者:第一须世界化,即不能再行闭关主义,思想文化上的义和团,实最要不

① 王新命等:《建设中国本位的文化宣言》,《文化建设》第 1 卷第 4 期,1935 年 1 月,第 5 页。
② 李麦麦·《评〈中国本位的文化建设宣言〉》,《文化建设》月刊第 1 卷第 5 期,1935 年 1 月,第 28—29 页。
③ 何炳松:《论中国本位文化建设答胡适先生》,《文化建设》第 1 卷第 8 期,1935 年 5 月,第 47 页。
④ 陈高佣:《中国文化问题研究》,商务印书馆 1937 年版,第 280 页。

得;第二须科学化,即一切当以合理的精神为本,盲目的信仰与感情的
附和,也是在所当去。惟当此时,我们应该注意,这种工作应以民族生
命的保存为前提,即应以现世界的文化倾向为我们所用,而不当反客为
主,反为所吞没。这是中国本位的文化建设"。[①] 陶希圣指出,"现在的
中国,为大家所公知的,是一个次殖民地或半殖民地的国家","半殖民
地的基本特征,是交换经济的发达,促进社会的发达,社会的发达,不由
于生产的发达,由于交换的发达"。所以,中国"经济、政治以及思想的
方向,必须向(一)独立自主的,(二)反列强资本主义的,(三)有组织有
计划的方向上走,中国才可保救"。[②]

从署名各人的解释,似乎看不出"中国本位",倒表现出不同的世界
化的论调。十教授自己的意见况且不能一致,其他人的看法就更加纷
纭。比如,他们组织 30 多人参加的文化座谈会上的发言更说明了这一
点:"刘湛恩先生一面看到民族自信心的重要,一面却也提出'基督教本
位'的意见;欧元怀先生提出的是'科学化、标准化、普通化'的'三化原
则';俞寰澄先生主张以农村为本位;黎照寰先生也申说'科学化'的重
要;叶青先生则主现代化;黄任之先生很看重中国旧有文化因素的分析
与选择;李浩然先生注意的是城乡的平衡发展;陶百川、何西亚、谢俞三
先生都主张以三民主义为最高的原则;郅爽秋先生又以为应特别注重
三民主义中的民生主义;吴子敬先生特别提出纪律化与脚踏实地的两

---

① 樊仲云:《由文化发达史论中国文化建设》,《文化建设》第 1 卷第 6 期,1935 年 3 月,
第 45 页。

② 陶希圣:《对于〈中国本位文化建设宣言〉的补充说明》,《教育短波》1935 年卷 5 月下
册第 27 期,1935 年 5 月 21 日,第 4—5 页。

点……这第一次座谈会的结果,似乎教我们对于'本位'二字的意义,越看越糊涂起来。许多发言人中间,有的就压根儿没有顾到他;有的把它和原则、标准等事物混为一谈;有的似乎于中国的大本位之外,又提出了一些小本位来;有的并且发为和'本位'观念根本上相冲突的议论。"①

可以说,当时,十教授登高一呼,应者云集,而又各怀己见。"中国本位文化之建设,在原则上似应为无人可以反对";②"所谓'中国本位'的理论,在原则上是谁都不会不赞成的。"但是,"'本位'二字,究竟有甚么意义,它的内容究属包含些什么",③则言人人殊。

有些人根据当时的国难及思想领域"中国"的"消失",倾向于强调有利于中国民族生存的文化,"民族国家如此危难,才要来努力文化运动";④"中国目前最需要之文化建设,必须能够应付中国目前最大的危机";⑤"此问题之主要着眼点,应在如何使中国人自身不失人类生存之基本条件,如何能切实免除自身衰亡之贫症";⑥"民族生存的原则应高于一切,因为中国民族的生存到了现在已发生绝大的危险,所以民族生存不仅是目前社会最大的需要,也是一切问题的先决问题,我们应以最

———————————

①　潘光旦:《谈"中国本位"》,《华年》第4卷第3期,1935年1月,第44页。

②　刘絜敖:《中国本位意识与中国本位文化》,《文化建设》第1卷第9期,1935年6月,第43页。

③　潘光旦:《谈"中国本位"》,《华年》第4卷第3期,1935年1月,第44页。

④　李绍哲:《文化创造的基本原则》,《晨报·晨曦》1935年6月14日。

⑤　张伯兰:《中国目前最需要之文化的建设》,天津《大公报》1935年5月2日。

⑥　张世禄:《建设文化之基本问题》,《晨报》1935年4月9日—11日。

大的努力,以求民族的生存"。① 所以,"'中国本位文化',也就是'在中国的利益前提之下,以从事文化活动'的意义";②"'中国本位'就是一切文化建设都须以中国这个国家有机体的利益为前提,有利于中国的文化,无论是国粹或欧化都应该保存接受;有害于中国本身的生存和发展的,无论是国粹或欧化都应该打倒拒绝"。也就是说,"应该以'建设中国民族时代的文化'这个定义来做我们文化建设基本的原则";③"中国本位文化建设,应以复兴中国民族为目的"。④ 由此来看,"中国本位论就是一种文化的民族主义"。⑤

由于当时"所谓'中国本位的文化'运动","事实上系与三民主义的文化运动团体即中国文化建设协会合作",⑥因此,国民党人或亲国民党的人更是因势利导,借机大肆鼓吹三民主义文化。有人认为本位文化就是三民主义的文化,"我们说本位文化是三民主义文化的再肯定,或是根据三民主义的原则而发展";⑦有人则认为三民主义文化建设即是以中国为本位,"三民主义者即以中国为本位之文化建设纲领也。故以如此之信仰建设国家,则国家得其生存,贡献世界,则世界得其进化,中国本位文化建设之主义,其在斯乎?""是故中山先生所昭示于吾人之

① 叶法无:《一十宣言与中国文化建设问题批判》,《中国社会》第1卷第4期,1935年6月,第28页。
② 刘絜敖:《中国本位意识与中国本位文化》,《文化建设》第1卷第9期,1935年6月,第33页。
③ 邵元冲:《如何建设中国文化》,《中央党务月刊》第79期,1935年2月,第157页。
④ 晋生:《中国本位的文化建设》,《新建设》第2卷第10期,1935年4月1日,第2页。
⑤ 叶青:《读〈中国本位的文化建设宣言〉以后》,《文化建设》月刊第1卷第5期,1935年1月,第25页。
⑥ 《中国文化运动新开展》,《文化建设》第1卷8期,1935年5月,第226页。
⑦ 李绍哲:《文化创造的基本原则》,《晨报·晨曦》1935年6月14日。

'将我国固有之德性智能，从根救起，对西方发明之物质科学迎头赶上'
二语，实是为中国本位文化建设之方针与方法也。"①而在有些人看来，
"目前所需要建设的中国本位的文化，就是三民主义的文化。因为只有
三民主义，才是东西历史文化之综合的结晶"；②"三民主义文化，确是
合于此时此地的中国的需要"，所以，应该"决定以三民主义为中国本位
的文化建设的标的，举凡三民主义的一切政治的，经济的，法律的，哲学
的，科学的，道德的……文化系统应整个的建设起来"；③"在三民主义
的立场上，形成一个伟大的中国本位的文化系统"。④

　　特别值得注意的是，当时也有不少人试图以马克思主义的观点来
解释中国本位。⑤ 比如，有些人以经济的观点来看本位文化："依唯物
史观见解，是欲建设中国本位文化，先要建设中国本位的经济。"⑥"今
日建设我国文化的本位，应该以我国大众经济生活之需要为本位"；⑦
"全国有百分之七十五的人民，他们的生活都在水平线以下，像这样多
的愚而穷的民众，救死不遑的同胞，都是我们的建设文化的对象"；"这

---

① 陈立夫：《文化与中国文化之建设》，《文化建设》第1卷第8期，1935年5月，第221—
224页。
② 《中国本位的文化观》，杭州《东南日报》，1935年1月12日。
③ 曹挺光：《现代文化检讨下之中国文化建设问题》，《福建文化半月刊》第1卷第5期，
1935年4月15日，第4—6页。
④ 于炳文：《我之中国本位文化观》，《福建文化半月刊》创刊号，1935年2月15日，第
26页。
⑤ 当时以马克思主义观点分析中国问题的人比较复杂，有的是左翼知识人或中共的地
下文化工作者，有的则是中间知识人，甚至有的是反对中共的知识人或国民党的文化工作者。
⑥ 冯河清：《从认识论的见地考察中国本位文化建设问题》，《福建文化半月刊》第2卷
第2期，1935年10月1日，第4页。
⑦ 罗敦伟：《建设本位文化的路线》，《中国社会》第1卷第4期，1935年6月，第9页。

种生存的运动的展开,所谓本位文化的建设才有可能。"①

有些人采用的则是社会形态演进的观点:"中国现阶段的社会,是'变质的初期资本主义社会',这社会是不能进展到资本主义社会的,它只有飞跃到另一高形态社会的可能";"中国本位文化建设,应该在实行这种双重任务的标准之下,作为未来的社会主义启蒙运动而出现。"②"现代西洋文化,无疑的,是在资本主义的阶段,而且现在又已到了资本主义阶段之末期,在将来恐要转变为社会主义文化。对照着这样的世界文化的大流",中国"不要执着资本主义,而时时作转入社会主义文化的准备。"③"现在中国的文化问题,已不是东西文化的问题,而是资本主义文化与社会主义文化的问题。""文化创造主义","主张新的社会主义的中国文化之创造。在社会主义文化创造条件未具备以前,主张充分的作准备工作。"④

有人明显地是受了苏联的影响:"大战以后,各国民族主义的发达比前更加普及,更趋浓厚,而增厚民族斗争力的计划政治与计划经济遂应时而生。社会主义的苏俄在这方面表现出惊人的成绩,其他各国无不在向这个途径迈进中。中国如果要复兴,自然也不能放弃这个目标。我们希望这个正在发动中的文化建设运动,能够给中国今后的计划政

---

① 柯象峯:《为大众福利的文化》,《中国社会》第 1 卷第 4 期,1935 年 7 月,第 16 页。

② 李立中:《中国本位文化建设批判总清算》,《文化建设》第 1 卷第 7 期,1935 年 4 月,第 47 页。

③ 张季同:《关于中国本位的文化建设》,《国闻周报》第 12 卷 10 期,1935 年 3 月 18 日,第 4 页。

④ 张季同:《西化与创造答沈昌晔先生》,《国闻周报》第 12 卷第 19 期、20 期,1935 年 5 月 20 日、27 日,第 4—5 页。

治与计划经济奠定一个基础,或是引导中国目前无计划无秩序的政治经济走上有计划有秩序的路上。"①

有些人看本位文化甚至类似马克思主义者的观点:"解放中国,提高中国文化,首先要反帝反封建";"中国是一半殖民地半封建的国家","思想文化,是社会的上层建筑,中国文化的停滞是中国社会停滞而已,反映现代文化没有了,是帝国主义、封建势力双重支配下的结果。非摆脱这双重束缚,中国文化是没有改造的可能。"②"我们以为今日最迫切地应讲中国本位的事情是:中国本位的领土保全。这就是说,中国应该抵抗帝国主义的侵略,一切政治、经济、文化的建设,都应该以反帝图存为标准,否则,侵略日亟,抵抗不施,将来弄得连领土都不见了,还有什么中国本位? 还有什么中国本位的文化建设?"③"在帝国主义与封建残余互相携手的压迫下,使中国现实的社会经济政治停滞在历史演进的反常中","(中国本位文化建设)的途径与任务,应当是:1. 反帝国主义的文化;2. 反封建主义的文化;反一切不适合中国现实的社会经济政治的文化。"④有意思的是,这些看法很有点后来的新民主主义文化观的味道。

---

① 陈柏心:《中国本位文化建设运动的展望》,《半月评论》第 1 卷第 3 期,1935 年 3 月 1 日,第 14 页。

② 鲁人:《论中国本位的义化》,上海《人美晚报》1935 年 2 月 18 日。

③ 马望:《关于中国本位的文化建设》,《新生》周刊第 2 卷第 3 期,1935 年 2 月 9 日,第 62—63 页。

④ 颜行:《中国本位文化建设之基要观》,《南京正中半月刊》第 1 卷第 5 期,1935 年 2 月,第 6 页。

　　尽管资本主义在20世纪30年代的中国已声名狼藉，①但是仍然有些许人以资本主义来看本位文化，"目下中国社会既是资本主义的社会，则建设中国本位的文化，当然也是资本主义的文化"，"资本主义的文化，应该是适应于中国社会经济的需要"，所以，"要把握住资本主义经济发展的领导权"。②"我们应接受欧化，应肯定的宣示资本主义的文化"。③更具有讽刺意味的是，全盘西化和尊孔的主张也都能附在本位文化的观点之下："所谓中国本位的文化建设，换言之，即是应用世界文化的最高原则，而以中国的新精神来建设中国的整个文化体系。现在所谓世界文化是以西洋文化为代表，采纳整个的西洋文化以养成中国的新精神，正是建设中国本位文化的先声。"④"欲建设中国本位之文化，必先把握民族文化之中心，以扶植其根本。同时向外吸收养料，以遂其滋长。未有斩断历史而可以产生新文化者。""孔子学说为中国民族思想之结晶，亦即民族文化之本源也。本源既明，宜集中思想从事宣导。"⑤

　　以上各种见解，除了尊孔以外，包括十教授自己的在内，几乎看不出什么"中国本位"，倒是形形色色的"世界本位"大行其道。本位既失，

―――――――――――

　　① 参见张太原：《自由主义与马克思主义：〈独立评论〉对中国共产党的态度》，《历史研究》2002年第2期。

　　② 林时聘：《中国本位的文化内容讨论》，《福建文化半月刊》第1卷第5期，1935年4月15日，第13—14页。

　　③ 李麦麦的观点，转引自潘光旦：《谈"中国本位"》，《华年》第4卷第3期，1935年1月，第44页。

　　④ 沈昌晔：《论文化的创造——致张季同先生》，《国闻周报》第12卷14期，1935年4月，第9页。

　　⑤ 汪懋祖：《文化建设与尊孔》，《福建文化半月刊》第2卷第3期，1935年11月1日，第9页。

归位已难。当时,知识人谈世界可以忘却中国,但是谈中国却不能离开世界。中国人身尚在,中国"人心"似已无可"挽回"。纵然人们有中国之思,而思维的方式和内容都已世界化了,人们津津乐道的大都是以世界的什么方法或主义来救中国。建设中国本位文化引起的讨论,恰恰表明文化领域里"没有了中国"。

"中国本位"在当时得到较为普遍的认同,这充分说明思想界对追随西方历程的反思,也是时代变化的明证。但是,对于何谓中国本位,则莫衷一是,此中国本位与彼中国本位大相径庭,相差岂止天渊?《一十宣言》所反对的"守旧"、"盲从"似乎都能称中国本位,而原来存在的民族主义、三民主义、马克思主义、资本主义、全盘西化论、孔子学说等也都能在本位文化的名义下得到伸张。比喻来说,中国本位已成了一个筐,什么学说都可以往里装。概念相同,而思想各异,这是言论统制下的特有景观。另一方面,各种言论都能在同一名义下发挥,则说明言论控制事实上之不能。

十教授宣言的本意是基于思想界的众说纷纭,莫衷一是,要"确立一个比较可以维系人心的公共信仰",[①]但是,结果却又变成了不同中国本位的"竞走"赛场,也可以说是从"西与西战"又变成了"中与中战"。每个人每个派别都试图做出自己对本位文化的解释,人们谈论中国本位时各取所需,自说自话。"我们的学者们现在正在提倡'中国本位文化',但是提倡'中国本位文化'而使人摸不着'中国本位文化'的头脑也

---

① 马千里:《评中国本位文化建设宣言》,上海《大美晚报》1935年3月1日。

是事实。"①"大家发表一个意见,大家都说自己所发表的才是本位的意见,本位的意见是如此之多,这不是一件太滑稽的事情吗?"②"'中国本位'四字即《一十宣言》之莫大贡献,而十教授在《一十宣言》中所欲贡献于国人者恐亦惟有此点。"③只贡献一个"名词",这不能不说是对《一十宣言》的莫大讽刺。那么,"在此种各是其是,各非其非之观念下,而欲产生统一之中国文化体系,实等缘木而求鱼!"④所以,中国文化领域仍是一片混乱,一般人仍感到无所适从,"无论新的旧的,都在失去魂魄,盲目扮演,背道而驰,相互冲突";⑤"无一适当的可循之道,徘徊彷徨,成为中国文化当前最苦闷的问题"。⑥

这种状况说明,自五四以来,思想界已形成了一种怀疑、批判的习惯,对于"立"和"建设"还并不具备认同的心理。细察当时人们的态度,责言远远多于赞语,整个社会似仍笼罩在不满的情绪之中。"破"起来,大刀阔斧;"立"起来,举步维艰。

清末以来,知识人崇西爱新,以西为贵,惟新是尚,到20世纪30年代,相当一部分知识人已认识到这一特点,并开始反思。这种反思是比较普遍的,涉及政治思想、教育和文化等领域,几乎所有的思想流派也

---

① 公页:《从握筷谈到'本位文化'》,《中国新论》第2期,1935年5月,第75页。

② 刘絜敖:《中国本位意识与中国本位文化》,《文化建设》第1卷第9期,1935年6月,第33页。

③ 许性初:《从五四运动说到一十宣言》,《文化建设》月刊第1卷第5期,1935年1月,第32页。

④ 《论中国本位文化》,西安《西京日报》1935年1月20日。

⑤ 于炳文:《我之中国本位文化观》,《福建文化半月刊》创刊号,1935年2月15日,第25页。

⑥ 漆琪生:《中国本位文化运动的历史意义与实质》,《文化建设》月刊第1卷第5期,1935年1月,第38页。

都无一例外,联系到稍后出现的马克思主义中国化之提倡,更能说明这一点。当时,"中国化"逐渐成为流行语,强调外来之说应用于中国实际,蔚为潮流,充分体现了中国思想界的变化。

最后,需要再次指出的是,当时思想界对"没有了中国"的反思,远未摆脱西洋的影响,用西方的理论或经验来说明中国不能完全效仿西方,就是例证。人们有意识地去重塑中国,却无意识地扎进世界里不能自拔;种种"中国化"的背后仍是各式各样的"世界化",可谓"中国化"搭台,"世界化"唱戏。这表明中国人陷西已深,思维方式已发生改变,醒然仍无以自立,正如鲁迅所言,清醒了,却没有路走。同时,人们对进化论的质疑,也没有改变普遍趋新的社会心理,相当多的人仍以进化的进程来看待社会发展。自然,一部分知识精英对革命的认识,也未影响到青年人对革命的崇尚,革命似乎仍是最具吸引力的人生进升之途。总而言之,整个社会,还不能对近代以来的知识和思想进行自觉的系统的清理。况且,国难激起了这种反思,但由于更严重的国难——日本的全面进攻,又打断了这种反思。

第七章　国民党"唯一思想"的悖论

1928 年 9 月 18 日,蒋介石在北平以胜利者的姿态曾说,"思想统一,比什么都紧要",并宣称:"三民主义为中国唯一的思想",今后"要拿三民主义统一全国的思想",凡是违反三民主义的人,就"不容许他们活动"。[①] 然而,国民党此举很不成功。没过几年,人们就听腻了口号式的宣传,反而对"中心思想"产生了不同程度的反感。为此,国民党不得不采取一些巧妙的办法来做"统制思想"的努力。

---

① 蒋介石:《三民主义为中国唯一的思想》,原为蒋介石 1928 年 7 月 18 日在招待北平各界会上的讲话,后收入《蒋介石全集》上册,第一编,上海文化编译馆 1937 年版,第 49—50 页。

一、借台唱戏

陈立夫晚年回忆,"民国二十三年我曾联合与教育界有关人士在上海发起'中国本位文化建设运动'并出版刊物,请何伯丞先生主持之"。[①] 参加署名的萨孟武晚年也记得"接到上海友人来信"邀请的情况。[②] 有人还注意到,"'十教授'大都是曾经致力于党务的人"。[③] 就是说,"所谓'中国本位的文化'运动","事实上系与三民主义的文化运动团体即中国文化建设协会合作",[④]而中国文化建设协会是国民党"统制"或"党治"文化的组织,[⑤]它成立于 1934 年,以陈立夫为理事长,发行《文化建设》月刊,"引组织三民主义之文化战线为己任";"确认三民主义为中国文化建设运动之最高原则"。[⑥]《中国本位文化建设的宣言》正是发表在《文化建设》上。

从《宣言》发表后的一些动作,也可看出其或明或暗地"运动",中国文化建设协会及各地分会,纷纷举行座谈会,对其进行讨论。[⑦] 1935 年

---

① 陈立夫:《我的创造、倡建与服务——九十忆往》上,台北《传记文学》第 54 卷第 6 期,1989 年,第 15、19 页。

② 萨孟武:《中年时代》,广西师范大学出版社 2005 年版,第 60 页。

③ 王西征:《中国本位文化要义》,天津《大公报》1935 年 5 月 25 日。

④ 《中国文化运动新开展》,《文化建设》第 1 卷第 8 期,1935 年 5 月,第 226 页。

⑤ 翁率平:《论中国文化运动》,《文化建设》第 1 卷第 8 期,1935 年 5 月,第 244－246 页。

⑥ 《中国文化建设协会创立缘起与各项章则》,中国第二历史档案馆编:《中华民国史档案资料汇编》第 5 辑第 1 编文化(二),江苏古籍出版社 1994 年版,第 766 页。

⑦ 参见叶青:《<中国本位的文化建设宣言>发表经过》,《中国本位文化讨论集》,(台北)帕米尔书店 1980 年版,第 431－437 页;叶青:《"中国本位的文化建设宣言"发表经过》,《政治评论》1935 年第 8 卷第 11 期。

3月7日的《益世报》记载,"平市大学生,文化建设演讲,文化建设平分会发起,昨已函知各大学参加"。①汉口《大同日报》还乘机建议,"中央应当在这文化建设的气氛十分浓密的时候,以极大的注意力,促成下列两事的实现:一、成立文化委员会,广延国内硕学之士,以集中文化建设之人材;二、决定目前之文化政策,以端文化建设之趋向"。②有意思的是,上海《江南正报》的建议几乎完全相同:"吾人以为中国际兹文化建设空气十分浓厚的今日,须力行下列的两个信条:第一,创立文化委员会,延揽硕学宏儒,集中人材,第二,决定具体的文化政策,整饬文化趋向。"③两个不同地方的报纸竟然提出了同样的建议,并且连表述都相差无几,除非是当下思维的抄袭,显然其上有一个共同的指导。当事人还曾谈到,"我们发表了一篇《中国本位的文化建设宣言》,同时并举行研究性质的座谈会,制作征询表格,征集重要文献,公开征求论文,希望能从这些方面,得到一个综合的主张,资为文化建设的指针"。④其中,征来的论文,"稿费甚丰"。⑤

这样一些举措,显然非党人之力难为也。不但如此,一些党中要人还走向前台直接声援,程天放公开撰文表示,对于本位文化的宣言,"余意大致相合";⑥"江苏省政府陈果夫主席,亦特别通电,作赞同之表示,

---

① 《文化建设演讲》,天津《益世报》1935年3月7日,第2张第8版。
② 《建设中国本位的文化》,汉口《大同日报》1935年1月19日,第2版。
③ 《中国本位文化之建设》,上海《江南正报》1935年1月24日。
④ 王新命等:《我们的总答复》,《文化建设》第1卷第8期,1935年5月,第1页。
⑤ 戴鹏天:《CC的文化特务活动》,中国人民政治协商会议全国委员会文史资料研究委员会:《文史资料选辑》编辑部编:《文史资料选辑》第11辑,中国文史出版社1987年版,第166页。
⑥ 程天放:《对于建设中国本位的文化之意见》,上海《晨报》1935年2月14日,第2版。

并谓努力于此种本位文化之建设,必能为中华民族,展开一条新的途径"。① 时人也注意到,这个宣言"得了不少的党国要人的同情";②"党政要人、教育专家大率皆异口同声发出赞赏之论调"。③《独立评论》上的一篇文章直接称它是"政府领导下的两种活动"之一。④

不过,这次中国本位文化建设运动,尽管是国民党暗中发动的,但又是以一种自由讨论的面目出现的,并未禁止来自体制外的各种批评,相反却表现出优容的雅量。"《中国本位的文化建设宣言》发表后,中国文化建设协会总会和各省市分会,都先后举行研究式的座谈会,很虚心征求各方面的意见,并且在《文化建设》月刊上尽量转载赞成和反对的各方文字,他们不加以主观的排拒与迎合,这可使一部分怀疑中国文化建设协会是本党的外围组织,用来做统制中国文化界的思想的不安观念扫净了。"⑤

再如,《文化建设》月刊关于中国本位文化讨论的文章自然以赞成与附和的为主,除此,也确实刊登或转载了许多批评甚至尖锐批评的文章,象陈序经、胡适等"激进的西化论"甚至提倡社会主义的,都未曾"排拒"。有人还谈到自己的亲身感受,"出版界、教育界名士何炳松、陶希圣等最近发表了一个中国文化建设宣言。《文化建设》的编者,要我对

---

① 《中国本位文化之建设》,原载于上海《江南正报》1935 年 1 月 24 日。

② 陈序经:《评〈中国本位的文化建设宣言〉》,冯恩荣编:《全盘西化言论续集》,岭南大学学生自治会出版部 1935 年版,第 95 页。

③ 晋生:《中国本位的文化建设》,《新建设》第 2 卷第 10 期,1935 年 4 月 1 日,第 2 页。

④ 余景陶:《谈中国本位文化》,《独立评论》第 149 号,1935 年 5 月 5 日,第 16 页。

⑤ 方钟征:《三民主义文化的建设》,《福建文化半月刊》第 2 卷第 2 期,1935 年 10 月 1 日,第 25 页。

这个宣言作一个批评发表在《文化建设》上。他给我的信说:'请勿徇情,赞成与反对,敝刊俱所欢迎'"。果然,他也不客气,写了批评文章,《文化建设》仍照样刊登。① 在各种叫好的同时,"反对讥讽者当然也大有人在"。② 就这一点来说,国民党的作为似乎不在硬性的统制,而在提出时代和众人所关注之问题,以转移视听,达到令人不知不觉中入其圈套;或者明修栈道,暗度陈仓。果能如此,自然高明。但是这需要一个长期稳定执政的环境,而国民党却始终面临着执政危机。

十教授口口声称,有感于文化领域里"没有了中国",所以来倡议建设"中国本位的文化",事后还接受"各界领袖""斥资相助",进行"中国文化建设征文",而征文的评判委员却主要是陈立夫、陈布雷、朱家骅等党国要人,这甚能说明背后的意蕴。③ 果真是由于"纯学术"立场而得到当局的支持吗?署名人萨孟武曾解释,"《中国本位的文化建设宣》言乃于文化过渡期之内,想建设一个新的基本观念,使国人不至于盲从各种矛盾的思想","以挽回人心";④亦即"马上确立一个比较可以维系人心的公共信仰",⑤或造成一种"中心的信仰",⑥或"形成共同的中心观念"。⑦ 那么,这个"中心观念"的真义是什么呢? 有人指出,"依十教授

① 李麦麦:《评〈中国本位的文化建设宣言〉》,《文化建设》第 1 卷第 5 期,1935 年 2 月,第 29 页。

② 道清:《中国文化建设问题》,《青年文化月刊》第 1 卷第 6 期,1935 年。

③ 《中国本位文化建设征文》,《文化建设》第 1 卷第 6 期,1935 年 3 月,第 1 页。

④ 萨孟武:《论中国本位文化建设笞胡适先生》,《文化建设》第 1 卷第 8 期,1935 年 5 月,第 69—70 页。

⑤ 马千里:《评中国本位文化建设宣言》,上海《大美晚报》1935 年 3 月 1 日,第 2 页。

⑥ 《中国本位文化之建设》,南京《朝报》1935 年 1 月 16 日,第 2 版。

⑦ 陈柏心:《中国本位文化建设运动的展望》,《半月评论》第 1 卷第 3 期,1935 年 3 月 1 日,第 13 页。

之宣言及吾人所知之消息观察之,今日所谓中国本位的文化运动,在本质上似应认为另一种独立的文化运动之起点,盖因不但十教授之思想及行动故非全遵三民主义的途径,且其负责发表之《中国本位的文化建设宣言》中关于文化建设应有的认识五点及其主要方法……亦显然与数年来之三民主义的文化运动团体之见解相异,似不能混而为一也。吾人以为'中国本位文化运动'之所以能在发起后数月间轰动全国者,实亦因其为另一种文化运动之故。"①那么,果真是另一种"独立的文化运动"吗?

署名人何炳松在《宣言》发表后的一篇文章指出,中山先生"于民生主义遗教中,有充实人民生活,扶植社会生存,发展国民生计,延续民族生命之遗训。炳松之愚见以为孙先生此处所列举之四点,实即吾辈努力建设民族文化者所宜服膺之目标……唯上述四项目标,实即一物之四面。应保持其综合性,综合性云何? 愚见以为即孙先生之民生主义,亦即陈立夫先生之唯生论是也。"②由此看来,陈立夫晚年说发起中国本位文化运动时请何炳松主持应该属实。更值得注意的是,由何炳松任"主席"的"第一次文化建设座谈会",本来发言各一,见解"纷纭歧异",③但是,何炳松总结的时候却说:"吾侪谨当接受诚恳之指导,以三民主义的文化建设为最高原则"。④ 时人也注意到,"十教授宣言,虽是以三民主义为主干,却是总未能痛快的说出来。后来他们在上海的座

---

① 《中国文化运动新开展》,《文化建设》第1卷第8期,1935年5月,第226—227页。
② 何炳松:《文化建设方式与路线》,《中国社会》第1卷第4期,1935年6月,第30页。
③ 潘光旦:《谈"中国本位"》,《华年》第4卷第3期,1935年1月,第45页。
④ 胜任:《中国文化运动的新趋势》,原载于北平《社会》双周刊第3卷34期,1935年。

谈会上,却已正式的接受以三民主义为原则了"。① 原来中国本位文化之上还有一个"最高原则"即"三民主义",因此,中国本位的文化建设,实质上就是"三民主义的文化建设"。

再从"运动"起来的反映看,也大都把中国本位文化解释为三民主义的文化:"文化建设的基准,不能游离了现实的存在,必由三民主义的实践中渗透出其理论来,才能正确而有价值。理论与实践的合一,实是本位文化运动思想上的特色。"②"我们可以得到一个结论,即是所谓本位文化运动,并不是一个天上掉下来的东西,而正是中山先生的三民主义建设运动。换句话,即是三民主义的文化运动,中山文化运动。""今日的文化运动","不可离开三民主义,而立异以为高。""中山先生所指出的,充实人民生活,扶植社会生存,发展国民生计,延续民族生命,即是本位文化建设的内容。我们如果按照这个内容,把本位文化与中山文化连成一块,那么,三民主义运动,固然可以为时代的展开,而本位文化运动,也得着一个正确的指导原则。"③这里的最后两句特别能体现文化运动者的真意,两者相得益彰,各得其所。因此,"有人以为中国本位文化和三民主义文化不同,那是不必要的节外的推敲,我们可以说本位文化的建设运动如果不能了解并且把握依据三民主义而具体化的国民革命运动发展的现实,必然是要落空的"。④

不过,也有人认为,既然确定建设"三民主义的文化",又另提出个

① 絮如:《中国本位文化建设宣言的回应及其批判》,《人民评论》第 75 号,1935 年 4 月 20 日,第 14 页。

② 李绍哲:《文化创造的基本原则》,《晨报》1935 年 6 月 14 日,第 8 版。

③ 罗敦伟:《中山文化与本位文化》,《文化建设》第 1 卷第 10 期,1935 年 7 月,第 22 页。

④ 李绍哲:《论存在即合理与把握现实》,《晨报》1935 年 6 月 2 日。

"中国本位",实为多此一举,"十教授的总答复中所举出的三点,其实就是,总理的民生史观和陈立夫先生的唯生哲学,戴季陶先生著的《三民主义之哲学的基础》","所以我个人以为不必说的一个大湾,另起一个'中国本位'的名词,是直截了当的提出三民主义的文化建设……我们已经确认今日之中国只有三民主义才能救治,我们很可大胆地提出一个三民主义的文化建设,而无需乎什么中国本位的新名目,是同情于三民主义,无所异辞"。① 对此,有人深表认同:"三民主义的内容有中国的东西,有外国的东西,那是最好的。中国本位文化建设的主张虽没有复古的意思,我以为倒不如称作新文化或三民主义的文化要醒豁一点。"②三民主义之外,另立"中国本位文化",说明三民主义确实已失去广泛的号召力,或是国民党已不自信它的普遍意义。

但是,也有人发现中国本位文化的主张确与三民主义文化不同,有其更"重要的意义",在十教授所解释的"三项'此时此地的需要'"中,没有'民权主义';在两次宣言的全文中,也没有民权主义。'三民主义'在'此时此地的需要'下,成为'二民主义'。这是'三民主义'理论之更高阶段的发展之唯一可能的解释;也就是'十教授'宣言之最重要的意义。现阶段的'国家社会主义'以'独裁制'为必要的条件,所以不需要'民权'的发展,这是一切自由主义者所当认识的。'国家社会主义'的'狄克推多'是最现代的社会所产生的,和封建制度之专制的统治者不同。

---

① 方钟征:《三民主义文化的建设》,《福建文化半月刊》第 2 卷第 2 期,1935 年 10 月 1 日,第 25 页。

② 欧元怀:《我对于〈中国本位的文化建设宣言〉与中国文化建设的意见》,马芳若编:《中国文化建设讨论集》附录,龙文书店 1935 年版,第 6 页。

所以封建的残骸之复活,依然是应该排斥的。'中国本位文化'之较为简单浅显的解释,为:不同于德、意的,中国的,'独裁的','国家社会主义'的文化。更较简单浅显的解释,为:'二民主义'的文化"。[①] 其实,不只一人发现了这一点:"查一二两项是民生主义的涵义,三项是民族主义的要纲,总括一句话,就是劝大家来努力民族民生主义的文化,当然是大家表同情的。"[②]照此,中国本位文化的提出,乃是国民党感到原有理论不能因应现实,而对三民主义的修正或变更。

对此,一位名为李俚人的作者替十教授解释说:"在宣言中虽没有明白提起民权主义的字样,然而民权主义的内容,已包括在反封建的主张之中。不过没有把民权二字机械的嵌上吧。"但是他又指出,"独裁与民权主义不独没有冲突,反而是民权主义必经的阶段";"要扫除封建势力,抵抗外来侵略,就必须实行统制主义。更明白点讲,就是要一党专政"。所以,"在文化建设的总目标上,是照三民主义的原则,复兴民族,解决民生。经济上,要:农业工业并重,实行经济统制。政治上,要:国民党独裁,党上还要一个独裁的领袖(说他是开明的极权政治也可以,说他是强烈的民主集权也可以,名词上不必争论。)思想上,要:确定一元的相对的唯生的宇宙观"。[③] 不难发现,文化的运动者们试图把中国本位的文化与国民党的独裁联系起来,并视为三民主义发展的"更高阶

---

① 王西征:《中国本位文化要义》,天津《大公报》1935 年 5 月 25 日。十教授在总答复中,把"中国本位的文化建设"解释为:"充实人民的生活,发展国民的生计,争取民族的生存。"参见王新命等:《我们的总答复》,《文化建设》第 1 卷第 8 期,1935 年 5 月,第 1 页。

② 张大同:《文化的选择问题》,南京《中央日报》1935 年 6 月 5 日。

③ 李俚人:《再论中国本位的文化建设》,《文化建设》第 1 卷第 10 期,1935 年 7 月,第 12—14 页。

段"。当时还有人更明确地指出,"中国本位文化的建设运动就是独裁政制建设运动"。[①] 本位文化论者说中国本位的文化就是三民主义的文化,三民主义者说三民主义文化就是中国本位的文化,这种一唱一和、互认同道,显然不是巧合。

20世纪30年代,苏联的成功,欧美的变动,国难的激荡,使中国的思想界更为复杂,其中,"计划"、"独裁"和"统制"成为几个重要的关键词和流行语。对此,有人说,"苏俄实行五年计划而后,统制之潮,弥漫全球,国内之务新者,亦欲及时而动,以尝统制之滋味"。[②] 陈立夫解释道:"统者,统一统筹统率之谓也。制者节制裁制限制之谓也。前者充满积极指导之功能,后者具备消极防范之方法。故欲求一事业之统制,须先具有统一之准则,统筹之计划,统率之能力,节制之权力,裁制之法律,限制之方法。换言之,即具有政治之全部权能也"。[③]《宣言》署名人陈高佣则认为,"所谓统制,就是人类就一个集团中的实际需要而作有计划的行动而已。所以凡是一个有秩序的国家,时无论古今,地无论中外,所谓国家之事都是由一个集中的权力机关先有一个计划然后从事实行"。[④] 党国要人和本位文化论者在同一个刊物上共言"统制",这本身就别有意味。

有人还更具体地指出:"要使中国日渐走上现代化的道路,在政治上就必须要拥护一个中央集权政治之建立,各地政制统一,中枢权能集

---

① 张奚若:《全盘西化与中国本位》,《国闻周报》第12卷第23期,1935年6月,第9页。
② 《论中国本位文化》,西安《西京日报》1935年1月20日,第3版。
③ 陈立夫题词,《大上海教育》第2卷第2期、3期合刊,1935年1月,扉页。
④ 陈高佣:《教育统制与文化建设》,《大上海教育》第2卷第2期、3期合刊,1935年1月,第53—54页。

中,方能统盘筹划;在经济上,应当实行统制经济或计划经济,以全国作为一个经济的大单位;在教育上应当确立教育方针,实施国难教育。总之,举凡政治、经济、教育、法律、文字等方面都应加以统制,隶属于一个总的机关之下,这样,新的文化必能一天天地确立而完成,复兴民族也可指日而待了。"①在十教授看来,"经过了这几年的努力,中国的政治改造终于达到了相当的成功"。② 然而,文化领域却混乱有加,要"谋文化之复兴,必须实施文化之统制。盖复兴中国之急务,在于统一,而统一之根本在于思想"。③ 因此,正像一些研究者指出的,《宣言》"是其时国民党在'复兴民族文化'的幌子下,推行思想文化统制政策的产物";④国民党"希望以此统一整个思想文化界。十教授的《文化宣言》反映的就是国民党的这种加强思想统治的要求"。⑤ 不过,需要说明的是,当时也有人试图把中国本位文化引向他处,经济"采取统制尚矣",而文化则不可,"愿今日之言文化统制者,放弃其统制口号,致力于建设中国本位之新文化"。⑥ 即使《宣言》署名人章益也反对"思想统一"。⑦

而对国民党来说,当时试图控制一切,却远没有达到它想要达到的地步。虽然它利用国家的名义,制定了严格的制度、法律和规则,但是

---

① 艾湋:《现阶段的中国文化建设运动》,《读书青年》第 1 卷第 3 期,1936 年 8 月 1 日,第 4 页。

② 王新命等:《建设中国本位的文化宣言》,《文化建设》第 1 卷第 4 期,1935 年 1 月,第 1 页。

③ 培天:《文化统制问题》,《新文化月刊》创刊号,1934 年,第 5—6 页。

④ 郑师渠:《"中国本位"与"全盘西化"的论争》,《史学月刊》1988 年第 3 期,第 56 页。

⑤ 郑大华:《30 年代的"本位文化"与"全盘西化"》,《湖南师范大学社会科学学报》2004 年第 33 卷第 3 期,第 84—85 页。

⑥ 《论中国本位文化》,西安《西京日报》1935 年 1 月 20 日,第 3 版。

⑦ 章益:《教育与文化》,《教育研究》第 49 期,1934 年 2 月号,第 26 页。

并没有具强烈信仰的忠实执行人员。因此，所谓"统一"、"统制"大都停留在纸面上，而"独裁"和"专制"则是在一定程度上反对者给它塑造的形象。对于没有"武器批判"的思想，国民党基本上采取容忍的态度，很少硬性地取缔。当然，这其中也包含着国民党的策略因素。特别是在它的统治稍稍稳固以后，更倾向于从正面建树，发起中国本位文化建设运动正是这样一种用意。当时就有人非常具体地指出了其中暗含的玄机：

> 国内思想的纷乱，不是最近才有的现象，何以十教授早点不提出，偏偏要在二十四年的一月十日来发出这个宣言呢？在这个提示中间，除了宣言本身以外，至少还可以使我们去认识这一宣言背后，还隐藏着一幅由具体的实施演化出来的重要的背景……最近一两年来，党政当局颇有感于国民意志的不统一，无法集中民族斗争的力量，因此对于支配国民思想的文化界，认为有加以统制的趋向……但是施行的结果，不但各种纷乱的思想纷乱如故，抑且招致各方更深的反感……所以文化统制工作的成绩，或竟悖于原来的希望。其实问题很简单，文化统制的工作，除了拒斥一切有碍国家发展的观念以外，最重要是在主观认识的理论的充实，拿出大家信得过的货色，来树立共同的信仰……但这绝不是少数人所能担任得了的工作。于是有十位教授的宣言发表，希望全国知识分子的共同努力。何炳松在座谈会的开会词和闭会词里都讲到，"孙中山的三民主义，可以当作建设中国本位文化运动上一种最高的标准"。因此更引起党内有力分子的同情。这样看来，这个以三民主义为最高标准的文化运动，虽有十教授以在野的地位来发起，用虚

心的态度征求全国人的同情,而在党政方面自然渴望其成功,以补救目前中国文化界纷乱无序的缺憾,这是无庸加以怀疑的。[①]

原来"文化统制工作"成绩微微,所以才借重知识界"共同努力"。宣传三民主义却冠之以学术,表明三民主义似乎已不那么受欢迎,而学术却显然享有美誉或号召力。其实,三民主义的理论本身倒并不是不完美,只是人们往往把它与执政的国民党联系起来,信仰也就越来越打折扣了。从另一方面看,当政者利用教授之力贯彻其主张,亦可见教授在社会中之价值;而教授甘愿为其所用,似乎并非完全出于利益考量。

然而,中国本位文化是一个极泛的概念,《宣言》中说,"我们特别注意于此时此地的需要,就是中国本位的基础"。[②] 有人反问:"如果中国本位的文化是指中国所需要的文化而言,那么中国所需要的文化又是什么? 判定需要的标准又安在? 供给需要的方式又当如何? 如果中国本位的文化是指融合东西独成一格的文化而言,那么,中国的文化是怎样的? 西洋的文化又是怎样的?"[③]既然有人可以把它与三民主义文化联系起来,就同样可被解释为其他。"中国本位文化之建设,在原则上似应为无人可以反对";[④]"所谓'中国本位'的理论,在原则上是谁都不会不赞成的。"但是,"'本位'二字,究竟有甚么意义,它的内容究属包含

---

① 陈柏心:《中国本位文化建设运动的展望》,《半月评论》第 1 卷第 3 期,1935 年 3 月 1 日,第 11—12 页。

② 后来针对有些人的质疑,十教授对"中国此时此地的需要"进行了解释,"就是:充实人民的生活,发展国民的生计,争取民族的生存。故中国本位的文化建设,是一种民族自信力的表现"。参见王新命等:《我们的总答复》,《文化建设》第 1 卷第 8 期,1935 年 5 月,第 4 页。

③ 余景陶:《谈中国本位文化》,《独立评论》第 149 号,1935 年 5 月 5 日,第 15 页。

④ 刘絜敖:《中国本位意识与中国本位文化》,《文化建设》第 1 卷第 9 期,1935 年 6 月,第 45 页。

些什么",①则各执一词。

有的解说则是一个大杂烩:"在大前提上:应该拿三民主义为最高的原则;在小前提上:1. 在社会方面——应该是有社会主义的前途;2. 在经济方面——应该是有国家资本主义的办法;3. 在政治方面——应该是有集体主义的领袖权力。"②

十教授宣言的本意是要"建设一个新的基本观念",从而为三民主义开出一片新天地或一个新阶段,但是,结果却又变成了不同中国本位的"竞走"赛场。正像有人描述的:"主义多如牛毛,学说五花八门,旧文化固遭破坏,新文化却何尝产生!"③"现在中国的文化是混乱极了,新的也有,旧的也有,新的新到超过二十世纪的都有,旧的旧到几千年以前的都有,无论新的旧的,都在失去魂魄,盲目扮演,背道而驰,相互冲突。弄得举国皇皇,无所适从,消极颓废,成为今日的风气。"④"在眼前中国文化领域中,新旧交错,互相排挤,而彼此皆不能健全的充分的发展,使今后中国文化获得向上增进之机运。封建文化之复兴固不可能,资本主义文化之发展亦属无望,而社会主义文化之成熟更为辽远。"⑤因此,"这种讨论,不独不能得出一点真理,不独不能解决中国的实际,而且反会紊淆人们的观听,搅乱目前已有的中心意识,于实际上只是有

---

① 潘光旦:《谈"中国本位"》,《华年》第 4 卷第 3 期,1935 年 1 月,第 44 页。

② 颜行:《中国本位文化建设之基要观》,《南京正中半月刊》第 1 卷第 5 期,1935 年 3 月,第 6 页。

③ 马千里:《评中国本位文化建设宣言》,上海《大美晚报》1935 年 3 月 1 日,第 2 页。

④ 于炳文:《我之中国本位文化观》,《福建文化半月刊》创刊号,1935 年 2 月 15 日,第 25 页。

⑤ 漆琪生:《中国本位文化运动的历史意义与实质》,《文化建设》第 1 卷第 5 期,1935 年 2 月,第 38 页。

损无益的"。① 反而"搅乱"已有的"中心意识",这大概中国本位文化运动者没有料到的事。② 不过,更大的悖论还不在此。

二、"演员"的思想

十教授在某种程度上可以说是国民党人在前台的表演者。既然是表演,就要讲究些艺术。他们的宣言中指出:"目前各种不同的主张正在竞走,中国已成了各种不同主张的血战之场;而透过各种不同主张的各种国际文化侵略的魔手,也正在暗中活跃,各欲争取最后的胜利。我们难道能让他们去混战么?"③其实,所谓"各种不同主张"只是一种幌子,而他们的实际所指乃是马克思主义的主张,而"暗中活跃"的"各种国际文化侵略"则主要是指苏联。此前,十教授所依附的中国文化建设协会在《创立缘起》中,公开声称,"深感于""普罗文化之足以妨碍三民主义",才"不得不爱桴爱鼓,引组织三民主义之文化战线为己任"。④由于十教授的宣言"纯以学术"立论,所以真意自然不便明说,"每每在一种很典雅严正的主张后隐藏着相反的鬼祟心理和鬼蜮行为"。⑤ 无

---

① 李俚人:《再论中国本位的文化建设》,《文化建设》第 1 卷第 10 期,1935 年 7 月,第 9 页。

② 值得注意的是,批评当政者已经成为那时人们的一种嗜好,而当政者的举措则很难深入人心。从一个广阔的视野看,各种观念和学说能够一起"奋斗"、竞争,本身也能说明一个问题,即在此之上存在着一个可以容纳的公共空间和一个共存的环境。

③ 王新命等:《建设中国本位的文化宣言》,《文化建设》第 1 卷第 4 期,1935 年 1 月,第 1 页。

④ 《中国文化建设协会创立缘起》,中国第二历史档案馆编:《中华民国史档案资料汇编》第 5 辑第 1 编文化(二),江苏古籍出版社 1994 年版,第 765 页。

⑤ 李绍哲:《全盘西化论再检讨》,《晨报·晨曦》1935 年 4 月 26 日。

论如何,中国本位文化的一个主要用意显然是为了对抗在当时波涛汹涌的马克思主义学说。

《宣言》的领衔署名人王新命提起当时受到普遍赞扬的苏联时却说,"没有看到号称字典中没有'失业'名词的苏俄,仅列宁格拉一处同时被捕的穷贼和盗匪竟达六千余人"。[①] 显然,他由此否定了整个的苏俄。《独立评论》的一位作者就不无根据地推测,"中国本位文化"的提出,"大概系鉴于英美式的文化和苏俄式的文化都不适合中国的需要而发生的"。[②] 有人还更明确地指出:"十教授的总答复中,牢牢握住民族的意识","这更是对于一般高谈国际主义的人们,当然是一种极大的打击,因为一般高谈主义的人们,总是不担忧中国民族的被人环攻,却反而担忧帝国主义者向苏联进攻。不高呼拥护中国的口号,却反而高呼拥护苏联的口号,其反帝是为苏联而反,反资本主义也是为着苏联而反,在他们心目中实在是没有了中国民族的生存,如今十教授把人们的注意都集中到此时此地的整个中国民族的生死问题,当然是有打击国际主义的效果。"[③]可见时人已经注意到十教授背后的真实用意。

果如所言,在有关中国本位文化的讨论中,随处可见对苏俄、共产主义和中国共产党的批评:"极端社会主义的共产主义,于苏俄革命成功以后,输入中国,就造成赤色恐怖的局面;祸害中国,蔓延数省。荼毒生灵,生命财产因此而丧失者,何可胜计! 同时宣传邪说,诱惑青年,其

---

① 王新命:《全盘西化的错误》,《晨报》1935 年 4 月 3 日。
② 余景陶:《谈中国本位文化》,《独立评论》第 149 号,1935 年 5 月 5 日,第 14 页。
③ 棱:《读十教授的总答复》,《晨报》1935 年 5 月 13 日。

危害之烈,实有超过杀人不见血之帝国主义的经济侵略。"①"以拥护苏俄为出发点的全盘俄国化的主张,是抹杀民族解放的任务,抹杀了中国本位,我们走这一条路,也是死路一条。"②"由'苏联的'共产主义一变而为'中国的'共产主义。这里,我们所见到的惰性,只会弃人之长而取人之短,'苏联的'共产主义之在苏联的得失我们姑且不论,而'中国的'共产主义之在中国的功过还待评判吗?"③这里的几则批评都是把中国的共产主义看作是对苏俄的模仿,其中有的显然是政治攻击。

另一些人则从世界的范围内来批判"马克思派":"社会主义中马克思派所造成的,其正面即为无产专政的共产主义,其反面则为资产阶级反抗的法西斯帝。由此卷起民族与阶级的抗争,使世界人类陷入战争漩涡。其弊同在一元主权的谬执未能破除。"④"共产党,这个欧洲的产物,在中国也有人采纳过来了,但有人说中国的共产党是封建的共产党,其根本还仍是想做大阿哥,争权夺利,并不比旁的集团两样,一样的仍受中国传统思想的影响。"⑤"马克思派的布尔什维克主义,近年在中国曾发生很大的影响,然而终究是失败的。"⑥"我们不要那些只会当马克思留声机器的自命社会革命家,我们要的是一个活泼,热气腾腾的民

---

① "朱通九之文",《资本主义文化与社会主义文化讨论》,《文化建设》第 1 卷第 7 期,1935 年 4 月,第 93 页。

② 王懋和:《中国到那里去?》,《晨报》1935 年 4 月 14 日,第 3 版。

③ 李绍哲:《全盘西化论检讨》,《晨报·晨曦》1935 年 4 月 5 日。

④ 释太虚:《怎样建设现代中国的文化》,《文化建设》第 1 卷第 9 期,1935 年 6 月,第 27 页。

⑤ 沈昌晔:《论文化的创造——致张季同先生》,《国闻周报》第 12 卷 14 期,1935 年 4 月 15 日,第 10 页。

⑥ 常燕生:《现实生活与理想生活——二十年来中国思想运动的总检讨与我们最后的觉悟》,《国论》第 1 卷第 1 期,1935 年 7 月 20 日,第 16—18 页。

族文化再造运动"。①

　　有意思的是,一些人的批评恰恰提示了时代的潮流趋向,"马克思之学说,现在相当流行于我国,然试问我国研究马克思者,求其以学究之态度,为精深之研讨,如日本河上肇者,有其人乎?……若如今日少数青年,仅读彼中宣传小册子,撷拾一二名词,在彼中相当标语口号者,遽自以为创获,而毅然私淑马克思。其反对者,亦未尝深察,遽反唇相讥,不得不谓两失之也。尤可诧者,国内之出版物,如日报,如杂志,其宗旨明明反对马克思主义者,或非马克思主义者,而其所揭文字,满载此等标语口号"。②"驯致非驴非马的共产主义,在该时代之思想界里,操了绝大的权威,麻醉了一般青年知识分子的思想,固有的学术思想和道德,完全被其排斥与破坏。"③出版物之宗旨"明明反对马克思主义者",却"满载此等标语口号",充分说明了在思想界"绝大的权威"的无意识影响。

　　更离奇的是,这种现象是在国民党千方百计禁止马克思学说传播的环境里发产生的,有人回忆:"1935年春,陈立夫、潘公展在国民党中央宣传委员会的下面,设立了一个'中央图书杂志审查委员会'","依照审查条例,出版的有关文艺或社会科学的书刊,都要经过审查,印有审查许可证字号,才能发行。没有经过审查的文艺或社会科学的图书杂

　　①　常燕生:《现实生活与理想生活———二十年来中国思想运动的总检讨与我们最后的觉悟》,《国论》第1卷第1期,1935年7月20日,第11—13页。
　　②　孙几伊:《中国文化建设之展望》,《复兴月刊》第1卷第10期,1933年6月1日,第7—8页。
　　③　云远:《文化运动的中心问题》,《福建文化半月刊》创刊号,1935年2月15日,第25页。

志,一律不准发行,如果私自发行,要受到相当的处罚,执行得非常严厉。审查文字内容,是很严格的。'稍有不妥,就要删改。宁可多删多改,不可放松过去。'这是潘公展讲的。所以审查人都吹毛求疵,多方挑剔。不但对共产党或共产主义立论稍有公正语气的地方要删去,即使一般性有关马列主义的理论也要删去。"①不仅如此,当时几乎到了谈"马"色变的恐怖程度,不少人因"马"字而无辜遭牢狱之灾。1931 年,顾颉刚在游邯郸某地时有这样一次记载:"我们前往参观,军官来取名片,我们一一把有头衔的名片很恭敬地送上去,那知他忽然扳起脸来,向我们中的一位瞪目一看,说道:'赫! 你是社会学系! 站住!'我们知道他误解了,连忙辨道:'社会学系不即是社会主义,和共产党是没有关系的'。他才放过了他。因此想起此数年中,旅客有带《马氏文通》和《马寅初演讲集》而被军警认为马克思的信徒,就投在牢狱里的,我们的受些虚惊又算得了什么!"②北方的邯郸属国民党统治不力的地方尚且如此,其他地方可想而知。"的确,在中国社会里,一抬出'马克斯'三个字,人家不免要惊骇却步。"③

　　然而,令人不解的是,在这样的氛围里,为三民主义伸张的中国本位文化论者却不忌谈马克思,并且自觉不自觉地在运用马克思学说分析问题。"中国本位的文化建设,是一种民族自信力的表现,一种积极

---

　　①　戴鹏天:《CC 的文化特务活动》,中国人民政治协商会议全国委员会文史资料研究委员会:《文史资料选辑》编辑部编:《文史资料选辑》第 11 辑,中国文史出版社 1987 年版,第166 页。

　　②　顾颉刚:《旅行后的悲哀》,《独立评论》第 111 号,1934 年 7 月 29 日,第 8—9 页。

　　③　张馨:《在文化运动战线上答陈序经博士》,广州《民国日报》副刊《现代青年》第 840期,1934 年 2 月 2 日,第 2 版。

的创造而反帝反封建也就是这种创造过程中的必然使命。"①十教授一定会了解,"反帝反封建"是共产党人把马克思主义运用于实际后提出的革命口号,而把中国本位文化建设与之相联,不知是出于无意,还是有意。当时就有人这样分析十教授的主张:"'十教授'在顾到'此地'的需要下,不主张'全盘承受'资本主义文化,也不主张'全盘承受'社会主义文化。那么,部分的'吸收其当吸收',自然是可以的了。同时'十教授'已明白表示'反帝',也明白表示不能模仿苏俄;那么,结论是不难寻释的。即可以承受资本主义文化,而不承受到帝国主义的阶段;可以承受社会主义文化,而不承受到共产主义的阶段。"②无论承受哪一部分,眼光中所有的却是马克思主义者提供的内容。

再就一些《宣言》的署名个人来看,则更与马克思或明或暗地沾亲带故。何炳松一方面认为,"共产主义能行诸苏俄而同时不能行诸中国",另一方面又甚羡慕苏俄以政府之力"改造文化"的成就,"凡是民族文化,必须故意的用人力去培养和保护,才会进步","我们只要看看邻邦苏俄的一切建设,纯粹由中央几十百位科学家和工程师计划出来,再由政府用全副政治的力量求其实现。把一个专制腐败的俄国,不到二十年,就完全改观了。这可说是现代用科学方法和政府力量来改造文化的一个最著的例"。③ 当然他的希望是依靠国民党政府来"改造文化",然而把苏俄看作世界先进的代表,与共产党人似乎并无二致。

---

① 王新命等:《我们的总答复》,《文化建设》第 1 卷第 8 期,1935 年 5 月,第 4 页。
② 王西征:《中国本位文化要义》,天津《大公报》1935 年 5 月 25 日。
③ 何炳松:《论中国本位文化建设答胡适先生》,《文化建设》第 1 卷第 8 期,1935 年 5 月,第 46 页。

陶希圣对中国社会的分析也极似马克思主义者的认识:"中国在如今的国际环境底下,列强资本主义交逼不已,现在侵略我们的资本主义的列强均势已不能维持。独占的侵略,愈来愈很。中国只有以自力求生存;以自力求生存,在一个半殖民地的社会里,必然成为一民族运动,并且是反抗资本主义的民族运动。"①"封建专制主义的人们再也没有什么势力,势力转到新式样的憎恨外国资本主义的民生和社会主义者手里……封建主义,资本主义,社会主义在中国都有他们各自的根据……社会主义,在殖民地国里,便不当放弃民族解放的任务。"②他还解释,"《一十宣言》的主要意思,在要求大家,为了现在的中国,重新估定一切……现在的中国,为大家所公知的,是一个次殖民地或半殖民地的国家……半殖民地的基本特征,是交换经济的发达,促进社会的发达,社会的发达,不由于生产的发达,由于交换的发达。因此形成这样的现象,都市发达,乡村却与相反,陷于破坏的地位。久而久之,乡村的破坏又影响到都市,都市也破坏了,外国的工业品甚至于农产物,把中国的发达给杜绝了……经济、政治以及思想的方向,必须向(一)独立自主的,(二)反列强资本主义的,(三)有组织有计划的方向上走,中国才可保救。"③大概谁都会猜出他说的方向就是社会主义。

陈高佣是十教授中专门对文化有研究的学者,《一十宣言》很可能就是他起草的,而他也是非常通晓马克思学说的。在中国本位文化还

---

①　陶希圣在北平文化座谈会上的发言,转引自桉:《读十教授的总答复》,《晨报》1935年5月13日。

②　陶希圣:《为什么否认现在的中国》,天津《大公报》1935年4月5日,第2版。

③　陶希圣:《对于〈中国本位文化建设宣言〉的补充说明》,《教育短波》1935年卷5月下册第27期,1935年5月21日,第4—5页。

没有出笼之前，他在《申报月刊》的一篇文章就曾指出："文化是人类在一定的经济基础之上，实行生产劳动的各种表现。质言之，即人类由生产劳动所产生的各种事物。""人类的经济生活，当在原始共产时代，人类的文化是原始共产的文化；到了封建时代，文化便成为封建文化；到了资本主义时，自然产生资本主义的文化。"①全盘西化论者陈序经指出这是当时"最流行的经济史观"，并明确地说："陈先生这段话是从八十五年前马克斯在其《哲学的贫困》里（153 页）脱胎而来。"②如此谈论马克思，似乎表明人们并不怎么害怕，尤其在精英知识阶层。

不过，陈高佣的马克思学说功底还远不止此。比如，他认为："人类的历史，无论任何民族都是在同一的路向上前进，即由原始社会而民族社会，由民族社会而封建社会，由封建社会而资本主义社会，由资本主义社会以至近来的社会主义社会，这是任何民族不能自外于此种进化法则的。"③"各种民族的历史发展，虽然都是顺着同一路向前进，而我们亦不能否认不同的自然条件与历史条件所加于人类的不同影响，因之一般的历史法则，是无论任何民族与国家不能自外，而在这一般的历史法则之中，还多少要承认其伸缩的弹性。"④

据此，他分析了中国近代的历史："中国则因为西欧资本主义之侵

---

① 陈高佣：《怎样使中国文化现代化》，《申报月刊》第 2 卷第 7 号，1933 年 7 月 15 日，第47 页。

② 陈序经：《关于中国文化之出路答张磐先生》，广州《民国日报》副刊《现代青年》第836 期，1934 年 1 月 29 日，第 1 版。

③ 陈高佣：《怎样了解中国本位的文化建设》，《文化建设》第 1 卷第 8 期，1935 年 5 月，第 57 页。

④ 陈高佣：《中国文化问题研究》，商务印书馆 1937 年版，第 302—303 页。

入,反而形成帝国主义与封建势力狼狈为奸的局面";①"五四时代,一般新文化运动家,虽然想把西洋近代的资本主义文化,完全搬到中国,但是为时不久,即成泡影,盖帝国的束缚未能解脱,自己的民族资本绝不能够发展,民族资本不能够发展,则资本主义又如何能凭空建立。五四运动的昙花一现,证明半殖民地的中国绝不能建立资本主义的文化,欧洲大战的教训,俄国革命的影响,又引起国人对于社会主义文化的向慕,于是五四运动熄灭以后,便有一部分人一转方向,提倡社会主义的文化。"②"直至北伐成功,全国安定以后,这种思想才有具体的系统表现。最早者当推郭沫若的《中国古代社会研究》,这部书虽然是研究中国古代社会史的一种著作,然其根本思想则可说是要指示人对于中国以后革新运动的一种途径,亦可说是对于中国文化发展的一种新的看法。郭氏这部书是仿效恩格尔思《家族私有财产及国家的起源》一书而成的。他的思想是唯物史观的思想,他的方法是历史的方法,他的中心意思是以为无论任何国家的社会发展都是循着同一路向前进的……虽然各家对于中国社会与文化的看法彼此不同,而就其从社会经济上用史的方法来解释中国过去的历史与决定中国将来的出路,则为共同的一种思想方法。"③政治上相对立的中国本位文化论者与马克思主义者用的竟然是"共同的一种思想方法",不能不说又是现代中国的一种悖论。

---

① 陈高佣:《中国文化问题研究》,商务印书馆1937年版,第302—303页。

② "陈高佣之文",《资本主义文化与社会主义文化讨论》,《文化建设》第1卷第7期,1935年4月,第88页。

③ 陈高佣:《中国文化问题研究》,商务印书馆1937年版,第299—302页。

他还用这种"历史法则"解释"中国本位文化的建设运动":"一切的发展都有其必然的历史法则,人类的思想亦是随历史法则而发展的。黑格尔的辩证法说:一切发展都要经过'正反合'的三步历程,我们若把中国固有文化看为'正',五四运动时代的全盘承受西洋文化看为'反',则中国本位文化的建设运动就是'合'。近代唯物辩证法家说:一切发展都是'否定的否定'法则而行,我们若把中国固有文化作为肯定,则民元以后人们对于中国文化之批判攻击便是否定,而中国本位的文化建设就是否定的否定。所以中国本位的文化建设是近数十年来人们对于中国文化问题看法的一个必然结论。"①《中国本位的文化建设宣言》中处处提到此时此地的需要者,就是要用辩证法的观点,从文化的历史性与地理性之对立统一中把握住一个现实问题。甚么是我们此时此地的现实问题? 即争求民族的独立自由。""我们以为中国本位的文化建设运动正是中华民族在帝国主义重重压迫之下,争求独立自由的一种自觉意识。其背境很明显,其动机很简单,凡属人类,没有不愿意生活独立自由的,凡属中国今日的人民亦没有不感觉帝国压迫之痛苦的,所以在国人争求独立自由之时而有中国本位的文化建设运动,亦正为时势之必然产物。""自己民族的束缚不先解除,便寸步难行。所以我们觉着在这个根本问题不能解决之前",一切等于梦想。②

与五四时期以东西文化来划分世界文化不同,"现在中国的文化问

① 陈高佣:《中国文化问题研究》,商务印书馆 1937 年版,第 320 页。
② 陈高佣:《怎样了解中国本位的文化建设》,《文化建设》第 1 卷第 8 期,1935 年 5 月,第 56 页。

题,已不是东西文化的问题,而是资本主义文化与社会主义文化的问题".① 这时的不少知识人几乎与马克思主义者一样用经济的阶级的观点来划分世界文化。陈高佣也不例外,他说:"资本主义文化是近世资产阶级创造的丰功伟绩,而社会主义文化亦即资产阶级自己掘成的葬身坟墓,资本主义文化与社会主义文化都是历史的必然产物。无疑地今日世界上的文化斗争,已经成为社会主义文化与资本主义文化斗争了,尤其是在西洋,资本主义文化的发展已经登峰造极,社会主义文化却正方兴未艾。""在帝国主义的束缚之下,民族资本不能自由发展之时,要建设资本主义的文化固然不能,要建设社会主义的文化更有所不能,我们的文化一直是半殖民地的文化——难道我们就任其永远如此吗? 不,我们应当打破束缚,恢复自由,建设一种新文化。"②

　　怎样建设呢?"我们今日因为国穷民困,确实是需要民族资本的发达,但是因为资本主义的文化已经造成人类的罪恶,所以我们在发展民族资本的过程中,又要防备走入个人主义的路途。同时我们因为将来人类的文化必然是社会主义的文化,所以我们虽然在此时因本身的条件不足,不能立刻走上社会主义的路子,但对于社会主义文化的动向,我们是需要预先有所把握。质言之,我们此时是要由发展民族资本的过程中走上社会主义的路子,运用社会主义的集团精神来发展我们的民族资本。一方面复兴民族,一方面解决民生,我们的文化路向如此而

---

　　① 张季同:《西化与创造答沈昌晔先生》,《国闻周报》第 12 卷第 19 期、20 期,1935 年 5 月 20 日、27 日,第 4—5 页。
　　② "陈高佣之文",《资本主义文化与社会主义文化讨论》,《文化建设》第 1 卷第 7 期,1935 年 4 月,第 84、88 页。

已……我们拿这样的态度来处理资本主义文化与社会主义文化的问题,不是折中调和,亦不是全盘承受,而是用辩证法的原则,把握住文化的发展动向,以期新文化在中国渐渐实现也。"①用社会主义的精神来发展民族资本,与中共的见解何等相似? 这简直就是后来毛泽东所论述的新民主主义文化的内容。

十教授虽然好像在中国人面前提出了一种新的主张即"中国本位文化的建设",但是究其内容,却含有马克思主义的观点,特别是具体分析问题的时候信手拈来的却是马克思学说。本来十教授试图用中国本位文化为三民主义作嫁衣裳,结果却为马克思主义抬了花轿,这大概是策划者始料未及的。很难想象,一般读者读到这样的中国本位文化论,内心的天平会向哪一方倾斜。

三、"戏"中有"戏"

旨在"创新"的十教授的言说竟然包含了许多马克思主义的观点,而其他讨论文化者对马克思学说的运用则有过之而无不及。在"中国本位文化建设"这个舞台上,可谓"戏中有戏"。首先表现为从经济的唯物的观点来分析文化。早在 1934 年发生在广州的文化论战中,与全盘西化派对阵的就是"经济史观"派。其中,张磐说:"人类的生活,既建筑在经济基础上头,无论谁,都跳不出经济的圈子,而受所支配。而文化

---

① "陈高佣之文",《资本主义文化与社会主义文化讨论》,《文化建设》第 1 卷第 7 期,1935 年 4 月,第 88—89 页。

就是人类的生活表现;所以,文化当然要受经济势力所决定——虽然经济本身也是文化的一方面。"①"因为文化的推进的原动力是经济基础;而且其盛衰蜕化,也适用于达尔文的进化律的……大概经济基构发展至相当的阶段,必然会产生矛盾,便孕育了新社会的胚胎,虽然有迟速的不同。旧社会渐渐蜕变而为新社会,新社会文化,便应运而生。"②"中国的文化,只是在次殖民地文化,与封建文化两条死路上徘徊。所以复古派与西化派是不为无因的。总之,目前救亡最急迫重要的工作,是如何自动地把经济基础推进,中国文化才有出路。所以关于中国文化问题,如不从经济基础上着眼,徒然对于旧文化的拥护与抹杀,实在全是多事。"③虽然他不承认其观点来源于马克思,只是尊重事实,但是大概任何人都不会相信这些看法是他个人的独创。

一位岭南大学名叫王峰的青年人发表文化问题的见解时,同样运用了马克思的学说:"由共同劳动而发生的社会关系,便是生产关系之错综复合,便形成社会之经济构造。人类社会便以经济构造为下层基础,而发生上部两层建筑:(一)政治社会生活;(二)知识社会。然而不要忘记,经济构造还有他的决定的东西,那便是生产方法。可是,生产工具又决定生产方法。所以,生产工具,是经济基础之基础。""文化是什么? 文化就是人类在一定经济基础上生活的各方面的表现……因为

---

①　张磐:《在文化运动战线上答陈序经博士》,广州《民国日报》副刊《现代青年》第840期,1934年2月2日,第?版。

②　张磐:《为中国文化问题再进一解》,广州《民国日报》副刊《现代青年》第836期,1934年1月29日,第3版。

③　张磐:《为中国文化问题再进一解》,广州《民国日报》副刊《现代青年》第836期,1934年1月29日,第4版。

文化的产生,是以经济构造为基础。当物质的生产力发展到一定程度,冲破原来的生产关系时,旧的经济构造便起崩溃,新的代之而起。文化为适应一定的经济基础,也不断的发生新陈代谢的现象。"①这简直是对马克思关于生产力和生产关系、经济基础和上层建筑论述的翻版或读后感。

在中国本位文化的讨论中,关于经济的观点的运用更是比比皆是。一位名为道清的论者指出,"由社会科学的立场来说,文化是一种上层构造,他是来反映某一时代的经济基础的。《经济学批判》上说:'生产诸关系的总和,是一种现实的基础,在其上建立着法律的并政治的上层建筑,而社会意识的一定的形态,又为其反映。'所谓某一时期的社会意识形态,是文化的总和,包含着宗教,哲学,政治,法律,科学,文学和工艺,美术等方面"。"我们讨论到中国文化建设的问题时,对于中国经济结构之彻底改造似乎不能轻视。而积极的工业建设,更比文化建设来的重要吧?苏俄两次五年计划的实施和成功,不是我们很好的借镜吗?……现在中国文化诚然混乱庞杂而无出路,但是这正是中国经济结构的真实反映。各帝国主义者,以其雷霆万钧的力量,把中国压得喘不过气来,殖民地化的危机,日益迫切,经济的发展,只是向着买办资本的畸形而迈进,工商业萎缩而金融资本反单独繁荣在这样基础上所显现出来的中国文化,焉能不支离破碎而百无一是呢?"②直接引用《经济学批

① 王峰:《评陈序经先生的中国文化之出路》,广州《民国日报》副刊《现代青年》第838期,1934年1月30日,第1版。

② 道清:《中国文化建设问题》,原载于《青年文化月刊》第1卷第6期,后收入马芳若编:《中国文化建设讨论集》下编,龙文书店1935年版,第66—68页。

判》,并主张"借镜"苏联,简直与左翼知识人的言论无异。

一位名叫曾建屏的论者则直接引用马克思、布哈林等人的观点来说明十教授的主张:"所谓中国文化的特征,既是以中国社会的意识形态与经济条件为基准……我们固不能否认历来中国的'社会劳动生产与社会技术进步之迟滞'(布哈林语)……研究各时各地的文化形态的学者,固然应该着重于物质生产力的阶段的探讨;可是同时却丝毫也不能够完全否认任何时地的自然条件及历史行为以至于人种关系的特质。谁都知道马克斯是一个最注重生产力的学者,可是他在《资本论》中,却把自然条件及人种关系等等,列为影响某一民族文化的特征。""十教授在《总答复》中,对于什么是'中国本位'这一问题的意见,在我个人看起来,是认为无可非议的;不,是非常之适合于科学的辩证法的。"①用马克思学说来论证中国本位文化,或者指认其符合"辩证法",大概任何读者都能领会到作者背后的思想倾向。

如此谈论中国本位文化的还有不少人:"文化的建设,是要有它的经济基础,(如十教授所说,欧美的文化是基于工业的)和政治环境的。而现在的中国却正陷于国民经济破产,政治主权削弱的时候,如十教授所说'在文化的领域中,我们看不见现在的中国',在经济和政治的领域中,我们也不看见现在的中国了。"②"中国文化建设的原则,决定于中国经济建设的原则";"近代唯物论是诚如朴列哈诺夫所说:是现在达到最高发展程度的宇宙观。中国现在正需要物资文化和精神文化之发

---

①　曾建屏:《读了<我们的总答复>以后》,《晨报·晨曦》1935年6月2日。
②　马望:《关于中国本位的文化建设》,《新生》周刊第2卷第3期,1935年2月,第63页。

展，而唯物论则正是有益于此种发展的。"①"依唯物史观见解，是欲建
设中国本位文化，先要建设中国本位的经济。"②"文化是要随着经济走
的，经济既是一天一天地往前发展，文化也要随着日有变化了。"③"目
前文化建设者的任务"，在于"促成社会经济底变革"。④ "中国本位的
文化之真义，应该是指该种文化，第一，必须以适应于中国经济社会现
时之需要为本位；第二，必须要有利于中国经济社会当前之发展为本
位；第三，必须以适合于中国经济社会之特殊条件为本位；具此三端，始
足以云本位。"⑤或许有人说，经济的观点未必就是马克思的观点，然
而，时人曾明确地指出，"以经济的立场来论明文化，在马克斯以前虽有
片断的说明，然而有系统的研究，要推马克斯为最先。自马克斯以后，
一般拥护这种学说的人，虽支流纷纷，然大概也不会跳出马克斯所画的
圈子"。⑥ 可见，"经济的立场"就是马克思的立场，这在当时是心照不
宣的事。

　　更有意思的是，有人批评中国的"唯物史观崇拜"者，不是说唯物史
观有什么问题，而是说他们恰恰违反了"辩证法"；有人批评"中国的布
尔什维克主义"，反而是"极端的唯心主义"："我国一般唯物史观崇

---

　　① 《"资本主义文化与社会主义文化"讨论专栏》，《文化建设》第1卷第7期，1935年4
月，第69—83页。
　　② 冯河清：《从认识论的见地考察中国本位文化建设问题》，《福建文化半月刊》第2卷
第2期，1935年10月，第4页。
　　③ 道清：《中国文化建设问题》，《青年文化月刊》第1卷第6期。
　　④ 卢哲夫：《文化建设问题》，《科学论丛》第3集，1935年2月，第176页。
　　⑤ 漆琪生：《中国本位文化运动的历史意义与实质》，《文化建设》第1卷第5期，1935年
2月，第38页。
　　⑥ 陈序经：《关于中国文化之出路答张磐先生》，广州《民国日报》副刊《现代青年》第
836期，1934年1月29日，第1版。

拜——崇拜不就是了解——者有若干理论是反辩证法的,尤其勉强使社会主义在中国早熟的试验与没落的事实,更是违反辩证法的发展的证明。近来国人有运用自己的思考的企图建立唯生史观的哲学体系的,背景正是基源于自我环境与历史的把握,其理论体系创造建立不能说是不可能。""唯生史观或唯生论辩证法的研究已在萌芽,我们除期待着其成就外,如果以辩证法的思维来推断,那么,唯心论辩证法是正的肯定,唯物论辩证法则为反的否定,而唯生论辩证法即是第三阶段的合——否定的否定了。这更高阶段的建立又是比一二阶段还要正确丰富尤不待说。"①"中国的布尔什维克主义,虽然口口声声说唯物,其实是极端的唯心主义,极端的宗教精神,因为是唯心,所以能煽动一部分群众,艰苦流徙,效死勿去;因为是极端的唯心,所以不合客观现实的需要,与科学真理抵触,终归没落。"不过,"思想是社会形态的反应,这句话在我们的意义虽与马克思派不同,然而表面上是一样承认的"。②

在前者看来,共产党的"唯物论"是"反辩证法"的,而国民党的"唯生论"则更符合"辩证法";在后者看来,共产党不是"唯物"的,反而是"唯心"的,这恰恰说明"辩证法"或"唯物论"成了各方公认的"真理",而无人敢反对之,只能以相符不相符视之。不过,尽管如此,一般人大概更多地还是把"唯物论"或"辩证法"与马克思主义者联系起来,言者"固然不相信左翼学者的死的唯物史观",③但是,谁居于哲学上的优越地

① 李绍哲:《论存在即合理与把握现实》,《晨报》1935 年 6 月 2 日。
② 常燕生:《现实生活与理想生活——二十年来中国思想运动的总检讨与我们最后的觉悟》,《国论》第 1 卷第 1 期,1935 年 7 月 20 日,第 16—18 页。
③ 罗敦伟:《中山文化与本位文化》,《文化建设》第 1 卷第 10 期,1935 年 7 月,第 18 页。

位,则是不言而喻的。

在中国本位文化的讨论中,马克思关于社会形态演进的观点也得到普遍运用:"世界人类文化之进展,固然因历史背景,自然环境,而有其各地方各民族的特殊色彩,然就大体观察,实有一般的必然的法则支配着";[1]"历史上经济发展的阶段,既有原始的,亚细亚的,古代的,封建的,资本主义的,必然地为之相适应的,有各时代的特定文化。"[2]"社会主义的出现,就证明资本主义文化的衰老、它的历史使命的完尽。这种情形,正同从前资本主义文化出现时的封建主义文化一样。"[3]其中,虽然有人说,"不必去找马克思一类的理论做解释,自有人类一部整个的历史证明",却不过是欲盖弥彰,或者只是用以掩盖内心的不安罢了。看到这些观点,大概没有人不会想到马克思的社会形态说,[4]况且有的话直接来源于马克思。

根据这种历史发展的必然法则,不少人分析了中国近代以来的历史。早在中国本位文化主张问世近一年前,在国民党 CC 系控制的《人民评论》上,[5]一位名为赵济孙的作者就"评述"了"中国文化运动之

① 熊梦飞:《谈"中国本位文化建设"之闲天》(二),《文化与教育》第 51 期,1935 年 4 月,第 9 页。

② 道清:《中国文化建设问题》,《青年文化月刊》第 1 卷第 6 期。

③ "叶青之文",《资本主义文化与社会主义文化讨论》,《文化建设》第 1 卷第 7 期,1935 年 4 月,第 76 页。

④ 1930 年代初,中国思想界曾发生一场中国社会史论战,其中各派都是"先天式的唯物史观"。参见罗敦伟:《中山文化与本位文化》,《文化建设》第 1 卷第 10 期,1935 年 7 月,第 20 页。

⑤ 该刊创刊词批评"共产党人违背了时代的要求和客观的条件,要硬实行无产阶级革命,所以始终在错误路线上"。参见《＜人民评论旬刊＞创刊旨趣》,《人民评论》第 31 号,1933 年 4 月。

史":"自鸦片战役以来,中国的经济,是在由封建的转变为资本主义的过程中";[①]"中国资本主义的发展,正当世界资本主义没落,社会主义运动勃兴的时候。于是民族资产阶级刚刚成长,而无产阶级却以更快的速度成长起来;五四运动以后,工人运动不但是与资本主义的运动并驾齐驱而进,实际上还更显出它底力量超越资产阶级。"但是,"在帝国主义的铁蹄之下,只有由半殖民地而成为完全殖民地,绝没有发展产业的希望"。[②]"各帝国主义内外矛盾日渐剧烈,每个资本主义国家发展新的革命浪潮,广大的群众运动到处爆发;帝国主义间的矛盾亦将爆发新的混战,殖民地一般的革命化,苏联社会主义建设的猛进,使世界形成两个对垒的局面:一方面是蒸蒸日上,走进繁荣的康庄大道;另一方面则为恐慌所困,危机所缚,日趋没落! 中国在这种变动剧烈的世界,当然亦逃不出这个圈套……旧的农村经济日益破坏,新的产业组织不能兴起,归结起来,一般人民都是处在这个国际资本帝国主义的经济的榨取与封建军阀的政治的剥削之两种桎梏之下。"[③]"中国在这种国难临头的时候,经济完全破产,民族工业纷纷倒闭,失业者络绎于途;农村经济恐慌加速度向前发展,农民大批的离村,同时土地兼并的情形亦甚剧烈;商业不景气,入超额年有五六万万之多。"[④]

---

① 赵济孙:《中国文化运动之史的评述》(上),《人民评论》第31号,1934年2月1日,第9—10页。

② 赵济孙:《中国文化运动之史的评述》(中),《人民评论》第32号,1934年2月10日,第14—15页。

③ 赵济孙:《中国文化运动之史的评述》(下),《人民评论》第33号,1934年2月20日,第13—14页。

④ 赵济孙:《中国文化运动之史的评述》(下),《人民评论》第33号,1934年2月20日,第20、22页。

伴随着"社会基础——经济——的变化,政治与文化都要随着变化";"封建的传统文化时代已经过去了"。[①]"直到戊戌维新运动发生,方算是中国新文化运动的出发点,也是现代中国文化发展的重要关键……我们考察中国文化运动发展的过程,可以划分为'戊戌维新运动','五四文化运动','五卅政治运动','新兴文化运动',和'九一八运动'的五个阶段。"[②]"过去的事实告诉我们,共产主义运动,最近七八年来在中国试验的结果,只是杀人放火,奸淫掳掠,混淆青年思想,造成整个农村经济破产,湘,赣,鄂,皖,豫,闽,浙,苏,川,陕等省的事实际情形可为证明……一切真正的三民主义者的信徒团结起来,强化统一三民主义的文化战线。批判一切不适合中国之国情的理论;克服三民主义阵营中的一切左右的偏曲倾向。"[③]如果只看前面的论述,很容易误认为是马克思主义者对中国近代历史的分析,但是作者最后却大肆攻击中国的"共产主义运动",并主张"强化统一三民主义的文化战线",这明显地给人以论据与结论不符的印象。从另一方面看,用马克思主义的观点来反对共产党和拥护国民党,充分提示了其理论的贫乏以及马克思的权威。

那位名为漆琪生的作者在论证"中国本位文化运动的历史意义与实质"时,同样运用了马克思列宁主义的学说分析了"近世纪中国之文

---

① 赵济孙:《中国文化运动之史的评述》(上),《人民评论》第31号,1934年2月1日,第9—10页。

② 赵济孙:《中国文化运动之史的评述》(下),《人民评论》第33号,1934年2月20日,第10—11页。

③ 赵济孙:《中国文化运动之史的评述》(下),《人民评论》第33号,1934年2月20日,第22—23页。

化运动":"谁都知道,一切社会运动之兴起与衰灭,都是该当于社会的经济发展之历史的成果。所以在某一特定的历史阶段内,必发生特定的某种社会运动。文化运动之兴起亦是这样。例如近世纪中国之文化运动,由清末以来的民族革命文化运动,以及由五四以来的反封建的资本主义文化运动,与由五卅以来的反帝反资本的社会主义文化运动,无一不是在这个关系上发生出来的,而且还都是各自依其历史行程的规定而表示着种种特定的姿态。"①"时至今日,基于中国国运的殖民地化危机之日益迫切,中国国民经济结构诸体制之日趋解体,经济发展之日趋畸形,遂使近来的中国文化亦日渐混乱而凌夷。五四运动以还的资本主义文化运动,终因中国国民经济之健全的资本主义化绝对无望,经济发展只能局限于殖民地化的买办经济之畸形方向,于是遂使欧美列强的资本主义文化之建设亦不可能,而只能输入其皮毛残渣,形成中国现成的洋泾浜式的奴才文化。五卅运动而后的社会主义文化运动,亦因世界的与中国的社会主义革命机运之未充分成熟,生涩僵硬的机械主义的社会革命运动徒滋骚乱而失败,致使社会主义文化运动近年在中国文化领域内亦无何等建设功绩,而只是出现一时社会科学文献肤浅的翻译与幼稚的介绍之狂潮。"②"健全的资本主义文化既不得产生,成熟的社会主义文化又无从实现,新文化运动次第失败,文化领域的混

①　漆琪生:《中国本位文化运动的历史意义与实质》,《文化建设》第1卷第5期,1935年2月,第37页。

②　漆琪生:《中国本位文化运动的历史意义与实质》,《文化建设》第1卷第5期,1935年2月,第38页。

乱局势遂愈趋剧烈。"①"然则怎样的文化才是对于中国经济社会适合需要而有利的呢？很明显的,在现今中国前资本主义之农业经济社会中,当前最切要的,是障碍农业发展的前资本主义因子之扬弃,与资本主义经济发展的领导权之把握,以及未来的社会主义经济建设之准备……然则,中国本位的文化运动毕竟以何处为归宿呢？这个问题的解答,我要极简单的答复,乃是准备于未来的伟大的历史之汇流。"②尽管作者认为,"社会主义文化运动"无甚成绩,但却仍然认为它是"未来的伟大的历史之汇流",并且他分析问题的理路也完全是马克思式的,即用经济的观点把前资本主义——资本主义——社会主义看作是不断进步的依次演进的几个历史阶段。

一位名为李立中的论者关于中国近代文化之史的论述与漆琪生的分析如出一辙:"中国自一八四二年以还,从前固有的社会经济形态已根本发生了质的变化,封建经济的残余逐渐趋于灭亡,资本主义的生产关系,则连续不断的增长。然这种现象的存在,却不是欧洲十八世纪的初期资本主义在中国搬演了历史的重复,可以此为纽带而进展到资本主义的阶段,正是相反,中国之有资本主义生产诸关系的增长,倒是外来的资本主义宰制,压榨,剥削中国民族的结果。它,——一方面虽然启发了中国资本主义要素的增长,但在他方面,却桎梏着中国社会形态的飞跃过程,使之不能由初期资本主义更进而发展到资本主义的社会。

---

① 漆琪生:《中国本位文化运动的历史意义与实质》,《文化建设》第 1 卷第 5 期,1935 年 2 月,第 37 页。

② 漆琪生:《中国本位文化运动的历史意义与实质》,《文化建设》第 1 卷第 5 期,1935 年 2 月,第 39 页。

所以中国仅能形成现在的'变质的初期资本主义社会'。这种社会里面,中国的民族工业虽然有相当的发展,但却因了金融资本主义的宰割,不能绝对的发展。""中国民族工业不能绝对发展,则中国即不能有达到资本主义社会的可能。这是铁一般的现实。中国既然不能进展到资本主义社会,中国自亦不能有建设资本主义文化的可能! 这又是不可动摇的逻辑结论。"①

那么,"'中国本位文化',它的正确的理解应该是:适宜于现中国的需要,及利于其发展的文化。若然,则中国现阶段的社会,是'变质的初期资本主义社会',这社会是不能进展到资本主义社会的,它只有飞跃到另一高形态社会的可能。在这种社会形式之下,必然的,它的文化运动的主要任务,应当是在高形态社会的飞跃到来之前,作积极的准备。此外,次要的任务——便是:在消极方面,应当对于障碍中国社会发展的一切前资本主义因素,给予以绝对的克服与扬弃。这即是说:中国本位文化建设,应该在实行这种双重任务的标准之下,作为未来的社会主义启蒙运动而出现"。② 李立中与漆琪生两位论者的表述虽稍有出入,但意思几乎是完全一样的,他们似乎都在说明,中国当时要发展资本主义,同时又要做好向社会主义过渡的准备,这是多么接近后来共产党人的观点。

需要说明的是,这样的观点在中国本位文化的讨论中相当普遍。

---

① 李立中:《中国本位文化建设批判总清算》,《文化建设》第 1 卷第 7 期,1935 年 4 月,第 46—49 页。

② 李立中:《中国本位文化建设批判总清算》,《文化建设》第 1 卷第 7 期,1935 年 4 月,第 51 页。

有一些人明确地表示不要"蹈资本主义的覆辙","我们当然承认西洋文化优于中国文化,正如同资本经济优于封建经济。然而我们站在人类求生存的立场上,却反对西洋资本主义制度,所以以那种经济为基础的阶级的文化形态,也就不能作为我们的文化建设的目标。因为我们不愿意使中国未来的文化,即中国人民的整个生活的各方面,无论物质的食衣住行和精神的意识形态,也完全像西洋的资本主义的国家一样。所以我们建设中国文化,还须要另寻途径"。① "谁都知道,资本主义只是榨取,掠夺,屠杀和残暴,难道我们还想蹈资本主义的覆辙,再演历史上的悲剧吗?何舍何从,已经用不着再饶舌了"。② 在两位论者看来,不走资本主义老路,已经确定无疑,但具体走什么路似乎很难抉择,或者是不便明说。

鉴于"个人资本主义国家已渐趋崩溃,而集产的或共产的社会主义国家或世界,尤未有建设成功把握",③有人还提出了"非资本主义"道路:"中国乃一以农业经济为背景之封建社会,近百年来,套上一副资本主义最后阶段之帝国主义付与的铁链,我们欲保守封建社会的一切,为环境所不允许,我们欲走上资本主义队伍,又为列强所不允许,我们欲抄捷径迈到社会主义天国,环境与列强都不容许通过,于是乎我们停滞在这次殖民地悲惨的程途,我们底文化,只好是'杂拌',封建的,资本主

① 王虚如:《中国文化建设的途径》,原载于《青年文化月刊》第2卷第1期,后收入马芳若编:《中国文化建设讨论集》下编,龙文书店1935年版,第71—74页。

② 道清:《中国文化建设问题》,原载于《青年文化月刊》第1卷第6期,后收入马芳若编:《中国文化建设讨论集》下编,龙文书店1935年版,第68—69页。

③ 释太虚:《怎样建设现代中国的文化》,《文化建设》第1卷第9期,1935年6月,第27页。

义的,社会主义的,整合天津人说话'要么有么'。"①"现在资本主义已经走到了末期,社会主义正在开拓他底新路,我们既主全盘吸取西洋工业文明,将来生产问题解决了,关于分配问题怎么办? 我们不可再走欧美的错路了,我们要建设非资本主义的中国。"②这多么像共产党人对列宁关于落后国家非资本主义道路的理解。

与他们稍有不同,有人认为还是要先发展"资本主义文化","中国将来伟大文化发展和建设工程不能循资本主义道路,不能按资本主义速度,只能循社会主义道路按苏联现有的速度,这是极可信的展望。因为只有在社会主义原则下,人类才能把其全部力量用来和自然斗争,才能建设伟大的文化。""但这是否说,我们现在就开始建设社会主义文化呢? 全然不能作这种提议。""那么现在中国到底建设什么文化? 我的简单的答复是资本主义文化。"③现时发展资本主义只是出于国情限制的无奈,并不是不向往社会主义,这似乎同样能增添社会主义的光彩;作者还把社会主义与苏联联系起来,这与后来共产党人的革命阶段论好像也没有本质的差别。

后来对社会主义文化颇有建树的张季同,当时对中国文化发展的路径似乎就已比较清楚:"现代西洋文化,无疑的,是在资本主义的阶段,而且现在又已到了资本主义阶段之末期,在将来恐要转变为社会主

---

①　熊梦飞:《谈"中国本位文化建设"之闲天》(二),《文化与教育》第51期,1935年4月,第6页。

②　熊梦飞:《谈"中国本位文化建设"之闲天》(二),《文化与教育》第52期,1935年4月,第9—10页。

③　《"资本主义文化与社会主义文化"讨论专栏》,《文化建设》第1卷第7期,1935年4月,第69—83页。

义文化。对照着这样的世界文化的大流",中国"想建设成一健全的资本主义文化,是不可能的;想建设社会主义文化,此时也不可能,然而却有可能之日。中国现在只有尽其力量求工业化,科学化,求达到西洋的水平线。同时却不要执着资本主义,而时时作转入社会主义文化的准备"。①"'文化创造主义'即是一方反对保守旧封建文化,一方反对全盘承受西洋已在没落的资本主义文化,而主张新的社会主义的中国文化之创造。在社会主义文化创造条件未具备以前,主张充分的作准备工作。"②有人更坚信,"要求中国本位文化建设之伟大的成功,除了从物质上及精神上争取其飞跃到社会主义文化的准备之外,是没有别的途径的……中国本位文化建设之前途,谁也晓得是争取社会主义文化之发展"。③

那么,"什么是社会主义文化? 社会主义文化至少有以下几种特征:一,社会主义文化是人类文化,不是阶级文化也不是革命文化。……二,社会主义文化是消灭国家的文化……三,社会主义文化,是如恩格斯所说,乃由必然的王国到自由的亡国之飞跃"。④"社会主义文化就是社会本位文化。它以社会为思维和行动的出发点。"⑤"社会主

① 张季同:《关于中国本位的文化建设》,《国闻周报》第12卷第10期,1935年3月,第4,5页。

② 张季同:《西化与创造答沈昌晔先生》,《国闻周报》第12卷第19期、第20期,1935年5月20日、27日,第5页。

③ 曾建屏:《读了<我们的总答复>以后》,1935年6月6日《晨报·晨曦》。

④ "叶青之文",《"资本主义文化与社会主义文化"讨论专栏》,《文化建设》第1卷第7期,1935年4月,第69—73页。

⑤ "叶青之文",《"资本主义文化与社会主义文化"讨论专栏》,《文化建设》第1卷第7期,1935年4月,第73页。

义文化的体系",将是"连带主义、协作主义……人类主义和世界主义"。"社会主义所用的方法","这方法是辨证的物质论"。这虽然与共产党人的理解不尽相同,但是直接引用"恩格斯所说",及认为社会主义的方法是"辨证的物质论",却很能说明问题。叶青还指出,"大家都感到资本主义文化的必然崩溃",而社会主义文化的"前途确实在日益发展中";"社会主义文化优于资本主义文化","个人主义的时代已经过去,历史使命从此轮到社会主义。因而真理的位置也就移动了"。① 早年参加共产党的叶青,此时在国民党政权里混饭吃,靠的却仍是原来干共产党时积累的本钱,然而,其言其说,果真有益于国民党乎?

值得注意的是,有人还明确提出向"社会主义的苏俄"学习,"大战以后,各国民族主义的发达比前更加普及,更趋浓厚,而增厚民族斗争力的计划政治与计划经济遂应时而生。社会主义的苏俄在这方面表现出惊人的成绩,其他各国无不在向这个途径迈进中。中国如果要复兴,自然也不能放弃这个目标。我们希望这个正在发动中的文化建设运动,能够给中国今后的计划政治与计划经济奠定一个基础,或是引导中国目前无计划无秩序的政治经济走上有计划有秩序的路上"。② 试图把"中国本位文化建设运动"引向苏俄"计划政治与计划经济"的路上,表明无论什么新名词都不能改变一个时代的人心所向。

当然也有人反对,"说世界文化大流要转变为社会主义一层,如果

---

① "叶青之文",《"资本主义文化与社会主义文化"讨论专栏》,《文化建设》第 1 卷第 7 期,1935 年 4 月,第 74—83 页。

② 陈柏心:《中国本位文化建设运动的展望》,《半月评论》第 1 卷第 3 期,1935 年 3 月 1 日,第 14 页。

是孙中山先生所说的'民生主义就是社会主义'一类的最高理想,那是建设中国本位文化以后可能实现的,我们没有什么不赞成。如果是苏俄式的骗人的口号,那就是要叫我们消灭国界,消灭本位去做赤色奴隶,这是我们极端反对的"。① 即便如此,对于两种社会主义,一般人又哪能分得清呢? 还是专门讨论"资本主义文化与社会主义文化"的朱通九稍高明一些,"社会主义(指科学社会主义而言)为反对残酷的资本主义而产生。我国尚系一农业国家,尚未至资本主义化的程度,社会主义的理论,当然不能适用"。"我们要走的是民生主义的一条道路",②"民生主义的最高目的,在使人类达到经济平等。""而其最大优点,系采用进化的方法,逐渐改良,使入于正规。换言之,避免激烈的手段,多数的流血,及无谓的牺牲,而达到大同之域。较之科学社会主义之阶级战争,岂可同日而语哉!"③但是,看到国民党执政后对民生主义的实行并没有如其所言,深感经济不平等的青年人又怎能不向往"科学社会主义"呢? 大概由于在理论上不能批倒"共产主义的文化",所以有人试图以战争的胜负来说明问题,"近来剿匪胜利的事实,是告诉我们共产主张与三民主义何者足以适应中国需要,而证明共产主义的文化是不能建设的起来的"。④ 那么,当共产党绝处逢生,尤其到抗日战争又获得

---

① 絮如:《中国本位文化建设宣言的回应及其批判》,《人民评论》第 75 号,1935 年 4 月 20 日,第 17、18 页。

② "朱通九之文",《资本主义文化与社会主义文化讨论》,《文化建设》第 1 卷第 7 期,1935 年 4 月,第 99 页。

③ "朱通九之文",《资本主义文化与社会主义文化讨论》,《文化建设》第 1 卷第 7 期,1935 年 4 月,第 100 页。

④ 李绍哲:《论存在即合理与把握现实》,《晨报》1935 年 6 月 2 日。

大发展的时候,又能证明什么呢? 此说显然最终是弄巧成拙,在理论上搬了石头砸了自己的脚。

反帝反封建本是中共二大提出的革命纲领,大革命时期,国民党曾与共产党共用这一口号,但是"清党"以后,中共的思想似乎并未清除,或许是"清"而未"除"。因此,在国民党的主流舆论中,仍然对这一口号运用有加。

《人民评论》的创刊词指出,"在中国不同的经济地理环境中",有的"表现出封建性质的剥削形态",有的"表现出资本主义性质的剥削形态";而"剥削农村经济的封建势力在资本帝国主义势力的卵翼下,遂得以苟延残喘。在这种情形之下,现阶段的中国自然只需要反帝国主义和反封建势力的国民革命"。[①] 这里的话语也似乎仍停留在国共两党一同致力的国民革命时期。该刊的赵济孙的文章提醒人们,"当此帝国主义者积极向中国进攻,而中华民族灭亡的前后,只有树立强有力的中心思想,促进强有力的政治之实现,复兴中国革命,打倒帝国主义,才是中国唯一的出路,就才是中国文化运动的重要任务"。[②] 以文化运动来配合政治斗争,这也恰如马克思主义者的观念。

或许这从另一个方面反映了帝国主义压迫的实实在在,不管什么政治立场的中国人,都时刻感觉到它的存在,正像一位青年人指出的:"只要是中国人,谁也都能感觉到中国民族是在受帝国主义的压迫罢——是在吃着次殖民地的苦头罢——帝国主义向外夺取殖民地的动

---

① 《<人民评论旬刊>创刊旨趣》,《人民评论》第1号,1933年4月1日,第3页。
② 赵济孙:《中国文化运动之史的评述》(下),《人民评论》第33号,1934年2月20日,第22—23页。

机有三:一是找商场,一是找生产资料,一是找投资场所。一句话,完全起于经济原因。所以帝国主义压迫中国最猛的利器是经济侵略,同时为要巩固经济侵略的基础,于是便加以文化侵略,政治侵略。"[1]他还无比痛恨地比喻说:"帝国主义这座金碑,是把他人的枯骨来做基础的,是把他人的鲜血来灌溉的。"[2]

《中国本位文化的建设宣言》发表后,赞成者大都认为它是反帝反封建的,"一十教授的文化建设的思想的发生","最重要的原因,在我们看来,就是帝国主义侵略中国的日益加紧","在政治经济方面,中国已沦为次殖民地"。[3]"充实人民的生活,发展国民的生计及争取民族的生存的需要,就是'此时此地的需要'的内容。如果中国的文化建设,能够把握住这种内容而完成之;则反帝反封建之任务的实现,自然隐在其中。"[4]"本位文化建设指陈出在创造过程中负有反帝反封建的使命,正是国民革命反抗斗争的两大骨干。"[5]"文化建设运动要争取民族的生存权,必然要反帝反封建","本位文化似乎不可少了这一基本特质吧。"[6]

有意思的是,批评《宣言》的也大都着眼于其对反帝反封建的"忽

---

① 王峰:《评陈序经先生的中国文化之出路》,广州《民国日报》副刊《现代青年》第839期,1934年1月31日,第3版。

② 王峰:《评陈序经先生的中国文化之出路》,广州《民国日报》副刊《现代青年》第838期,1934年1月30日,第4版。

③ 叶法无:《十一宣言与中国文化建设问题批判》,《中国社会》第1卷第4期,1935年6月,第28页。

④ 曾建屏:《读了<我们的总答复>以后》,《晨报·晨曦》1935年6月3日。

⑤ 李绍哲:《论存在即合理与把握现实》,《晨报》1935年6月2日。

⑥ 李绍哲:《文化创造的基本原则》,《晨报·晨曦》1935年6月14日,第8版。

略":"现在的中国正是处在次殖民地和崩溃中的封建社会这一个形态之下。唯其如此,帝国主义及封建的势力在中国遂时时作祟。""十教授忽略了这一点,宜其在提出中国本位的文化建设之结论中而忽视了中国本位文化建设之反帝反封建的意识形态。"[①]"归根结蒂,还是要把反帝当作最先的、最主要的目标——当然我指的是'有实力'的反帝。所以十大教授把文化运动当作主要的基础,而轻轻地放过了政治和经济的原因不提,无疑的,事实上根本取消了反帝的任务。"[②]而"在帝国主义的政治经济文化的总侵略之下,我们如何能够从容地建设中国本位的文化呢? 十教授的宣言中说:'这时的当前问题在建设国家。政治经济方面的建设既已开始,文化建设工作亦当着手,而且更为迫切。'这一切政治、经济文化的建设工作自然都是中国本位的。但我们以为今日最迫切地应讲中国本位的事情是:中国本位的领土保全。这就是说,中国应该抵抗帝国主义的侵略,一切政治、经济、文化的建设,都应该以反帝图存为标准,否则,侵略日亟,抵抗不施,将来弄得连领土都不见了,还有什么中国本位? 还有什么中国本位的文化建设?"[③]可见,无论怎样讲,无论是怎样的思想或文化,都绕不开那时代中最紧迫的问题。

面对这样的批评,宣言署名人在回应时明确指出:"中国今日文化上的切要问题","是在我们把我自己的民族如何先从帝国主义的束缚

---

① 王伯纶:《评中国本位的文化建设宣言》,《晨报·晨曦》1935 年 3 月 11 日。

② 冯智学:《十大教授的总答复》,上海《大美晚报》1935 年 5 月 13 日,第 3 页。

③ 马望:《关于中国本位的文化建设》,《新生》周刊第 2 卷第 3 期,1935 年 2 月,第 63 页。

之下复兴起来。中国本位的文化建设,即努力于此而已!"①当时,在共产党看来,国民党已变成了帝国主义的代言人,而国民党的文化机关却仍然高唱反对帝国主义,充分表明帝国主义在各种政治势力的言说中都惟恐避之不及,比如,在由各色人等发表的一个《我们对于文化运动的意见》中也明确表示,"我们不愿做帝国主义的奴隶,我们要从现在的次殖民地的政治局面挣扎出来,我们要完成民族解放的功业"。② 更有意思的是,敌对的双方往往相互指责对方为帝国主义的代表,比如,国民党的文化人士对共产党的批评也如同左翼知识人对国民党的批评:"看吧,许多许多皈依苏联共产主义的人们,请问他们对自己国家有什么了解。""很明白的,都是帝国主义的应声虫,也就都是帝国主义伴着经济侵略而来的文化侵略之成绩。"③

同时,封建主义也成为各方共弃的对象,并且大都把它与帝国主义联系起来看:"中国的经济形态,是国际资本主义和封建经济并存着的。其本质是国际帝国主义的势力,和国内封建残余势力,共同支配着的。在这个混合而矛盾的经济基础上面,建筑着的当然是错综而复杂的文化形态。"④"中国是一半殖民地半封建的国家",所以,"解放中国,提高中国文化,首先要反帝反封建";"思想文化,是社会的上层建筑,中国文

① 陈高佣:《怎样了解中国本位的文化建设》,《文化建设》第1卷第8期,1935年5月,第58页。
② 文学社等:《我们对于文化运动的意见》,《读书生活》第1期,1935年11月,第178—179页。
③ 罗敦伟:《中山文化与本位文化》,《文化建设》第1卷第10期,1935年7月,第21页。
④ 王虚如:《中国文化建设的途径》,原载于《青年文化月刊》第2卷第1期,后收入马芳若编:《中国文化建设讨论集》下编,龙文书店1935年版,第70页。

化的停滞是中国社会停滞而已,反映现代文化没有了,是帝国主义封建势力双重支配下的结果。非摆脱这双重束缚,中国文化是没有改造的可能"。① 因此,"在帝国主义与封建残余互相携手的压迫下,使中国现实的社会经济政治停滞在历史演进的反常中","(中国本位文化建设)的途径与任务,应当是:1. 反帝国主义的文化;2. 反封建主义的文化;反一切不适合中国现实的社会经济政治的文化"。② "在中国政治革命未有完成,国内封建势力未曾肃清,帝国主义者的势力依然强固的今日,中国谈不上有什么文化建设。因为政治上有了自主,自己的文化,方有建设的可能。我们现在所应努力的,是争取政治上的自主和肃清国内的封建残余。"③

有人似乎还引用了列宁的话,"谁都不能否认,反帝反封建的需要,是目前任何一个落后国家及半殖民等的中心任务。可是如何才能达到这种任务呢？……读过苏维埃俄罗斯革命史的人,谁都知道苏联是彻头彻尾地在反帝反封建中生长出来的"。④ 明白指出,落后国家应该向苏俄的反帝反封建学习,大概谁都会承认,这正是共产党的理论观念。反帝反封建本是国共两党在苏俄的援助下进行国民革命的共同目标,但是,由上可见,两党分家后,思想上并没有完全分开。在某种程度上,马克思主义的主张仍然占据着一些国民党文化人士的头脑。

---

① 鲁人:《论中国本位的文化》,上海《大美晚报》1935 年 2 月 18 日,第 3—4 页。
② 颜行:《中国本位文化建设之基要观》,《南京正中半月刊》第 1 卷第 7 期,1935 年 3 月,第 6 页。
③ 道清:《中国文化建设问题》,原载于《青年文化月刊》第 1 卷第 6 期,后收入马芳若编:《中国文化建设讨论集》下编,龙文书店 1935 年版第 67—68 页。
④ 曾建屏:《读了〈我们的总答复〉以后》,《晨报·晨曦》1935 年 6 月 2 日。

　　20 世纪 30 年代,信仰马克思主义的知识人所致力的一个重要工作就是文化的大众化,即"研究大众化,批评大众化,创作大众化"。[①]似乎鲜有人注意到,这种努力对国民党统治下的文化工作也有影响,不少人还试图以大众化来诠释中国本位文化。比如,有人尽管预先声明,"与左翼作家文化反映说有别",但是却认为,"建设我国文化的本位,应该以我国大众经济生活之需要为本位……我们认为文化运动,决不可流于空空洞洞的运动,一定要与我们大众的经济生活切实联系起来。建设以大众生活为基础的物质文化"。[②] 一位名为柯象峯的更具体地表示,"我们所希望的是现在大多数人民最低的生活之维持,即是解决民生问题的文化本位";"全国有百分之七十五的人民,他们的生活都在水平线以下,像这样多的愚而穷的民众,救死不遑的同胞,都是我们的建设文化的对象";"这种生存的运动的展开,所谓本位文化的建设才有可能。因为文化的实质是应该以大众的福利为出发点的"。[③] 名为道清的论者似乎还用了阶级的观点来谈大众,"文化建设,应以大众作对象——历史告诉我们,某一个时期的文化都是代表支配阶级利益的,对于被支配的大众,是没有多大关系的。但是,时代已经变了,少数的支配者,终于要被历史的洪流淘汰的,大众也有扬眉吐气的一日。这样,文化建设的工作,要以大众为对象,是无可致其怀疑的"。[④] 这些见解

---

　　① 信一:《目前政治危机与左翼文化斗争》(1932 年 5 月 1 日),《大众文化》创刊号,1932年 5 月 1 日,第 18 页。

　　② 罗敦伟:《建设本位文化的路线》,《中国社会》第 1 卷第 4 期,1935 年 6 月,第 9—10页。

　　③ 柯象峯:《为大众福利的文化》,《中国社会》第 1 卷第 4 期,1935 年 6 月,第 16 页。

　　④ 道清:《中国文化建设问题》,《青年文化月刊》第 1 卷第 6 期。

俨然左翼文化人的言论,而它们却是在国民党人发动的"中国本位的文化建设运动"中的主张。

以上大多是出现在国民党直接控制的甚至是专门为了针对中共的《文化建设》、《人民评论》等主流刊物上的言论。其中,马克思、经济、唯物、辩证法、必然法则、生产力、生产关系、经济基础、上层建筑、苏俄、资本主义、社会主义、非资本主义、帝国主义、封建主义、殖民地、半殖民地、半封建、无产阶级、资产阶级、大众等这些共产党人常用的话语,同样是被普遍使用的概念。"名词是思想的工具",这说明马克思学说在社会科学的名义下已经成为当时"一般的知识、思想和信仰",甚至有的人已经用而不觉。比如,一位名为陈石泉的论者批评近人把"'资本主义'、'社会主义'一类五花八门的名称,都被生吞活剥的搬到中国","中国近五十年来之政治上的混乱,无一不是他们搬弄这些名词盲目抄袭而来的"。但他自己却仍然信手拈来地用"帝国主义"、"封建社会"、"生产关系"和"经济基础"这一类概念分析中国问题。① 这简直就像已被马克思之魂附体一样,挥之不去。如果说十教授自己的言说中存在着悖论,那么整个的有关中国本位文化的讨论则明显地走向了与运动者初衷相反的异途。

另一方面,在国民党的主流舆论中,这类词汇并不是完全禁止的,况且马克思观点无处不在,令其禁而不止。对此,马克思主义者是这样看的:"马克思主义的胜利,就是资产阶级也不得不承认了","资产阶级用尽一切方法,想来破坏马克思主义,它既不能以整个思想的体系,来

① 陈石泉:《中国文化建设的动向》,天津《大公报》1935 年 3 月 13 日—21 日。

和马克思主义相对抗，于是就假冒马克思主义篡改马克思主义，抛弃马克思主义的革命精髓，使之成为自由主义的学说。"①"更有冒充'马列主义'的叛徒们：他们的招牌最响亮，他们张口说马克思，闭口说列宁，其实他们想混在马列主义的阵营里，作更巧妙的欺骗。"②"马克思列宁主义不断得着新的发展，这大部分是由于马克思列宁主义者的辛苦努力，小部分也由于非马克思列宁主义者正视现实的结果，投降了马克思列宁主义。"③不难发现，左翼知识人气愤之余，思想上的优越感和得意跃然纸上，按此，就如同一件商品，有了"假冒"，恰说明其本身之价值及喜好人之多。

不过，就国民党来说，显然另有用意，即试图通过自由讨论的方式，导人以"正轨"，比如，在 CC 派掌控下的《文化建设》上曾专门开辟专栏公开讨论"资本主义文化与社会主义文化"。叶青曾谈到，"在今年一月内，我就接得《文化建设》月刊拟出资本主义文化与社会主义文化专号向我征文的信"。"在月刊的意思，以为既要建设文化，则'我国所应建设者，果为资本主义文化乎，抑为社会主义文化乎？何去何从，大可讨论。'"④之所以如此，大概是："不管你的文化建设是创造也好，模仿也

① 《中国社会科学家联盟纲领》，原载《新思想月刊》第 7 号，1930 年 7 月，收入史先民编：《中国社会科学家联盟资料选编》，中国展望出版社 1986 年版，第 21—23 页。

② 殷澄：《目前的文化的一般任务》（1933 年 6 月 1 日），《北平文化》第 2 号，1933 年 6 月 1 日。

③ 中国社会科学者联盟常务委员会：《中国社会科学者联盟纲领草案》，《文报》第 11 期，1935 年 10 月，孔海珠《左翼·上海》附录，上海文艺出版社 2003 年版，第 379 页。

④ "叶青之文"，《资本主义文化与社会主义文化讨论》，《文化建设》第 1 卷第 7 期，1935 年 4 月，第 69 页。

好,在今天都必须要对于资本主义文化与社会主义文化决定一个态度。"①正视诱导毕竟比掩耳盗铃要高明一些,陈立夫就曾批评军统派的武夫行为。在有此良苦用心的国民党人看来,即使大家都选择社会主义也无妨,②因为国民党同样可以担纲社会主义文化的建设,所谓"计划政治"、"计划经济"、"文化统制"正是其所欲为而不能如愿者。况且,孙中山还讲过民生主义就是社会主义之类的话。也就是说,一些国民党人试图对社会主义做出自己的解释,以夺过话语权,并给人国民党担纲的印象。但是,时人大概并不会那么容易诱导,"虽分社会主义为五类,而近代具有相当势力而能支配一般青年思想者,首推科学社会主义。故社会主义,虽为各社会主义之共同名称,而事实上,学者中谈及社会主义,莫不以科学社会主义为代表"。③ 而在中国谁代表科学社会主义,对于一般读书人,显然是不言自明的事。这样看来,国民党此举可能事与愿违。其理论的贫乏,使它很难引领时代潮流,"文化建设"的结果,反而使马克思学说大行其道。自己搭台,别人唱戏,"文化建设"上的尴尬似乎注定了其后来的命运。

　　无论如何,在 20 世纪 30 年代的中国,马克思学说作为社会科学之一种,被普遍采用,是一种不争的事实。但是,接受马克思学说的,既可以是左翼学者,也可以是"反动人物"。当时,提倡发展资本主义,却仍然赞成社会主义;或者公然主张建设社会主义文化,却不认

---

　　① "叶青之文",《资本主义文化与社会主义文化讨论》,《文化建设》第 1 卷第 7 期,1935 年 4 月,第 83 页。

　　② 讨论中确实大都倾向于社会主义文化。

　　③ "朱通九之文",《资本主义文化与社会主义文化讨论》,《文化建设》第 1 卷第 7 期,1935 年 4 月,第 96 页。

同中国的共产主义运动；张口闭口马克思主义的话语，却极力反对共
产党，这就是国民党主流舆论界的一种奇特景观。其中，思想取径和
政治倾向显然是分裂的。那么，此种景观有益于谁是不言而喻的。
比如，运用马克思的学说长篇大论后，即使最终加上几句对共产党的
谩骂，也是无济于事的，特别是对于青年读者，如果接受了马克思主
义的观点，那么对为马克思主义而奋斗的共产党，大概无论如何是憎
恨不起来的。这种情况从另一个方面说明：国民党的理论是何等的
贫乏，而共产党的理论又是处于怎样的优胜地位。不无讽刺的是，国
民党内被看成理论家的戴季陶、叶青、陶希圣三人，都或多或少地受
过马克思学说的洗礼。如此情势，在具有"以思想主政"传统的中国，
谁胜谁负大概早已成定局。

值得注意的是，在中国本位文化的讨论中，还出现了这样一些把
马克思学说运用于中国实际的论述和见解：中国资本主义的发展与
不发展、利用社会主义的精神发展民族资本、发展资本主义的同时又
做好发展社会主义的准备、非资本主义道路、帝国主义和封建主义的
结合、反帝反封建的文化、为大众的文化等等，这些似乎与后来毛泽
东新民主主义理论的内容有些许相似。国民党主流舆论中的社会主义
言说，很有可能为毛泽东创立新民主主义理论的提供了某种启示和
契机。这也并不是没有根据，就在中国本位文化讨论期间，艾思奇、
胡绳等一些左翼学者联合 148 位各类知识人共同发表了一个《我们
对于文化运动的意见》，其中就包括中国本位文化宣言的署名人樊仲
云。这些左翼知识人显然是了解国民党主流舆论中关于马克思学说
之运用的。他们到达延安后，大都为毛泽东所器重，而把当年的文化

讨论直接或间接地向毛泽东作介绍,或自觉不自觉地谈起,似乎并不是不符合逻辑。果真如此,1930 年代国民党的"文化建设"或其发动的中国本位文化运动,反而为马克思主义的中国化即毛泽东思想的形成做出了贡献,这种悖论大概不是仅用一句"历史的讽刺"所能形容的。即便是毛泽东的新民主主义理论与这些论述并没有关系,①也更说明中国人思想上的一种共同所向,从这个意义上看近代历史的走向,似乎就不再是后见之明了。

---

① 或许是恰应了这种思想认知和社会理想。

第八章　左翼思潮的兴盛及变化

1933 年 11 月,胡适在《独立评论》上的一篇文章谈到,维新变法时期,中国人对于西洋文明的认识并没有"多大的疑义","那时代的中国智识界的理想的西洋文明,只是所谓维多利亚时代的西欧文明:精神是爱自由的个人主义,生产方法是私人资本主义,政治组织是英国遗风的代议政治。"但是,"欧战以后,苏俄的共产党革命震动了全世界人的视听;最近十年中苏俄建设的成绩更引起了全世界人的注意。于是马克思列宁一派的思想就成了世间最新鲜动人的思潮,其结果就成了'一切价值的重新估定'……世界企羡的英国议会政治也被诋毁为资本主义的副产制度了。凡是维多利亚时代最夸耀的西欧文明,在这种新估计里,都变成了犯罪的、带血腥的玷污了"。"不上十五年,中国青年人的议论就几乎全倾向于抹杀一九一七年以前的西洋文明了……无论如何,中国人经过了这十五年的思想上的大变化,文化评判上的大翻案,再也不会回到《新民丛报》时代那样无疑义的歌颂维多利亚时代的西洋文明了。"①对这种"文化评判上的大翻案",胡适显然十分感慨,似乎很不认同,但又无可奈何。

五四以后,在自由知识人的视野中,"马克思列宁一派的思想就成了世间最新鲜动人的思潮",而在革命家的眼中则是"革命的文学艺术运动,在十年内战时期有了大的发展";②"文化革命"得以"深入"。③ 两者从不同的角度揭示了同一历史现象,但是同一种历史现象又隐含着不同的历史内容:一是知识界的马克思主义思潮,二是中共领导的左翼文化运动。其实,两者有着非常密切的关联。

一、"左翼文化"运动

五四以后,马克思主义者逐渐构建了一套独特的文化观念和价值系统,具体称谓常因时间、地点和语境而有所变化。大致说来有这样几种:

一是"革命文化"。1927年中共刚刚决定进行武装革命后的一个文件提出,"实行普及教育,提高革命文化"。④ 而到1935年关于"苏区文化教育"的报道也有这种用法:"革命文化的总方针在于以共产主义的精神来教育广大的劳苦大众,在于使文化教育为革命战争与阶级斗

① 胡适:《建国问题引论》,《独立评论》第77号,1933年11月19日,第3—4页。
② 《毛泽东选集》第3卷,人民出版社1991年版,第847—848页。
③ 《毛泽东选集》第2卷,人民出版社1991年版,第702页。
④ 《江西省革命委员会行动政纲》1927年9月,《中央革命根据地史料选编》(下),江西人民出版社1982年版,第3页。

争服务,在于使教育与劳动联系起来。革命文化的中心任务是厉行全部的义务教育,是发展广泛的社会教育,是努力扫除文盲,是创造无比领导斗争的高级干部。"①

二是"普罗文化"。比如,1930 年二三月间,在中共顺直省委的领导下,组成了一个北平"普罗文化运动大同盟"。茅盾曾指出,鉴于"普罗文学"运动的错误,1930 年左翼作家联盟的名字只称"左翼"而没有再称"普罗"。②

三是"苏维埃文化"。第二次全国工农兵代表大会的报告中要求,"苏维埃必须实行文化教育的改革,解除反动统治阶级加于工农群众精神上的桎梏,而创造新的工农的苏维埃文化",其总方针"在于以共产主义的精神来教育广大的劳苦民众,在于使文化教育为革命战争与阶级斗争服务"。③ 另一个文件指出,"在苏区进行文化工作,就是要尽量灌输马克思列宁主义,及一切无产阶级革命的教育和理论"。④

四是"无产阶级文化"。中国左翼作家联盟北方部成立宣言中说:"我们为发展无产阶级的文化的理论,必须参加目前无产阶级的实际斗

---

① 《苏区文化教育的断片》,《文报》1935 年新年号,孔海珠:《左翼·上海》附录,上海文艺出版社 2003 年版,第 350 页。
② 茅盾:《关于"左联"》,中国社会科学院文学研究所编:《左联回忆录》(上),中国社会科学出版社 1982 年版,第 149 页。
③ 《中华苏维埃共和国中央执行委员会与人民委员会对第二次全国工农兵代表大会的报告》,《中央革命根据地史料选编》(下),江西人民出版社 1982 年版,第 328、331 页。
④ 《湘鄂赣省工农兵苏维埃第一次代表大会文化问题决议案》,赣南师范学院苏区教育研究室编《江西苏区教育资料汇编》(一),江西省教育科学研究所 1985 年内部发行,第 133、134 页。

争。无产阶级的文化运动,势必成为无产阶级政治斗争底一翼!"①一位左翼知识人指出,"无产阶级文化是在无产阶级生活和斗争的实践中生长出来的,它是实践在意识形态上的反映,同时也是实践的活指导"。"目前无产阶级文化——无论其为文字,艺术,社会科学或教育,它的中心任务,应该努力成为无产阶级及被压迫大众参加这些政治斗争的一件精锐武器。"②

五是"左翼文化"。"毫无疑义的,左翼文化应该'为了无产阶级,为无产阶级所享受,属于无产阶级',换句话说,左翼文化必需使马克思列宁主义成为无产阶级在实际斗争中思想上文化上的武器。"③"目前中国左翼文化一天一天的在开展着,这是谁也不能否认的。"④"中国左翼文化运动的历史使命,就是担负当作阶级斗争和民族解放斗争中之一分野的文化斗争。文化斗争的目的,是在阶级的革命的实践中建设马克思列宁主义的文化。这种文化,是反帝反封建的文化,它的前途是转变到社会主义社会的新文化。文化斗争的任务,是运用马克思列宁主义启蒙和教育群众,使群众有阶级的革命的自觉,接受马克思列宁主义的教育和指示,自动的参加中国社会的改造过程,就是中国苏维埃运动的全部历史过程。""中国左翼文化运动也是世界文化革命的一个原素。

---

① 《中国左翼作家联盟北方部成立宣言》,1930 年 9 月 8 日,《北方左翼文化运动资料汇编》,北京出版社 1991 年版,第 45 页。

② 信一:《目前政治危机与左翼文化斗争》,《大众文化》创刊号,1932 年 5 月 1 日,第 14 页。

③ 信一:《目前政治危机与左翼文化斗争》,《大众文化》创刊号,1932 年 5 月 1 日,第 18 页。

④ 《文化斗争——代发端》,《文化新闻》第 1 期,1933 年 5 月 30 日。

在国际主义的旗帜之下,中国左翼文化运动必须拥护苏联,摄取苏联及其他国家文化斗争和文化革命的经验。"①

"左翼文化"是 30 年代以后在"白区"的环境中最常见的一种用法,因为不但可以公开这样说,而且外界也以此相称。不过,无论何种用法,内容都是一样的,就是宣传马克思列宁主义,以马克思列宁主义的观点来看一切,所以又称"社会主义的文化",②或"马克思列宁主义的文化"。

宣传和推广马克思列宁主义,首先是翻译和出版马克思、恩格斯、列宁的著作,1928 年中共六大决议案明确要求,"发行马克思,恩格斯,斯大林,布哈林及其他马克思主义列宁主义领袖的重要著作"。③此后三年间,翻译出版的仅马恩著作就有《资本论》、《政治经济学批判》、《反杜林论》、《家庭、私有制和国家的起源》等近 40 种。④ 另外,还有很多介绍马克思主义社会科学理论的通俗读物。当时人们就已注意到"唯物辩证法这一类书籍的流行"。⑤ 这类书籍的问世,一是以社会科学书籍的名称公开发行,比如 1930 年上海南强书局出的《怎样研究新兴社会科学》和神州国光社出的《社会科学讲座》。⑥ 二是秘密出版。

①　中国左翼文化总同盟常务委员会:《中国左翼文化总同盟纲领草案》,《文报》第 11 期,1935 年 10 月,孔海珠:《左翼·上海》附录,上海文艺出版社 2003 年版,第 369、370 页。

②　殷澄:《目前的文化的一般任务》,《北平文化》第 2 号,1933 年 6 月 1 日。

③　《宣传工作的目前任务》(1928 年 7 月 10 日),中共中央宣传部办公厅、中央档案馆编研部编:《中国共产党宣传工作文献选编(1915—1992)》,学习出版社 1996 年版,第 828 页。

①　中共中央马克思、恩格斯、列宁、斯大林著作编译局马恩室编:《马克思恩格斯著作在中国的传播》,人民出版社 1983 年版,第 272 页。

⑤　《一九二九年中国关于社会科学的翻译界》,《新思潮》第 2 期、3 期合刊,1930 年 1 月 20 日,第 299 页。

⑥　唐弢:《晦庵书话》,三联书店 1980 年版,第 56—59 页。

《中国左翼作家联盟北方部行动纲领》专门有一项规定，就是"建立出版机关，编纂苏维埃丛书及大众读物并参加革命刊物的编辑工作，代发行一切革命的宣传品"。① 比如，1931 年，中共党组织在保定秘密筹办的"北方人民出版社"，就发行过"左翼文化丛书"。② 为了吸引人或避免查禁，左翼文化人在书的封面或形式上别开生面，这可从时人的批评看出，"美女图做封面，书籍里唯物论充实质"；③"顺便取来新唯物论社的书来看"，"其上分明是共产党的一张广告或传单，但他却要冠上哲学二字以广招徕"。④ 借美女和哲学来宣传主义，充分说明左翼文化人与知识界的一般书呆子不同。

办刊物是当时左翼知识人宣传马克思主义的另一个重要渠道。比如，在北平，社联及其支部办的有《社会科学》、《今日》、《北大学生》等。⑤ 其中，时常刊登马列著作的摘译、介绍，以及有关苏联、苏区的报道。⑥ 办这些刊物在当时是相当困难的，有人回忆，"北方左联成立之后，为了编印刊物，曾费了不少周折。先与出版商接洽，他们怕担风险，不愿接受，决定凑点钱自费印行。集稿编定后，跑印刷所，看校样，这些都没啥困难，成问题的是怎样发行。几家正式书店，甚至连经售代销都

① 《中国左翼作家联盟北方部行动纲领》，《转换》第 2 期，1931 年 1 月 1 日。
② 王禹夫：《忆北方人民出版社》，宋原放主编：《中国出版史料》（现代部分）第 1 卷下册，山东教育出版社、湖北教育出版社 2001 年版，第 38 页。
③ 罗隆基：《论中国的共产：为共产问题忠告国民党》，《新月》第 3 卷第 10 号，1930 年 7 月，第 13 页。
④ 佳冰：《再论新唯物论》，《北平晨报》1933 年 5 月 23 日，第 12 版。
⑤ 宋劭文：《我所了解的"北平社联"的组织与活动》，《北京党史资料通讯》1984 年第 23 期，第 3 页。
⑥ 《报刊目录索引》，《北方左翼文化运动资料汇编》，北京出版社 1991 年版，第 541、542 页。

推辞,不得已,只好拿到各校传达室和东安市场、西单商场几家书报摊去寄卖,条件相当苛刻,卖出后对折结账"。①尽管如此,相对于上海的左翼刊物,"北平的情况还稍好些",②有人清楚地记得,"反动统治者虽然在北平同样残酷杀害革命青年,却还不曾封闭书店,逮捕编辑"。所以,1933年,北方左联还成功办了两个由书店公开发行的大型文艺刊物即《文学杂志》和《文艺月报》。由于是公开发行,其中"从来不曾刊载左联的文件和宣言"。稿件来源主要是盟员,而一般投稿,大都是非盟员的,"这两个杂志不但在北方影响很大,还为全国青年所喜爱"。③

除此之外,当时在北方发行的左翼文学刊物,据不完全统计,从1929年春至1933年夏,计有《星星》、《夜莺》、《麈尔》、《转换》、《前哨》、《我们周报》、《南中学生》、《北方文艺》、《大众文化》、《尖锐》、《北平文化》、《天津文化》、《北方文化》、《科学新闻》、《冰流》、《开拓》、《北国》、《在前哨》、《朝晖》、《曙前》、《破晓》、《子夜》、《亚分野》等数十种。④左翼文化团体不仅自己办刊物,还想方设法进入当时一些社会上公开发行的报刊。中共中央在给北方局及河北省委的信中曾专门强调,"党的某种主张或号召,不要轻于在我影响下的刊物上登载,以影响该刊物的存在与吓跑落后的以至中立的群众,我们可以用某种代名词交公开的

① 孙席珍:《关于北方左联的事情》,《新文学史料》第4辑,人民文学出版社1979年版,第242页。

② 《追忆鲁迅先生"北平五讲"前后》,《北方左翼文化运动资料汇编》,北京出版社1001年版,第350、393页。

③ 陈北鸥:《回忆中国左翼作家联盟北平分盟的艰苦奋斗》,中国社会科学院文学研究所编:《左联回忆录》(下),中国社会科学出版社1982年版,第542、543页。

④ 《概述》,《北方左翼文化运动资料汇编》,北京出版社1991年版,第21页。

大报或小报发表,或经过某一新闻记者传出,或不署名的散发等等"。① 缘于这样一种策略,北平的《京报》、《北平晨报》、《世界日报》、天津的《大公报》、《益世报》、《庸报》、济南的《国民日报》、《未央》周刊等,都曾刊载过北方左翼盟员的文章。② 当事人也记得,"我们一时出版不起自己的刊物,也要争取在报纸(当时北平的《世界日报》,天津的《益世报》、《大公报》)的副刊上去发表文章"。③ 这充分体现了宣传方法的巧妙和"无孔不入",查看这些报纸的确可发现此类文章。

《京报》的一篇文章写到:"我们也不过是个无产阶级……经过了各种面孔的冷淡,最后才看见了无产者的面貌,听见了无产者的呼声……同一阶级的生去努力去吧! 这是时代给我们的工作,历史给我们的工作。也不见得是极大的残酷吧! 努力,为个人,为阶级,牺牲个人,不算什么? 遇事彻底,总有成功的希望……现在我们希望有另一种人出现,在大众的生之压迫下做一个解放者,在时代的舞台作演一个创造者。"④该文通篇都在谈一个名为"安君"的辍学问题,却贯穿了阶级的观点和马克思主义者的社会认识。

天津《益世报》的一篇文章以介绍"改造社会之理论"为名指出,"马克思采取经济史观的观点解析社会历史诸形态之变动,并认为这种形态的变动都是自然而然的事实。从原始共产社会,氏族社会,封建社

---

① 《中央给北方局及河北省委的指示信》(1936 年 8 月 5 日),中央档案馆编:《中共中央文件选集》第 11 册,中共中央党校出版社 1991 年版,第 66 页。

② 《概述》,《北方左翼文化运动资料汇编》,北京出版社 1991 年版,第 21 页。

③ 陈沂:《1931——1932 年的北方左翼文化运动》,《新文学史料》第 4 辑,人民文学出版社 1979 年版,第 205 页。

④ P. K:《写在时代下的呼声之后》,《京报》1931 年 5 月 7 日,第 10 版。

会,以及现在的资本主义社会,并将来所要到的社会主义社会,其间的各形态都有其经济之基础或背景,其各形态之转变亦有其客观的物质条件。其物质诸条件发展到相当的程度,必使其社会形态,社会关系及其一切组织,动摇,崩溃,转变而渐趋于另一个社会形态。这个足以使社会变动的物质条件,在马克思看来,即是生产力。生产力发展到相当程度,便与其与之相适应的生产关系相冲突,或竟使那生产关系不能安于常态而继续下去。这种不能安于常态而继续,即是社会形态的转变时候。所以他这个转变只是以物质条件为其唯一的动因,所以他既是自然的又是必然的"。① 尽管作者对马克思主义的"政治经济观点"作了这样较为具体的介绍,但又表示这种观点"只能解析社会形态之转变,而不是以言革命",显然是为了障人耳目。

《北平晨报》的一篇文章论述了"新唯物论"与共产党的关系:"主持新唯物论之共产党徒与新唯物论本身,乃是有二种不同的价值。万不可一并而论。我们不能以此之好,认为即是彼之好。比如有热血的社会主义者,见了社会的腐败起而革之,曾引起我们的同情,我们决不能以此所谓彼辈之哲学理论或主义本身亦有最大之价值。反之,我们谓新唯物论够不上叫哲学见解,并不会抹杀社会主义者之实际力量。""试看今日号召所谓无产阶级革命的,则可知他们之革命,纯是一件事实问题,是饥饿痛苦迫他们不得不出此一途。""再看,事实上今日之真正共产党或社会革命党,其起立,其宣传,都从不会依靠什么哲学理论。他们反觉得拿理论来劝人,乃是无有多大效力的。故今日共产党简直视

① 谛:《伦理与革命》,天津《益世报》1933 年 4 月 10 日,第 10 版。

知识阶级为小资产阶级，至少是一个投机分子。他们的领袖，不是要什么有真知灼见的理论家，乃是一个能知苦楚压迫，能干工作，能牺牲的工农。"①该文尽管旨在说明"共产党也，与新唯物论没有什么必然关系"，但是，其对共产党革命的同情与赞赏浸透了字里行间，宣传之"巧妙"大概莫过于此。

《大公报》的副刊《世界思潮》，由清华大学哲学教授张申府主编，其中以介绍新知识为名，刊登过不少关于马克思主义哲学原理的文章，甚至直接登载过《马克思笔记》、马克思写给恩格斯的信等原著。比如，第36期就刊载了恩格斯《在马克思下葬时的演说》。②

以上文章很有可能就是左翼文化人所为，即使不是，也更说明马克思主义影响之普遍与深入，报刊文章往往是时代思潮的反映。如果没有写作群体和阅读市场，对于当时"企业"性质的报刊社来说，显然是很难去人为创造舆论的。这也从一个侧面说明国民党控制言论之不成功。

宣传马克思主义的另一阵地是学校。这一点，教育方面的左翼组织起了很大的作用。比如，成立于1931年底或1932年初的北平教育劳动者联盟，有人回忆，"参加教联的大多是中小学的教员和一些大学教授。记得范文澜、许德珩、侯外庐等都参加过教联。台静农、李霁野大概也是教联的成员。我们曾组织这些名教授到各大专学校进行演讲和宣传，向青年学生和市民做唯物史观的启蒙教育，侯外庐还讲《资本论》，传播马克思主义。有时也用一个假名，穿上笔挺的西装，装扮成一

① 佳冰：《再论新唯物论》，《北平晨报》1933年5月23日，第12版。
② 恩格斯：《在马克思下葬时的演说》，林风译，《世界思潮》第36期，天津《大公报》1933年5月4日，第3张第11版。

个教授的模样,到一些大学去做演讲".^① 另一个人的回忆谈到,"参加这个组织的有很多是知名的教授,如黄松龄、范文澜、侯外庐、马哲民等,这些老同志能在上层和社会上产生影响,又能用他们自己的言传身教去影响学生,很多青年在他们的影响下走上了革命道路。参加教联的还有许多是北师大的学生,他们在实习期间或毕业以后到北平的中学里教书,像宏达、志成这些学校里都有教联的同志。他们经常在课堂上公开宣传进步思想,讲抗日的道理,国民党特务一来,就讲点别的作掩饰".^②

此外,北方左联成立后,在北平绝大部分的大学和一部分中学,也都有基层组织。各校编成小组活动,各小组开会时大都有左联执委会指定的执委参加,小组活动的内容,一般是讨论创作作品,每人提出创作计划,努力写出作品来。^③ 许多小组都组织有外围的(有非左联盟员参加的)群众团体象文艺研究会、文艺理论研究会、文艺大众化研究会和读书会等。^④ 有人也记得,"那时我们的主要活动是组织读书会,在一起学习马克思主义,学习党的政治路线,研究中国革命的性质和任务,给进步的期刊和报纸写稿".^⑤

---

①　李长路:《关于北平左翼文化运动的回忆》,《北京党史资料通讯》第 21 期,1984 年 9 月,第 20 页。

②　张磐石:《我所了解的北平左翼文化运动》,《北京党史资料通讯》第 21 期,1984 年 9 月,第 7 页。

③　杨纤如:《北方左翼作家联盟杂忆》,《新文学史料》第 4 辑,人民文学出版社 1979 年版,第 224 页。

④　陈北鸥:《回忆中国左翼作家联盟北平分盟的艰苦奋斗》,中国社会科学院文学研究所编:《左联回忆录》(下),中国社会科学出版社 1982 年版,第 539 页。

⑤　张磐石:《我所了解的北平左翼文化运动》,《北京党史资料通讯》1984 年第 21 期,第 5 页。

不难想象当时学校里常规教学之外的另一种讲台、另一种学习,作为一种秘密的文化"运动",对于喜欢新奇、刺激的青年人是何等地具有吸引力。况且处在"内忧外患交迫的时期",普遍感到"烦闷"的青年,[①]"在一起学习马克思主义",无疑是"如饮狂泉"。

马克思主义思潮的兴盛,除了左翼知识人宣传的"巧妙",还与他们所致力的"文化大众化"有关。马克思的唯物论和政治经济学,本是专业性比较强的属于"高深"之类的外来学问,且不说知识和文化背景的差异,即使一般术语也是令一般中国人所难理解的。但是,左翼知识人掀起的"社会科学大众化运动",使这一问题迎刃而解。

北平社联的斗争纲领指出,"要加紧社会科学大众化运动,深入工厂农村兵营,使马克思列宁主义深入一般大众,努力提高无产阶级的教育工作,提高劳苦大众斗争的文化水平,吸收工农前进分子,巩固本盟阶级基础;帮助劳苦大众经济政治的斗争,及文字上宣传与鼓动"。[②]《中国左翼新闻记者联盟行动纲领及组织纲领》规定,"要坚决执行新闻大众化,发动全国的工场新闻、农村新闻、军管新闻、学校新闻、街头壁报等阶级新闻运动,并努力促其深入普遍的实践,以期使其成为鼓动大众组织大众之武器"。[③] 北平文化总联盟成立之后也一再强调,"真正的健全的文化应该是为着大多数民众的利益和解放的文化,启迪大众,

① 翁文灏:《一个打破烦闷的方法》,《独立评论》第 10 号,1932 年 7 月 24 日,第 2 页。
② 《中国社会科学家联盟北平分盟斗争纲领》,《大众文化》创刊号,1932 年 5 月 1 日,第1 页。
③ 《中国左翼新闻记者联盟行动纲领及组织纲领》,《集纳批判》第 2 号,1934 年 1 月 21日。

教育大众,为文化大众化而斗争,这是本盟一切努力的重心"。①"真正的进步的文化,必须抓紧时代的脉搏,为着大多数被压迫民众利益,为着民族的利益社会的解放而奋斗。在目前形势下的中国,广大民众所需要的文化,是反日反帝反封建的文化,是作为开展民族解放运动的武器的文化,只有在这一路线之下才能创造和发展新的健全的大众文化。"②一个左翼刊物创刊伊始,就宣称"我们的旗""是大众的"!③

有人还强烈呼吁,"各文化团体,势必抓紧抓取大众,把握大众,接近大众",从事"在工厂中,农村中,兵营中的文化活动"。④"左翼运动目前最主要的任务,是将马克思列宁主义以及一切革命的事实和政治环境,广泛地深入于工农大众。特别是在中国这样文化水平低下的环境里,工农群众十之八九没有受过教育;因此,文艺大众化,社会科学大众化的问题,更是中国左翼运动一刻不能缓解的任务了。"⑤那么,怎样才能"大众化"呢?"为要文化大众化,努力发动通讯员活动,建立工农通讯网,即抓取大众,接近大众。"⑥"为着普遍的打入大众当中去,在文字上力求明白深刻和含有教育的意义,一切艰深的辞句,一般大众所不了解的术语,和标语口号化的东西极力避免不用。"⑦"但更主要的意义

①　《北平文化总联盟纲领》,《北平文化》创刊号,1933 年 5 月 15 日,第 12 页。
②　《北方文化总联盟为号召一切文化团体宣言》,《北平文化》创刊号,1933 年 5 月 15 日,第 10 页。
③　同人:《我们的旗》,《尖锐》第 1 号,1932 年 5 月 25 日,第 3 页。
④　萧湘:《革命竞赛的意义》,《北平文化》第 2 号,1933 年 6 月 1 日。
⑤　信一:《目前政治危机与左翼文化斗争》,《大众文化》创刊号,1932 年 5 月 1 日,第 18 页。
⑥　殷澄:《目前的文化的一般任务》,《北平文化》第 2 号,1933 年 6 月 1 日。
⑦　《告本刊的读者》,《艺术信号》第 1 号,1933 年 3 月 16 日。

是在于使马克思主义文化的研究，批评和创作从'专门家'的书斋或编辑室，转移到工厂，农村和兵营，从这中间养成真正无产阶级和农民出身的社会科学家或文学家；来转变左翼文化运动的阶级基础。换言之，就是研究大众化，批评大众化，创作大众化。""事实上，近来无数的工人和农民已随时在表现出他们对于了解和研究马列主义及革命问题热烈的要求。"[1]

"十之八九没有受过教育"的识字不多的工农群众一下子对马列主义有了"热烈的要求"，这恐怕在很大程度上是一些左翼知识人的想象，或努力要制造的一种"热潮"。当时讲求实际的左翼知识人就曾揭露《北方文艺》、《文化周报》等左翼刊物"假造些农村通信"。[2] 有人还批评说，"文艺大众化的喊声，又在腾飞一时，然而也只是一个喊声而已"，"我决不相信你们所说的夸张的报导的"。[3] 这提示了"大众化"作为一种文化口号，只是在左翼知识人中间"相与呼应汹涌"，马克思主义是否真正地接近了大众是另一回事。不过，国民党宣传委员会制定的《通俗文艺运动计划书》也提出，要把"大众文艺"看作是"最紧要而迫切的工作"，以"遏制共产党之恶化宣传"。[4] 由此可说明左翼文化的"大众化"并非完全纸上谈兵。

① 信一：《目前政治危机与左翼文化斗争》，《大众文化》创刊号，1932年5月1日，第18页。
② 莳人：《小组群杂志意义与任务》，《庸报》副刊《另外一页》，1933年5月10日、11日。
③ 李保生：《致中国左联作家的一封公开信》，《尖锐》第2号，1932年6月16日。
④ 国民党中央宣传委员会：《通俗文艺运动计划书》，1932年8月25日，中国历史档案馆编：《中华民国史档案资料汇编》第5辑第1编：文化（一），江苏古籍出版社1994年版，第321页。

　　无论马克思主义大众化的效果如何,而作为左翼知识人的一个努力的文化方向,却一直得到强调。比如,1935年马克思主义者改变政治策略之后的两个文件仍然指出,"中国社会科学者联盟的盟员为发挥马克思列宁主义的中国社会科学,要进行社会科学的通俗化与大众化的工作"。①"中国左翼文化,要在中国劳苦大众生活的斗争中和革命的实践中形成起来","成为大众自己的文化";"左翼文化运动应该面向大众,对群众开门","保证文化运动大众化的路线之彻底的执行";"左翼文化总同盟是建立于工场、农村、兵营、学校、街头的群众基础上面,它的历史使命和战斗任务是求着组织的大众化","青年学生、店员和一般小资产阶级知识分子,目前是左翼文化运动主要的群众基础。"②即使在以自由主义面目出现的新启蒙运动中,大众化也是一个鲜明的口号。艾思奇指出,"文化落后的中国,大众化的运动是切迫地需要着的";③陈伯达号召文化人,"应该由亭子间中,图书馆中,科学馆中的个人工作转向文化界的大众,转向作坊和乡间的大众";④陈唯实更明确地说,"新启蒙运动,最主要的意义是进行大众的文化运动,普及与深入大众的一种文化运动"。⑤

　　左翼知识人明确地把马克思主义的宣传对象定位为一般大众,并

①　中国社会科学者联盟常务委员会:《中国社会科学者联盟纲领草案》,《文报》第11期,1935年10月,孔海珠:《左翼·上海》附录,上海文艺出版社2003年版,第380—381页。
②　中国左翼文化总同盟常务委员会,《中国左翼文化总同盟纲领草案》,《文报》第11期,1935年10月,孔海珠:《左翼·上海》附录,上海文艺出版社2003年版,第370、374、375页。
③　艾思奇:《目前中国文化界的动向》,《现世界》创刊号,1936年8月,第3页。
④　陈伯达:《思想的自由与自由的思想》,《认识月刊》第1号,1937年6月,第24页。
⑤　陈唯实:《抗战与新启蒙运动·序言》,扬子江出版社1938年版,第2页。

力图创造能让大众接受的文化形式,这不能不说极大地推动了马克思主义成为时代"巨大的潮流"。在"大众化"的方针指引下,艰涩的马克思学说被化约为简单的公式,有人还更具体地设定为"五日的工作周,七小时的工作制",这怎能不令人向往呢?

二、"保持政治的优位"

由大众化的种种规定和实践来看,左翼文化运动的一个主要意旨是让大众接受马克思主义,这实际上不是马克思主义的大众化,而是用马克思主义来"化大众"。由此就涉及到了左翼文化思潮的另一面,即不仅仅体现在宣传鼓动上,而是与"运动"、"实践"和"斗争"紧密联系在一起的,正像不少文件中所强调的:"马克思主义,不仅限于理论,它的伟大的特点,还在它是和实际运动相联系的。理论与行动的合一,是马克思主义的一个基本原则,谁要是空谈理论,而不作实际行动,那他就决不是一个真正的马克思主义者。"[1]"马克思主义的理论必须随伴实际行动的实证",[2]"马克思列宁主义不单单是一个伟大无比的'思潮',在无数量的工人阶级和被压迫大众中间得到热诚的信仰与拥护,而且已经成为无产阶级及殖民地实际革命斗争唯一的指针。"[3]

---

[1] 《中国社会科学家联盟纲领》,《新地月刊》第 1 卷第 6 期,1930 年 6 月 1 日,第 266—267 页。

[2] 《中国左翼作家联盟北方部成立宣言》,《北方左翼文化运动资料汇编》,北京出版社 1991 年版,第 45 页。

[3] 信一:《目前政治危机与左翼文化斗争》,《大众文化》创刊号,1932 年 5 月 1 日,第 16 页。

　　五四时期，胡适曾主张新文化人专门致力于思想文化的建树，反对谈政治，不过到了 20 世纪 30 年代，胡适变成既谈文化，又谈政治，"讲学复议政"。与之不同的是，马克思主义者不但谈文化谈政治，而且还干政治。彭康在批评胡适提倡的人权运动时说，"文化运动与政治运动发生关系，这是必然的道理，因为文化斗争本来就是政治斗争的一部分，它一定要有政治的意义"。"旧的文化和旧的政治组织是在同一的物质的基础上发生出来的，旧的文化巩固旧的政治组织，旧的政治组织拥护旧的文化，这时候，新文化运动为发展起见便要对付两个敌人：一方面在文化本身上要与旧文化作彻底的斗争，他方面要推翻旧政治组织来开拓新文化发展的地盘。所以文化斗争一定要随着政治斗争的发展而发展，随着政治斗争的转变而转变，政治斗争与文化斗争是整个社会革命之两方面，是紧紧相联系的东西。""文化斗争是新兴阶级以自己的文化来代替统治阶级的文化的斗争。"①

　　这样一种认识和要求反复地体现在各类中共的文件和左翼知识人的言论中，其中还一再强调反对文化和政治工作相分离，而主张"保持政治的优位"。中共北方局的一个指示说，"在进行文化工作时，必须严厉反对借口文化运动而规避斗争的右倾危险（即将文化运动与阶级斗争脱离的危险），要使同志明白，文化运动也是无产阶级斗争的一部战线"。② 那位署名"信一"的左翼知识人说，"理论和文化正确的发展，必需是当它做为政治斗争的武器时，才有可能。一切脱离了实践的斗争

_____

①　彭康：《新文化运动与人权运动》，《新思潮》第 4 期，1931 年 2 月 28 日，第 2、4、12 页。
②　《中共北方局关于左联和文化运动等问题给保属特委的指示》（1930 年 11 月 28 日），《北方左翼文化运动资料汇编》，北京出版社 1991 年版，第 42 页。

生活的文化工作或理论研究,必然要坠入资产阶级学院式的泥坑,而成为阻碍时代开展妨害实际斗争的反动的文化或理论"。"无产阶级文化必须成为实际的政治斗争的一件武器。"① 左翼刊物《文化新闻》上的一篇文章强调,"政治的正确即是文化的正确,就是说普罗列塔利亚的文化,是以伟大的历史过程做内容,正确地把握着历史的动向。所以不能代表政治的正确文化,绝不会有真实的文化",所以,要"打倒文化与政治二元论"。② 中国左翼文化总同盟纲领规定,"文化斗争是阶级斗争的一翼,在斗争过程中,必须保持政治的优位,发挥政治的领导作用"。③ 即使到了新启蒙运动时,艾思奇等人仍然坚持认为,"文化和政治应该是相辅而行的","并且是互相影响的","两者不可分离而独立存在","假如有人主张文化离开政治,那便是为文化而文化",实际上是不可能的。④

那么,当时政治的含义是什么呢? 不同的时间、地点,对于不同的人,意味都是不一样的。其中,最主要的是文化工作或作为文化团体要接受中国共产党的领导。1929 年秋以后,中共中央宣传部在上海成立了中央文化工作委员会,简称"文委",由潘汉年负责。1930 年 3 月 2 日,遵照中共中央关于停止内部争论、共同对敌的指示,在上海成立了中国左翼作家联盟,简称"左联"。随后成立的还有"中国社会科学家联盟"、"中

① 信一:《目前政治危机与左翼文化斗争》,《大众文化》创刊号,1932 年 5 月 1 日,第 13、17 页。

② 《文化斗争——代发端》,《文化新闻》第 1 期,1933 年 5 月 30 日。

③ 中国左翼文化总同盟常务委员会:《中国左翼文化总同盟纲领草案》,《文报》第 11 期,1935 年 10 月,孔海珠:《左翼·上海》附录,上海文艺出版社 2003 年版,第 369 页。

④ 艾思奇等:《"新启蒙运动"座谈》,《读书月报》第 1 号,1937 年 5 月 15 日,第 18 页。

国左翼美术家联盟"、"中国左翼戏剧家联盟"、"中国左翼新闻记者联盟"、"中国教育家联盟"、"中国青年世界语者联盟"等。同年10月,各左翼文化团体又联合组成中国左翼文化总同盟,简称"文总"。在北方,1930年9月18日,中共组织成立了"中国左翼作家联盟北方部",随后又相继成立了"中国社会科学家联盟北平分盟"、"北平普罗画会"、"北平教育劳动者联盟"、"中国左翼戏剧家联盟北平分盟"、"北平世界语者同盟"、"北平左翼音乐家联盟"等。1932年5月,北平各左翼文化团体联合召开代表大会,宣告成立"北平文化总联盟",简称"北平文总"。

中共北方局的一个文件指出,"党在一切群众组织中,必须建立党团(下层基本组织即以支部代党团),党经过党团的活动,领导群众组织。党团属于相当党部的指导之下,有计划有系统的在群众组织中活动,将自己的一切工作,经常的向着群众,活泼的运用党的策略争取广大群众围绕在党的口号之下"。[1] 稍后,中共北方局在给"保属特委"的指示中也规定,"左联是整个文化运动中的无产阶级文艺运动的群众组织"。[2] 在后来的北平文化总同盟内就设有党团,直接接受河北省委文委的指示领导下属各左翼文化团体党团的工作。其中,"党团的领导,都是不断交换的,并且盟员也时有交叉"。[3] 这样,组织中有组织,自上

---

① 《中共中央北方局关于顺直三大城市(天津、北平、唐山)组织决议案》(1930年10月),《中共中央北方局·土地革命战争时期卷》上册,中共党史出版社2000年版,第379、391页。

② 《中共北方局关于左联和文化运动等问题给保属特委的指示》(1930年11月28日),《北方左翼文化运动资料汇编》,北京出版社1991年版,第41页。

③ 郭达:《我所知道的"北平左联"和"文总"》,《北京党史资料通讯》1984年第21期,第34—35页。

而下形成了一个金字塔型的网络，党的意志可以迅速地体现在左翼文化运动中，由此来看，左翼文化运动主要是一种政治思想的宣扬，是中共在"白区"的政治运动的一部分。

多数左翼文化组织都规定以宣传马克思主义，建立无产阶级文化为宗旨，并展开活动。《中国左翼作家联盟理论纲领》写到："我们不能不站在无产阶级的解放斗争的战线上"，"援助而且从事无产阶级艺术的产生。"①左联北方部更明确地指出，"中国左翼作家联盟，就是站在被压迫阶级的立场，努力建立无产阶级文化的集团"；"我们结合政治认识相同的伙伴们，团集在中国左翼作家联盟北方部的旗帜之下，为建立无产阶级文化而努力"。② 中国社会科学家联盟规定，"本联盟以发展马克思主义的社会科学运动为宗旨"；③"在中国ＸＸＸ（按：共产党）指导下，学习并推广马克思列宁主义"。④ 在参加联盟的社会科学家看来，马克思主义是当时世界的唯一真理，"马克思主义已经在全世界上占着胜利，在社会科学上，不必说，就是在自然科学上也是如此"。"马克思主义已经证明是贯通社会科学与自然科学思想的唯一正确的基础。"所以，要"以马克思主义的观点，分析中国及国际经济政治，促进中国革命。研究并介绍马克思主义理论，使它普及于一般"。⑤

---

① 《中国左翼作家联盟理论纲领》，《拓荒者》第 1 卷第 3 期，1930 年 3 月 10 日，第 113 页。

② 《中国左翼作家联盟北方部成立宣言》，《北方左翼文化运动资料汇编》，北京出版社 1991 年版，第 46 页。

③ 《中国社会科学家联盟简章》，《自由运动》第 2 期，1930 年 7 月 25 日。

④ 《中国社会科学家联盟北平分盟斗争纲领》，《大众文化》第 1 号，1932 年 5 月 1 日。

⑤ 《中国社会科学家联盟的现状》，原载《世界文化》月刊，1930 年 9 月 10 日，收入上海市档案馆编：《上海档案史料丛编·社联盟报》，档案出版社 1990 年版，第 350—351 页。

中共《八一宣言》发表后,尽管政治上的态度有所转变,但是对宣传马克思主义的态度则是一如既往,中国左翼文化总同盟常务委员会发布的新纲领规定,中国左翼文化总同盟,"是在中国运用马克思列宁主义在革命的实践中教育大众的参谋本部"。① "对于社会发展的法则,必须运用马克思列宁主义的理论以及苏联社会主义发展的事实,加以理论的说明,借此证明资产阶级各种理论思想学说之无力及其反动性;表示只有马克思列宁主义理论才是唯一正确的理论。"②中国社会科学者联盟常务委员会通过的新纲领指出,"中国社会科学者联盟是中国信仰和倾向马克思列宁主义的社会科学者自由集合起来的文化团体……中国社会科学者联盟的盟员,为创造马克思列宁主义的中国社会科学,要从辩证法唯物论的观点,从革命的实践当中去研究中国现实的政治经济,研究它的过去历史和将来的出路"。"在一切进步的社会科学者中间,马克思列宁主义者永远是站在前哨","马克思列宁主义是社会科学者最有力的武器,这一武器,现在已成全世界的力量。"③显然,对于左翼知识人来说,能够掌握和运用马克思主义有一种无比的优越感,推己及人,以此普度众生,更增加了一种神圣的使命感。

其实,这样的左翼文化人及其组织还直接承担着政治斗争的任务,正像有人所说,"加入左联,是为无产阶级革命,解放劳苦大众和苦难的

---

① 中国左翼文化总同盟常务委员会:《关于发表新纲领的紧急通告》,《文报》第 11 期,1935 年 10 月,孔海珠:《左翼·上海》附录,上海文艺出版社 2003 年版,第 367—368 页。

② 中国左翼文化总同盟常务委员会:《中国左翼文化总同盟纲领草案》,《文报》第 11 期,1935 年 10 月,孔海珠:《左翼·上海》附录,上海文艺出版社 2003 年版,第 373 页。

③ 中国社会科学者联盟常务委员会:《中国社会科学者联盟纲领草案》,《文报》第 11 期,1935 年 10 月,孔海珠:《左翼·上海》附录,上海文艺出版社 2003 年版,第 379—381 页。

中国同胞,写文章只是我们一个方面的工作,一种革命的工具。我们的任务是把劳苦大众和苦难的中国同胞组织起来,团结起来,去反对帝国主义和国民党的压迫"。① 北方左联《行动纲领》中明确要求,"我们文艺运动的目的在求普罗阶级的解放,故必须参加无产阶级所领导的革命斗争——苏维埃政权斗争"。② 而"在目前要积极争取言论、出版、思想、集会等等的自由。我们相信只有这样,正确的马克思主义社会科学运动,方能扩大与深入"。③ 有人还说,"应该集中其全副精力于发动民族革命战争及扩大苏维埃运动两大中心任务之下"。④《文化新闻》的发刊词则指出,"在下层统一联合战线总路线之下,做反帝、反封建、反统治阶级、反一切反动文化团体(社会法西斯蒂,民族主义……)"的斗争。⑤ 具体来说,就是"打击反动派的欺骗理论,发展马列主义,争取读书自由,争取言论出版自由,争取戏剧公演,争取美术展览,布置演讲会讨论会,组织(文化)慰劳队,组织(苏联)参观团,样样都有斗争而完成的"。⑥ 其中打击"反动"的理论,特别能体现文化与政治的结合,也更具有"左翼文化"的色彩。

左翼知识人把文化运动与政治斗争结合起来,显然在很大程度上

① 陈沂:《1931——1932年的北方左翼文化运动——向鲁迅先生的一次汇报和请示》,《新文学史料》第4辑,人民文学出版社1979年版,第205页。

② 《中国左翼作家联盟北方部行动纲领》,《转换》第2期,1931年1月1日。

③ 《中国社会科学家联盟的现状》,原载《世界文化》月刊,1930年9月10日,收入上海市档案馆编:《上海档案史料丛编·社联盟报》,档案出版社1990年版,第350—351页。

④ 信一:《目前政治危机与左翼文化斗争》,《大众文化》创刊号,1932年5月1日,第14页。

⑤ 《文化斗争——代发端》,《文化新闻》第1期,1933年5月30日。

⑥ 乐文:《为文化的统一战线而斗争》,《北平文化》第1号,1933年5月15日,第2页。

推动了马克思主义思潮的兴起。一则全国形成了一个党组织领导的左翼文化运动的网络。二则左翼知识人的实际斗争,"即配合政治形势,响应党的号召,参加游行示威运动,经常夜间出去散传单,写粉笔标语"。① 这本身已经成了一种气候,不难想象一般社会中人,会不时地感到身边的"马克思主义",自然容易引起好奇之心和了解之念。何况马克思主义还有更令人震撼的存在,"南中国七八省以上工农革命事业飞跃的发展,极其鲜明的胜利成果,在这弥漫全国的反帝怒潮中,不啻一座光芒四射的灯塔,使大众一切经济的政治的斗争都急速地向着这个伟大的目标奔腾"。② 固然,一般知识界不像左翼知识人这样受鼓舞,但是关心国家命运的人不能不想及:"何以拥有百万大兵的政府之'威'反不如红军和梭镖队之'威'的有效呢?"③因而,在不少知识人看来,"共产党是中国今天最重要的问题",④"人人心目中,无时无刻不有此问题在"。⑤ 关于这一问题的思考自然促使人们去了解共产党所持的主义,或赞成,或批评,无疑共同合奏了马克思主义的交响曲。

在国民党执政的环境中,马克思主义竟然成了社会的"主干思潮",这似乎有点不可思议,却又是不争的事实。这一则说明国民党控制言论之无效;二则说明左倾作为一种社会风气已防不胜防。除了国民思

①　杨纤如:《北方左翼作家联盟杂忆》,《新文学史料》第 4 辑,人民文学出版社 1979 年版,第 224 页。
②　淑静:《目前反帝高潮中左翼文学的任务》,《北方文艺》第 1 期,1932 年 4 月 20 日。
③　丁文江、胡适:《所谓剿匪问题》,《独立评论》第 6 号,1932 年 5 月 26 日,第 3 页。
④　丁文江:《评论共产主义并忠告中国共产党》,《独立评论》51 号,1933 年 5 月 21 日,第 5—14 页。
⑤　社评:《如何结束共乱?》,天津《大公报》1933 年 4 月 2 日,第 2 版。

想"不期而同"之外,更有左翼文化者的"相与呼应"。与其他思潮的形成不同,马克思主义思潮和"左翼文化运动"是紧密联系在一起的,而能够"运动",又是与中共的领导、组织、规划和斗争分不开的。

另一方面,大革命时期,国共两党曾发生意识形态上的密切关联,[1]"国民党宣传共产党的主义。共产党在目前有今日的地位,共产主义在一般青年的头脑里,这样的时髦新鲜,谁也不能否认这是孙中山先生,汪精卫先生,以及许多国民党领袖们帮助的功劳"。所以,罗隆基嘲讽国民党:"莫恨遍地是荆棘,只怨当年乱播种。"[2]周炳琳也认为,共产党自与国民党分裂后,"崭然露头角,以急进之思想号召青年,以在野政党之地位攻击在朝之国民党,其吸引力之大,破坏力之强,大足自豪。宣传国民党之革命为右,标榜该党本身所领导之革命为左,使人人心目中有无产阶级革命将来总有一日来临之印象"。[3]

20世纪30年代,在当时社会中,把马克思主义作为一种社会科学来研究并不完全是禁忌,而三民主义理论的贫乏使国民党仍有借马克思学说来助威的意图。况且,苏联"五年计划"的成功使中国各界更加看清了马克思主义的威力。"国人皆已注意苏俄五年计划",[4]"这个计

[1] 参见李红岩《20世纪30年代马克思主义思潮兴起之原因探析》,《文史哲》2008年第6期。

[2] 罗隆基:《论中国的共产:为共产问题忠告国民党》,《新月》第3卷第10号,1930年7月,第9页。

[3] 周炳琳:《我对于中国共产党的批评》,《独立评论》第62号,1933年8月6日,第14页。

[4] 《苏联十五周年》,沈云龙主编:《近代中国史料丛刊三编》第5辑《论评选辑》,(台北)文海出版社1974年版,第1358页。

划的经济之实施在经验上与方法上是人类最可宝贵的一件事"。①"眼看人家的国家好,自己的这么糟,真叫人眼红。那么要好当然只有学人家了。"②由此种种,马克思主义思潮之盛行,成为时代所趋,人心所向。中共革命之所以不断地取得成功,或许这才是最重要的原因。

1930 年代,"左翼文化"作为一种思潮之所以能够"运动"起来,关键在于有一大批真诚信仰的知识人,尽管当时处于"革命低潮",但他们仍然坚信,"世界是我们的,未来的世界文化是我们的。我们是世界的创造者,是世界文化的创造者,而未来世界,未来世界的文化已经在创造的途中"。"我们要创造一个世界的文化,我们要创造一个文化的世界!"③这个"世界的文化",其实就是马克思列宁主义,当时人们的理解大概有三:一、"唯物的辩证法——唯一的科学方法";④二、"社会进化的铁则":"资产阶级的没落,无产阶级的兴起,成为历史的必然";⑤三、"这一阶级的意识形态,是该时代最正确最有权威的。现时代的这一个王座无疑地是要属于代表无产阶级的马列主义的"。⑥ 然而,自信掌握了人类历史真理的知识人,所面对的却是"目前吃人的世界,吃人的文化"。⑦ 因此,"我们的文化"作为"世界的文化"在当时还仅仅处在一种

① "再生"记者:《我们所要说的话》,《再生》第 1 号,1932 年 5 月 20 日,第 2—3 页。
② 申寿生:《新旧交替时代的游移性》,《独立评论》第 96 号,1934 年 4 月 15 日,第 14 页。
③ 郭沫若:《我们的文化》,《拓荒者》第 1 卷第 2 期,1930 年 1 月 10 日,第 712 页。
④ 彭康:《科学与人生观》,《文化批判》第 2 期,1928 年 2 月 15 日,第 46 页。
⑤ 《中国左翼作家联盟北方部成立宣言》(1930 年 9 月 8 日),《北方左翼文化运动资料汇编》,北京出版社 1991 年版,第 45—46 页。
⑥ 《社会科学》创刊辞,《社会科学》第 1 期,1933 年 6 月 1 日。
⑦ 郭沫若:《我们的文化》,《拓荒者》第 1 卷第 2 期,1930 年 1 月 10 日,第 707 页。

想象之中,而要使它由理想变为现实,"我们的文化,需与反动文化作殊死的斗争";①"我们的艺术不能不呈献给'胜利,不然就死'的血腥的斗争"。② 既然相信马列主义的"唯一正确",那么非马列主义的自然就都成了"反动文化"。不过,这样一种认知随着中共政治任务的调整也有所变化。

三、资社之分与中外之别

五四时代,"人们对于文化的看法是以地理学派的理论为基础的"。③ 比如,以东方文化或中国文化、西方文化、印度文化来看世界文化。但是,到 1930 年代,接受了马克思主义的知识人则以经济的阶级的观点来看世界文化,"现在的世界已不是因地理和民族的关系而分成的许多国家的世界,而是因经济关系超过了民族和国家的境界的阶级的世界。资本主义的商品已打破了民族和国家的界限这个万里长城,而把人类分成和团结为两个大营垒了。这个社会的和经济的事实决定了文化领域内的划分,文化也形成了两大营垒的斗争了。中国的新文化运动必然也要受这国际文化斗争的影响,因中国自己的社会关系决定去接受那个营垒——即那个阶级的文明"。④

这样,原来的东西文化之分就变成了资本主义文化与社会主义文

---

① 莳人:《小组群杂志意义与任务》,《庸报》副刊《另外一页》,1933 年 5 月 10 日、11 日。

② 《中国左翼作家联盟理论纲领》,《拓荒者》第 1 卷第 3 期,1930 年 3 月 10 日,第 113 页。

③ 陈高佣:《中国文化问题研究》,商务印书馆 1937 年版,第 299—302 页。

④ 彭康:《新文化运动与人权运动》,《新思潮》第 4 期,1931 年 2 月 28 日,第 11 页。

化的对垒，"资本帝国主义和社会主义苏联的对立"，成为"贯串和构成目前国际诸般现象的骨干"。那么，中国应该接受哪个"营垒"的文明呢？"谁也知道左翼文化运动是国际性的。各国无产阶级政治的文化的斗争的经验，都是极宝贵的教训，值得相互学习和研究的。特别是苏联的文化，他是在无产阶级自己的国家顺利的条件下发展起来的。十四年来，苏联的文化已有伟大的惊人的成绩。马克思列宁主义在这个国土里，得到极丰富的开展。幼稚的中国左翼文化，更应该深刻的学习这国际的宝藏，以充实并教育自己。"①《中国社会科学家联盟北方分盟斗争纲领》明确要求，"扩大中国的苏维埃运动，拥护无产阶级的祖国苏联"。② 有人还号召："一切文化的战士们，应该指示出给全世界的工农大众青年学生，只有苏联的道路，是唯一的出路，是唯一的扩大文化发展文化的道路！"③打破国家的观念，从阶级的意识出发，把苏联看作全世界无产阶级的祖国，充分体现了一种献身国际革命的热情。但是，苏联毕竟是一个国家，甚至把其国家利益置于对国际共产主义运动的责任之上。显然，当时的左翼知识人还没有认识到这一点。

正因为如此，当日本发动九一八事变以后，左翼知识人却把它看作是帝国主义联合侵略苏联的先兆，"这次日帝国主义占领满洲，它最衷心的作用，就是在完成帝国主义包围苏联整个的阵线，作为反苏战争的发动者和先锋队。半年来，随着中日纠纷的扩大和继续一直到最近上

---

① 信一：《目前政治危机与左翼文化斗争》，《人众文化》创刊号，1932 年 5 月 1 日，第 5、17 页。
② 《中国社会科学家联盟北方分盟斗争纲领》，《大众文化》第 1 号，1932 年 5 月 1 日，第 1 页。
③ 一波：《以文化的斗争纪念五月》，《北平文化》创刊号，1933 年 5 月 15 日，第 5 页。

海事件的爆发,在在都证明了国际帝国主义武装进攻苏联的企图已经由准备和布置时期转向发动和进行的时期了"。① 所以,"目前的左翼文化运动",要"大胆地暴露帝国主义、国民党进攻苏联和镇压中国革命的真相"。② 板子实实在在地打在自己身上,担心的却是别人的安危,真切地体现了共产主义者的理性诉求远高于天然的情感,而把国民党与帝国主义划为同一"营垒",则充分说明阶级的仇恨大大压倒了民族认同。从这样一种思维出发,"爱国主义"、"民族主义"都成了"反动"的文化,"民族主义、狭义爱国主义充斥了整个文化领域。从报章杂志一直到电影戏剧,都集中到'国难''救国'的目标下,五花八门的大肆活跃起来"。"这一切,明显地表现了资产阶级的文化黑卫队,在怎样地努力向反帝大众散播麻醉的毒菌。"③如此看法,显然是后来马克思主义者所认识到的政治上的"左"倾错误在文化运动上的表现。

不过,按照两个世界的划分,追随苏联,接受和建立马克思列宁主义的文化,自然就要反对另一个"营垒"——帝国主义的文化。大而言之,"帝国主义的资本主义制度已经变成人类进化的桎梏";④小而言之,中国正遭受帝国主义的侵略,所以首当其冲的是"反对帝国主义的

---

① 信一:《目前政治危机与左翼文化斗争》,《大众文化》创刊号,1932 年 5 月 1 日,第 7 页。

② 淑静:《目前反帝高潮中左翼文学的任务》,《北方文艺》第 1 期,1932 年 4 月 20 日。

③ 信一:《目前政治危机与左翼文化斗争》,《大众文化》创刊号,1932 年 5 月 1 日,第 15、16 页。

④ 《中国左翼作家联盟理论纲领》,《拓荒者》第 1 卷第 3 期,1930 年 3 月 10 日,第 113 页。

文化侵略政策"。^① 这一点似乎并无不妥，只是不同的人着意点并不一样，自由知识人梁实秋就认为，"在各种的侵略当中，惟有文化侵略是可欢迎的，因为有了外国文化的激荡观摩然后才有进步，只有想关起门来做皇帝的人才怕文化侵略"。^② 显然他所注重的是"进步的""外国文化"对中国"激荡"的一面。近代以来，"外国"的"进步性"和"侵略性"往往令许多知识人进退失据或者失之偏颇。但是，对于发现了另一种文明的马克思主义者来说，"帝国主义文化"确然已经全部成了"反动"的东西。

当时，有人明确地指出，"九一八事变以来，中国文化上的反动现象是显著的增加了，在国难日益严重中，我们看到的青年与学生拥挤在电影院里，沉湎在好莱坞淫靡的生活中，在基督教室中"，"无数的男女民众在倾听着牧师'福音'的宣传"，"这些正是帝国主义给殖民地国家带来的'文明'"。^③ 所以，"目前的文化任务，至少应有下列数项：(1)树立起反宗教的旗帜在广大的群众之中，发动一个反宗教运动，并以马列主义的科学思想，去宣扬'宗教是鸦片'。(2)反对帝国主义文化侵略，严厉地打击教会学校，并赤条条地揭穿它的黑幕。同时关于侵入的一切反动电影、戏剧，更需给以有力的进攻"。^④ 有人还说，"一切的文化，是不能脱离政治而独立的"，"中国在国际帝国主义压迫剥削之下，文化已

---

① 《中国社会科学家联盟北方分盟斗争纲领》，《大众文化》第1号，1932年5月1日，第1页。

② 梁实秋：《自信力与夸大狂》，《独立评论》第156号，1935年6月23日，第14页。

③ 《北方文化总联盟为号召一切文化团体宣言》，《北平文化》创刊号，1933年5月15日，第9页。

④ 殷澄：《目前的文化的一般任务》，《北平文化》第2号，1933年6月1日。

经到了破产的地步了！所以必定要打倒帝国主义，才能肃清帝国主义文化在中国的统治、欺骗以及麻醉作用"。①

正因为左翼知识人这样常常用政治的眼光来看文化，所以中共《八一宣言》发表后通过的《中国左翼文化总同盟纲领草案》，尽管仍然规定，"在文化方面，反对帝国主义的文化侵略，必需是文化斗争的中心任务"，并列举了"帝国主义的文化侵略政策，主要的是，传教、讲学、教育、办慈善事业，输入毒品、奢侈品，新闻事业等等……庚款退还办教育，国联技术合作中之文化合作，中日文化合作等等"。但是又强调，"左翼文化并不是从天而降的；它必须摄取过去的文化遗产，尤其是摄取资本主义的文化遗产，继续五四运动未完成的任务并使之向前发展。同时，必须获得和利用中间阶级的知识分子，专门家，使他们为无产阶级的文化斗争而努力，在摄取文化遗产的场合，必须保持严格的前进的批判态度"。②"摄取资本主义的文化遗产"、"利用中间阶级"，这些说法前所未有，充分提示了左翼知识人的文化态度将要变化的先兆。

果然如此，1936 年以后左翼知识人掀起的新启蒙运动中，对"外国文化"的看法，便明显地发生了变化，其中提出要"有系统地介绍西欧的启蒙运动及其重要的著作；介绍世界民族解放的历史及其理论"，"和世界的文化组织，思想界名流，发生关系，请求它们不断地援助中国民族解放的事业，援助中国人民的新启蒙运动"。③ 并说，"现在的中国文

---

① 一波：《以文化的斗争纪念五月》，《北平文化》第 1 号，1933 年 5 月 15 日，第 4 页。

② 中国左翼文化总同盟常务委员会：《中国左翼文化总同盟纲领草案》，《文报》第 11 期，1935 年 10 月，孔海珠：《左翼·上海》附录，上海文艺出版社 2003 年版，第 370、372 页。

③ 陈伯达：《哲学的国防动员》，《读书生活》第 4 卷第 9 期，1936 年 9 月 10 日，第 455 页。

化,和世界先进的国度比较起来,却是很落后的。中国文化的发展,绝
对需要借助世界先进国度中的科学及其各种解放思想"。[1] 这里的"世
界先进国"指的显然不再仅仅是"苏联","西欧"好像也在其中;原来视
为"文化侵略"的有些东西,现在则提出要主动吸纳。是时,左翼知识人
对世界文化的认识显然从资社之分又回到了中外之别,表明民族观念
在"救亡运动"的驱使下终究压倒了阶级观念。

四、封建与传统

在 1930 年代前期的左翼知识人看来,"帝国主义的文化侵略,又是
和封建文化相合、相补充的",[2]所以,要反对"其卵翼下的传统的封建
文化"。[3] 那么,什么是封建文化呢? 北方文化总联盟的一个宣言中指
出,"政府支出巨额经费召集班禅举行丑态百出的时轮金刚法会。封建
的儒道思想","一切封建的腐朽的艺术戏剧","这些,正是一切封建势
力所拥护的'东方精神'"。[4] 蒋介石曾说,"三民主义就是中国固有的
道德文化的结晶"。[5] 自然,三民主义就成了封建文化的总代表,因而

---

[1]　陈伯达:《文化上的大联合与新启蒙运动的历史特点》,《在文化阵线上》,生活书店
1939 年版,第 60 页。

[2]　中国左翼文化总同盟常务委员会:《中国左翼文化总同盟纲领草案》,《文报》第 11
期,1935 年 10 月,孔海珠:《左翼·上海》附录,上海文艺出版社 2003 年版,第 373 页。

[3]　《北平文化总联盟纲领》,《北平文化》第 1 号,1933 年 5 月 15 日,第 12 页。

[4]　《北方文化总联盟为号召一切文化团体宣言》,《北平文化》第 1 号,1933 年 5 月 15
日,第 9 页。

[5]　蒋介石:《军人的精神教育》,《蒋介石全集》下册,上海文化编译馆 1937 年版,第 6
页。

左翼知识人提出要"公开批驳三民主义的反动性"。① 有趣的是，三民主义者也反对"反映封建思想"的文化。② 敌对双方都表示反封建，甚至互以"封建"相称，充分表明"封建"在当时的思想界已成为一个"恶名"。

由于左翼知识人大多立足于文学领域，所以他们更关注"封建文艺"的表现："封建的礼拜六派的文艺也在'国难'期中大肆活跃起来。《申报》的自由谈，《新闻报》的快活林，以及张恨水一流的言情的武侠的小说，都或多或少地加进封建的民族自大的思想，将绿林式的豪侠思想和近代的爱国主义冶为一炉。尤可注意的是，统治阶级竟利用了这一类封建的通俗文艺形式，公开地作为他们对工农大众实行欺骗宣传的工具。"③能够列举的封建文化竟如此单薄，说明其在左翼知识人的心目中并不怎么严重。后来茅盾似乎意识到了这一问题，明确指出 1935年之前左翼文学运动的一个错误就在于忽视了对封建文化的攻击。④

或许正因为如此，1935 年通过的《中国左翼文化总同盟纲领草案》强调了"封建文化"的严重性，认为"中国的封建意识支配着整个文化界"，并具体说明"中国封建文化的主要内容是儒、道、释、回教与基督教等宗教理论。儒教的中庸思想，国民党的三民主义及唯生论、唯中论"。其中，还送给封建文化一个新名，即"法西主义"，"主要内容是：唯生论，

---

① 《中共北方局关于左联和文化运动等问题给保属特委的指示》(1930 年 11 月 28 日)，《北方左翼文化运动资料汇编》，北京出版社 1991 年版，第 42 页。

② 《京报》1929 年 6 月 6 日、7 日。

③ 淑静：《目前反帝高潮中左翼文学的任务》，《北方文艺》第 1 期，1932 年 4 月 20 日。

④ 茅盾：《关于"左联"》，中国社会科学院文学研究所编：《左联回忆录》(上)，中国社会科学出版社 1982 年版，第 150 页。

新生活运动,国民经济建设,试[统]制经济,独裁政治,中国本位的文化建设"。作为统治者的意识形态,"法西主义对于中国革命和左翼文化运动是最危险的敌人",所以,"要运用马克思列宁主义的武器,在革命的实践中,消灭法西主义及其社会的存在"。①

"封建文化"忽然具体、鲜明起来,提示了斗争目标的变化。值得注意的是,以十教授名义提出的"中国本位的文化建设",也被看作是"法西主义"。在左翼知识人眼里,"三民主义"似乎不值一驳,而这种新名词却是危险的,所以,不能轻轻放过,有人还专门撰文批评:"建设中国本位文化,也是想在这危急中拯救中国的危亡,但事实往往与理想相反,客观上往往帮了凶而不自知,这就是《建设中国本位文化宣言》揭布以后,大家疑惑是复古的另一面表现,何况在十教授的宣言里,地道的与'读经尊孔'之流没有显明的区别呢!《中国本位文化》发表以后,引起了各方面的反对,可见不能掩尽了天下人的耳目。……相反的十位教授代表的是中国士大夫阶级,即使不提倡中国本位文化,也必定有人来提倡的!……文化是政治的延长,也是经济的反应,无论全盘西化也好,中国本位也好!总别忘记了中国是国际帝国主义与残余封建势力狼狈为奸统治下的半殖民地性的国家,而她的文化也只有以反帝反封建势力为内容的文化,脱离了这种轨道,无论口号唱的怎样漂亮,也都是另有作用的欺骗,则连公认的二元论者'中学为体'也'体'不起,'西学为用'而'用'更谈不到了!所谓建设中国本位文化,也是总崩溃中一

____

① 中国左翼文化总同盟常务委员会:《中国左翼文化总同盟纲领草案》,《文报》第11期,1935年10月,孔海珠:《左翼·上海》附录,上海文艺出版社2003年版,第372—374页。

阵穷嚷嚷而已,与'中学为体西学为用'的论调,同样的成为历史上的名词!"①

把中国本位文化宣言看作"复古的另一面表现",并说它"地道的与'读经尊孔'之流没有显明的区别",显然认为它就是封建文化。其实,不到两个月之前,由艾思奇、柳湜、胡绳、徐懋庸、陈望道等众多左翼知识人参加署名发表的那个关于文化运动的意见,就明确宣称过反对复古、读经,其中说,"近来弥漫各地的复古的呼声",是"愚妄运动","复古运动发展的结果,将是一服毒药,对于民族前途,绝对没有起死回生的功效!""奉二千多年前的伦理观念为金科玉律,恐怕只有退化的人群才会这样办。"②令人惊异的是,这个宣言有 19 个团体和 148 位知识人共同署名,"在一百四十八位大小作家里面,分子实在也太复杂了,概括地说:那里面有新派,有旧派。有《一十宣言》署名人,也有'存文会'理事,更有教育部科长,有许多人甚至是莫名其妙的"。③ 能够动员这样一个庞大的知识人队伍,并且其中以左翼知识人居多,据此可推断这个宣言有可能是中共党组织发动的,至少署名者是征得了党组织同意的,否则马克思主义者不可能与这些人为伍。发表这个宣言时,《八一宣言》还没有发表,说明中共的文化统一战线比政治上的统一战线启动得更早,这是一个以往的研究似乎没有注意到的问题。与中国本位文化宣言的署名人樊仲云联名反对复古,而在此之后左翼知识人的文件和刊物中

---

① 零零:《中国需要什么文化》,《泡沫》创刊号,1935 年 8 月 5 日,第 3 页。
② 文学社等:《我们对于文化运动的意见》,《读书生活》第 1 期,1935 年 11 月,第 178—179 页。
③ 徐北辰:《主张西化的又一群》,《正中》半月刊,第 1 卷第 7 期,1935 年 3 月,第 48 页。

又把樊仲云等斥为"复古",说明左翼知识人的文化态度并不一致,或者是内外有别,或者是一般知识人并不了解其背后组织的行为。

然而,待中共政治上的统一战线政策确定以后,左翼知识人对"封建文化"的态度则公开发生了实实在在的变化。艾思奇一方面表示不"放弃反封建,封建残遗在目前,仍是最容易被敌人利用的东西,对于封建残遗的毒素,我们仍同样要抱着最大的警戒";另一方面又说,"封建文化的遗产或封建文化的代表者,倘若他能发挥出一定的美点,或者在爱国运动上有一点一滴的助力时,我们都可以接受它。我们还需要封建文化中有用的精粹,但我们也要毫无顾惜地排斥有毒的渣滓"。[①]"封建文化"中有"精粹",这是似乎前所未有的说法。

更甚者,在新启蒙运动中,左翼知识人对中国古代的文化不再单以"封建"相称,而用了当时知识界常用的"传统"或"旧文化"等称谓,陈伯达指出,"接受五四时代'打倒孔家店'的号召,继续对于中国旧传统思想,旧宗教,作全面的有系统的批判"。[②] 但是,"我们并不是要推翻全部中国旧文化的传统","好的,我们要继承下来,并给以发扬;不好的,我们就决不顾惜"。[③] 张申府还说,"一种异文化(或说文明)的移植,不合本地的土壤,是不会生长的";[④]"外国什么都是好的。中国什么都要

① 艾思奇:《中国目前的文化运动》,《生活》星期刊第 1 卷第 19 期,1936 年 10 月,收入钟离蒙、杨凤麟主编:《中国现代哲学史资料汇编》第 2 集第 6 册,辽宁大学哲学系 1982 年,第 9 页。

② 陈伯达:《哲学的国防动员》,《读书生活》第 4 卷第 9 期,1936 年 9 月 10 日,第 455 页。

③ 陈伯达:《思想无罪——我们要为保卫中国最好的文化传统和争取现代文化的中国而奋斗》,《读书月报》第 3 号,1937 年 7 月 15 日,第 167 页。

④ 张申府:《五四纪念与新启蒙运动》,《认识月刊》第 1 号,1937 年 6 月,第 66 页。

不得。因此弄得自信心完全断裂，自觉更谈不到。不管自己的历史，不管自己的传统，弄的自己全无基础；自己既不成一个民族，建不起自己的国家，仅仅跟着人家跑，这还谈什么文化？"所以，"今日建立一种新的文化"，"必须顾及自己民族的需要，适应自己民族的传统"。[①] 与"封建文化"相比，"自己的历史"或"民族的传统"的说法显然具有正面的意义，这表明左翼知识人为了搞统一战线，从阶级的观点又回到用新旧、古今、传统与现代的眼光来看中国文化。

五、一切主义"各有一长"

后来的马克思主义者和自由主义者在五四时期特别是前期同属于新思潮阵营。大约到 1920 年代后期，二者才泾渭分明，并且双方都故意进行了区分，也是在这以后，他们才频繁地用马克思主义和自由主义来表示各自的不同。

1931 年，彭康针对胡适的《新文化运动与国民党》专门写了一篇《新文化运动与人权运动》，其中明确指出了"我们的文化运动与胡适等的文化运动"的殊途，并说："现在的新文化运动已不是胡适等的新文化运动。胡适要接受世界的资产阶级的新文明，我们要接受现在震撼全世界的与一切资产阶级文明敌对的无产阶级的文化。胡适只是'批评孔孟，弹劾程朱，反对孔教，否认上帝'，我们更要进一步的反对一切资产阶级的和小资产阶级的思想和倾向。他'是要打倒一尊的门户，解放

---

① 张申府：《什么是新启蒙运动》，生活书店 1939 年版，第 23、73 页。

中国的思想'，我们是要用马克思主义来批评一切非马克思主义的思想，要把广大的劳苦群众从一切反动的思想解放出来。总之，胡适的文化运动是资产阶级自由主义的立场，我们的是马克思主义的立场。他只是'怀疑的态度和批评的精神'，我们是阶级的意识和斗争的精神。所以，在文化运动的根本意义上，我们又不能不说胡适自己也是反动的。"①这里说得再明白不过了，自由主义的文化运动在马克思主义者眼里已经变成"反动"的了。瞿秋白更进一步宣称，"中国资产阶级在文化运动方面"，"已经是绝对的反革命力量"，"新的文化革命已经在无产阶级领导之下发动起来，这是几万万劳动民众自己的文化革命，它的前途是转变到社会主义革命的前途"。在这一过程中，要"批判一切个人主义、人道主义和自由主义等类的腐化的意识"。②瞿秋白以"新的文化革命"自称，显然异于"文化运动"的说法，这样"自由主义等类"就自然地成了"反革命"。

在左翼知识人眼里，自由主义者还变成了统治阶级利用的对象，甚至比统治阶级还要坏，因为他们"麻醉群众"的革命热情："统治阶级更利用了自由主义的小资产阶级作家，在和平人道主义的面具下进行他们麻醉群众的阴谋。这一派文学的主要任务，是抽象地反对一切战争和流血，借以解除被压迫阶级反抗帝国主义、资产阶级的武装。在基督教式的和平主义、人道主义的云雾中，他们轻轻地将帝国主义准备二次世界大战武装进攻苏联及中国革命的事实，从广大的反帝群众的视线

---

① 彭康：《新文化运动与人权运动》，《新思潮》第4期，1931年2月28日，第12—13页。
② 瞿秋白：《"五四"和新的文化革命》，《北斗》第2卷第2期，1932年5月20日，第323页。

下隐蔽起来。"①"统治阶级更近一步地收买,利用或奖掖一般自由主义的学者、文学家和艺术家以和平主义,人道主义,社会民主主义动听的言词与主张,来解除被压迫阶级的武装,使他们在当时严重的战争危机和环境中,不积极起来做英勇的反对斗争。"②也就说统治阶级已臭名昭著,不值一驳,但是自由主义的"动听的言词与主张"对群众却有着欺骗作用,所以不能等闲视之。

　　1932年,当有人提出开放党禁,实行"民主政治"时,一位中共高层领导的回应是:"一切反革命派别为得要维持整个地主资产阶级的统治,近来都很积极的利用他们在野的反对派的地位,大放其'民主政治'的烟幕弹,甚至痛骂一下国民党的统治,想以此来欺骗民众,防止民众的革命化,使民众对于他们的主张发生幻想,使他们继续'信仰'整个地主资产阶级的统治,使他们继续为地主资产阶级的奴隶牛马。"他认为这一"民主政治"的烟幕,"主要的是为得要用来反对真正民众的——工农兵的代表会议与工农红军,同时也为得要反对共产党。他们是想拿这一虚伪的地主资产阶级的民主,去反对苏维埃政权下真正大多数民众的民主!"③显然,中共拒绝一切暴力之外的努力方法,并把一切自由主义者都当作国民党的"帮凶"。从这时瞿秋白对胡适的态度,也可看出这一点,他称曾与之友好的胡适为"中国的帮忙文人",并大加讽刺:

　　① 淑静:《目前反帝高潮中左翼文学的任务》,《北方文艺》第1期,1932年4月20日。
　　② 信一:《目前政治危机与左翼文化斗争》,《大众文化》第1号,1932年5月1日,第15页。
　　③ 张闻天:《烟幕中的"民主政治"》,《红旗周报》第40期,1932年5月14日,第31—40页。

文化班头博士衔,人权抛却说王权,朝廷自古多屠戮,此理今凭实验传。①

中共的高层对胡适尚如此认知,基层青年就更有些肆无忌惮了。1932年9月,胡适在《独立评论》上发表了一篇名为《惨痛的回忆与反省》的文章,其中表达了对"中国这六七十年的历史所以一事无成"的看法。② 对此,一位左翼青年立刻撰文用马克思主义的观点进行批判,"胡博士在这长篇大论的大作中,又暴露了他的一贯的金圆国博士式的愚昧无知:第一,他故意树立起'三大害''五鬼''三个亡国性的主义'等等的屏障来转移人民的目标,轻轻的把中国的根本"病根"——帝国主义和中国封建势力以及高等华人的互相勾结——掩盖起来。他不知道——也许不敢知道,'三大害''五鬼''三个亡国性的主义'等等所以祸延到我们今日,是帝国主义和中国封建势力以及高等华人勾结着维持的结果,我们要废除这些结果只有先废除造成这些结果的原因。第二,胡博士的社会重心论真是可笑得很。这表示他完全不懂社会进化发展的原动力何在,他不知道一切人类社会都是随着物质生产力的变动发展而变动发展的。物质生产力变动发展,使社会经济基础发生变化,经济基础发生变化,而社会的政治的和精神的生活也随着变动起来。这个论述已成为社会科学界公认的真理,只有帝国主义教育中毒的胡博士之流才不懂这个,而以'天皇''满清皇族''曾国藩李鸿章''领袖''心的倾向''远大的政治眼光与计划'等等神秘的不合科学的武断

---

① 这是该诗的前四句,见瞿秋白:《王道诗话》,《申报·自由谈》1933年3月6日,第16版。

② 胡适:《惨痛的回忆与反省》,《独立评论》第18号,1932年9月18日,第9—12页。

来解释历史,来放散帝国主义教育的流毒来掩蔽真理"。① 中国的问题是帝国主义与封建主义的问题,改造中国必须从经济基础着手,复杂的马克思主义理论被化约为这样一种公式,任何相信的人无需深入地研究就能够得心应手地运用,而任何一种与之相悖的看法在此面前都变得相形见拙,这不能不说是马克思主义广泛传播的一个原因。

但是,这样一种思维定式未免有些简单化,比如当时有人在批评自由主义倾向的"第三种人"时指出:"谁不愿意走向无产阶级的队伍里来,谁就必然的跑到资产阶级的怀抱里去的!"②如此绝对化的划分,即使此时已够"左"的领导人张闻天也看不下去了,他专门撰文批评了这种"文艺战线上"的"关门主义",其中指出,无产阶级批评家的任务是以马克思主义的武器,去批评所有的文艺作品,正确的指出这些作品的阶级性与它们的艺术价值,而不是把一切这些作品因为它们不是无产阶级的作品,就一概抛到垃圾堆里,去痛骂这些作品的作家为资产阶级的走狗。③ 此后,左翼作家对"第三种人"的态度有所变化,有人指出:"由于目前民族危机的情势,在文化上小资产阶级作家日趋左倾化,因此左翼文化运动,更得到大多数的群众的拥护,所以目前的问题是要我们克服过去的'关门主义',来领导'第三种人'。"④也就是说作为小资产阶级的"第三种人"成了联合的对象。但是,1935 年 10 月的《中国左翼文化总同盟纲领草案》中却仍然指责"胡适的主义"是"法西主义的卫士",

---

① 静思:《读"惨痛的回忆与反省"》,《南中学生》第 1 卷第 8 期,1932 年 8 月,第 16 页。
② 金丁:《"第三种人"的出路在哪里》,《文艺月报》第 1 号,1933 年 6 月 1 日,第 60 页。
③ 张闻天:《文艺战线上关门主义》,《斗争》第 30 期,1932 年 11 月 3 日。
④ 殷澄:《目前的文化的一般任务》,《北平文化》第 2 号,1933 年 6 月 1 日。

因而要求"必须加以打击"。① 这大概是由于胡适被看作资产阶级代言人的缘故。

直到中共正式确立统一战线策略后,联合的范围才极度地扩大。1936 年 10 月,刘少奇提出:"我们在各种群众团体中,应该向各党各派的领袖和群众提议合作。我们对蓝衣社、国民党、胡适之派以至杨立奎等都可以而且应该向他们提议合作,邀请他们来参加抗日救国运动。"②"胡适之派"作为自由主义的代表正式成为统战对象。这样,原来在左翼知识人看来已经过时的胡适的学问,也重新变得有价值起来。比如,此前郭沫若曾以掌握真理的优越感嘲讽胡适等人:"谈'国故'的夫子们哟! 你们除饱读戴东原、王念孙、章学诚之外,也应该知道还有马克思、恩格斯的著作,没有辩证法唯物论的观念,连'国故'都不好让你们轻谈。"③而到 1937 年,新启蒙运动的发动者陈伯达却把胡适和郭沫若同列为"国粹"的发现者,"真正的'国粹'应该是谭嗣同、孙中山等人借以发挥的'大同思想',章太炎和胡适整理出来的一些中国古代思想的精华,钱玄同、郭沫若等努力发现的中国古代文化的真价值"。并且,原来认为已经走向"反动"的胡适的思想,这时也与之有了共鸣:"人们应该有思想的自由与自由的思想,因而使他们都能成为卫国殉国,为社会正义而牺牲之真正的自觉战士。我很同情胡适之先生这句话:'自

---

① 中国左翼文化总同盟常务委员会:《中国左翼文化总同盟纲领草案》,《文报》第 11 期,1935 年 10 月,孔海珠:《左翼·上海》附录,上海文艺出版社 2003 年版,第 373—374 页。

② K. V.(刘少奇):《怎样进行群众工作? ——给群众工作的同志们一封信》,《火线》第 63 期,1936 年 10 月 15 日,收入《中共中央北方局:土地革命战争时期卷》上册,中共党史出版社 2000 年版,第 809,816 页。

③ 郭沫若:《中国古代社会研究·自序》,群益出版社 1950 年版,第 8 页。

由平等的国家,不是奴才建造得起来的'。"①

胡适谈论"建国问题"的时候,曾说过这样一段话:"革命是为什么?岂不是为了要建立一个更好的中国? 立政府是为什么? 岂不是为了要做建国的事业?……这一切的工作,本来都只是为了要建立一个更满人意的国家。这个大问题不是一个主义就可以解决的……在这件大工作的历程上,一切工具,一切人才,一切学问知识,一切理论主义,一切制度方式,都有供参考采摘的作用。譬如建筑一所大厦,凡可以应用的材料,不管他来自何方,都可以采用;凡可以供用的匠人,不管他挂着什么字号招牌,都可以雇用。然而我们不要忘了问题是造这大厦。若大家忘了本题,锄头同锯子打架,木匠同石匠争风,大理石同花岗石火并,这大厦就造不成了。"②

有趣的是,新启蒙运动的主将之一何干之似乎对于胡适的提议作了呼应:"在救国第一的旗帜下,让大家自由,各有一长的,都贡献出他的长处之外","我有唯生史观的方法,你有实验主义的方法,他又有唯物辩证法的方法,还有二元论的方法。好! 大家不必强求一致。你不应无条件的否定我,我也不应用什么来作后盾压死了你。大家尽管尽了自己最善的努力,来活泼地研究,得了什么结论,就发表出来。仁者见仁,智者见智。大家认为结论不一致,见解不尽同,不妨老老实实的坦坦白白的提出意见,什么是对,什么是不对。不一定对方的批评是天经地义。也许他只说了一半对,一半不对,或者全

① 陈伯达:《思想无罪——我们要为保卫中国最好的文化传统和争取现代文化的中国而奋斗》,《读书月报》第 3 号,1937 年 7 月 15 日,第 168 页。
② 胡适:《建国问题引论》,《独立评论》第 77 号,1933 年 11 月 19 日,第 5—6 页。

对，或者全不对，于是在批评之后，又来了论争。大家都应拿出货色来。你说人家不对，为什么不对，他不服你的批评，有什么理由不服。大家要作全面的观察，也要作一深刻的反省。"这两段话是何等的相似，胡适所说的"一切理论主义"，显然包括马克思主义；而何干之所谈的"各有一长"，则明确地把"实验主义的方法"列在其中，二者共同的一个意思是，不管什么主义或方法，都可以来救国、建国，无须相互攻讦，而应该联合起来共同努力。何干之甚至还公开说："新启蒙运动是思想文化上的自由主义运动。"①这不能不说是马克思主义者文化态度的一个重大变化。

取何种主义，本在建国，而当国将至不存的时候，各种主义也将无用之地，当时的自由主义者经常如是说："共产党亦要国家，需舞台"；②"等到中国亡了，中国的共产党又岂能单独生存？"③"在侵略急迫的时候"，"中国的社会主义者应了解民族主义的现实意义。"④其实，共产党何尝不明白这样的道理，正因为如此，才不惜把马克思主义由"唯一正确"降为与其他主义"各有一长"，并从自由主义的立场上与"大家"共赴国难。可能令人感到奇怪的是，左翼知识人的话语系统变得如此之快，谈起自由主义的观点来也能波涛汹涌。这大概是由于这些受五四以后多元文化熏陶的左翼知识人，本来自由主义就潜存于胸，只缘不是最好，所以置而不用。但是，当救国能派上用场时，则奔涌而出，如江河

---

① 何干之：《何干之义集》，中国人民大学出版社 1989 年版，第 412、419－420、224 页。
② 《覆巢下之各党各派》，天津《大公报》1932 年 2 月 20 日，第 3 版。
③ 丁文江：《废止内战的运动》，《独立评论》第 25 号，1932 年 11 月 6 日，第 4 页。
④ 陶希圣：《低调与高调》，《独立评论》第 201 号，1936 年 5 月 17 日，第 49 页。

日下。

　　1927 年，"大革命失败"以后，日益走向激进的左翼知识人越发坚信马克思主义是世界的唯一真理，以此来审视当时中国的思想界，凡是非马克思主义的思想都视为"反动"，而马克思主义内部的不同派别则看作是"假马克思主义"。当时，南北左翼社会科学工作者的盟约都宣称，要"严厉的驳斥一切非马克思主义的思想——如民族改良主义，自由主义——及假马克思主义的理论——如社会民主主义，托洛茨基主义及机会主义"。[①] "无情的批判非马克思列宁主义的反动思想——如三民主义，民族改良主义，自由主义，国家主义等；特别加紧批判伪马克思列宁主义的理论——如社会民主主义，托洛茨基主义，右倾机会主义等。"[②] 一般被看作"假马克思主义"或"伪马克思列宁主义"的，往往是指运用马克思学说而又反对共产党革命的，究其所指，不同的场合稍有出入，"如托陈取消派，社会民主党，第三党，改组派等"；[③] "社会民主党"的说法比较少见，一般是指"陈启修、陶希圣一流"，即当时被戏称为"第二国际和社会民主党的英雄们"；[④] 此外，"更有冒充'马列主义'的叛徒们"："王礼锡的 ABC 团，胡秋原的自由人"等。[⑤]

---

　　① 《中国社会科学家联盟纲领》，原载《新思想月刊》第 7 号，1930 年 7 月 1 日，收入史先民编：《中国社会科学家联盟资料选编》，中国展望出版社 1986 年版，第 21—22 页。

　　② 《中国社会科学家联盟北方分盟斗争纲领》，《大众文化》第 1 号，1932 年 5 月 1 日，第 1 页。

　　③ 巴达：《从目前民族的危机说到今年的五月》，《社会科学》创刊号，1933 年 6 月 1 日；《北方左翼文化运动汇编》，北京出版社 1991 年版，第 190 页。

　　④ 信一：《目前政治危机与左翼文化斗争》，《大众文化》创刊号，1932 年 5 月 1 日，第 16 页。

　　⑤ 殷澄：《目前的文化的一般任务》，《北平文化》第 2 号，1933 年 6 月 1 日，《北方左翼文化运动汇编》，北京出版社 1991 年版，第 198 页。

其实，无论是"假马克思主义"还是"非马克思主义"，更多的时候是被左翼知识人放在一起统称为"反动理论"，"在文化领域内盘踞着的反动理论，我们可以从取消派的《先驱》，社会民主党的《读书杂志》，法西斯蒂的《社会新闻》，第三党的《理论与现实》，人权派的《独立评论》，国家主义的《再生》，一直数到带几分封建气味的《村治》。它们都是亟图以所谓'正义''自由'来淹没社会内阶级斗争的实质，以所谓合理的方策，来取消群众的革命行动"。① 即使到了 1935 年 10 月，《中国社会科学者联盟纲领草案》中规定要反对的仍然甚众："严厉的反对帝国主义国民党法西斯的文化侵略、文化统制，反对文化上的白色恐怖，反对欺骗的中日文化合作，中国本位的文化建设，新生活运动，读经复古运动，读书识字运动，反对社会民主党、独立评论派、失败主义、取消主义、和各色各样的修正主义。"②

但是，1936 年以后，原来所反对的大都成了联合的对象："我们要和一切忠心祖国的分子，一切爱国主义者，一切自由主义者，民主主义者，一切理性主义者，一切自然科学家……结合成最广泛的联合阵线。"③"不论是资本主义的文化要素也好，封建的文化要素也好，不论是实验主义也好，社会主义也好，只要你所发挥的是有用美点，都竭诚欢迎你到这运动中来。或者换一个说法，目前的新文化运动，应该是一

① 《社会科学》创刊辞，《社会科学》第 1 期，1933 年 6 月 1 日。
② 中国社会科学者联盟常务委员会：《中国社会科学者联盟纲领草案》，《文报》第 11 期，1935 年 10 月，孔海珠：《左翼・上海》附录，上海文艺出版社 2003 年版，第 381 页。
③ 陈伯达：《论新启蒙运动》，《新世纪》第 1 卷第 2 期，1936 年 10 月，第 15 页。

个爱国的自由竞争场。"①也就是说,原来的"驳斥一切"变成了"联合一切"。正是从这个意义上,陈伯达明确指出,"新启蒙运动的确是全国文化人的共同文化运动,而不是'左翼'的文化运动"。② 不过,需要指出的是,左翼知识人此时并不是放弃了马克思主义,而是仍然强调:"一切问题,将要借助于动的逻辑,才能作最后合理的解决";③"唯物论与动的逻辑是今日的文化运动的坚实的基础。"④可见尽管左翼知识人试图站在自由主义的立场上来谈论文化,但是马克思主义者的观点仍然依稀可辨,难怪有人指责新启蒙运动者是"一伙额角头上没刻字的共产党徒,发起所谓'新启蒙运动',名词虽颇动人,其实不过是共产党旧日外围工作的'花样翻新'而已"。⑤

尽管如此,左翼知识人文化观的变化还是十分明显的,再如看待文化的角度也不同了,原来所经常自称的是"无产阶级的文化"、⑥"健全的大众文化"、⑦"反帝反封建的文化"。⑧ 而此时,则重新以中国、古代、传统、固有、民族、西洋、外来、世界、国际、新旧等这些知识界通用的没

---

① 艾思奇:《中国目前的文化运动》,《生活》星期刊第 1 卷第 19 期,1936 年 10 月,第284 页。

② 陈伯达:《思想的自由与自由的思想——再论新启蒙运动》,《认识月刊》第 1 号,1937年 6 月,第 27 页。

③ 陈伯达:《论新启蒙运动》,《新世纪》第 1 卷第 2 期,1936 年 10 月,第 15 页。

④ 胡绳:《"五四"运动论》,《新学识》第 1 卷第 7 期,1937 年 6 月,第 338 页。

⑤ 怀朴:《所谓新启蒙运动》,《华北日报》1937 年 5 月 25 日,第 12 版。

⑥ 《中国左翼作家联盟北方部成立宣言》(1930 年 9 月 8 日),《北方左翼文化运动资料汇编》,北京出版社 1991 年版,第 45 页。

⑦ 《北方文化总联盟为号召一切文化团体宣言》,《北平文化》第 1 号,1933 年 5 月 15日,第 10 页。

⑧ 中国左翼文化总同盟常务委员会:《中国左翼文化总同盟纲领草案》,《文报》第 11期,1935 年 10 月,孔海珠:《左翼·上海》附录,上海文艺出版社 2003 年版,第 369 页。

有阶级色彩的词语来表述文化见解："扬弃古代文化，即是忠实的接受和保持古代文化；吸收外来文化，即是忠实的扩大和培植固有文化。"①"所要造的文化不应该只是毁弃中国传统文化，而接受外来西洋文化。也不应该只是固守中国文化，而拒斥西洋文化。""不可因为国际而忽略民族，也不可因为民族而忽略国际。"②"我们对于文化，不只要能'破'，而且要能'立'"，即"合理地扬弃中国的旧文化，创造中国的新文化"。③ 这与中国本位文化建设提倡者的用语似乎差别并不大。用语的变化实际上反映的是思想的变化，至少是公开宣示的文化观念的变化。

不难发现，左翼知识人的文化态度及变化，明显地受政治的影响，特别是受中共指导思想的影响。从另一方面看，左翼知识人文化态度的变化也反映了中共政治态度和斗争方式的变化。"反对一切"时是秘密的，"联合一切"是公开的。从"反对一切"到"联合一切"，变化如此之大，如此之快，充分体现了左翼文化运动背后中共领导的威力。一切都反，政治上多少显得有些可爱，而一切联合则表明政治上已走向成熟。由此而起的颇有影响的新启蒙运动是左翼知识人以自由主义者的身份掀起的一场文化运动，其实是用自由主义包裹的马克思主义的思想言说，是中共试图公开合法活动的尝试。此外，无论是文化的"反帝反封建"、"大众"说，还是"古今中外"说，都成为后来毛泽东所论述的新民主

---

① 吴承仕：《启蒙学会宣言》，《吴承仕文录》，北京师范大学出版社 1984 年版，第 250 页。

② 张申府：《五四纪念与新启蒙运动》，《认识月刊》第 1 号，1937 年 6 月，第 67 页。

③ 陈伯达：《在文化阵线上》，生活书店 1939 年版，第 33 页。

主义文化的用语和内容。这也说明了另一种情况：尽管中共政治斗争的对象和策略会经常发生较大的变化，但是在文化主张上却保持着相对连续性。思想文化与政治毕竟还是有一定距离的。

结语：思想的威力与历史的悖论

      五四时期，中国人对传统文化尤其是正统文化失去了信仰，西方的各种思潮一起涌入中国，比如实用主义、民主主义、马克思主义、新村主义、无政府主义、基尔特社会主义、工读互助主义等。与此同时，中国历史上的非主流文化重新浮起，以各种新的边缘文化形式而存在。这种思想上的多歧性，自然是由历史变革造成的。晚清、民国以后，中央政府的权威不断下降，以至于形成了军阀割据、各自为政的局面。在原来大一统的政治格局之下，人们的思想往往受到禁锢，纵然满腹经纶，也只能孤芳自赏。而思想的表达一旦没有了生命的危险和生存的危机，便如同开了闸的河水，倾泻而出，浪花四溅。也就是说，纷繁思想的背后是那变化了的人历史。然而，历史的变革又是不平衡的，"中国成了一个'多重社会'，无论什么东西，都是多重的，把整个的历史完全同时来放在中国";①"中国社会上的状态,简直是将几十世纪缩在一时";"四方八面几乎都是二三重以至多重的事物".② 即是说,多种思想的背后是那"多重"的事物和社会。

无论精深还是浮泛的思想,都不是凭空产生的,只能是从历史中来,从社会中来,从现实中来。而思想一旦产生,反过来又在推动新的历史变革。思想的丰富和威力往往导致时代的速变。你方唱罢我登场,各领风骚才几年。以社会人物而论,"因为时代变得太剧烈了,运动者来不及时时进步以适应环境",③"生者偶一不上劲,就要落后赶不上了,不久就成了'背时'的人了".④ 然而,这其中又暗含着历史的悖论:各种"激变"的背后往往潜伏着"不变"。前进者蓦然回首,那"人"那"事"可能仍在原处。

到 1930 年代,不少随着时代之变而变的人似乎醒悟了这一点。《独立评论》的一位作者指出:"自戊戌政变迄今近四十年,其中经过多少'辛亥革命'、'洪宪帝制'、'张勋复辟'、'革命军北伐'等一类的节目,无时不是在革命,无时不是在建设新的政治组织。而现在的成就是什么? 表面上是十足现代式的国家了,其实比清季的帝政,甚至比秦前的

---

① 蒋明谦:《西方文化的侵入与中国的反应》,《独立评论》第 22 号,1932 年 10 月 16 日,第 20 页。

② 唐俟(鲁迅):《随感录五十四》,《新青年》第 6 卷第 3 号,1919 年 3 月,第 326—327 页。

③ 蒋明谦:《西方文化的侵入与中国的反应》,《独立评论》第 22 号,1932 年 10 月 16 日,第 18 页。

④ 胡适:《致高一涵、张慰慈、章洛声》,1919 年 10 月 8 日,《胡适来往书信选》上册,中华书局 1979 年版,第 212 页。

诸侯割据进步几许!"①这种说法虽然未免有些夸张,但却清醒地揭示了"激变"中的"不变"。蒋廷黻从中国"内政改革"的角度也谈了类似的看法:"中国近代的厄运之主要原因,无疑的,是现代化的迟缓。换言之,就是内政改革的失败……甲午以前,局部的物质改革不见效,于是有戊戌的局部政治改革;又不见效,于是有辛亥的整个革命;还不见效,于是有民四以来的思想及社会革命。"②在他看来,"激变"的是一次又一次的改革或革命,"不变"的是一样的失败或无成效。

实际的政治运作往往处在历史变革的前台,因而容易为人所注目:"我们已将总统制,内阁制,议院制,执政制,均一一试过了……请问是不是只换了一块空招牌?'沐猴而冠'的傀儡戏,差不多一直唱到如今。"③无论外部的制度如何"激变",而内部的实质却一直保持"不变"。更具体一点,从行政机关或组织的角度来看,近代以来无论增添了多少"新式机关",或旧机关改了什么名称,"但是内部制度还是照旧着,组织与精神还是一样","不过多几座衙门而已"或"参用了一些日本名词","内容并没有彻底改革"。即使北伐成功以后也没什么两样,国民革命军"把中央政府搬到南京,把前清以来的传统组织也搬了去。因为这种行政机关始终是承袭旧法,没有改革,所以各机关非得要有几位'老公事'的官僚,事务便不能进行。民国初年的北京各部院必须请教于前清办奏折或掌稿的老夫子,南京国民政府初组织时也必须物色几位北京

---

① 翟象谦:《建设问题》,《独立评论》第 98 号,1934 年 4 月 29 日,第 9 页。
② 蒋廷黻:《长期抵抗中如何运用国联与国际》,《独立评论》第 45 号,1933 年 4 月 9 日,第 2—5 页。
③ 闵仁:《还是心理与人的问题(欧洲通信)》,《独立评论》第 66 号,1933 年 9 月 3 日,第 18 页。

的老秘书与老科长……他们却只会用一成不变的格式，办笼统圆滑的公事。所以只有因循，不会进步。用前清衙门的经验来办现在新式复杂的行政，决不会成功"。① 难怪当时有人说，"军事北伐、政治南伐"，② 这表明中国传统的"公务哲学"是根深蒂固的。

有意思的是，作为"文人"的蒋廷黻，把这种"循环戏"的导演归咎于"想在政界活动"的"文人"："康梁以后的政治改革家，虽其改革方案不同，其改革方法则如出一辙。运动军队和军人是清末到现在一切文人想在政界活动的唯一的法门……中国近二十年内乱之罪，与其归之于武人，不如归之于文人……主人翁幸而得胜了，他们就作起大官来。不幸而失败了，他们或随主人翁退守一隅，以求卷土重来；或避居租界，慢慢的再勾结别的军人。民国以来的历史就是这个循环戏的表演……我所看见的政变已有了许多次。在两派相争的时候，双方的主张，倘能实行去来，我看都不错。经过所谓政变以后，只有人变而无政变。所以我们的政变简直是愈变愈一样。"③

"只有人变而无政变"，"愈变愈一样"，这是典型的历史巨变的悖论：无论哪一派人掌了权，无论口号或形式上的制度怎样变更，而实际的为政之道和政治运作并没什么改变。不过，蒋廷黻显然抬高了"文人""运动"的作用，"文人"之所以要"运动""武人"，就在于近代以来社会中枢总是为"武人"所控制，无论进步或反动，只要不以"武力"做后盾，就不可能取得政权。缘于"武人"渐居于社会的"主导"地位，"文人"

① 达：《行政机关改革的必要》，《独立评论》第 25 号，1932 年 11 月 6 日，第 11 页。
② 李朴生：《行政改革的困难》，《独立评论》第 202 号，1936 年 5 月 24 日，第 11 页。
③ 蒋廷黻：《知识阶级与政治》，《独立评论》第 51 号，1933 年 5 月 21 日，第 16—17 页。

要有所作为,则不能不依附或"运动"武人。

胡适经过"惨痛的回忆与反省",也如梦方醒地认识到中国社会的顽固性:"三十多年的民族自救运动,没有一次不是前进的新势力和反动势力同时出现,彼此互相打消,已得的进步往往还不够反动势力的破坏,所得虽不少而未必能抵偿所失之多……我们中国这六七十年的历史所以一事无成,一切工作都成虚掷,都不能有永久性者,以我看来,都只因为我们把六七十年的光阴抛掷在寻求建立一个社会重心而终不可得……五十年了! 把戏还是一样!"①且进且退,"前进的新势力和反动势力"互相打消,正是各种思想较量的集中体现。

对胡适所谓的"一篇痛史,一笔苦帐",蒋明谦甚感共鸣:"中国近代的反应,几及百年",然而,"一切运动都失败了……民主政体适所以资军阀,议会政治适所以养猪仔"。结果,"除了古代的病根,又加了新的病根……旧的势力还没有扫除,就在趾高气扬的庆贺成功,随时把旧的污秽引到新的运动中去……在旧的污迹上,刷上了一层美丽的外衣,在破烂的腐物上补上一块新的东西"。之所以如此,原因就在于,"这些反应都是没有重心,不相连贯的运动,违反了'重大的建设是继续工作逐步累积前进而成的'原则"。② 在他看来,"激变"的是"美丽的外衣","不变"的是"古代的病根",个中缘由,一则社会"没有重心",二则违反了"逐步累积"的原则。

知识界对近代历史变革的这些反思导致了两种社会心理:一是厌

---

① 胡适:《惨痛的回忆与反省》,《独立评论》第 18 号,1932 年 9 月 18 日,第 9—12 页。

② 蒋明谦:《西方文化的侵入与中国的反应》,《独立评论》第 22 号,1932 年 10 月 16 日,第 17—19 页。

恶"激变",即反对任何破坏、内战和革命；二是渴望更大更新的"激变"，即彻底的不妥协的革命。关于第一种社会心理，蒋廷黻曾说，"经过这二十年的革命和内战，我们政治的勇气和理想已丧失大半。在戊戌，民元，民十六诸年，我们都曾过了短期的改革蜜月，好像新天新地已在目前。现在我们知道这些都是海市蜃楼。自由主义不讲了。约法宪法的争执也过去了。取消不平等条约的口号也不时髦了。任何新标语都不出色了。新出的杂志都没有劲，都唤不起任何运动和潮流。随便你讲什么主义，提什么方案，听者都不置可否。我们革命疲了，战争疲了，失望疲了"。① 这就是说，在一连串的革命和战争面前人们的心理逐渐变得麻木了。

正因为"激变"没有给人们带来预期的"新天新地"，所以一些人对新的变化或运动不再奢望。以对革命的认识来说，"中国的革命，是一不生产阶级代替他一不生产阶级，更可以说，是一个更坏的不生产阶级替代了一个次坏的不生产阶级作统治阶级，所以社会的生产力，更加消缩"。② 在徐炳昶看来，由于参加革命的是一个比一个"更坏"的"不生产阶级"，所以，中国的境遇是越革命越坏。近代历史沿革的实情似乎说明：仅仅从破坏着手并不能真的消除旧势力；频繁的政治上的"换马"，也并不能真正解决实际问题；形式上的"新"并不一定能改变内容上的"旧"；因此，社会的真正进步，在于形成为社会各阶层所信仰的"重心"，由其带领国民进行"逐步累积"的"建设"。1930 年代，胡适说，国

---

① 蒋廷黻：《南京的机会》，《独立评论》第 31 号，1932 年 12 月 18 日，第 2 页。
② 徐炳昶：《中国革命与欧洲革命》，《独立评论》第 87 号，1934 年 1 月 28 日，第 10 页。

民党"渐渐失去做社会重心的资格了"。① 然而,他又指出,中国"今日
的出路",在于"努力造成一个重心:国民党若能了解他的使命,努力做
到这一点,我们祝他成功。否则又得浪费一二十年重觅一个重心"。②
由是三民主义作为"中心信仰"不仅仅为国民党所"建设",一些自由主
义者也为此助了一臂之力,并从"有政府比无政府要好"的观念出发,干
起实际的政治来。

关于第二种社会心理,翁文灏曾说,"旧的日渐破坏,新的不见成
功……对于现状总是不满,常想换一个新鲜局面看看"。③ 一次变了不
如意,希望再变,再变不如意,还是希望变,这样就使人们产生了一味求
变的心理惯性。尽管人们已经认识到,"'新的不一定是好的'。这是常
常听见的,然而无论谁对于新的将来,总抱着种种希望"!④ 相当多的
人还呼吁,"民族的自救,贵乎知新而不贵乎温故"。⑤ 蒋明谦则更明确
地说:"总要在千百年来人们如出一辙的故辙外开出新路,与其由故辙
以苟且偷安,何如由新路以尽历艰苦;与其失败于故辙,何若失败于新
途;若此,即失败,亦可多增一番经验。"⑥愈"失败",愈渴望走上"新
途"。由此种心理出发,很自然地会使人们希望出现一个前所未有的

---

① 胡适:《惨痛的回忆与反省》,《独立评论》第18号,1932年9月18日,第9页。
② 胡适:《胡适的日记》手稿本第11册,1932年12月5日,(台北)远流出版事业股份有
限公司1990年版。
③ 翁文灏:《从反省中求出路》,《独立评论》第54号,1933年6月11日,第3—5页。
④ 胡求:《对于新校长的希望》,《清华周刊》第29卷第1号,1928年2月10日,第11—
15页。
⑤ 文学社等:《我们对于文化运动的意见》,《新社会半月刊》第8卷第7期,1935年4月
1日,第20页。
⑥ 蒋明谦:《西方文化的侵入与中国的反应》,《独立评论》第22号,1932年10月16日,
第22页。

"生产阶级",来带领中国进行一次真正彻底的与旧势力绝缘的大革命,这正是共产主义风行的土壤。

更具体地说,由反思造成的两种社会心理,又导致一般社会中人的两种政治倾向:一是对国民党寄予"改造"的厚望,努力促使它做"社会的重心",因而予以维护并与之合作;二是对共产党抱以同情,希望它有"试验"其主义的机会和地盘。后来,知识分子在政治上二分,其实,早在 20 世纪 30 年代,就已经有了思想上的迹象。

五四时期林林总总的学说思想,到 1930 年代化约为三大"主义"鼎足而立,它们都不同程度地形塑了现代中国的政治。相对于三民主义和共产主义,自由主义在人员、派别和纲领上,都不甚清晰。加之,实在的自由主义和自由主义者,都是千人千面,很难一视同仁。[①] 因此,自由主义只是一个宽泛的概念,代表的也是一种松散的若有若无的政治力量。其中,胡适应该是最典型的代表人物。早在 1926 年,他在一封信中就这样说:"我是一个爱自由的人,——虽然别人也许嘲笑自由主义是十九世纪的遗迹"。[②] 他似乎既崇尚自由,又倡导自由主义。1935年,他在一篇评论中指出,"苏俄输入的铁纪律含有绝大的'不容忍'的态度,不容许异己的思想,这种态度是和我们在五四前后提倡的自由主义很相反的"。[③] 同年底,他在致汤尔和的信中又说,当年陈独秀被驱出北大,是"北大自由主义者变弱"的一个决定性因素。在他看来,如果

[①] 桑兵:《治学的门径与取法》,社会科学文献出版社 2014 年版,第 302—303 页。

[②] 胡适:《致鲁迅、周作人、陈源》,1926 年 5 月 24 日,耿云志、欧阳哲生编:《胡适书信集》上册,北京大学出版社 1996 年版,第 374 页。

[③] 胡适:《个人自由与社会进步》,《独立评论》第 150 号,1935 年 5 月 12 日,第 4 页。

陈独秀不是丧失了其教授的"地位",就不会"渐渐脱离自由主义者的立场"而变得"十分左倾",以致最终投向革命。[①] 考之于胡适五四前后的思想言论,似未曾见提倡过什么自由主义,至少还没有用过自由主义一词,所以,也就谈不上存在一个"北大自由主义者"群体。这说明即使是当事人也很容易用后来的概念指称前事。

实际上,自由主义概念和思想特征是 1920 年代中期以后在与三民主义、马克思主义发生关系的过程中逐渐生成的。胡适等人在对三民主义和马克思主义的批评过程中,逐渐缔造了一套自由主义的社会发言模式及行为规范。在自由主义与三民主义的早期关系上,自由主义者往往主动地向三民主义者进攻;而在自由主义与马克思主义的早期关系上,马克思主义者则往往主动地向自由主义者挑战。正是在主动挑战和被迫应战的过程中,自由主义的政治思想特征才日益凸现。进入 1930 年代,胡适作为自由主义者逐渐在他认的基础上实现了自认。1931 年,中共的宣传干部彭康指出,"胡适的文化运动是资产阶级自由主义的立场,我们的是马克思主义的立场。他只是'怀疑的态度和批评的精神',我们是阶级的意识和斗争的精神"。[②] 正是在他认和自认的基础上,各种思想交融、碰撞和竞争的进程中,胡适的自由主义者身份逐渐获得了"公认",从而使自由主义在现代中国占有一席之地。

1934 年,胡适在日记中写道:"中国政治要上轨道,必须走这三步:

---

① 胡适:《致汤尔和》,1935 年 12 月 23 日,《胡适来往书信选》中册,中华书局 1979 年版,第 281—282 页。

② 彭康:《新文化运动与人权运动》,《新思潮》第 4 期,1931 年 2 月 28 日,第 12—13 页。

第一，文治。第二，法治。第三，民治。"①所谓"文治"显然就是"专家政治"，即以知识分子作治国的领袖；所谓"法治"，就是"人治"的反动，即以明文规定的法律为准绳进行治国，而不是以难以捉摸的"道德"作指针来执政；所谓"民治"，不外就是胡适常说的国会、选举、言论自由及和平更替政权等内容。但是，这样一种政治理想似乎不太适合中国人的传统习惯。以"法治"而论，颇通政治学的张佛泉曾说，"中国人多少年代以来，始终没有达到严格的法治阶级。孔子所说的'道之以政，齐之以刑，民免而无耻；道之以德，齐之以礼，有耻且格'一套的话，听起来当真要比提倡刑罚必于民心的法家的主张体面得多。但是真正的法治到底应该是甚么样子，我们中国人自己始终也没有梦到过。西人由争个人平等自由的动机出发而得到的法治，和因经济关系复杂而发展到的严格法律观念，中国人更没有梦到过"。② 他的意思是说，中国没有"法治"传统，所有的只是孔子提倡的"德治"习惯，因而不可能真正地理解和实行"法治"。此前梁漱溟也曾说，"中国今日所苦在任何法律制度之无效，而非在那法治的不合适"。他认为，"法治"是由"固有历史演示出来"的，"一种法律制度虽出于意识之制作，要莫不有与之相应的习惯为之先。否则，是运用不来的"。③ 在他看来，中国没有与"法治"相应的习惯，若不建立相应的配套设施和经过长期的训练，即使制定了"宪法"或各种法律，也"根本是徒劳而无功的"。

---

① 胡适：《胡适的日记》手稿本第 11 册，1934 年 2 月 4 日，（台北）远流出版事业股份有限公司 1990 年版。

② 张佛泉：《从立宪谈到社会改造》，《独立评论》第 101 号，1934 年 5 月 20 日，第 2 页。

③ 梁漱溟：《中国此刻尚不到有宪法成功的时候》，天津《大公报·星期论文》1934 年 4 月 22 日，第 2 版。

可见在一些人看来，自由主义很难从中国传统资源里获得支持，因为中国根本缺乏必备的心理和社会基础。在这一点上，自由主义可能远不如三民主义和马克思主义。以三民主义而论，按孙中山自己的说法，其来源之一是"因袭"的"吾国固有之思想"。① 从他晚年诠释的三民主义来看，其中更多地表现了"固有之思想"的内容。比如，他特别提倡要恢复中国的"固有道德"，认为"国民在民国之内，要能够把忠孝二字讲到极点，国家便可以自然强盛"。② 孙中山死后，三民主义经过戴季陶的诠释，则"完全"变成了"中国的正统思想；就是继承尧舜以至孔孟而中绝的仁义道德的思想"。③

从某个角度看，孙中山领导的革命，正是把"固有道德"融进了三民主义之后，才打开了一个新局面；而国民党正是采取了戴季陶主义之后，才实现了夺取政权的成功。传统思想究竟在多大程度上推动了国民党的胜利已很难考量，但是，作为革命指导思想的三民主义，自孙中山晚年始越来越亲近传统，却是一个不争的事实。1930 年代，国民党政府在实践层面和文化领域，更是推行了一系列的"复古"运动。按胡适的说法，九一八事变以后，国民党走上了"拥护本国固有文化"的道路，而国民党的"党治"确也明显地有中国古代政治的影子，从其官吏升迁的方式到其政策政令的发布，大都给人以"古已有之"的印象。在一

① 胡汉民编：《总理全集》第 2 集（民国丛书第 2 编），上海书店 1990 年影印本，第 219 页。
② 《孙中山选集》，人民出版社 1981 年版，第 681 页。
③ 戴季陶：《孙文主义之哲学的基础》，北京师范大学中国现代史教研组编：《中国现代政治思想史教学参考资料选辑》第 2 辑，北京师范大学中国现代史教研组编辑印行（时间不详），第 1—42 页。

定程度上,国民党说的是新名词,办的是现代事,用的却是旧工具。

就马克思主义来说,最初教条式的马克思主义运动一再受挫,而在经过吸收传统文化之"精华",排除其"糟粕",即转化成毛泽东思想之后,共产党革命才走向了康庄大道。但是,在内容上很难看出马克思主义与中国传统的直接联系,二者的"亲和"是在形式上,是在中国人的思维模式及行为习惯上。中国自古就有一种"圣人传统"和"经学传统",儒家思想独尊,人们安身立命皆由此出,皆以此为准绳。五四新文化运动以后,儒家正统思想崩溃,人们失去了传统的精神支柱,精神中枢空缺,而马克思主义的"唯一正确性"、"普世性",正好代替儒家的地位填补了这一空缺,成为人们新的精神支柱。除此,马克思学说里的唯物史观、暴力革命和理想社会等,大都能在中国传统里找到同类项。

因此,如果说三民主义在内容上与中国传统是一脉相承的,那么马克思主义则在形式上与中国传统有着某种亲和性。但是,自由主义则不然,无论是在内容上,还是在形式上,在中国传统中根本找不到它的位置或因素,尽管有不少人包括胡适在内曾论证中国的"自由传统",但是他们最终也未能从中国传统中开出自由主义来。比如法治、民主、和平更替政权、言论自由、个人主义等理念和制度,不但在传统里找不到相应的联系,而且甚至还与之相悖。

不过,自由主义虽然与中国传统相左,而在中国提倡自由主义的人却似乎并未摆脱传统,中国传统的人生哲学在于"不朽":立德、立功、立言。胡适等自由知识分子在中国提倡自由主义,所走的大致就是类似"立言"之路。胡适从五四时期倡导新思潮,到30年代做政论;从做国人的"导师",到做政治的引路人,似乎并没有什么不顺理成章的地方。

但是，五四时期新思潮阵营分化后，自由知识人这个"系列"，到 30 年代又发生了分化：一部分人在思想界失去了青年的追随，在政治上丧失了"说话"的勇气，逐渐走进"象牙塔"——书斋，甘愿处于社会"边缘"的地位，比如周作人。胡适曾在 1934 年的《编辑后记》中写到："两年前，周岂明先生最初听说我们要办一个唱低调说老实话的刊物，他就写信给我，劝我不要办这傻事。"[①]作为五四新文化运动中的猛将，在国民党"清党"时，还讥笑胡适"只见不文明的人力车夫而不见似乎也不很文明的斩首"，而到 1932 年胡适要办刊物尽"社会良心"的责任时，周作人却反过来劝他"不要办这傻事"，可见时代对知识人的影响之大，也可见知识人自身的变化之大。

后人很容易根据政争和已知的结果，使本来复杂的思想分明对垒，趋于简单化，特别是容易以对立、斗争的眼光审视各种思潮流派，不仅夸大不同思潮之间的差异，而且忽略各种思潮之中普遍的意识和认知。激进与保守是被普遍采用的观照近现代思想史的一种视角。其实，近代以来，"激进"一直是中国思想界的主流，真正的"保守"并没有市场，即使被指保守者，也往往暗藏激进。维新、革命、左倾、进步和近代化等，几乎成为绝对不可动摇的价值，可谓群趋如潮，无论哪种力量都有意无意地持之在身和追逐不已，这自然推动近代中国发生了天翻地覆的变革。但是，不可否认，在一些方面，正是人们出于追求进步的豪情壮举，却把历史推向了与初衷相悖的境地。历史的实情往往拟于常理，守旧者未必落后，趋新者也并不一定是进步。

---

① 胡适：《编辑后记》，《独立评论》第 101 号，1934 年 5 月 20 日，第 21 页。

换个角度,如果去平实地考察历史上的思想派别,就会发现近代中国的思想在众说纷纭中也有共同的思想资源,也有普遍地为各方所接受的甚至化为无意识的"一般的知识、思想和信仰"。如此观照,似乎可以改变研究思想史条分缕析、划派标牌的简单做法。同样的学说,在此处和彼处,对于不同的人或群体,认同的程度,选取的方面,产生的效力是大相径庭的。拂去障蔽,回归本相,则可发现对立中也有"同一"。比如,在近代中国,无论何种思想,其背后都有或隐或显的民族意识和国家观念。即使"全盘西化"论者也说:"能够全盘彻底的西化,就是激起一种新的民族意识而适宜于现代的世界。"因为"全盘西化"是"相信西洋民族所能创造的文化,中国人也能创造。只有相信中国民族有了这种创造的能力的人,始能自信中国将来的文化不但可以和欧美并驾齐驱,且可以超越在欧美所成就之上"。① 赶上欧美并超过之,可以说是一切理论主义最切近的意指。然而,各种思想学说的命运是极其不同的。1930 年代以后,虽说马克思主义、自由主义和三民主义鼎足而立,但无论是自由主义还是三民主义都自觉不自觉地深受马克思主义的影响,在思想界实际上是马克思主义的一枝独秀。

思想推动着历史,历史又在筛选着思想。在这一过程中,无意识的作用可能要大于有意识的作用。历史常常是不讲理的,任性的。在许多情况下,不是深邃的思想,而是浮泛的感性或者某种狂热性在推动着历史前进。然而,历史的创造者或推动者无法知晓,在某个关节点上或

---

① 陈序经:《对于一般怀疑全盘西化者的一个浅说》,吕学海编:《全盘西化言论集》,岭南大学青年会 1934 年版,第 121 页。

某个时期历史是存在着多种可能性的,实际发生的只是一种,而这一种是各类力量自觉不自觉地拉扯的结果。其中,不自觉力量的推动可能要远远大于自觉力量的牵引。"栽花"不开,"插柳"成荫,历史就是这样的常常给人过不去。

征引文献举要

一、报刊

《半月评论》;《北大学报》;《北斗》;《北京党史资料通讯》;《北平晨报》;《北平周报》;《北平文化》;《晨报·晨曦》;《晨报副刊》;《村治》;《大公报》;《大美晚报》;《大上海教育》;《大众文化》;《斗争》;《东方杂志》;《独立评论》;《读书季刊》;《读书青年》;《读书生活》;《读书月报》;《读书月报》;《福建文化半月刊》;《革命文献》;《公道》;《广播周报》;《广东青年》;广州《民国日报》副刊;《国论》;《国闻周报》;《国讯旬刊》;杭州《东南日报》;《红旗周报》;《华年》;《华侨半月刊》;《火线》;《尖锐》;《教育短波》;《教育平话》;《教育杂志》;《江汉论坛》;《榴火文艺》;《岭南学报》;《论语》;《民国日报》副刊;《民国日报·觉悟》;《明日之教育》;《民众教

育季刊》;南京《中央日报》;《南中学生》;《努力周报》;《前锋》;《青年文化月刊》;《前途》;《人民评论》;《人民日报》(海外版);《认识月刊》;上海《晨报》;《少年》;《社会科学》;《社会与教育》;《社会主义月刊》;《申报》;《师大教育丛刊》;《时事新报》;《史学月刊》;台北《传记文学》;《太同日报》;《拓荒者》;《文报》;《文化建设》;《文化批判》;《文化食粮》;《文化与教育旬刊》;《文化新闻》;《文学导报》;《文摘》;《文星》;《武汉日报》;《现代评论》;《现世界》;《向导汇刊》;香港《二十一世纪》;《新地月刊》;《新建设》;《新青年》;《新生活》;《新生活周刊》;《新时代》;《新思潮》;《新文学史料》;《新学识》;《新月》;《益世报》;《音乐教育》;《再生》;《浙大日刊》;《知识》;《职业与教育》;《中华教育界》;《中国革命》;《中国青年》;《中国社会》;《转换》;《中国文化建设协会》;《中国文化建设协会会报》;《中学生》;《中央周刊》;《中央党务月刊》。

二、论文

陈仪深:《自由民族主义之一例——论〈独立评论〉对中日关系问题的处理》,(台北)《中央研究院近代史研究所集刊》1999 年第 32 期。

傅长禄:《胡适与〈独立评论〉》,《史学集刊》1990 年第 3 期。

关海庭:《1935 年"中国本位文化建设"问题的论战》,《史学月刊》1989 年第 6 期。

顾速:《以改革开放的时代精神创造面向世界的新文化——评"中国本位的文化建设"》,《江苏社会科学》1995 年第 2 期。

郭天祥、李再超:《20 世纪 30 年代中国文化建设走向问题的论战》,《广西社会科学》2004 年第 3 期。

黄道炫:《30 年代中国政治出路的讨论》,《近代史研究》1992 年第 5 期。

黄海燕:《30 年代的文化论争与中国现代化的理论探索》,《吉林大学社会科学学报》1996 年第 1 期。

林兴:《新民主主义文化观的发展历程》,《湛江师范学院学报》(哲社版)1995 年第 2 期。

刘集林:《陈序经全盘西化思想论略》,《广东社会科学》2001 年第 5 期。

刘晖:《20 世纪 30 年代国人对于中国现代化道路认识的深化》,《河南教育学院学报》(哲社版)2001 年第 2 期。

罗志田:《从新文化运动到北伐的文化与政治》,《社会科学研究》2006 年第 4 期

吕雅范:《二十世纪 30 年代关于中国文化建设问题论战述略》,《社会科学战线》2000 年第 4 期。

马克锋:《试论 30 年代中期的中国本位文化建设运动》,《宝鸡师院学报》1987 年第 4 期。

马千里:《30 年代文化论战透视》,《江海学刊》1996 年 3 期。

桑兵:《陈炯明事变前后的胡适与孙中山》,《近代史研究》2001 年第 3 期。

施微:《30 年代"全盘西化论"初探》,《清华大学学报》(哲学社会科学版)1987 年第 1 期。

谭其骧:《何炳松与＜新史学＞》,《暨南学报》1991 年第 2 期。

许苏民:《情愫的执着与理性的吊诡——"中国本位文化"论者与"西化"论者的论战》,《福建论坛》(人文社会科学版)1994 年第 6 期。

阎书钦:《20 世纪 30 年代中国知识界"现代化"理念的形成及内涵流变》,《河北学刊》2005 年第 1 期。

尤小立:《20 世纪 30 年代文化论战的现代思考》,《江海学刊》2000 年第 5 期。

张德旺:《论"九一八"事变后的独立评论派》,《求是学刊》1988 年第 5 期。

张连国:《论理性民族主义——独立评论派自由主义者对日观剖析》,《江苏社会科学》1999 年第 1 期。

赵立彬:《本位、西化与 1935 年文化论战》,《福建论坛》(人文社会科学版)2004 年第 5 期.

郑大华:《30 年代的"本位文化"与"全盘西化"的论战》,《湖南师范大学社会科学学报》2004 年第 3 期。

郑师渠:《"中国本位"与"全盘西化"的论争》,《史学月刊》1988 年第 3 期。

三、书目

北京市委党史研究室、中共天津市委党史资料征集委员会编:《北方左翼文化运动资料汇编》,北京出版社 1991 年版。

北京师范大学中国现代史教研组编:《中国现代政治思想史教学参考资料选辑》第 2 辑,北京师范大学中国现代史教研组编辑印行。

蔡尚思主编:《中国现代思想史资料简编》第 3 卷、4 卷,浙江人民出版社 1986 年版。

曹锡仁:《中西文化比较导论——关于中国文化选择的再探讨》,中国青年出版社 1992 年版。

陈伯达:《在文化阵线上》,生活书店 1939 年版。

陈端志:《五四运动之史的评价》,上海生活书店 1936 年版。

陈福华辑:《蒋介石先生抗战建国名言钞》,商务印书馆 1947 年版。

陈高佣:《中国文化问题研究》,商务印书馆 1937 年版。

陈筼泉、刘奔主编:《哲学与文化》,中国社会科学出版社 1996 年版。

陈平原:《中国大学十讲》,复旦大学出版社 2002 年版。

陈序经:《文化学概观(一)》,商务印书馆 1947 年版。

陈序经:《文化学概观(二)》,商务印书馆 1947 年版。

陈序经:《文化学概观(三)》,商务印书馆 1947 年版。

陈序经:《文化学概观(四)》,商务印书馆 1947 年版。

陈序经:《中国文化的出路》,商务印书馆 1934 年版。

陈崧:《30 年代关于文化问题之争》,《走向近代世界的中国》,成都出版社 1992 年版。

陈唯实:《抗战与新启蒙运动》,扬子江出版社 1938 年版。

戴知贤:《十年内战时期的革命文化运动》,中国人民大学出版社 1988 年版。

段碧江:《教育改进与三民主义教育》,出版者不详,1933 年。

《20 世纪中国社会人文论争》第 2 卷,大象出版社 1999 年版。

房鑫亮:《忠信笃敬——何炳松评传》,浙江人民出版社 2006 年版。

冯恩荣编:《全盘西化言论续集》,岭南大学学生自治会出版部 1935 年版。

冯友兰:《中国哲学史新编》第 7 册,《三松堂全集》第 10 卷,河南人民出版社 2000 年版。

高军等编选:《中国现代政治思想史教学参考资料选辑》,北京师范学院(内部用书)。

高湛波:《近五十年中国思想史》,上海古籍出版社 2005 年版。

[美]格里德著,鲁奇译:《胡适与中国的文艺复兴——中国革命的自由主义(1917－1937)》,江苏人民出版社 1996 年版。

黄季陆主编:《革命文献》第 54 辑《抗战前教育政策与改革》,(台北)中国国民党中央委员会党史委员会 1971 年版。

耿云志:《胡适年谱》,四川人民出版社 1989 年版。

耿云志:《胡适研究论稿》,四川人民出版社 1985 年版。

耿云志主编:《胡适遗稿及秘藏书信》第 41 册,黄山书社 1994 年版。

耿云志编:《胡适评传》,上海古籍出版社 1999 年版。

耿云志、欧阳哲生编:《胡适书信集》(上),北京大学出版社 1996 年版。

郭建宁:《当代中国的文化选择》,北京大学出版社 2004 年版。

胡逢祥:《社会变革与文化传统——中国近代文化保守主义思潮研究》,上海人民出版社 2000 年版。

何干之:《近代中国启蒙运动史》,上海生活书店 1938 年版。

何干之:《何干之文集》,中国人民大学出版社 1989 年版。

胡汉民编:《总理全集》第 2 集(民国丛书第 2 编),上海书店 1990 年影印本。

胡秋原:《一百三十年来中国思想史纲》,(台北)学术出版社 1983 年版。

胡绳:《论近两年来的思想和文化》,《胡绳全书》第 1 卷(上),人民出版社 1998 年版。

胡适著,唐德刚译注:《胡适口述自传》,安徽教育出版社 1999 年版。

胡适:《胡适文选》,上海亚东图书馆 1935 年版。

胡适:《人权论集·小序》,上海新月书店 1930 年版。

胡适:《丁文江的传记》,安徽教育出版社 1999 年版。

胡颂平编著:《胡适之先生年谱长编初稿》第 4 册,(台北)联经出版事业公司 1990 年校订版。

郎醒石编:《革命与反革命》,上海民智书局 1928 年版。

李大钊研究会编:《李大钊文集》,人民出版社 1999 年版。

李寿葆、施如璋主编:《斯特朗在中国》,三联书店 1985 年版。

刘寅生等编:《何炳松纪念文集》,华东师范大学出版社 1990 年版。

吕学海编:《全盘西化言论集》,岭南大学青年会 1934 年版。

蒋廷黻著,谢钟琏译:《蒋廷黻回忆录》,(台北)传记文学出版社 1979 年版。

秦孝仪主编:《先总统蒋公思想言论总集》第 12 卷,(台北)中国国民党中央委员会党史委员会 1984 年版。

孔海珠:《左翼·上海》附录,上海文艺出版社 2003 年版。

李鹏程:《当代文化哲学沉思》,人民出版社 1994 年版。

梁启超:《清代学术概论》,商务印书馆 1934 年版。

林森等著:《新生活运动言论集》,出版年、出版地不详。

林毓生:《中国传统的创造性转化》,三联书店 1996 年版。

刘寅生、房鑫亮编:《何炳松文集》第 2 卷,商务印书馆 1997 年版。

罗尔纲:《两篇〈独立评论〉稿》,《师门五年记》,三联书店 1998 年增订本。

罗志田:《再造文明之梦——胡适传》,四川人民出版社 1995 年版。

马芳若编:《中国文化建设讨论集》上、中、下编,龙文书店 1935 年版。

麦发颖编:《全盘西化言论三集》,岭南大学学生自治会出版部 1936 年版。

《毛泽东选集》第 1、2、3 卷,人民出版社 1991 年版。

《茅盾全集》第 16 卷,人民文学出版社 1988 年版。

欧阳哲生编:《胡适文集》(3),北京大学出版社 1998 年版。

欧阳哲生编:《傅斯年全集》第 4 卷,湖南教育出版社 2003 年版。

《瞿秋白文集:政治理论编》第 7 卷,人民出版社 1991 年版。

荣孟源主编:《中国国民党历次代表大会及中央全会资料》下,光明日报出版社 1985 年版。

盛邦和:《解体与重构——现代史学与儒学思想变迁》,华东师范大学出版社 2002 年版。

［美］史沫特莱(A. Smedley)著,江枫译:《中国的战歌》,作家出版

社 1986 年版。

宋小庆、梁丽萍:《关于中国本位文化问题的讨论》,百花洲文艺出版社 2004 年版。

水如编:《陈独秀书信集》,新华出版社 1987 年版。

《孙中山选集》,人民出版社 1981 年版。

[美]唐德刚:《胡适杂忆》增订本,华东师范大学出版社 1999 年版。

王桧林主编:《中国现代史参考资料》,高等教育出版社 1988 年版。

王奇生:《革命与反革命:社会文化视野下的民国政治》,社会科学文献出版社 2010 年版。

王世杰:《王世杰日记》手稿本第 1 册,(台北)中研院近代史研究所 1990 年版。

王元化:《释中国》,上海文艺出版社 1998 年版。

伍启元:《中国新文化运动概观》,现代书局 1934 年版。

萧继宗主编:《革命文献》第 68 辑,(台北)中国国民党中央委员会党史委员会 1975 年版。

杨思信:《文化民族主义与近代中国》,人民出版社 2003 年版。

杨深编:《走出东方——陈序经文化论著辑要》,中国广播电视出版社 1995 年版。

叶青:《中国本位文化讨论集》,(台北)帕米尔书店 1980 年版。

易竹贤:《胡适传》,湖北人民出版社 1987 年版。

余英时:《重寻胡适历程:胡适生平思想再认识》,广西师范大学出版社 2004 年版。

余英时:《文史传统与文化重建》,三联书店 2004 年版。

余英时:《中国思想传统的现代诠释》,江苏人民出版社1998年版。

张岱年、季羡林等:《文化的回顾与展望》,北京大学出版社1994年版。

张静庐辑注:《中国现代出版史料》甲编,中华书局1955年版。

张申府:《什么是新启蒙运动》,生活书店1939年版。

郑世兴:《中国现代教育史》,(台北)三民书局1981年版。

中共中央书记处编:《六大以来——党内秘密文件》上、下,人民出版社1981年版。

中共中央宣传部办公厅、中央档案馆编研部编:《中国共产党宣传工作文献选编(1915—1992)》,学习出版社1996年版。

中共中央马克思、恩格斯、列宁、斯大林著作编译局马恩室编:《马克思恩格斯著作在中国的传播》,人民出版社1983年版。

中国第二历史档案馆编:《中华民国史档案资料汇编》第5辑第1编,政治(二),江苏古籍出版社1994年版。

中国第二历史档案馆编:《中华民国史档案资料汇编》第5辑第1编,教育(一),江苏古籍出版社1994年版。

中国第二历史档案馆编:《中华民国史档案资料汇编》第5辑第1编:文化(一、二),江苏古籍出版社1994年版。

中国社会科学院近代史研究所中华民国史研究组编:《胡适来往书信选》上册,中华书局1979年版。

中国社会科学院文学研究所编:《左联回忆录》(上),中国社会科学出版社1982年版。

《革命先烈先进阐扬国父思想论文集》第3册,(台北)各界纪念国父百年诞辰筹备委员会 1965 年。

《中国现代政治思想史资料选辑》上册,四川人民出版社 1984 年版。

中央档案馆编:《中共中央文件选集》第 1 册,中共中央党校出版社 1992 年版。

中央档案馆编:《中共中央文件选集》第 11 册,中共中央党校出版社 1991 年版。

《中央革命根据地史料选编》(下),江西人民出版社 1982 年版。

[美]周策纵:《五四运动史》,岳麓书社 2001 年版。

周积明、郭莹著:《震荡与冲突——中国早期现代化进程中的思潮和社会》,商务印书馆 2003 年版。

庄泽宣:《我的教育思想》,中华书局 1934 年版。